Westliches Zentralkuba
Seiten 158–181

Östliches Zentralkuba
Seiten 182–211

Westkuba
Seiten 136–157

Ostkuba
Seiten 212–249

TAXI
CUBA
BDZ682

VIS-À-VIS

KUBA

Hauptautorin **Irina Bajini**

London • New York • München
Melbourne • Delhi

www.dorlingkindersley.de

Produktion
Fabio Ratti Editoria srl, Mailand

Texte
Irina Bajini, Alejandro Alonso, Miguel A. Castro Machado, Andrea G. Molinari, Marco Oliva, Francesca Piana

Fotografien
Heidi Grassley, Lucio Rossi

Illustrationen
Marta Fincato, Modi Artistici

Kartografie
Laura Belletti, Oriana Bianchetti, Roberto Capra

Redaktion und Gestaltung
Bei Fabio Ratti Editoria, Mailand: Giorgio Conversi, Paolo Gonzato, Carla Beltrami, Barbara Cacciani, Fernanda Oncoronato, Alessandra Lombardi
Bei Dorling Kindersley, London: Douglas Amrine, Gillian Allan, Jane Ewart, Anna Streiffert, Jason Little, David Pugh, Fiona Wild

Titel der englischen Originalausgabe:
Eyewitness Travel Guide *Cuba*
Zuerst erschienen 2002 in Großbritannien
bei Dorling Kindersley Ltd.
A Penguin Random House Company

Für die deutsche Ausgabe:

Ein Unternehmen der Penguin Random House Group

Aktualisierte Neuauflage 2016 / 2017

Programmleitung Dr. Jörg Theilacker, DK Verlag
Projektleitung Stefanie Franz, DK Verlag
Projektassistenz Antonia Knittel, DK Verlag
Übersetzung Sonja Schäfers, Tanja Burger, München
Redaktion Matthias Liesendahl, Berlin
Schlussredaktion Philip Anton, Köln
Umschlaggestaltung Ute Berretz, München
Satz und Produktion DK Verlag, München
Druck RR Donnelley Asia Printing Solutions Ltd., China

ISBN 978-3-7342-0102-8
8 9 10 11 17 16 15

Dieser Reiseführer wird regelmäßig aktualisiert. Angaben wie Telefonnummern, Öffnungszeiten, Adressen, Preise und Fahrpläne können sich jedoch ändern. Der Verlag kann für fehlerhafte oder veraltete Angaben nicht haftbar gemacht werden. Für Hinweise, Verbesserungsvorschläge und Korrekturen ist der Verlag dankbar. Bitte richten Sie Ihr Schreiben an:

Dorling Kindersley Verlag GmbH
Redaktion Reiseführer
Arnulfstraße 124 • 80636 München
travel@dk-germany.de

◀ **Unterwegs auf dem Boulevard Malecón, Havanna *(siehe S. 62f)***
◀◀ **Umschlag: Kontrabassspieler in Trinidad *(siehe S. 186–194)***

Inhalt

Ídolo de Tabaco, Museo Montané, Havanna *(siehe S. 105)*

Kuba stellt sich vor

Altar des Santuario de San Lázaro, unweit von Havanna *(siehe S. 121)*

Boote im Hafen von Nueva Gerona, Isla de la Juventud *(siehe S. 152–155)*

Havanna

Verehrtes Pilgerziel Basílica del Cobre *(siehe S. 225)*

Die Regionen Kubas

Zu Gast in Kuba

Guavenpaste und Käse

Grundinformationen

Blume im Jardín Avenida del Paraíso, Parque Baconao *(siehe S. 238–241)*

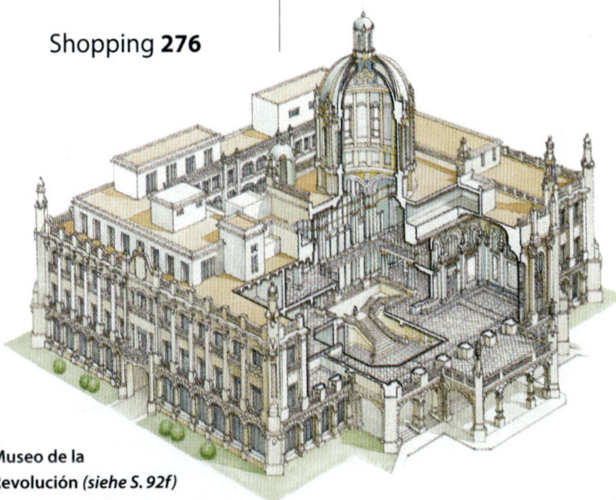

Museo de la Revolución *(siehe S. 92f)*

Benutzerhinweise

Dieser Reiseführer will Ihren Besuch in Kuba zum unvergesslichen Erlebnis machen, das durch keinerlei praktische Probleme getrübt wird. Das Kapitel *Kuba stellt sich vor* erläutert die geografische Lage und stellt das Land in einen historischen und kulturellen Kontext, zudem finden Sie einleitend unter *Kuba entdecken* sorgsam zusammengestellte Tourenvorschläge. Havanna und die einzelnen Regionen werden anhand von Texten, Fotos, Illustrationen und Karten detailreich beschrieben. Restaurant- und Hotelempfehlungen sowie Tipps zum Freizeitangebot finden Sie im Kapitel *Zu Gast in Kuba*. Die *Grundinformationen* liefern praktische Hinweise für die Planung und den Aufenthalt.

Havanna

Das Stadtzentrum ist in drei Stadtteile gegliedert, denen jeweils ein Kapitel gewidmet ist. Im Kapitel *Abstecher* werden Sehenswürdigkeiten in der Umgebung beschrieben. Alle Sehenswürdigkeiten sind mit Nummern versehen, die mit denen auf der Karte übereinstimmen.

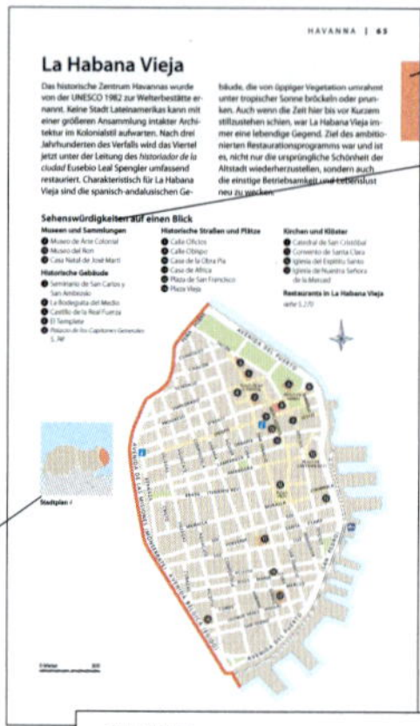

Alle Seiten über Havanna haben eine rote Griffmarke.

Sehenswürdigkeiten auf einen Blick listet wichtige Kirchen, Museen und Sammlungen, Straßen und Plätze, historische Gebäude sowie Parks und Gärten im jeweiligen Stadtteil auf.

1 Stadtteilkarte
Alle im jeweiligen Kapitel beschriebenen Sehenswürdigkeiten sind auf der Karte nummeriert und, sofern sie in der Innenstadt liegen, im *Stadtplan (siehe S. 122–127)* eingezeichnet.

Eine Orientierungskarte zeigt die Lage des Stadtteils, in dem Sie sich befinden.

2 Detailkarte
Die interessantesten Stadtteile werden detailgetreu aus der Vogelperspektive gezeigt.

Sterne bezeichnen Attraktionen, die man keinesfalls versäumen sollte.

Die Routenempfehlung schlägt einen Spaziergang vor, der an den interessantesten Stellen des Viertels vorbeiführt.

3 Detaillierte Informationen
Hier werden die Sehenswürdigkeiten einzeln beschrieben. Die Reihenfolge entspricht der Nummerierung auf der *Stadtteilkarte*. Alle Symbole werden auf der hinteren Umschlagklappe erklärt. Im Infoblock finden Sie Kontaktdaten, Öffnungszeiten, Website sowie Verweise auf den *Stadtplan*.

Die Regionen Kubas

Nach der Beschreibung von Havanna stellt das Buch in vier Kapiteln die übrigen Landesteile Kubas vor: Westkuba, westliches Zentralkuba, östliches Zentralkuba und Ostkuba.

1 Einführung

Hier werden Landschaft, Charakter und Geschichte einer Region beschrieben. Außerdem erfahren Sie, wie sie sich im Lauf der Geschichte entwickelt hat und welche Sehenswürdigkeiten interessant sind.

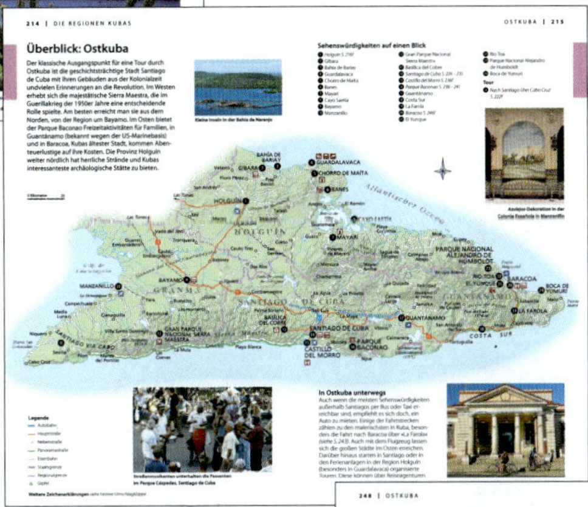

2 Regionalkarte

Die *Regionalkarte* zeigt das Straßennetz und eine Übersicht der gesamten Region. Alle Sehenswürdigkeiten sind nummeriert. Hier finden Sie auch Tipps für die Erkundung des Gebiets mit dem Auto oder öffentlichen Verkehrsmitteln.

Jede Region Kubas kann anhand der Farbe der Griffmarken an den Seitenrändern leicht gefunden werden.

3 Detaillierte Informationen

Alle bedeutenden Orte und Sehenswürdigkeiten werden einzeln beschrieben. Die Reihenfolge entspricht der Nummerierung auf der *Regionalkarte*. Zu jedem Ort finden Sie Informationen über die wichtigsten Sehenswürdigkeiten.

Die Infobox enthält praktische Informationen, die für einen Besuch hilfreich sind, z. B. Telefonnummern, Verkehrsverbindungen, Markttage und lokale Fiestas.

Kästen liefern Hintergrundinformationen zur Region: führende Persönlichkeiten, Legenden, historische Ereignisse, Flora und Fauna oder Besonderheiten.

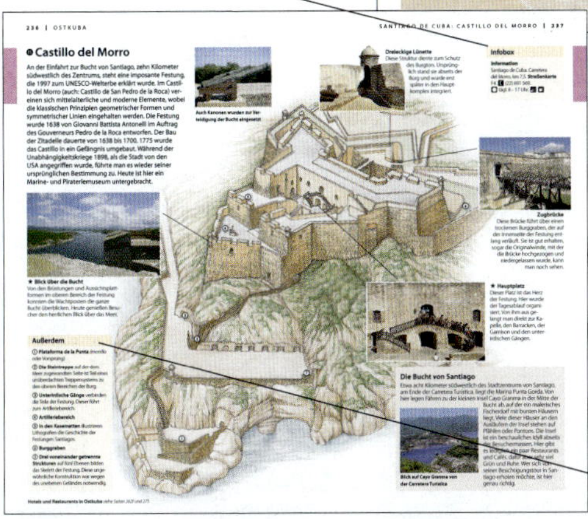

4 Hauptsehenswürdigkeiten

Den Highlights Kubas werden zwei Seiten gewidmet. Illustrationen bieten interessante Einblicke. Historische Gebäude werden im Aufriss gezeigt.

Stadtplan Havanna *siehe Seiten 122–127.*
Straßenkarte *siehe hintere Umschlagklappe.*

Außerdem-Kästen erklären interessante Details der Zeichnung.

KUBA STELLT SICH VOR

Kuba entdecken

Die folgenden Touren sind so konzipiert, dass Sie auf möglichst kurzen Wegen viele Highlights von Kuba entdecken können. Die erste Tour führt zwei Tage durch Kubas pulsierende Hauptstadt Havanna. Danach erkunden Sie in fünf Tagen in Westkuba die grünen Berge und Täler der westlichen Halbinsel und entspannen sich an der Küste. Die beiden Einzeltouren können auch zu einer siebentägigen Reise kombiniert werden. Die wechselvolle Geschichte des Landes lernt man auf der einwöchigen Tour durch Zentralkuba kennen, auf deren Route einige der am besten erhaltenen Provinzstädte, Landschaften, historischen Stätten und Attraktionen an der Küste liegen. Eine siebentägige Reise im äußersten Osten führt zu kulturellen Sehenswürdigkeiten und zu Orten mit wunderschöner Natur. Kubas älteste Stadt, Baracoa, liegt inmitten von Kokospalmen, Kakaobäumen und Kaffeesträuchern und wird von 29 Bächen durchflossen. Die einstige Hauptstadt Santiago de Cuba besitzt eine lange Geschichte und beeindruckende musikalische Traditionen, Guardalavaca bietet Erholung, traumhaft klares Wasser und weiße Sandstrände. Folgen Sie nach Belieben den Touren, kombinieren Sie sie oder lassen Sie sich einfach inspirieren.

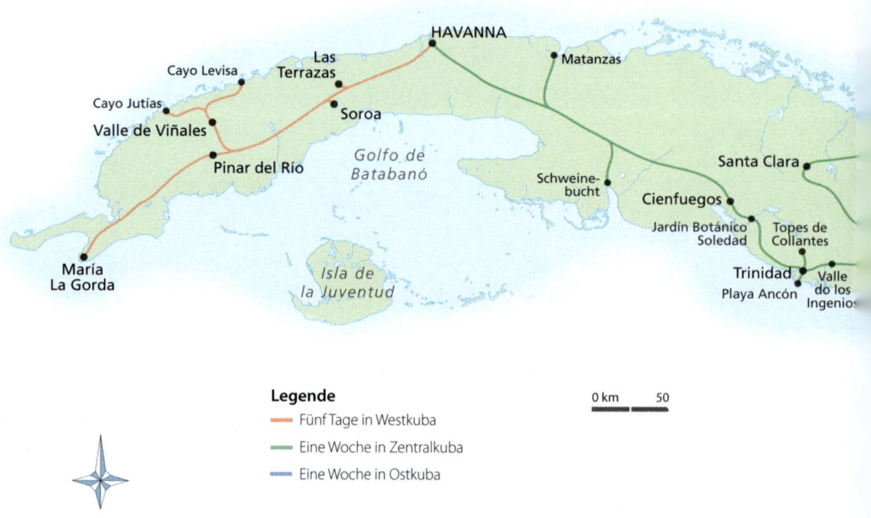

Fünf Tage in Westkuba

- Sausen Sie an der Zipline durch das grüne Las Terrazas.
- Wandern Sie zwischen steilen *mogotes* und Tabakfeldern im Valle de Viñales.
- Schnorcheln Sie an den Riffs von María La Gorda.
- Schnuppern Sie an der perfekten Zigarre in Pinar del Río.
- Bewundern Sie in Soroas Gärten 700 Orchideenarten.

Valle de Viñales
Das von Bergen gesäumte und mit *mogotes* genannten Felsformationen übersäte Tal bietet üppiges Grün und eine spektakuläre Landschaft.

◀ **Großflächige Wandmalerei in Havanna** ***(siehe S. 58–131)***

Eine Woche in Zentralkuba

- Spazieren Sie durch die kolonialen Straßen von Cienfuegos.
- Entdecken Sie die alten *palacios* und Kirchen im perfekt erhaltenen Trinidad.
- Genießen Sie an der Playa Ancón die Sonne.
- Wandern Sie zu den Wasserfällen und Becken in den Bergen bei Topes de Collantes.
- Besichtigen Sie eine Zuckerplantage in Manaca Iznaga.
- Erweisen Sie Che Guevara in seinem Mausoleum die Ehre.
- Segeln und baden Sie vor der Insel Cayo Santa María.

Playa Ancón
Der weiße Sandstrand bei Trinidad ist fünf Kilometer lang und von Palmen gesäumt.

Punta Gorda
Das ehemalige Aristokratenviertel Cienfuegos liegt auf einer schmalen Halbinsel. Hier stehen zahlreiche beeindruckende Villen aus dem 19. Jahrhundert.

Baracoa
Kubas älteste Stadt liegt an der äußersten Ostspitze der Insel zwischen Hügeln, die mit dichtem Regenwald bewachsen sind.

Eine Woche in Ostkuba

- Genießen Sie bei einem *mojito* den Blick vom Hotel El Castillo auf Baracoa.
- Wandern Sie auf den El Yunque oder im Regenwald des Parque Humboldt.
- Entspannen Sie am Strand Playa Maguaná.
- Fahren Sie über den kurvigen Bergpass La Farola.
- Erobern Sie in Santiago de Cubas Casa de la Trova die Tanzfläche.
- Lernen Sie Kubas Revolutionsgeschichte im Cuartel Moncada kennen.
- Begleiten Sie die Pilger in der Basílica del Cobre.
- Tanken Sie in den Resorts von Guardalavaca Sonne.

Die barocke Catedral de San Cristóbal, Plaza de la Catedral, Havanna

Zwei Tage in Havanna

Dank seiner Architektur, kulturellen Traditionen und seinem pulsierenden Nachtleben gehört Havanna zu den interessantesten Hauptstädten Lateinamerikas.

- **Anreise** An- und Abreise erfolgt über den Aeropuerto Internacional José Martí, 15 Kilometer südlich von Havanna. Als Transportmittel empfehlen sich die offiziellen gelben Cubataxis.
- **Weiterreise** Binnenflüge starten an den Nachbarterminals, Autos werden am Flughafen und in der Stadt vermietet. Der Busbahnhof liegt in Nuevo Vedado.
- **Reservierung** Unterkünfte in Havanna sollten frühzeitig gebucht werden.

Erster Tag

Vormittags Im riesigen Havanna liegen fast alle Hauptsehenswürdigkeiten in **La Habana Vieja** *(siehe S. 64–81)*, der Altstadt aus der spanischen Kolonialzeit, und im nahen modernen **Vedado** *(siehe S. 100–109)*. Beginnen Sie in La Habana Vieja am barocken **Palacio de los Capitanes Generales** *(siehe S. 74f)*. In dem ehemaligen Palast präsentiert das Stadtmuseum historisch bedeutende Exponate. Das **Castillo de la Real Fuerza** *(siehe S. 72)* wurde im 16. Jahrhundert zum Schutz gegen Piraten erbaut und ist heute ein Museum für Schiffswracks. Auf der Calle Oficios spazieren Sie zur altehrwürdigen, bunten **Plaza Vieja** *(siehe S. 80)*, die von historischen Gebäuden mit Arkaden umringt ist. Rasten Sie dort in einem Café oder essen Sie an der hübschen **Plaza de la Catedral** *(siehe S. 66f)* zu Mittag.

Nachmittags Im **Museo de la Revolución** *(siehe S. 92f)* bewundern Sie Fidel Castros Heldentaten oder im **Palacio de Bellas Artes** *(siehe S. 97)* kubanische Avantgarde-Kunst. Einen Block weiter südlich steht an der Ecke von Avenida de las Misiones und O'Reilly das **Edificio Bacardí** *(siehe S. 29)*, einst der Art-déco-Sitz der berühmten Rumfirma. Mit dem Bus fahren Sie zur anderen Hafenseite, wo sich ein Museum im monumentalen **Castillo del Morro** *(siehe S. 114)* mit dem britischen Angriff von 1762 auf Havanna beschäftigt.

Mit einem gemieteten Oldtimer kurven Sie auf der Uferstraße **Malecón** *(siehe S. 62f)* die koloniale Altstadt entlang, fahren auf dem eleganten **Paseo del Prado** *(siehe S. 90f)* und zur **Plaza de la Revolución** *(siehe S. 106f)*, Kubas Zentrum der Politik und Verwaltung. Dort stehen das **Monumento José Martí** *(siehe S. 107)* und die kolossalen Skulpturen der Revolutionshelden Che Guevara und Camilo Cienfuegos an den Ministerien *(siehe S. 106)*.

Zweiter Tag

Vormittags In der **Finca La Vigía** *(siehe S. 119)* wohnte Ernest Hemingway. Dort kann man seine persönliche Habe und sein geliebtes Boot *Pilar* sehen. Auf dem Rückweg nach Havanna essen Sie mittags in **Cojímar** *(siehe S. 116f)* leckeres Seafood. In der hübschen Küstenstadt hielt sich Hemingway oft auf und ließ sich zu seiner Novelle *Der alte Mann und das Meer* inspirieren.

Nachmittags Vedado ist ein bunter, unterhaltsamer Stadtteil. Nach dem **Hotel Nacional** *(siehe S. 102)* – ein opulentes Art-déco-Hotel, in dem schon viele Prominente abstiegen – besichtigen Sie die Marmorgräber berühmter Verstorbener in der **Necrópolis de Colón** *(siehe S. 108f)* und bei einer Führung durch das **Museo de Artes Decorativas** *(siehe S. 104)* die Porzellan- und Teppichsammlungen sowie ein knallrosa Art-déco-Bad. Abends besuchen Sie die Lokale und Bars des pulsierenden Viertels.

Kolonialgebäude mit Arkaden an der Plaza Vieja, Havanna

Tipps zur Verlängerung
Besuchen Sie die weißen Sandstrände der **Playas del Este** *(siehe S. 117)* oder die Matineen, Cabarets, Tanz- und Rumbashows, z. B. im **Tropicana** *(siehe S. 113)* oder sonntags am **Callejón de Hamel** *(siehe S. 95)*.

Weitere Informationen zu den Verkehrsmitteln in Kuba *siehe Seiten 302–307*

Fünf Tage in Westkuba

- **Anreise** Fliegen Sie zum Aeropuerto Internacional José Martí bei Havanna.
- **Weiterreise** Für diese Tour brauchen Sie einen Mietwagen, wobei Viazul-Busse *(siehe S. 303)* nach Las Terrazas, Pinar del Río und Viñales fahren. Nehmen Sie unbedingt die Straßenkarte *Guía de Carreteras (siehe S. 304)* mit und tanken Sie unterwegs so oft wie möglich.
- **Reservierung** Buchen Sie Ihre Unterkünfte auf jeden Fall vorab, v. a. in Las Terrazas und María La Gorda.

Erster Tag: Las Terrazas

Von Havanna fahren Sie eine Stunde südwärts zur Ökogemeinde **Las Terrazas** *(siehe S. 141)*. Die Region bietet eine reiche Vogelwelt, alte Kaffeeplantagen und ein bio-vegetarisches Restaurant *(siehe S. 273)*. Gehen Sie wandern oder sausen Sie an der Zipline durch die Baumwipfel. Den Abend verbringen Sie in Las Terrazas.

Zweiter Tag: Valle de Viñales

Zwei Stunden weiter südlich liegt das traumhaft schöne **Valle de Viñales** *(siehe S. 146f)*. Am Aussichtspunkt beim Hotel Los Jazmines genießen Sie den herrlichen Blick. Danach buchen Sie im Besucherzentrum eine geführte Wanderung zu den Kalksteinfelsen und Tabakfeldern. Übernachten Sie in einem Hotel in der Umgebung.

Dritter Tag: Von Viñales nach Westen

Vormittags bummeln Sie durch **Viñales** *(siehe S. 145)*, wo Kolonialhäuser mit bunten Säulen und Schaukelstühle auf den Terrassen stehen. Oder Sie unternehmen eine Bootsfahrt durch die **Cueva del Indio** und auf dem unterirdischen Fluss San Vicente *(siehe S. 147)*. Nachmittags fahren Sie drei Stunden südwärts zum Küstenort **María La Gorda** *(siehe S. 150)*. Dort schwimmen Sie im Meer und übernachten im Hotel María La Gorda *(siehe S. 258)*.

Tipps zur Verlängerung
Von Viñales geht es nach Palma Rubia und mit der Fähre zum **Cayo Levisa** *(siehe S. 141)*, einer weißen Sandinsel mit Strandhotel *(siehe S. 258)*. Oder Sie fahren zum **Cayo Jutías** *(siehe S. 140)*, wo ein Restaurant und Sonnenschirme am Strand locken. Eine lange heiße Wanderung oder eine Bootsfahrt führen zu den riesigen Seesternen am Ende der Bucht.

Weißer Sandstrand am warmen Meer, María La Gorda

Vierter Tag: María La Gorda

Schnorcheln Sie am Korallenriff, entspannen Sie am weißen Sandstrand unter Palmen und halten Sie am Strand und am Hotel nach den großen Leguanen Ausschau. Übernachten Sie im Hotel María La Gorda.

Fünfter Tag: Rückfahrt via Pinar del Río und Soroa

Auf der sechsstündigen Rückfahrt nach Havanna halten Sie in **Pinar del Río** *(siehe S. 144f)*, um an einer Führung durch die duftende Tabakfabrik teilzunehmen (nur werktags). Näher bei Havanna liegen die berühmten Orchideengärten von **Soroa** *(siehe S. 140)*.

Mural de la Prehistoria **von Leovigildo González an einem** ***mogote*** **im Valle de Viñales**

Eine Woche in Zentralkuba

- **Anreise** Fliegen Sie zum Aeropuerto Internacional José Martí, 17 Kilometer außerhalb von Havanna.
- **Weiterreise** Diese Tour unternimmt man am besten mit einem Mietwagen, den man am Flughafen mietet. Viazul-Busse fahren nach Cienfuegos und Trinidad.
- **Reservierung** Buchen Sie in der Hochsaison (Dez–Feb, Juli, Aug) den Wagen, aber auch die Hotelzimmer, sonstige Unterkünfte und Busreisen vorab.

Erster Tag: Cienfuegos

Ab Havanna fahren Sie vier Stunden auf der Autopista A1 gen Südosten und biegen gen Süden nach Cienfuegos an der Karibikküste ab. Dort bewundern Sie den **Parque Martí** *(siehe S. 172)* und die Innenräume des **Teatro Tomás Terry** *(siehe S. 172)* aus dem 19. Jahrhundert. Beim Bummel auf dem **Paseo del Prado** *(siehe S. 173)* Richtung Süden sehen Sie den einmaligen Mix aus kolonialer und Architektur der 1950er Jahre an der **Punta Gorda** *(siehe S. 174)* und kehren im **Palacio de Valle** *(siehe S. 174)* ein. Übernachten Sie in Cienfuegos.

Tipp zur Verlängerung
Sehen Sie Vögel und Meerestiere in der **Schweinebucht** *(siehe S. 168–71)*.

Zweiter Tag: Nach Trinidad

Folgen Sie der Küstenstraße von Cienfuegos zu den exotischen Pflanzen im **Jardín Botánico Soledad** *(siehe S. 176f)*. Danach erreichen Sie Trinidad rechtzeitig zum Mittagessen. Dort fahren Sie 13 Kilometer zum weißen Sandstrand **Playa Ancón** *(siehe S. 196)* oder bummeln durch die Stadt im schönen Licht des Spätnachmittags – perfekt zum Fotografieren. Besichtigen Sie den **Palacio Cantero** *(siehe S. 193)* und genießen vom Turm den herrlichen Blick auf die Stadt.

Dritter Tag: Trinidad

Starten Sie an der **Plaza Mayor** *(siehe S. 186f)*. Neben der imposanten **Iglesia Parroquial de la Santísima Trinidad** *(siehe S. 188)* beeindruckt der **Palacio Brunet** *(siehe S. 189)* mit reichem Mobiliar. Danach besuchen Sie die berühmte Bar **Canchánchara** *(siehe S. 186)* und die schöne **Iglesia y Convento de San Francisco** *(siehe S. 193)*. Später entspannen Sie bei einer Live-Vorführung in der **Casa de la Cultura** *(siehe S. 193)* oder **Casa de la Trova** *(siehe S. 282)*.

Vierter Tag: Rund um Trinidad

Fahren Sie nordwärts nach **Topes de Collantes** *(siehe S. 195)* im Escambray-Gebirge. Wandern Sie zu Wasserfällen und Höhlen, baden Sie in der türkisfarbenen Karibik an der **Playa Ancón** *(siehe S. 196)* oder segeln Sie zum **Cayo Blanco** *(siehe S. 196)* zum Schnorcheln. Übernachten Sie in Trinidad.

Fünfter Tag: Valle de los Ingenios und Che Guevaras Mausoleum

Starten Sie früh zur ehemaligen Zuckerplantage **Manaca Iznaga** *(siehe S. 197)* im **Valle de los Ingenios** *(siehe S. 196f)* und fahren Sie dann weiter nach **Sancti Spíritus** *(siehe S. 198f)*. Auf der A1 Richtung Westen erreichen Sie am Stadtrand von Santa Clara Che Guevaras Mausoleum, das **Conjunto Escultórico Comandante Ernesto Che Guevara** *(siehe S. 180)*. Von dort

Die Iglesia Parroquial de la Santísima Trinidad, Plaza Mayor, Trinidad

führt der Weg gen Norden zu den Traumstränden des **Cayo Santa María** *(siehe S. 181)*.

Sechster Tag: Cayo Santa María

Entspannen Sie beim Sonnenbaden, bei einer Massage oder beim Katamaransegeln auf der Insel mit den weißen Sandstränden und übernachten Sie dort.

Siebter Tag: Rückfahrt via Remedios

Nach einem ruhigen Vormittag fahren Sie zurück nach Havanna. Unterwegs bewundern Sie im hübschen Städtchen **Remedios** *(siehe S. 181)* den Altar der Iglesia de San Juan Bautista.

Tipp zur Verlängerung
Besichtigen Sie in **Matanzas** den interessanten Altstadtkern *(siehe S. 162f)*.

Villen an der Punta Gorda, Cienfuegos

Weitere Informationen zu den Verkehrsmitteln in Kuba *siehe Seiten 302–307*

Eine Woche in Ostkuba

- **Anreise** Von Havannas Aeropuerto Internacional José Martí nehmen Sie einen Inlandsflug nach Baracoa. Zurück nach Havanna fliegen Sie vom Flughafen Holguín.
- **Weiterreise** Um alle Sehenswürdigkeiten der Tour zu erreichen, brauchen Sie einen Mietwagen. Viazul-Busse fahren jeweils nach Baracoa, Santiago de Cuba, Guantánamo, Bayamo und Holguín.
- **Reservierung** Buchen Sie in der Hochsaison (Dez–Feb, Juli, Aug) Busplätze und den Mietwagen vorab. Reservieren Sie weit im Voraus Unterkünfte während der beiden Julifeste in Santiago und in der Hochsaison in Bayamo.

Erster Tag: Ankunft in Baracoa

In **Baracoa** *(siehe S. 246f)* bummeln Sie durch die hübschen Straßen der – für kurze Zeit – ersten Hauptstadt Kubas. Spazieren Sie entlang der Bucht und hinauf zum **Hotel El Castillo** *(siehe S. 262)*, wo Sie den Blick auf die Stadt und einen Cocktail am Pool genießen.

Zweiter Tag: Baracoa

In der **Catedral de Nuestra Señora de la Asunción** *(siehe S. 246)* sehen Sie das Holzkreuz, das Kolumbus der Legende zufolge auf seiner ersten Fahrt nach Amerika mitbrachte. Lernen Sie Lokalgeschichte im Museum **Fuerte Matachín** *(siehe S. 247)* kennen und spazieren Sie am Strand zum Fischerdorf **Boca de Miel** am Río Miel. Übernachten Sie in Baracoa.

Dritter Tag: El Yunque und Playa Maguaná

Unternehmen Sie eine geführte Tour auf den **El Yunque** *(siehe S. 248)* oder in den **Parque Nacional Alejandro de Humboldt** *(siehe S. 249)*, in dessen Regenwald seltene Tiere leben. Nachmittags lockt der weiße Sand von **Playa Maguaná** *(siehe S. 248f)*. Übernachten Sie in Baracoa oder Playa Maguaná.

Der »Honigfluss« Río Miel bei Baracoa

Vierter Tag: Über die Passstraße La Farola und zur Guantánamo Bay

Starten Sie früh für die Fahrt auf der spektakulären Passstraße **La Farola** *(siehe S. 243)*. Sehen Sie die Riesenkakteen der **Costa Sur** *(siehe S. 243)* vor der dunkelblauen Karibik und die Absperrungen der US-Marinebasis **Guantánamo Bay** *(siehe S. 243)*. In Santiago de Cuba tanzen Sie abends Salsa in der **Casa de la Trova** *(siehe S. 226)*.

Fünfter Tag: Santiago de Cuba

Beginnen Sie früh mit einem Besuch des **Museo Ambiente Histórico Cubano** *(siehe S. 230)* im einstigen Wohnhaus des spanischen Eroberers Diego Velázquez. Danach besichtigen Sie die **Catedral de Nuestra Señora de la Asunción** *(siehe S. 231)* und entspannen im

Die hochverehrte Virgen del Cobre in der Basílica del Cobre

Hotel Casa Granda *(siehe S. 228)* auf der Terrasse mit Blick auf den Park. Spazieren Sie nach Osten auf der Calle Heredia und dann nach Süden zur bunten Sammlung des **Museo Emilio Bacardí Moreau** *(siehe S. 228)*. Nachmittags informieren Sie sich im Museum **Cuartel Moncada** *(siehe S. 234f)* über Fidel Castros frühe Rebellenzeit und nehmen an einer Führung zum **Cementerio de Santa Ifigenia** *(siehe S. 234)* teil, auf dem das Grabmal des Nationalhelden José Martí steht. Abschließend sehen Sie bei einem Bummel im eleganten Stadtteil **Vista Alegre** *(siehe S. 235)*, wie die Oberschicht früher lebte.

Sechster Tag: Nach Guardalavaca

Fahren Sie mit dem Auto entweder nach Süden zum imposanten **Castillo del Morro** *(siehe S. 236f)* aus dem 17. Jahrhundert, das die Spanier zum Schutz von Santiago de Cuba erbauten, oder nach Westen zur **Basílica del Cobre** *(siehe S. 225)* und der Statue von Kubas Nationalheiliger La Virgen del Cobre. Nach Westen über Bayamo und Norden durch Holguín führt der Weg zu Meer und Strand von **Guardalavaca** *(siehe S. 219)*.

Siebter Tag: Rückfahrt via Holguín

Vormittags genießen Sie das Strandleben in Guardalavaca, danach fahren Sie eine Stunde zum Flughafen Holguín und fliegen zurück nach Havanna.

Kuba auf der Karte

Kuba ist die größte Insel im Karibischen Meer. Sie liegt direkt südlich des Nördlichen Wendekreises und ist 170 Kilometer von Florida und 210 Kilometer von Mexiko entfernt. Die Distanz zu Haiti beträgt 80 Kilometer und zu Jamaika 140 Kilometer. Kuba besteht nicht nur aus einer Insel, sondern aus einem Archipel mit einer Fläche von 109 884 Quadratkilometern. Die längliche Hauptinsel erstreckt sich von Westen nach Osten über rund 1250 Kilometer und ist bis zu 200 Kilometer breit. Ihr sind fünf Inselgruppen vorgelagert: Colorados, Sabana, Camagüey, Canarreos und Jardines de la Reina. Diese setzen sich aus Tausenden von *cayos* (kleine Inseln) zusammen. Am größten ist die Isla de la Juventud. Kuba hat rund 11,2 Millionen Einwohner, 2,1 Millionen davon leben in der Hauptstadt Havanna (La Habana).

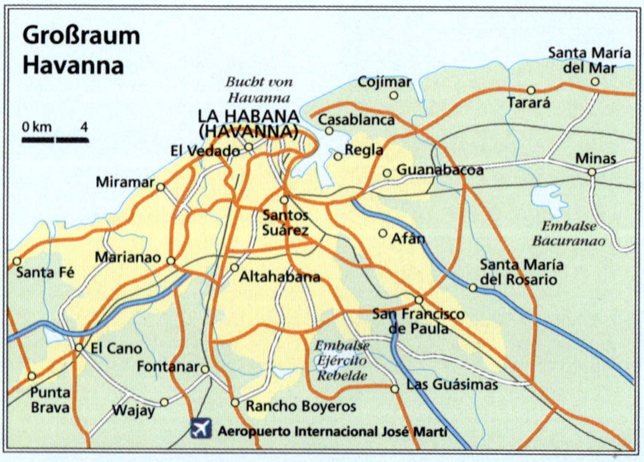

Zeichenerklärung *siehe hintere Umschlagklappe*

VEREINIGTE STAATEN VON AMERIKA
Atlantischer Ozean
Golf von Mexiko
BAHAMAS
MEXIKO
KUBA
HAITI
DOM. REPUBLIK
JAMAIKA
Inseln unter dem Winde
BELIZE
GUATEMALA
HONDURAS
Karibisches Meer
Inseln über dem Winde
EL SALVADOR
NICARAGUA
COSTA RICA
PANAMA
VENEZUELA
GUYANA
Pazifischer Ozean
KOLUMBIEN
BAHAMAS
del Rey
Cayo Santa María
Archipiélago de Camagüey
BAHAMAS
Cayo Coco
Chambas
San Rafael
Jatibonico
Morón
Esmeralda
Atlantischer Ozean
Sancti Spíritus
Ciego de Ávila
Júcaro
Florida
Nuevitas
Santa Lucía
Camagüey
Minas
Manatí
Vertientes
Gibara
Guardalavaca
Guáimaro
Las Tunas
Holguín
Jobabo
Jardines de la Reina
Santa Cruz del Sur
Moa
Cueto
Mayarí
Sagua de Tánamo
Bayamo
Jiguaní
Baracoa
Manzanillo
La Maya
Guantánamo
Media Luna
Yara
Palma Soriano
Niquero
El Cobre
San Antonio del Sur
Santiago de Cuba
Pilón
Antillen
Legende
Autobahn
Hauptstraße
Nebenstraße
Eisenbahn
Staatsgrenze
JAMAIKA

Ein Porträt Kubas

Denkt man an Kuba, hat man spontan Zuckerrohr, Palmen und glasklares Wasser vor Augen. Doch die Insel bietet weit mehr: Hier ist eine tief verwurzelte, vielschichtige Kultur zu spüren, mit alten Traditionen und gleichzeitig modernen Strömungen. Kuba ist ein pulsierendes Land voller Musik und Farbe, das trotz der wirtschaftlichen Probleme seine Identität bewahrt hat. Das neue politische Tauwetter zwischen dem Land und den USA lässt die Kubaner auf positive wirtschaftliche und politische Signale hoffen. Der Tourismus hat nicht zuletzt durch diese Annäherung deutlich zugenommen.

Kuba verdankt sein besonderes Flair nicht zuletzt den geografischen Gegebenheiten. Die Insel wird aufgrund ihrer günstigen strategischen Lage zwischen Nord- und Südamerika am Golf von Mexiko auch »key of the gulf« (»Schlüssel zum Golf«) genannt. Kuba stand bereits zu Beginn der Kolonialisierung im Fokus der Europäer. So ist es nicht verwunderlich, dass sich die damalige Bevölkerung aus europäischen Siedlern, überlebenden indianischen Ureinwohnern und Tausenden von schwarzafrikanischen Sklaven zusammensetzte.

Bis zur Abschaffung der Sklaverei im Jahr 1886 war Kubas Kultur vordergründig stark von der Kolonialmacht Spanien geprägt, teilweise durchsetzt mit Einflüssen von Seeleuten und Reisenden. Im Verborgenen jedoch gelang es afrikanischen Sklaven, ihre Lieder, Instrumente und Tänze zu bewahren, der Küche neue Geschmacksnuancen beizumengen und weiter ihren Yoruba-Göttern zu huldigen *(siehe S. 26 f)*.

Im 19. Jahrhundert bildete sich in Havanna eine chinesische Gemeinschaft. So entstand ein ethnisches Mosaik aus Weißen, Schwarzen, Mulatten, Mestizen und Asiaten. Diese Vielfalt übertrug sich auf die Landeskultur: Das Nebeneinander unterschiedlicher Traditionen gibt Kuba auch heute noch eine ganz eigene, unverwechselbare Identität.

In Kuba sitzt man gern auf einen Plausch vor der Haustür zusammen

◀ Kubanische Schüler hissen die Nationalflagge in Havanna

Domino ist ein Nationalspiel in Kuba

Lebensart

Kubaner gehen gern aus und sind sehr gesellig. Ihre Haustüren stehen immer offen, auch für einen Plausch bei einem Glas Rum oder einer Tasse Kaffee. Es gibt keine klare Grenze zwischen dem Zuhause und der Straße: Man unterhält sich von einem Balkon zum anderen oder auf den Stufen vor dem Haus.

Aufgrund der Temperaturen kann man sich den ganzen Tag im Freien aufhalten, was die Kubaner gern nutzen, um sich lauthals und fröhlich zu unterhalten, Domino zu spielen, zu flirten, mit dem Fahrrad Runden zu drehen oder einfach nur zusammenzusitzen. Seele der Insel ist die Musik. Spanische Melodien gepaart mit dem hypnotisierenden Rhythmus afrokubanischer Perkussionsinstrumente, die religiös und mitreißend zugleich sind, gehören genauso zum täglichen Leben wie das Tanzen. Jeder noch so kleine Ort in Kuba hat eine Casa de la Trova, die zur Tradition geworden ist. Hier tanzen Jung und Alt zur Live-Musik einheimischer Bands. Getanzt werden darf in Kuba überhaupt immer. Es gibt auch jederzeit einen Grund zu feiern. Eines der offiziellen Feste ist die Einführung der Debütantinnen in die Gesellschaft. Neben der ausgeprägten Lebensfreude ist ein starkes Familienbewusstsein ein charakteristisches Wesensmerkmal der Kubaner. Sie verbringen viel Zeit zu Hause mit der Familie, vor dem Fernseher oder bei einem Plausch im Schaukelstuhl.

Live gespielte Musik ist in Kuba allgegenwärtig

Politisches System

97,7 Prozent der Stimmberechtigten stimmten 1976 für die aktuelle Verfassung der Republik Kuba. In Kuba darf mit 16 Jahren gewählt werden. Mit der Verfassungsreform 1992 kam es zu zahlreichen Neuerungen (u. a. Garantien für ausländische Investoren, mehr Spielraum im internationalen Handel, mehr Religionsfreiheit und allgemeines Wahlrecht für Direktwahlen der Abgeordneten des Volkskongresses). Seit 2013 gilt das neue kubanische Reisegesetz: Erstmals seit einem halben Jahrhundert dürfen die Bürger des kommunistischen Inselstaats ohne Sondergenehmigung ins Ausland reisen.

Laut Verfassung ist Kuba eine sozialistische Republik mit dem Volkskongress als oberstem Staatsorgan. Der Volkskongress entspricht dem Parlament und wird alle fünf Jahre gewählt. Der Kon-

Debütantinnen werden wie Bräute gekleidet

Fidel Castro, der Máximo Líder, bei einer Kundgebung auf der Plaza de la Revolución

gress wiederum wählt den Staatsrat, den Ministerrat, den Staatsratsvorsitzenden (dieser ist gleichzeitig Staats- und Regierungschef) sowie die Richter des Obersten Gerichtshofs. Zusätzlich gibt es die Volksräte der Provinzen und Gemeinden, die Sprachrohre der Bevölkerung. Die Kommunistische Partei Kubas (PCC) ist die einzige Partei des Landes. Sie kann von Gesetzes wegen keine Kandidaten bestimmen, sodass diese von den Bürgern direkt gewählt werden. Fast alle Kubaner sind Mitglied in einem der vielen sozialistischen Verbände. Es gibt Verbände für junge Leute (UJC), Kinder (UPCJM), Frauen (FMC), Studenten (FEEM und FEU) oder Kleinbauern (ANAP). Der größte Verband setzt sich aus den Komitees zur Verteidigung der Revolution (CDR) zusammen, die 1960 gegründet wurden und deren Aufgaben die Sicherung des Landes sowie soziale Dienste sind.

Politische Werbung an der Carretera Central

Trotz der strengen Führung der Castro-Regierung ist der Nationalstolz in Kuba sehr ausgeprägt, was auch auf das US-Embargo zurückzuführen ist. Seit einem kurzen Treffen zwischen US-Präsident Obama und Raúl Castro im April 2015 besteht allerdings Hoffnung, dass das Embargo bald fällt.

Fidel Castro wird – obwohl nicht mehr Staatspräsident – noch immer als charismatischer Leitwolf gesehen. Die zur Revolution eingeführten sozialen Reformen finden allgemeine Beachtung und Bestätigung. Es bleibt abzuwarten, wie stark westliche Einflüsse das Land langfristig verändern werden.

Kubanische Fahnen bei einer Kundgebung

Wirtschaft

Einer der bedeutendsten Wirtschaftsfaktoren des Karibikstaats ist Zuckerrohr: Kuba zählt zu den weltweit führenden Exportländern für Zucker. Der stärkste Wirtschaftsfaktor ist jedoch der Tourismus,

Varadero, einer der beliebtesten Urlaubsorte Kubas für Touristen aus aller Welt

nachdem die Insel im Jahr 1980 für ausländische Urlauber geöffnet wurde.

Damit kamen anstelle der bisher zahlreichen Osteuropäer mehr und mehr Besucher aus kapitalistischen Ländern nach Kuba – und mit ihnen harte Währungen. Die Entscheidung, die natürlichen und architektonischen Vorzüge des Landes durch Investitionen auf ein höheres Niveau zu bringen, war für die kubanische Wirtschaft ein wichtiger Schritt. Sie brachte jedoch auch große Veränderungen im sozialen Bereich mit sich. Millionen von Menschen begannen, sich an westeuropäischen und nordamerikanischen Maßstäben zu messen. In Kuba gibt es zwei Währungen: Einheimische zahlen mit dem kubanischen Peso (CUP), Ausländer mit dem Peso convertible (CUC). 2013 wurde eine nicht näher terminierte Zusammenführung der Parallelwährungen beschlossen.

Beliebtes Holzgefährt auf drei Rädern

Maschinen zur Zuckerrohrernte

Bildung und Kinder

Der Schriftsteller und Dichter José Martí, der zu einem Helden der nationalen Unabhängigkeit wurde *(siehe S. 49)*, schrieb einmal, Bildung sei der einzige Weg zur Freiheit. Die kubanische Revolution hat dieses Motto nicht vergessen und die kostenlose staatliche Ausbildung stark gefördert. Dank der Alphabetisierungskampagne 1961 *(siehe S. 56)* konnte der Analphabetismus innerhalb kurzer Zeit praktisch völlig beseitigt werden. Heute können die meisten Kubaner, von denen weit mehr als die Hälfte nach der Revolution im Jahr 1959 geboren wurden, die offizielle Landessprache Spanisch lesen und schreiben. Teilweise beherrschen sie auch Fremdsprachen.

Auf den Programmen der landesweiten Casas de la Cultura (Kulturzentren) stehen Ausstellungen, Theateraufführungen und Tanzabende.

Das Wohl der Kinder wird in der kubanischen Bildungspolitik großgeschrieben: Die Regierung hat viel in die jüngeren Generationen investiert und ist vorbildlich, was den Schutz von Kindern anbelangt. Sie werden vor Ausbeutung und Kinderarbeit bewahrt, die in vielen Ländern Lateinamerikas und der Dritten Welt an der Tagesordnung sind. In Kuba hat jedes Kind Anspruch auf einen Kindergartenplatz, den Besuch einer Tagesschule, Bildung, Sportunterricht und Freizeitaktivitäten. Diese Leistungen sind grundsätzlich kostenlos.

Javier Sotomayor, der bei den Olympischen Spielen 1992 die Goldmedaille im Hochsprung gewann

Gesundheit

Der kubanische Staat garantiert jedem kubanischen Bürger eine medizinische Versorgung. Die Behandlung ist für Kubaner grundsätzlich kostenlos, für Medikamente müssen die Patienten jedoch eine Zuzahlung leisten. Das Gesundheitssystem zeichnet sich durch eine gute Vorsorge, eine hohe Ärztedichte und eine hohe Integration (Polikliniken) aus. Jede Siedlung verfügt über einen sogenannten »Familienarzt«, was eine ärztliche Versorgung innerhalb von 24 Stunden gewährleisten soll. Die Säuglingssterblichkeit ist eine der niedrigsten auf dem gesamten amerikanischen Kontinent und die Lebenserwartung hoch.

Jedoch gibt es auch Probleme: Viele medizinische Einrichtungen sind baufällig und die Geräte oft veraltet und in schlechtem Zustand.

Sport

Sport hat in Kuba einen hohen Stellenwert und wurde von der Regierung von jeher über umfangreiche Programme und Schulen gefördert, in denen junge Talente die Chance erhalten, sich einen Namen zu machen. So ist das sportliche Niveau hoch, und Kuba stellt viele Olympiasieger. Nationalsport ist Baseball (die kubanische Mannschaft zählt seit Langem zu den besten der Welt), weitere beliebte Sportarten sind Leichtathletik, Volleyball, Judo und Boxen. Zu den Vorbildern der kubanischen Jugend zählen der Boxer Kid Chocolate (1910–1988), der Hochsprung-Olympiasieger Javier Sotomayor, Ana Fidelia Quirot, Weltmeisterin im 800-Meter-Lauf 1995 und 1997, sowie Iván Pedroso, Weitsprung-Olympiasieger von Sydney 2000 und Weltmeister von Edmonton 2001.

Boxtraining in einer Turnhalle in Havanna

Landschaft, Flora und Fauna

Der kubanische Dichter Nicolás Guillén verglich seine Heimat mit einem grünen Krokodil mit Augen aus Stein und Wasser. Aus der Luft betrachtet, scheint die Insel in der Tat träge im Karibischen Meer zu liegen, bedeckt mit üppigem Grün und durchsetzt von Flüssen. Die vorgelagerten Inseln und Korallenriffe schimmern im tiefblauen Meer. Das Hinterland reicht von weiten Ebenen roter Erde bis zu den *Mogotes*-Felsen von Viñales, von Wüstenkakteen bis zu tropischen Regenwäldern. 22 Prozent der Fläche sind Naturschutzgebiet. Viele der Tierarten gibt es nur in Kuba.

Korallenriffe mit ihrem eigenen Ökosystem ***(siehe S. 151)***

Berge

Die höchsten Gebirge der Insel sind die Sierra de los Órganos im Westen, die Sierra del Escambray im Zentrum sowie die Sierra Maestra mit dem Pico Turquino (1974 m), dem höchsten Gipfel der Insel, im Südosten. An den Berghängen sieht man Laub- und Kiefernwälder, tropische Pflanzen und zahlreiche Kaffee- und Kakaoplantagen.

Flachland

Über die gesamte Insel erstrecken sich weite Ebenen, doch prägen sie vor allem das Zentrum Kubas (Matanzas, Sancti Spíritus und Camagüey) und die Gegend von Pinar del Río im Westen. Das Land ist fruchtbar. Angebaut werden besonders Zuckerrohr, Tabak, Palmen, Mangobäume und Zitrusfrüchte, der Rest ist Weideland.

Carpintero (Zimmermann) ist der kubanische Name des Spechts, der in Baumstämmen nistet.

Cartacuba *(Todus multicolor)* ist eine winzige, nur in Kuba heimische Gattung mit farbenprächtigem Gefieder.

Tocororo (Kubanischer Trogón) ist der Nationalvogel Kubas. Sein Gefieder ist Vorbild für die Nationalfarben.

Tiñosa oder Rabengeier mit ihrem unverkennbaren roten Kopf sind nützliche Aasverwerter.

Kuhreiher folgen Rindern und ernähren sich von Insekten, die auf dem Körper der Rinder sitzen oder aufgewirbelt werden.

Agraulis vanillae gehört zu den 190 Schmetterlingsarten Kubas, von denen 30 endemisch, also nur auf der Insel heimisch sind.

Flora

Die Pflanzenwelt ist von einer Vielfalt an Palmen *(siehe S. 177)*, Kiefern und Pinien im Gebirge und Kapokbäumen im Flachland geprägt. Der *yagruma* mit seinen breiten dunkelgrünen und silbrigen Blättern ist ebenfalls weitverbreitet. Die drei wichtigen Harthölzer sind Mahagoni, Zeder und *majagua*. Die üppige Vegetation erhält farbige Akzente durch Hibiskus, Bougainvillea und den Flamboyant. Auch wachsen hier zahlreiche Orchideen sowie die Mariposa (Schmetterlingsingwer), Kubas Nationalblume.

Der Kapokbaum, ein Heiligtum der präkolumbischen Völker

Ein *flamboyán* oder Flamboyant

Mariposa, Nationalblume Kubas

Sumpfgebiete

Im südlichen Teil der Insel gibt es besonders viele Lagunen und Sümpfe. Dort sieht man Mangrovenbäume, die den zahlreichen Vogelarten als Nistplatz dienen. Größtes Sumpfgebiet ist der Zapata-Sumpf in der Provinz Matanzas *(siehe S. 168)*.

Flamingos leben in den Brackwassern zwischen Cayo Coco und Zapata.

Der schwarze Falke *(Buteogallus anthracinus gundlachi)* frisst Krabben und lebt nur in Kuba.

Mangroven entwickeln ein dichtes Wurzelsystem. Diese Luftwurzler bieten vielen Vögeln und Fischen geeigneten Lebensraum.

Regenwald

Die ostkubanische Bergkette Ságua-Baracoa ist durch den Einfluss der Passatwinde eine der biologisch artenreichsten Gegenden der Karibik. Die starken Regenfälle lassen eine üppige Vegetation gedeihen.

Der kleine Zunzuncito, der kleinste Kolibri der Welt, lebt in geschützten bzw. baumreichen Gegenden, z. B. auf der Halbinsel Zapata.

Die Anolis-Eidechse lebt in den Wäldern Kubas. Sie kann bei Gefahr ihren Kehlsack aufblähen.

Die Schnecke **Polymita picta** kommt nur im Baracoa-Gebiet vor. Sie hat ein auffällig buntes Haus und ernährt sich von Pflanzenparasiten.

Santería

In Kuba sind verschiedene Religionen verbreitet – ein Ergebnis der bewegten Geschichte der Insel. Sowohl der Katholizismus der spanischen Eroberer als auch die von den Sklaven eingeführten afrikanischen Kulte haben überlebt. Von den afrikanischen Glaubensrichtungen ist vor allem der *Santería*-Kult verbreitet, auch Regla de Ocha genannt. Um ihren Göttern weiter huldigen zu können, verschmolzen die aus Nigeria stammenden Yoruba-Sklaven die Identität ihrer Götter mit katholischen Heiligen. Der orthodoxe Glaube ist heute nicht sehr verbreitet, während der *Santería*-Kult ein wichtiger Teil der nationalen Identität ist.

Die *batá*, drei kegelförmige Trommeln in verschiedenen Größen und mit zwei Häuten, dürfen bei *Santería*-Zeremonien nicht fehlen.

Rituale finden meist in Privathäusern statt (*santería* hat keine Kultstätten). Die Riten sind von animistischer Spiritualität, beinhalten jedoch auch Elemente, die teilweise stark an den Katholizismus erinnern.

Santeros und Babalawos, die *Santería*-Priester, sagen die Zukunft voraus. Dabei lesen Santeros aus Muscheln. Babalawos erhalten göttliche Eingebung mithilfe von Steinen, Muscheln, Samen und Kokosnussschalen.

Die Krone von Changó, dem König der *orishas*

Changó liebt frisches Obst, vor allem Bananen

Agogós (traditionelle Rasseln), Maracas und Glocken werden während der Lobpreisungen eingesetzt.

Ein Altar für Changó

An den Festtagen werden von den Gläubigen Altäre aufgestellt – so etwa zum »Geburtstag des Heiligen« (Initiationstag) – und mit den Merkmalen des Gottes dekoriert, dem sie gewidmet sind. Sie enthalten auch Elemente anderer orishas, *wie zum Beispiel Kleidung, Devotionalien, Blumen oder Obst.*

Orishas

Der höchste *Santería*-Gott ist Olofi, der Schöpfer, ähnlich dem christlichen Gott, jedoch ohne Kontakt mit der Erde und ihren Bewohnern. Die Götter, die zwischen ihm und den Gläubigen vermitteln, sind die *orishas*, die ihre Gebete hören. *Orishas* haben jeweils eine Farbe, Symbole und ein Ritual, das man an der Art des Tanzes, der Musik und der Kostüme erkennt: Oshun beispielsweise trägt gelbe Kleidung und mag Honig, helle Getränke und Geigen.

Obatalá ist ein Zwitterwesen und Beschützer des Kopfes sowie der höchste Mittler zwischen Olofi und der Menschheit.

Oshun, die Göttin der Liebe, lebt in Flüssen und entspricht der Virgen del Cobre *(siehe S. 225)*.

Der angehende Priester *(santero)* muss sich eine Woche lang intensiven Initiationsriten unterziehen, sich ein Jahr lang in Weiß kleiden und strenge Verhaltensregeln befolgen.

Diverse Gegenstände – christliche, weltliche und persönliche – finden sich auf *Santería*-Altären wieder: hier drei Madonnen mit Plastikpferden.

Axt und Schwert sind Changós kriegerische Merkmale.

Die *batea* ist ein Behälter aus Holz, gefüllt mit organischen Stoffen, in dem der Geist des Gottes wohnt. Nur der *santero* darf ihn öffnen.

Der *pilón* ist ein großer hölzerner Kelch, auf dem der *santero* in der Initiationswoche sitzt und der als Huldigungsobjekt aufbewahrt wird.

Frische Blumen werden auf die Altäre der *orishas* gestellt: rote Blumen für Changó, gelbe für Oshun und weiße für Obatalá.

Kerzen

Ein Geschenkkorb wird während der Zeremonien aufgestellt. Das Geld wird für Huldigungsobjekte verwendet.

Elegguá ist der erste Gott, dem bei einer Zeremonie gehuldigt wird. Er wird durch einen Steinkopf mit Augen aus Muscheln dargestellt und für gewöhnlich hinter der Eingangstür platziert.

Yemayá, Göttin des Meeres und Mutter der *orishas*, trägt Blau. Sie kann sanftmütig und zornig sein und entspricht der Virgen de Regla *(siehe S. 116)*.

Changó ist der männliche, sinnliche Gott des Feuers und Krieges. Er tanzt gern und kommuniziert mit St. Barbara.

Weitere afrokubanische Religionen

Von den in Kuba praktizierten afrikanischen Kulten sind noch zwei weitere erwähnenswert: *Palo Monte* (oder *reglas de Congo*), bei dem Kräuter und andere natürliche Elemente magischen Zwecken dienen, und *abakuá*, eine Art Gesellschaft der gegenseitigen Hilfe (nur für Männer). *Palo Monte* kam über Bantu sprechende afrikanische Sklaven aus dem Kongo, Zaire und Angola nach Kuba und basiert auf dem Totenkult. Die *paleros* (Gläubigen) haben teils makabre Riten mit Tendenz zur schwarzen Magie. Der *Abakuá*-Kult stammt aus einer Region zwischen Nigeria und Kamerun. Zu Tanz und Musik sind dessen Anhänger als Teufel verkleidet. Diese *Diablito*-Gestalt ist heute Teil kubanischer Folklore.

Ein typischer *diablito* des *Abakuá*-Kults

Architektur

Formale Architektur hielt in Kuba mit der Kolonialzeit Einzug. Im 16. Jahrhundert konzentrierte sich alles auf den Bau imposanter Festungen. Es folgten die ersten Häuser im *Mudéjar*-Stil, welche die einfachen Holzhütten durch Steinhäuser mit Ziegeldächern ersetzten. Das 18. Jahrhundert war die Blütezeit der städtischen Architektur mit dem aus Europa importierten Spätbarock, der im 19. Jahrhundert klassizistischen Bauwerken Platz machte. Auf die für das *fin de siècle* typischen Stilmischungen folgte etwa von 1900 bis 1930 die Art-déco-Architektur, ein Vorreiter der Wolkenkratzer der 1950er Jahre. Seit der Revolution 1959 wurden vorwiegend Plattenbauten errichtet.

Innenhöfe – hier Conde Jarucos Haus in Havanna *(siehe S. 80)* – sind typisch für die Kolonialarchitektur und Zentrum des häuslichen Lebens.

17. Jahrhundert

Die tropischen Temperaturen und die starken Regenfälle haben die einheimische Architektur stark beeinflusst. Zahlreiche Privathäuser hatten dicke Wände, Ziegeldächer und Fensterläden.

Typisches Holzdach in der Calle Tacón 4 in Havanna

Hölzerne Balustraden mit schmalen Säulen

Schrägdach aus Tonziegeln

Das Haus in der Calle Obispo 117–119 *(siehe S. 76)* in Havanna mit seinem charakteristischen Innenhof und Holzbalkonen zeigt den starken spanischen Einfluss auf die Struktur und die angewandte Bautechnik.

Mezzanine, ein Strukturelement aus dem 18. Jahrhundert

18. Jahrhundert

Häuser mit Innenhof wurden aufgestockt, viele neue Häuser wurden gebaut, und es entstanden einige Glanzpunkte städtischer Architektur. In Havanna sind das u. a. der Palacio de los Capitanes Generales *(siehe S. 74f)*, der Palacio del Segundo Cabo *(siehe S. 70)* und die Catedral de San Cristóbal *(siehe S. 68)*. Aber auch in Trinidad gibt es zahlreiche Kolonialbauten aus dem 18. Jahrhundert.

Kalksteinfassade

Die Arkade im Erdgeschoss als Gegenstück zum Innenhof war eine Innovation des 18. Jahrhunderts. Mit wachsendem Handel und Wohlstand wohnte in solchen Häusern vermehrt Dienstpersonal, das im unteren Teil untergebracht war.

Buntglasfenster

Bogen, getragen von Säulen und Pilastern, sind charakteristisch für Gebäude dieser Epoche.

Der Palacio de los Capitanes Generales ist typisch für den kubanischen Barock – dicke Steinmauern, zahllose Bogen, Säulen, Portiken und Balkone sowie ein großer Innenhof mit dichter Vegetation.

Elegant geschwungenes *Mediopunto*-Fenster

Mediopunto

Diese halbkreisförmigen Buntglasfenster entstanden Mitte des 18. Jahrhunderts, um Räume vor gleißender Sonne zu schützen. *Mediopunto*-Fenster wurden immer populärer, nachdem man begonnen hatte, Fenster mit Glas in Holzrahmen zu dekorieren. Anfangs waren die Motive geometrisch, später wurden sie der heimischen Flora und Fauna entlehnt.

19. Jahrhundert

Zahlreiche Portiken mit Säulen und Stürzen, schmiedeeiserne Balustraden und Dekorationen aus der klassischen Antike und der Renaissance sind die charakteristischen Merkmale der klassizistischen kubanischen Architektur des 19. Jahrhunderts. Fensterläden und -gitter sorgten für bessere Luftzirkulation (was ursprünglich die Funktion des Innenhofs war). Typische Gebäude für diesen Baustil sind der Palacio de Aldama in Havanna *(siehe S. 88f)* und das Teatro Sauto in Matanzas *(siehe S. 162)*.

Schmiede- oder gusseiserne Gitter

Ionische Pilaster

Fensterläden und *mediopuntos* dienen als Schutz vor dem Sonnenlicht.

Der Palacio de Aldama, 1840 von Manuel José Carrera im Auftrag von Don Domingo de Aldama entworfen, ist das bedeutendste klassizistische Gebäude Havannas. Ganz ohne barocke Schnörkel spiegelt er die Geradlinigkeit und Reinheit der klassischen Architektur wider.

Dorische Säulen

Im Portikus ersetzt der Sturz den Bogen.

Übergang vom 19. zum 20. Jahrhundert

Detail der Fassade des Palacio Guasch, Pinar del Río *(siehe S. 144f)*

Der architektonische Wert kubanischer Städte liegt in der Mischung verschiedener Stile. Beispiele dafür sind der neomaurische Palacio de Valle in Cienfuegos *(siehe S. 174)*, das Capitolio in Havanna *(siehe S. 86f)* oder die Calle 17, Havannas sogenannte »Millionärszeile« mit prachtvollen Gebäuden wie der 1926 erbauten Casa de la Amistad *(siehe S. 103)*.

Der Palacio de Valle in Cienfuegos, ein Entwurf des venezianischen Architekten Alfredo Colli für Acisclo del Valle (1912), vereint maurische und venezianische gotische Elemente mit Anspielungen auf Jugendstil-Formen – ein typisches Beispiel für die Kombination verschiedener architektonischer Motive und Elemente.

20. Jahrhundert

Zu Beginn des 20. Jahrhunderts entstanden einige Gebäude im Jugendstil und im Stil des Art déco. Sie ebneten so der urbanen Entwicklung den Weg, die sich in den 1950er Jahren in Havanna vollzog. In diesem Zeitraum wurden sehr hohe, moderne Wolkenkratzer errichtet, ebenso Hotels wie das Riviera oder das Habana Libre (vormals Havana Hilton, *siehe S. 102*). Parallel dazu entwickelte sich ein Stil, der an die Architektur des Rationalismus erinnert.

Das Edificio Bacardí (1930) in Havanna (von E. Rodríguez Castells, R. Fernández und J. Menéndez) ist mit seinen Verzierungen aus Granit und Sandstein ein prachtvolles Beispiel für Art déco.

Malerei

Die Geschichte der kubanischen Malerei lässt sich in drei Epochen unterteilen: Die erste begann 1818 mit der Gründung der Akademie der schönen Künste San Alejandro durch Jean Baptiste Vermay, einen französischen Maler. Die zweite setzte in den 1930er Jahren ein. Dank großartiger Künstler wie Wifredo Lam, René Portocarrero und Amelia Peláez entstand zu dieser Zeit unter dem Einfluss der europäischen Avantgarde-Bewegung eine universell verständliche Kunstform mit Besinnung auf die kubanische Identität. In der dritten Epoche (ab 1959) entstanden als Teil eines Kunstförderprogramms die Nationale Kunstschule und das Institut für fortgeschrittene Kunststudien. Junge Maler finden mittlerweile internationale Beachtung, nicht zuletzt aufgrund von Veranstaltungen wie der Biennale von Havanna.

Víctor Manuel García, einer der Väter der modernen kubanischen Kunst, schuf 1929 die archetypische *Gitana Tropical.*

Wifredo Lam (1902–1982) lebte zeitweise in Europa und arbeitete mit Pablo Picasso in Paris zusammen. Er entwickelte eine die Landesgrenzen überschreitende neue Bildersprache. Zu seinen außerordentlichen Werken zählen *La Jungla,* das heute im Museum of Modern Art in New York hängt, *La Silla* *(siehe S. 97)* und das hier abgebildete Gemälde *Die Dritte Welt* (1966), das die Elemente der kubanischen Religionen dramatisch beleuchtet.

Amelia Peláez (1897–1968) vermischte Stillleben mit den dekorativen Elementen der kubanischen Kolonialarchitektur wie Buntglas und Säulen, wie im links abgebildeten *Innenraum mit Säulen* (1951).

René Portocarrero (1912–1986) brachte das Wesen Kubas durch eine barockähnliche Sicht der Stadt zum Ausdruck. Er malte Innenräume und Frauenfiguren, wie hier in *Interno del Cerro* (1943). Er verwendete kräftige Farben und ließ sich von der europäischen Avantgarde sowie von mexikanischen Wandmalereien inspirieren.

Raúl Martínez (1927–1995) und Guido Llinás waren führende Vertreter der abstrakten Kunst, die in den 1950er und 1960er Jahren aufkam. Später übernahmen sie den Pop-Art-Stil zur Darstellung der damaligen Helden, so auch hier in *Insel 70* (1970) von Raúl Martínez.

Alfredo Sosabravo (geb. 1930) – Maler, Illustrator, Graveur und Töpfer – befasst sich ironisch mit Natur, Mensch und Maschinen. Gemeinsam mit dem Neoexpressionisten Servando Cabrera Moreno, Antonia Eiriz, Vertreterin der bildenden Kunst, und Manuel Mendive, der das afrikanische Erbe Kubas thematisiert, ist er seit den 1960er Jahren eine Leitfigur.

Flora Fong (geb. 1949) ist zusammen mit Ever Fonseca, Nelson Domínguez, Pedro Pablo Oliva, Tomás Sánchez und Roberto Fabelo eine Vertreterin der Malerei der 1970er Jahre, die sich der Abstraktion widmete, ohne die Sicht auf die objektive Realität zu verlieren. Hier ihr Werk *Dimensiones del Espejo*.

Grafik

Das Grafikdesign, das erstmals in der Kolonialzeit aufkam, in der es in der Zucker- und Tabakindustrie Verwendung fand, entwickelte sich im Lauf der Zeit mit der Gründung namhafter Zeitschriften wie *Social* zu einer unabhängigen Kunstform. Im 20. Jahrhundert entstanden durch die steigende Bedeutung des Marketings verschiedene Formen der grafischen Kunst. In den 1960er Jahren, der Zeit des wachsenden Enthusiasmus für die Revolution, entwickelte sich das künstlerische Plakat zu einem Bestandteil politischer und kultureller Kampagnen und wurde auch qualitativ hochwertiger. Noch heute sind Grafik und Plakatkunst in Kuba weitverbreitet.

Plakat von Alfonso Prieto anlässlich des 26. Juli

Keramik

1950 brachte der kubanische Künstler und studierte Physiker Juan Miguel Rodríguez de la Cruz einige der führenden Maler des Landes wie Wifredo Lam, René Portocarrero und Amelia Peláez in Santiago de las Vegas nahe Havanna zusammen, um sich mit Keramikdesign zu beschäftigen. Dieses wichtige Zusammentreffen markierte zugleich den Beginn einer neuen Kunstgattung in Kuba, die heute von Geschirr bis hin zu Skulpturen reicht und auch Einzug in die Inneneinrichtung hielt. Schöne Beispiele kubanischer Keramik sind u. a. im Hotel Habana Libre *(siehe S. 102)* zu sehen.

Bemalter Teller, Keramikmuseum, Havanna

Literatur

Beherrschendes Thema der kubanischen Literatur war von jeher die nationale Identität. Mit der Zeit beschäftigte sich die Literatur vermehrt mit sozialen Problemen und Realitätsfragen. Die Werke der berühmten kubanischen Autoren des 20. Jahrhunderts gelten als Klassiker, auch junge Autoren finden mehr und mehr internationale Beachtung. Nach der Revolution wurde in großem Umfang veröffentlicht, da die Produktionskosten für Bücher sehr niedrig waren. Allerdings geriet der Handel in den frühen 1990er Jahren plötzlich in eine Krise. Die kubanischen Verlage erholten sich nur langsam von den Folgen. In Havanna findet jedes Jahr eine viel beachtete internationale Buchmesse statt.

Ausdrucksstarkes Porträt des großen Lyrikers Nicolás Guillén

19. Jahrhundert

Die Geburtsstunde der kubanischen Literatur wird meist in *Espejo de Paciencia* gesehen, einem epischen Gedicht des frühen 17. Jahrhunderts von dem von den Kanarischen Inseln stammenden Silvestre de Balboa.

Rein nationale Literatur kam erst im 19. Jahrhundert mit dem Ruf nach der Abschaffung der Sklaverei und der Unabhängigkeit auf. Die Zahl der Literaten dieser Zeit ist groß. Pater Félix Varela (1788–1853) war eklektischer Philosoph und Patriot, der ein Schriftstück verfasste über die »Notwendigkeit, die Versklavung der Schwarzen auf der Insel Kuba auszurotten, was auch im Interesse ihrer Eigentümer wäre«. José María de Heredia (1803–1839) war romantischer Dichter, der das amerikanische Landleben in die Literatur der Neuen Welt einführte und wegen seiner nationalen Haltung in die USA bzw. nach Mexiko ausgewiesen wurde. Gertrudis Gómez de Avellaneda (1814–1873), ebenfalls Romantikerin, lebte lange in Spanien und verteidigte in ihrer Novelle *Sab* die schwarze Bevölkerung. Cirilo Villaverde (1812–1894) war Patriot und Autor von *Cecilia Valdés*, einem berühmten Werk des Abolitionismus, das im 20. Jahrhundert vom kubanischen Komponisten Ernesto Lecuona als Operette vertont wurde. Bedeutendster Literat des 19. Jahrhunderts war jedoch der große José Martí (1853–1895), Intellektueller, Journalist und Autor, der seine nationale Ideologie in literarische Form brachte (u. a. *Ismaelillo* und *Versos Sencillos*). Weiteres Aushängeschild der lateinamerikanischen Moderne war Julián del Casal, Vertreter der Dekadenz und des Symbolismus. Beide verstarben früh, was der innovativen Literatur ein Ende setzte.

Félix Varela, Schriftsteller und Philosoph

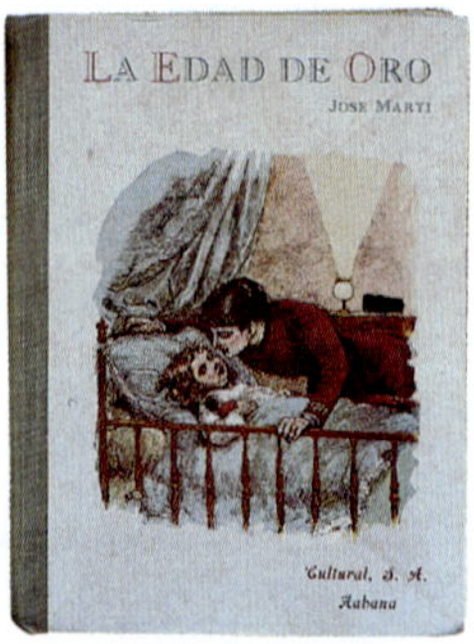

***La Edad de Oro*, José Martís Zeitschrift für Kinder**

20. Jahrhundert

Die führenden Vertreter der kubanischen Literatur des 20. Jahrhunderts waren der Lyriker Nicolás Guillén (1902–1989) und der Romancier Alejo Carpentier (1904–1980), die beide aufgrund ihrer Opposition zu Gerardo Machados Regime und ihrer harten Kritik an Batistas Diktatur gezwungen wurden, während der 1950er Jahre ins Exil zu gehen.

Guillén war Sprachrohr der schwarzen Bevölkerung und schrieb unter anderem über die brutalen Arbeitsbedingungen der *macheteros*, der Arbeiter auf den Zuckerrohrplantagen. Nach Castros Sieg wurde Guillén zum »Nationaldichter« erklärt. Er übernahm den Vorsitz des kubanischen Schriftsteller- und Künstlerverbands UNEAC. Guillén lehnte sich an die Rhythmen von Tanz und traditionellen Musikgenres wie dem *son* *(siehe S. 34)* an, die er in die klassische spanische achtsilbige Versform brachte. So führten Guilléns stilistische Studien zu gewagten Experimenten, zum Beispiel in Werken wie *Songoro Cosongo, poemas mulatos* (1931).

José Lezama Lima

Alejo Carpentier, Architekt, Musikwissenschaftler und Schriftsteller mit Blick auf die Realität in Kuba, war einer der innovativsten Autoren der Weltliteratur des 20. Jahrhunderts. Er mischte Fantasie und Realität, brachte dabei die Mythen seines Landes in seineArbeit ein und sagte den Niedergang der postmodernen Novelle voraus. Zu seinen bedeutendsten Werken zählen *Explosion in der Kathedrale*, *Die verlorenen Spuren*, *Barockkonzert* und *Die Harfe und der Schatten*.

Zwei weitere Leitfiguren dieser Epoche sind der Dramatiker Virgilio Piñera (1912–1979), ein Reformer mit scharfem Sinn für experimentelles Theater, und José Lezama Lima (1910–1976), Lyriker, Romancier und Chefredakteur der Zeitschrift *Orígenes*, die von 1944 bis 1956 Werke wichtiger kubanischer Schriftsteller abdruckte. Sie wurde eine der bedeutendsten Publikationen Lateinamerikas. Lima wurde mit *Paradiso* (1966) berühmt.

Berühmte Novelle von Alejo Carpentier (1974)

Allgemein war die literarische Szene des revolutionären Kuba voll von kreativem Fieber. Erwähnenswert sind auch einige der »Veteranen«, die von den Erfahrungen der »ersten Stunde« profitierten: Eliseo Diego, Cintio Vitier, Pablo Armando Fernández und Fina García Marruz sowie die Romanciers Félix Pita Rodríguez, Mirta Aguirre und Dulce María Loynaz. Die Werke von Loynaz wurden in Kuba erst Ende des 20. Jahrhunderts veröffentlicht, kurz vor ihrem Tod.

Diesen Autoren folgten viele junge Schriftsteller wie Miguel Barnet, Antón Arrufat, López Sacha und César López, allesamt glühende Verfechter der Revolution.

Ebenfalls eine wichtige Rolle spielt die kubanische Exilliteratur. Es gibt einige Exilautoren mit Anti-Castro-Thesen, allen voran Guillermo Cabrera Infante (1929–2005). Zu seinen Werken zählt u. a. *Drei traurige Tiger*.

Aufnahme von Dulce María Loynaz mit 20 Jahren

Zeitgenössische Literatur

Zu den zeitgenössischen Autoren zählen Abel Prieto, scharfsinniger Romancier, sein Namensvetter José Manuel Prieto, ein international beachteter Autor, Abilio Estévez, Dramatiker und Romancier von ausdrucksstarker Intensität, oder die Feministinnen Marylin Bobes und Mirta Yáñez. Zoé Valdés hat ein umfangreiches Werk vorgelegt. Senel Paz schrieb das Buch, das als *Erdbeer und Schokolade* verfilmt wurde. Der Krimiautor Leonardo Padura wurde auch außerhalb der Landesgrenzen mit seiner Tetralogie *Das Havanna-Quartett* bekannt.

Kubanischer Film

Geburtsstunde des kubanischen Kinos war 1959 die Gründung des Instituto Cubano de Arte e Industria Cinematográficos (ICAIC). Ziel dieser Institution war die Verbreitung der Kinokultur im ganzen Land sowie die Förderung der Ausbildung von kubanischen Regisseuren. Das Kino wurde von der revolutionären Regierung gefördert. Es erlebte in den 1960er Jahren ein Goldenes Zeitalter und hat sich seither kontinuierlich weiterentwickelt. Heute ist Havanna dank des jährlich vom ICAIC ausgerichteten Filmfestivals die Hauptstadt des lateinamerikanischen Kinos. Die Fundación del Nuevo Cine Latinoamericano betreibt auch die Filmschule Escuela Internacional de Cine in San Antonio de los Baños. Die Zahl der kubanischen Regisseure ist groß (z. B. Julio García Espinosa, Manuel Octavio Gómez oder Pastor Vega), doch sind drei Namen besonders erwähnenswert: Santiago Álvarez mit seinen Dokumentarfilmen, Humberto Solás (1941–2008), Regisseur des Klassikers *Lucía* und von *Cecilia*, und Tomás Gutiérrez Alea (1928–1996), der 1993 dank *Fresa y Chocolate (Erdbeer und Schokolade)* zu Ruhm gelangte. Der Film sprach mutig die Themen Homosexualität und Andersdenken an und war 1995 für den Oscar als bester fremdsprachiger Film nominiert.

Plakat zu *Erdbeer und Schokolade*

Musik und Tanz

Kubaner machen mit allem Musik: Zwei Holzstücke, eine leere Schachtel und eine Radfelge reichen aus, um heiße Rhythmen zu erzeugen, die jedem ins Blut gehen, ob am Strand oder auf der Straße. Kuba hat hervorragende klassische Komponisten und Interpreten, doch es ist die Musik des Volkes, eine bunte Mischung aus spanischen Melodien und afrikanischem Rhythmus, die das musikalische Kuba ausmacht. Auf den Erfolg von Mambo und Cha-Cha-Cha in den 1950er Jahren folgte ein weltweiter Boom von *son*, Rumba und Salsa. Auch der Tanz ist wichtiger Bestandteil des Lebens. Wenn Musiker spielen, hält es niemanden mehr auf den Sitzen – und das steckt an!

Compay Segundo (1907–2003), berühmter Musiker des *son*

Salsa ist eine spezielle Tanzmusik, die der rhythmischen Struktur von *son* neue Klangelemente aus dem Jazz und anderen lateinamerikanischen Stilen beimischt.

Der Gitarrist singt oft auch die zweite Stimme, während der Solist ein zusätzliches Perkussionsinstrument wie Maracas oder *claves* spielt.

Traditionelle Maracas werden aus der Frucht des Tropenbaums *Guira* hergestellt.

Bongó

Kontrabass

Tres

Son

Son kam im 19. Jahrhundert in Kuba auf und ist eine Mischung aus afrikanischen Rhythmen und spanischen Melodien, die die gesamte lateinamerikanische Musik entscheidend beeinflusste. Anfang der 1920er Jahre wurde son *vermehrt in den Städten Ostkubas gespielt. Zusammen mit anderen Stilrichtungen entwickelte sich die* trova tradicional*, Balladen mit Gitarrenbegleitung.*

Musiker

Ernesto Lecuona

Große kubanische Musiker des 20. Jahrhunderts sind der Pianist Ernesto Lecuona (1896–1963), Ignacio Villa und Pérez Prado. In den 1920er Jahren waren Rita Montaner und das Trío Matamoros berühmt, Santiagos Top-Band für *trova*. Bekannt sind auch Sindo Garay und César Portillo de la Luz, ein Gründer der *Feeling*-Musik der 1960er Jahre. Zu den zeitgenössischen Musikern zählen der *salsero* Issac Delgado und der afrokubanische Jazz-Musiker Chucho Valdés.

Bola de Nieve (1911–1971), »Schneeball«, lautet der Künstlername, den Rita Montaner ihrem Pianisten Ignacio Villa gab. Der Musiker mit der Reibeisenstimme komponierte und sang auch selbst Liebeslieder.

Dámaso Pérez Prado (1916–1989), der »König des Mambo«, hatte zusammen mit seinem Orchester in den 1950er Jahren großen internationalen Erfolg.

Guaguancó, eine schnelle Variation der Rumba, schildert in getanzter Form das Werben des Mannes um die Frau. Teils in wilder oder sanfter Manier tritt dabei die Erotik zwischen den Geschlechtern zutage.

Die Stimme war das ursprüngliche Element der Rumba, die eigentlich ein Lied ist. Die Perkussionsinstrumente, die Basis dieses Musikgenres, kamen erst später hinzu.

Eine mit Segeltuch und Muscheln verzierte *batá*

***Tumbadora* oder Conga**

Rumba

Die afrikanische Seele der kubanischen Musik entwickelte sich in den Armutsvierteln als rebellische Stimme gegen Sklaverei und Rassentrennung. Sie wurde dann eine Form der politischen Satire und der Sozialkritik oder Ausdruck einer unglücklichen Liebe. Columbia *ist ländliche Rumba im Gegensatz zu* yambú *und* guaguancó, *den Variationen in den Städten, mit ihren vielfältigen rhythmischen Möglichkeiten.*

Musikinstrumente

Es gibt viele rein kubanische Musikinstrumente. Zu den Saiteninstrumenten zählen die *tres*, eine kleine Gitarre mit drei Saitenpaaren, die in keiner *Son*-Kapelle fehlen darf, und die *requinto*, eine weitere kleine Gitarre, die hoch gestimmt ist und auf der in Trios die Melodie gespielt wird.

Typisch kubanische Perkussionsinstrumente sind die *tumbadora*, eine große Trommel aus Holz und Leder, die mit der Hand gespielt und in allen Musikrichtungen verwendet wird, die *bongó*, zwei runde Trommeln, die *claves*, zwei Holzzylinder, die gegeneinandergeschlagen werden, die *güiro* aus der Frucht des Guira-Baums und die *marímbula*, ein Tasteninstrument mit Marimbaklang.

Los Van Van dominierten über 30 Jahre lang die kubanische Musikszene. Sie sind weltbekannt für ihren eigenen Musikstil und gelten als Erfinder eines neuen Genres, des *songo*.

Buena Vista Social Club, ein Kinofilm (1998) von Wim Wenders, brachte mehrere über 80-jährige Interpreten des traditionellen *son* auf die Leinwand, so den Gitarristen und Sänger Compay Segundo, den Pianisten Rubén González und den Sänger Ibrahim Ferrer.

Silvio Rodríguez, Liedermacher, der die Ideale der kubanischen Revolution hochhält, gründete Ende der 1960er Jahre zusammen mit Pablo Milanés die *nueva trova* und verhalf so dem ländlichen Musikstil *trova* zu neuem Ruhm.

Kubanische Zigarren

Die Zigarre *(puro)* ist aus dem kubanischen Leben nicht wegzudenken – für einige repräsentiert sie gar das Wesen Kubas. Bereits die indianischen Ureinwohner rauchten Zigarren. Nach den Reisen von Kolumbus wurde Tabak, der in Europa als Heilmittel angesehen wurde, nach Spanien importiert. Dennoch kamen die ersten Raucher in Haft, da man glaubte, Zigarrenrauch habe teuflische Wirkung. Doch Tabak wurde immer beliebter und später auch in andere europäische Länder exportiert. Nach der Revolution wirkte sich das US-Embargo auch negativ auf den internationalen Handel von Zigarren aus. Die 1990er Jahre jedoch, in denen das Zigarrenrauchen wieder in Mode kam, ließen die Zigarrenwirtschaft erneut boomen.

Tabak *(cohiba)* rauchten die kubanischen Ureinwohner bei religiösen Riten, um die Götter anzurufen. Sie inhalierten den Rauch entweder über ein Rohr namens *tabaco* oder rauchten die gerollten Blätter.

Die *tripa*, die mit Blättern gefüllte Einlage, ist das »Herz« der Zigarre. Bei handgerollten Zigarren besteht sie aus Tabakblättern, die speziell für einen bestimmten Geschmack ausgewählt werden.

Die *capa* ist das Deckblatt, das die Zigarre ummantelt. Sie gibt ihr die Farbe und das samtige Aussehen.

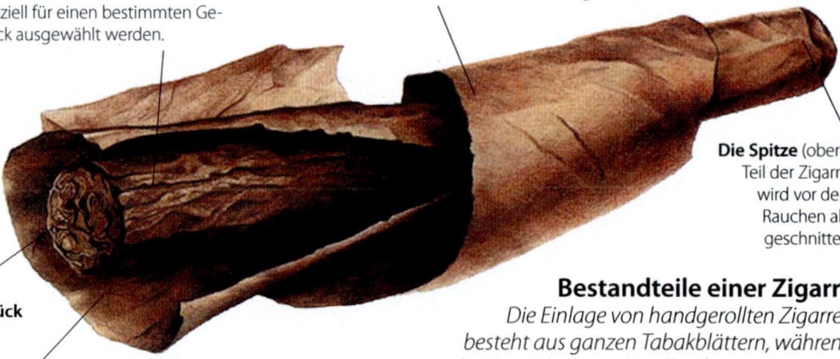

Die Spitze (oberer Teil der Zigarre) wird vor dem Rauchen abgeschnitten.

Endstück

Der *capote* (Umblatt) ummantelt das Innere und hält es so zusammen.

Bestandteile einer Zigarre
Die Einlage von handgerollten Zigarren besteht aus ganzen Tabakblättern, während die Blätter bei maschinell gefertigten Zigarren gemischt und zerkleinert werden.

Marken

Es gibt 33 kubanische Zigarrenmarken. Vier davon sehen Sie hier, jeweils in Darstellung ihrer *marquilla*, dem auf der Zigarrenkiste abgebildeten Label. Manche Designs sind seit Markteinführung unverändert geblieben.

Montecristo (1935)

Cohiba (1966)

Cuaba (1996)

Vegas Robaina (1997)

Der *anillo*, die Banderole, die um den Mittelteil der Zigarre gewickelt ist und den Namen der Marke trägt, hat eine interessante Geschichte: Angeblich ließ Katharina die Große, eine starke Raucherin, im 18. Jahrhundert ihre Zigarren mit kleinen Stoffbändern umwickeln, damit ihre Finger sauber blieben. Ihre exzentrische Idee wurde bald zur Mode. Die erste kommerzielle Banderole stellte 1830 das Unternehmen Aguila de Oro her. Oben ist eine Banderole des kubanischen Herstellers Romeo y Julieta aus dem Jahr 1875 abgebildet.

Zigarrenherstellung

Das Rollen einer Zigarre ist eine Fingerfertigkeit, die Kubaner von Generation zu Generation weitergeben. Hier zeigt Carlos Gassiot, ein geübter torcedor *(Zigarrenroller), die einzelnen Arbeitsschritte, von der Auswahl der Tabakblätter bis zum letzten Schliff.*

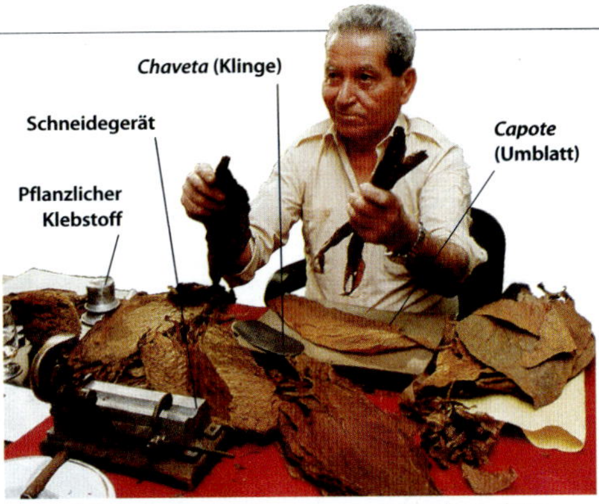

1 Nachdem der *torcedor* den *capote* auf die Arbeitsplatte gelegt hat, wählt er aus den Blättern die Einlage für das Innere der Zigarre aus: drei Blätter aus verschiedenen Teilen der Pflanze – *seco, volado* und *ligero* *(siehe S. 143).*

2 Carlos beginnt, die Blätter zu rollen (auf Spanisch *torcer*, daher der Name *torcedor*). Das Umblatt *(capote)* wird um die Einlage gewickelt und anschließend mit einem Deckblatt *(capa)* umhüllt, das glatt und eben ist und das Aussehen der Zigarre bestimmt.

3 Nun kommt die Feinarbeit. Zuerst bearbeitet Carlos das Deckblatt so lange, bis es ganz glatt ist. Zum Abschluss wird die Zigarrenspitze mit einem letzten Tabakblatt umwickelt.

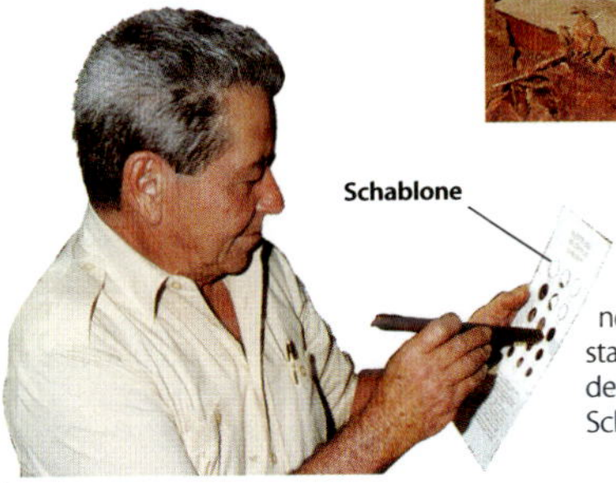

4 Ist die Zigarre fertig, prüft der *torcedor* ihren Durchmesser anhand einer Ringmaß-Schablone, in die alle Standardgrößen von Zigarren eingestanzt sind. Diese Schablone wird auch für die Messung der Länge verwendet und die Zigarre dann mit dem Schneidegerät entsprechend zugeschnitten.

Form und Größe

Zigarren gibt es in unterschiedlichen Größen (große, Standard- und kleine Ringmaße) und Formen (gerade oder spitz zulaufend). Dicke Zigarren sind voller im Geschmack, was Kenner bevorzugen. Wie Wein reifen die besten handgerollten kubanischen Zigarren mit dem Alter.

Die Cuaba Exclusivo läuft spitz zu *(figurado)*

Die Trinidad Fundador im Standard-Ringmaß

Das Jahr in Kuba

Aufgrund des tropischen Klimas gibt es keine richtige Haupt- und Nebensaison, auch wenn die offizielle Hauptreisezeit von Dezember bis Ende März sowie im Juli und August ist. Außer im Hochsommer, wenn die Temperaturen extrem heiß werden können, und in den potenziellen Hurrikanmonaten September und Oktober eignet sich jeder Monat für eine Reise nach Kuba. Auch im Winter ist es warm am Strand, da die *frentes fríos* (Kaltfronten) häufig nur ein paar Tage anhalten und die Temperaturen selbst dann kaum unter 10 °C fallen.

Die kühleren, trockeneren Monate von November bis März eignen sich am besten für Ausflüge und Rundreisen. Dank des Klimas und der großen Liebe der Kubaner zur Musik, zum Tanz und zu kulturellen Ereignissen jeder Couleur finden das ganze Jahr über Freiluftkonzerte, Festivals sowie ausgelassene Volksfeste statt. Ereignisreichste Monate sind Juli (Karneval) und Dezember, wenn in Remedios und Havanna berühmte Filmfestivals stattfinden, zu denen auch regelmäßig internationale Prominenz anreist.

Frühjahr

In dieser Jahreszeit wird besonders viel getanzt und Theater gespielt. Die Strände sind voll, hauptsächlich mit Urlaubern – die Kubaner gehen fast nur im Sommer ans Meer.

März

Festival Internacional de la Trova Pepe Sánchez, Santiago *(März)*. Festival der *Trova*-Musik in all ihren Facetten, bei dem kubanische und internationale Musiker ihr Können zeigen.

Bienal de Danza Contemporánea del Caribe, Havanna *(März/Apr)*. Das Festival (nächster Termin: 2016) bringt Tänzer, Choreografen und Tanzinteressierte aus allen Ländern der Karibik zusammen.

April

Taller Internacional de Teatro de Títeres, Teatro Papalote, Matanzas *(Apr)*. Aufführungen bekannter Puppentheater mit Seminaren, Konferenzen und Workshops.

Fiesta Internacional de la Danza, Santa Clara *(Apr/Mai)*. Die besten Tänzer treten an verschiedenen Orten auf. Das Fest endet mit einer Feier in Santa Clara.

Festival Internacional del Cine Pobre, Gibara *(Apr)*. Internationales Festival der Filme mit geringem Budget, zu dem sowohl Einheimische wie Filmschaffende und Besucher aus dem Ausland kommen (nächster Termin: 2016).

***Batá*-Spieler**

Mai

Primero de Mayo *(1. Mai)*. Kundgebungen, Umzüge und Paraden, die größten natürlich in Havanna, wo sich Menschenmassen auf der Plaza de la Revolución zu Reden und patriotischen Liedern versammeln.

Romerías de la Cruz de Mayo *(3. Mai)*. Feierliche Prozession von Holguín hinauf zur Pilgerstätte.

Feria Internacional Cubadisco, Pabellón Cuba, Havanna *(Mitte Mai)*. Schallplattenmesse mit Verkauf, Konferenzen und Konzerten.

Bienal de la Habana *(Mai/Juni)*. Die international beachtete Kunstmesse (nächster Termin: 2016) zeigt kubanische und internationale Künstler. Zuletzt waren hier mehr als 100 Künstler aus 45 Ländern vertreten. Das Messeprogramm wird von Workshops, Performances und Shows begleitet (www.bienalhabana.cult.cu).

La Huella de España, Havanna *(Mai–Juni)*. Im Gran Teatro und auf anderen Bühnen der Hauptstadt wird die Kultur des Landes zelebriert. Der Veranstaltungskalender umfasst Konzerte, Theatervorstellungen und Tanzaufführungen.

Parade des 1. Mai auf der Plaza de la Revolución, Havanna

Durchschnittliche tägliche Sonnenstunden

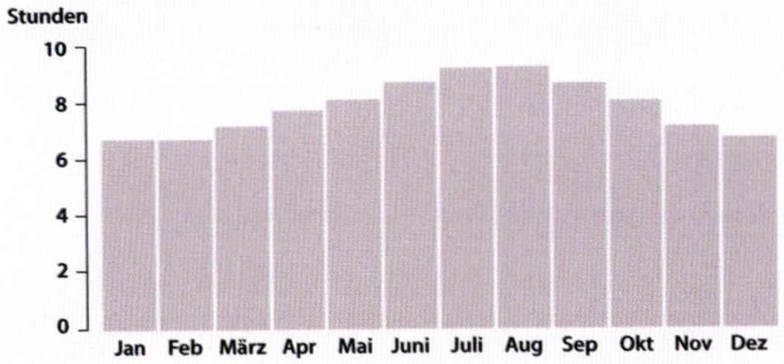

Sonnenschein
Hier sehen Sie die durchschnittlichen täglichen Sonnenstunden. Im Winter sind die Tage kurz: Bereits um 18 Uhr geht die Sonne unter. Im Sommer sollten Sie sich vor der starken Sonneneinstrahlung schützen und immer Kopfbedeckung und Sonnenbrille tragen.

Sommer

In den Sommermonaten finden viele Festivals und Festivitäten statt, besonders in Havanna und Santiago. Entlang dem Malecón in Havanna werden fast jeden Abend Konzerte unter freiem Himmel veranstaltet. Vor allem die Plaza Piragua wird dazu in eine Freilufttanzfläche umfunktioniert (kostenlos). Wenn Sie den Karneval erleben möchten, sollten Sie in beiden Städten rechtzeitig Ihre Unterkunft buchen.

Juni

Ernest Hemingway International Billfishing Tournament, Marina Hemingway, Havanna *(Anfang Juni)*. Populärer Wettbewerb, bei dem Angler um Trophäen kämpfen.
Festival Boleros de Oro, Santiago, Morón, Havanna *(Mitte Juni)*. Eine auch international beachtete Konzertreihe der besten kubanischen und internationalen Bolero-Sänger sowie Lesungen.

Umzug auf Stelzen in Morón bei der Fiesta del Gallo *(Juni)*

Encuentro de Bandas de Concierto, Plaza de la Revolución, Bayamo *(1.–15. Juni)*. Open-Air-Konzerte nationaler und internationaler Bands, Lesungen, Workshops.
Fiesta del Gallo, Morón *(Ende Juni)*. Fest des Hahns mit Parade durch die Stadt inklusive schreitender riesiger *gigantes*.
Jornada Cucalambeana, Encuentro Festival Iberoamericano de la Décima. Las Tunas *(Ende Juni)*. Bedeutendstes Festival der ländlichen Kultur Kubas. Konzerte und Aufführungen von Dichtern, Musikern und *repentistas* (Improvisateure). Lesungen und Literaturtreffen, Ausstellung des heimischen Kunsthandwerks, Theater.

Juli

Fiesta del Fuego, Santiago de Cuba *(erste Julihälfte)*. Jährliches Festival für Musik, Poesie, gegenständliche Kunst, Religionen und Geschichte der karibischen Nationen. Shows, Ausstellungen, Gesprächsrunden, Konzerte, Dichterlesungen und Festivitäten in der ganzen Stadt. Höhepunkt ist die *Quema del Diablo*, die Verbrennung einer großen Teufelsfigur.
Karneval von Havanna *(Juli/Aug)*. Umzüge von Festwagen in den Straßen Havannas. Sie fahren vom Hotel Nacional bis zur Calle Belascoaín, mit Live-Musik der *comparsas* (Karnevalsgruppen). An Wochenenden finden auf der Piragua kostenlose Konzerte statt. Die Umzüge selbst können von einer Tribüne aus beobachtet werden.

Comparsas* am Karneval in Havanna *(Juli/Aug)

Carnaval de Santiago, Santiago de Cuba *(Woche vor 26. Juli)*. Umzüge von Festwagen und Live-Musik der *comparsas*. An den wichtigsten Stellen sind Tribünen aufgestellt. Nachmittags finden Kinderparaden statt. Um 22 Uhr beginnen die Haupt-Umzüge. In allen Stadtteilen, vor allem im Sueño und La Trocha, gibt es Stände mit Speisen und Getränken. Hier wird *Peso*-Bier aus gigantischen Fässern ausgeschenkt.
»26 de julio« *(jedes Jahr in einer anderen Stadt)*. Der Gedenktag an den Angriff auf die Moncada-Kaserne *(siehe S. 234f)*, mit einer Rede des Präsidenten Raúl Castro und weiteren führenden Politikern auf dem Hauptplatz einer kubanischen Stadt. Als Rahmenprogramm werden Konzerte aufgeführt, Kinder tragen Gedichte vor.

August

Jornada Nacional de Hip Hop, La Madriguera (Calle Infanta y Jesús Peregrino), Havanna *(dritte Woche Aug)*. Performances und Workshops rund um den kubanischen Hip-Hop.

Durchschnittliche monatliche Niederschläge

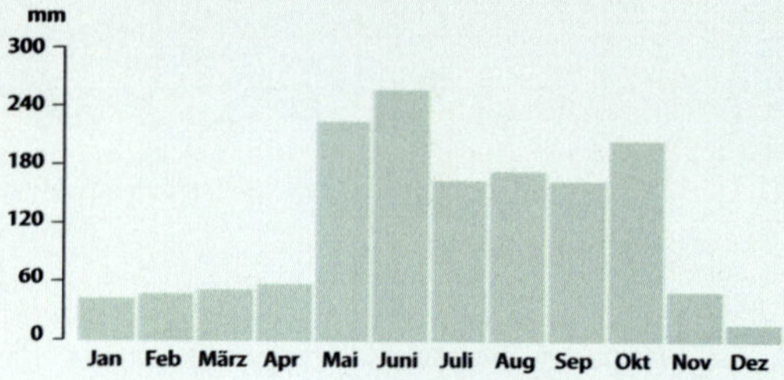

Niederschläge
In Kuba ist von November bis April Trockenzeit, die restlichen Monate fallen in die Regenzeit mit kurzen, aber starken Schauern. Im Gebiet um Baracoa und Moa im Osten der Insel sind die Niederschläge stärker, da die atlantischen Winde an den Bergen Feuchte bringen.

Herbst

Nach dem Hitzemonat August, in dem alles etwas langsamer geht, normalisieren sich die Tagesabläufe in Kuba wieder. Im Herbst beginnt das neue Schuljahr, und das Arbeitsleben läuft wieder in seinem üblichen Rhythmus. Die Zahl der Urlauber geht in dieser Zeit zurück, die Kubaner finden etwas Ruhe und Entspannung.

September

Fiesta de la Virgen del Cobre, El Cobre, Santiago de Cuba *(8. Sep)*. Am Festtag der Jungfrau strömen Pilger aus allen Teilen der Insel zur Statue der Jungfrau, die in Prozessionen durch die Straßen getragen wird.

Festival de Teatro de Camagüey, Camagüey *(Sep)*. Theaterwettbewerb zu Ehren von Gertrudis Gómez de Avellaneda *(siehe S. 32)* unter Teilnahme vieler ausländischer Gruppen.

Matamoros Son, Santiago *(Sep)*. Alle zwei Jahre (nächster Termin: 2016) stattfindendes Festival zum Thema *son (siehe S. 34)*.

Alicia Alonso bei einem Auftritt im Teatro García Lorca

Oktober

Tage der kubanischen Kultur, landesweit *(10.–20. Okt)*. Das Land feiert seine Geschichte sowie die kubanische und afrokubanische Kultur. Der 20. Oktober steht im Zeichen der Nationalhymne, die an diesem Tag erstmals in Bayamo erklang. Literatur, Film, Kunst und Musik Kubas werden ebenfalls geehrt.

Fiesta de la Cultura Iberoamericana, Holguín *(zweite Oktoberhälfte)*. Festival der iberoamerikanischen Kultur, mit Konzerten, Ausstellungen, Festveranstaltungen und Lesungen.

Torneo de Pesca Jardines del Rey, Marina Cayo Guillermo *(Mitte–Ende Okt)*. Bei dem Wettkampf in Hemingways bevorzugtem Angelgebiet werden Fächerfische und Blaue Marline gegen Preisgeld erbeutet. Infos über Náutica Marlin Jardines del Rey (Tel. 33 301 323).

Festival Internacional de Ballet de La Habana, Gran Teatro und Teatro García Lorca, Havanna *(Okt/Nov; 2016, 2018 …)*. Ballettfestival mit Teilnahme internationaler Künster, ausgerichtet vom kubanischen Staatsballett unter der Leitung von Alicia Alonso.

November

Festival de Teatro de La Habana, Havanna *(Nov)*. Theaterfestival mit einer Reihe von Veranstaltungen (Oper, Tanz, Puppentheater, Straßenkünstler und Pantomime).

Festejos de San Cristóbal de La Habana *(Nov)*. Zahlreiche Festveranstaltungen und Konzerte im Gedenken an die Gründung Havannas.

Festival de Raíces Africanas »Wemilere«, Guanabacoa *(Nov)*. Festival kubanischer Folklore mit abschließender Preisverleihung.

Hurrikans

Ein Hurrikan entsteht, wenn sich warme Luftmassen mit einer Tiefdruckzone im Zentrum – dem »Auge« des Sturms – spiralförmig nach oben schrauben. Hurrikans verursachen Springfluten, hohe Windgeschwindigkeiten und sintflutartige, anhaltende Regenfälle, die zu Überschwemmungen führen. Am stärksten gefährdet sind Küstengebiete, in denen das Wasser schlecht ablaufen kann, Täler, Gebirge und Städte. Die meisten Naturkatastrophen Kubas der vergangenen 100 Jahre sind auf Wirbelstürme zurückzuführen. Im Jahr 2008 trafen die beiden Hurrikans Gustav und Ike im Abstand von nur acht Tagen Kuba. Über drei Millionen Menschen wurden evakuiert, Tausende von Häusern und fast die ganze Ernte wurden zerstört. Die meisten Hurrikans treten im September und Oktober auf. Reisende sollten die regionalen Wettervorhersagen verfolgen und unbedingt die Hinweise der lokalen Sicherheitsbehörden beachten.

Satellitenaufnahme des Hurrikans Gustav über Kuba

Durchschnittliche monatliche Temperaturen

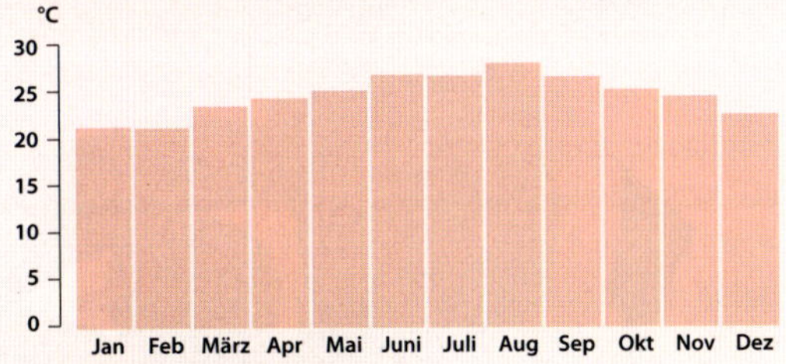

Temperaturen
Das Diagramm bezieht sich auf die gesamte Insel. In Ostkuba, besonders um Santiago, sind die Temperaturen (außer im Gebirge) höher. Auf den *cayos* schwanken die Temperaturen kaum. Die Luftfeuchtigkeit erreicht das ganze Jahr über hohe Werte um 80 Prozent.

Tanz auf dem Festival de Raíces Africanas, Guanabacoa *(Nov)*

Festival Cuba Danzón, Teatro Sauto, Matanzas *(zweite Novemberhälfte)*. Auftritte von *Danzón*-Orchestern und Tänzern, dazu gibt es Kurse und Workshops.

Baila en Cuba, Havanna *(Ende Nov)*. Das zweiwöchige Tanzfestival legt den Schwerpunkt auf *casino*, den kubanischen Stil des Salsa-Tanzes.

Festival de Música Contemporánea de La Habana, Havanna *(Ende Nov)*. Festival für zeitgenössische Musik, Chorkompositionen und experimentelle Digitalwerke. Konzerte mit Stardirigenten und Top-Solisten, Weltpremieren und Begegnungen mit Komponisten (www.musicacontemporanea.cult.cu).

Winter

Die kulturell interessanteste Jahreszeit ist der Winter mit vielen wichtigen Konferenzen und Festivals, von denen die meisten in der Hauptstadt stattfinden. Der Veranstaltungskalender ist in der Weihnachtszeit zumeist nicht unterbrochen, da Weihnachten in Kuba nicht großartig gefeiert wird, obwohl es offizieller Feiertag ist. Silvester verbringen die Kubaner hauptsächlich zu Hause mit ihrer Familie oder engen Freunden.

Dezember

Festival Internacional del Nuevo Cine Latinoamericano, ICAIC, Havanna *(erste Dezemberhälfte)*. Dieses Filmfestival, auf dem auch internationale Prominenz vertreten ist, gilt als bedeutendstes seiner Art. In den großen Kinos der Hauptstadt werden die nominierten lateinamerikanischen Filme sowie Retrospektiven kubanischer und internationaler Filmemacher gezeigt (www.habanafilmfestival.com).

Fiesta a la Guantanamera, Guantánamo *(erste Dezemberhälfte)*. Afrokubanische Religion wird in Aufführungen und Lesungen präsentiert. Außerdem werden Besuche der alten Kaffeeplantagen und des Steinzoos organisiert.

Plakat des Festival Internacional del Nuevo Cine Latinoamericano

Día de San Lázaro, Santiago de Las Vegas, El Rincón *(17. Dez)*. Gläubige und Kranke pilgern zur Kirche von Rincón.

Parrandas de Remedios, Remedios *(8.–24. Dez)*. Das beliebteste Folklorefestival Kubas beginnt mit einer Kinderparade und endet mit Umzügen und Feuerwerken am Weihnachtsabend *(siehe S. 181)*.

International Jazz Festival *(Mitte Dez)*. Chucho Valdés ist seit 1980 Präsident des Festivals mit erstklassiger Besetzung.

Logo der internationalen Buchmesse

Feria Internacional de Artesanía (FIART), Pabexpo, Havanna *(Dez)*. Kunsthandwerksmesse mit Ständen, Lesungen und Gesprächsrunden.

Februar

Feria Internacional del Libro, Fortaleza de San Carlos de La Cabaña *(Feb/März)*. Buchmesse mit wechselnden Themenschwerpunkten. Vorstellung und Verkauf kubanischer und internationaler Publikationen sowie diverse Veranstaltungen.

Feiertage

Sieg der Revolution *(1. Jan)*
Karfreitag *(variabel)*
Tag der Arbeit *(1. Mai)*
Sturm auf die Moncada-Kaserne *(26. Juli)*
Beginn des Ersten Unabhängigkeitskriegs *(10. Okt)*
Weihnachten *(25. Dez)*

Piraterie

Mitte des 16. Jahrhunderts war die Bevölkerungszahl Kubas erheblich geschrumpft, da die Ureinwohner durch Zwangsarbeit und Krankheiten fast ausgerottet und die Spanier zur Goldsuche in andere Teile der Neuen Welt aufgebrochen waren. Dennoch war die Insel als eine der Bastionen der spanischen Kolonien in Amerika gegen Frankreich, England und Holland noch immer strategisch wichtig.

Havanna als Hauptanlegestelle für Schiffe, die mit Schätzen beladen von Amerika nach Spanien unterwegs waren, zog schon bald Piraten an, die ab der zweiten Hälfte des 16. Jahrhunderts das Karibische Meer unsicher machten. 1555 brandschatzte der französische Seeräuber Jacques de Sores Havanna, woraufhin ein eindrucksvolles Verteidigungssystem errichtet wurde. Im 17. Jahrhundert kam es immer häufiger zu Überfällen. Die ersten Seeräuber waren Franzosen, dann auch Engländer (u.a. Francis Drake und Henry Morgan) und Holländer, die es auf mit Schätzen beladene Galeonen und die kubanischen Häfen abgesehen hatten.

Britischer Pirat Henry Morgan

Frankreich, Holland und England verbündeten sich im »Piratenkrieg« gegen Spanien und finanzierten Angriffe auf spanische Handelsschiffe (eine Art Piraterie mit staatlicher Unterstützung). Die spanische Krone ergriff Maßnahmen zur Verteidigung ihrer Besitztümer, war jedoch erfolglos. 1697 setzte der Vertrag von Ryswyk, unterzeichnet von Spanien, Frankreich und England, diesem Krieg auf den Antillen ein Ende.

Zwischenzeitlich war Havanna dank der geschützten Bucht die neue Hauptstadt Kubas geworden. Das Treiben im Hafen machte die Stadt im Vergleich zu anderen Städten der Neuen Welt besonders attraktiv. Die restliche Insel war davon abgeschnitten. Die Landwirtschaft entwickelte sich jedoch rasch: Die Spanier forcierten den Anbau von Zuckerrohr und Tabak, da diese Erzeugnisse in Europa sehr begehrt waren *(siehe S. 36)*. Kuba, Knotenpunkt des Seeverkehrs, durfte nur Handel mit dem spanischen Mutterland treiben. So entwickelte sich die Insel innerhalb kurzer Zeit zu einem Schmugglerparadies, was die Wirtschaft Kubas ankurbelte und den Tausch von kubanischem Zucker und Tabak gegen Produkte aus der Alten Welt anregte.

Französische Seeräuber unter Führung von Jacques de Sores brandschatzen Havanna

Englische Herrschaft

Die Bevölkerung Kubas, die sich um Havanna konzentrierte, hatte mit der Ankunft spanischer Siedler und afrikanischer Sklaven im

Spanische Galeone aus dem 16. Jahrhundert

1550

1555 Havanna wird von französischen Seeräubern unter Jacques de Sores gebrandschatzt

1586 Havanna droht ein erneuter Überfall der englischen Seeräuber unter Francis Drake

1600

1607 Havanna wird Hauptstadt Kubas

Wappen von Havanna: der Schlüssel zum Golf und seine Festungen

1650

Sommer 1762: Die englische Flotte greift Havanna an

17. Jahrhundert zwar zugenommen, doch war die Insel zu Beginn des 18. Jahrhunderts noch immer eine unbedeutende Kolonie. 1762 wurde Havanna von den Engländern unter George Pocock und Lord Albemarle erobert. Die englische Besatzung dauerte nur rund ein Jahr, veränderte jedoch die wirtschaftliche und soziale Organisation der Insel. Die von den Spaniern eingeführten Handelsbeschränkungen wurden abgeschafft, Kuba trieb freien Handel mit englischen Kolonien in Nordamerika. Der Sklavenhandel wurde intensiviert, Afrikaner wurden als Arbeiter auf den Zuckerrohrplantagen eingesetzt. Mit der Unterzeichnung des Vertrags von Paris 1763 fiel Havanna wieder an Spanien, das im Gegenzug Florida an die Engländer abtrat.

Wachsende nationale Identität

Im 18. Jahrhundert entstand eine kreolische Aristokratie. Die gebürtigen Kubaner spanischer Abstammung ließen prächtige Kolonialbauten errichten und führten einen Lebensstil, der sich aus spanischen, indianischen und afrikanischen Traditionen zusammensetzte. Mit den Intellektuellen de Heredia, Varela und Villaverde *(siehe S. 32)* kam eine kulturelle Bewegung mit dem Ziel der nationalen Identität auf. Anfang des 19. Jahrhunderts räumte Spanien Kuba gewisse Freiheiten ein, gab jedoch den Gouverneuren diktatorische Befugnisse. Es folgten Revolten, die von den Spaniern niedergeschlagen wurden. Doch strebte die kreolische Mittelklasse, die kein Interesse mehr an der spanischen Krone hatte, verstärkt die Unabhängigkeit an.

Havannas neue Mittelschicht bei einer Kutschfahrt

1697 Der Vertrag von Ryswyk beendet den »Piratenkrieg« auf den Antillen

1762 Die Engländer attackieren und besetzen Havanna

1830 Kuba löst Haiti als weltweit größten Zuckerproduzenten ab

1700 | **1750** | **1800**

1763 Der Vertrag von Paris besiegelt das Ende der englischen Besatzung. Havanna fällt an die Spanier zurück

Generalhauptmann Luís de las Casas, 1790–96 Gouverneur Kubas

1837 Die erste Eisenbahnstrecke Kubas beginnt am Hafen von Havanna

Zucker, Sklaven und Plantagen

Zu Beginn des 19. Jahrhunderts erlebte die kubanische Zuckerindustrie dank der steigenden Nachfrage in Europa und Amerika einen Boom. Dieses Wachstum wurde nur durch den Einsatz afrikanischer Sklaven möglich. Von Ende des 18. bis Anfang des 19. Jahrhunderts wurden rund eine Million Männer und Frauen aus Afrika nach Kuba gebracht. Um 1830 machten die Schwarzafrikaner bereits mehr als die Hälfte der kubanischen Bevölkerung aus. Die Insel löste Haiti als weltweit größten Zuckerhersteller ab, die Industrie florierte nach Abschaffung der Sklaverei weiter. Das Leben auf den Zuckerrohrplantagen wurde so zu einem Sinnbild der Geschichte und des Alltags in Kuba.

Glocken läuteten den Alltag im *ingenio* ein: Um 4.30 Uhr wurden die Arbeiter mit dem Ave Maria geweckt; um 6 Uhr kamen sie zusammen und begannen mit der Arbeit. Um 20.30 Uhr läutete die Glocke zur Bettruhe.

Cimarrones nannte man die entlaufenen Sklaven. Sie wurden von *rancheadores* gejagt und eingefangen – ob tot oder lebendig. Die Flüchtigen organisierten regelmäßig Aufstände, die aber meist blutig zerschlagen wurden.

Lager und Stallungen befanden sich am Rand des *ingenio*.

Die Zuckerraffinerie war das Zentrum der Zuckerfabrik.

Die erste Eisenbahnstrecke der Insel wurde 1837, sogar noch vor der Einführung von Zügen in Spanien, eingeweiht. Auf ihr wurde Rohrzucker zum Hafen von Havanna transportiert.

Sklaven wurden nicht nur als Feldarbeiter, sondern im gesamten Herstellungsprozess eingesetzt. Diese alte Zeichnung zeigt die *sala de las calderas*, in der Zuckerrohrsaft vor dem Raffinieren erhitzt wurde.

Carlos Manuel de Céspedes, Plantagenbesitzer, gab seinen Sklaven am 10. Oktober 1868 die Freiheit und löste damit die kubanischen Unabhängigkeitskriege aus. In seinem *manifesto* forderte er die Abschaffung der Sklaverei.

Der *ingenio* war die Wiege der Tänze und der Musik, die vermutlich die Vorläufer der Rumba *(siehe S. 35)* waren. Dabei wurde auf *cajones* (Transportkisten aus Holz) getrommelt. Am 6. Februar jeden Jahres gestatteten die Plantagenbesitzer ihren Sklaven, ihre Herkunft zu feiern und in traditioneller Kleidung auf den Straßen zu tanzen.

Die *barracones* (Sklavenbaracken) waren rechteckige Gebäude mit kleinen Zimmern und nur einer vergitterten Tür.

Der Ingenio

Die Zuckerfabrik (ingenio) *war ein landwirtschaftlicher Betrieb, in dessen Mitte das Haus des Besitzers stand, ein meist elegantes Kolonialgebäude mit Bogen und schmiedeeisernen Verzierungen. Der Fabrikbesitzer verbrachte normalerweise die langen Überwachungsperioden auf dem Gelände. Zu den* batey, *dem indianischen Ausdruck für die Gesamtheit der Gebäude auf einem* ingenio, *zählten Zuckermühle, Raffinerie, Destillerie, Krankenstation, Stallungen und Ställe, Gemüsegärten, Lagerräume und die Sklavenbaracken* (barracones).

Der Ethnologe Fernando Ortíz (1881–1969) setzte sich erstmals konkret mit den sozialen Bedingungen der Schwarzen in Kuba und ihren afrikanischen Traditionen auseinander.

Kultureller Schmelztiegel

Symbol der Abakuá-Religion

Im *ingenio* mussten Landbesitzer, Bauern und Sklaven – ob weiß oder schwarz, Mann oder Frau – zusammenleben und -arbeiten. Die ethnisch unterschiedlichen afrikanischen Sklaven sprachen auch unterschiedliche Sprachen, doch gelang es ihnen trotz vieler Repressionen, ihre Religionen zu erhalten. Sie versammelten sich – oft heimlich – in *cabildos* (Verbänden), in denen sie weiterhin ihren Göttern huldigten, ihnen aber nach außen hin den Anschein katholischer Heiliger gaben *(siehe S. 26f)*. Die Spanier nahmen immer mehr von den vielen Traditionen an, die sie eigentlich unterdrücken wollten. Kubanische Musik und Tänze waren in den *bateys* weitverbreitet. Viele Lieder und Literatur von damals beziehen sich auf den *ingenio*, die Wiege des für Kuba so typischen Kulturmixes.

Zehnjähriger Krieg und Abschaffung der Sklaverei

Am 10. Oktober 1868 veröffentlichte der Grundbesitzer Carlos Manuel de Céspedes (1819–1874) auf seiner Plantage La Demajagua *(siehe S. 223)* ein Manifest, das später als *grito de Yara*, der Schrei von Yara, bekannt wurde. Darin rief er die Kubaner auf, sich gegen die spanische Herrschaft zu erheben. Nach der Eroberung Bayamos stellten die Rebellen eine Regierung auf, Céspedes wurde ihr Präsident. Dabei wurde erstmals die kubanische Nationalhymne gesungen. Die Republik währte aber nicht lange. Auf den spanischen Gegenschlag reagierten die Rebellen mit Machetenangriffen. Kämpfe griffen auf andere Provinzen über, doch die Rebellen schwächten sich selbst durch interne Querelen.

Der Zehnjährige Krieg, in dessen Verlauf 1869 die erste kubanische Verfassung entstand, endete 1878 mit dem Vertrag von Zanjón und der Kapitulation der Rebellen. Einige Aufständische lehnten die Vereinbarung ab, unter ihnen General Antonio Maceo. Es folgte die *guerra chica*, ein Konflikt, der 1886 zur offiziellen Abschaffung der Sklaverei führte. Der Sklavenhandel war bereits seit 1880 verboten. Kuba war die letzte Kolonie in Amerika, in der die Sklaverei abgeschafft wurde. In dieser Zeit entwickelten sich die Handelsbeziehungen zwischen Kuba und den USA.

General Maceo, der 1878 ins Exil ging

Erneute Feindschaften und das Ende des Krieges

Gegen Ende des 19. Jahrhunderts waren die Lebensbedingungen trotz der Aufstände fast unverändert. Keine der versprochenen Reformen wurde durchgesetzt. 1892 leistete der im US-Exil lebende kubanische Intellektuelle José Martí (1853–1895) einen entscheidenden Beitrag zu den Kämpfen, die folgen sollten: Er gründete den Partido Revolucionario Cubano, der die Unabhängigkeitsströmungen vereinte.

General Máximo Gómez

Am 24. Februar 1895 wurde der Krieg gegen die spanische Unterdrückung wieder aufgenommen. Anführer waren Martí – Urheber und Koordinator des kubanischen Befreiungskampfes, der am 19. Mai im Kampf fiel –, Máximo Gómez (von Martí selbst rekrutiert, mit dem er sich in Santo Domingo traf) und Antonio Maceo. Letztere hatten schon im Zehnjährigen Krieg von sich reden gemacht. Als der Kampf eskalierte, schickte Spanien Verstärkung, doch die Situation war bereits außer Kontrolle geraten. Gómez und Maceo weiteten den Krieg von Ost nach West aus und befreiten die Insel Stück für Stück. Nicht einmal das Eintreffen des hochrangigen spanischen Generals Valeriano Weyler konnte etwas ausrichten: Der Krieg war in die entscheidende Phase zuungunsten der Spanier eingetreten.

Am 15. Februar 1898, als die Kubaner praktisch gewonnen hatten, explodierte das amerikanische Kriegsschiff *Maine*, das offiziell zum Schutz von US-Bürgern und US-amerikanischem Eigentum in die Bucht von Havanna entsandt worden war, unter

Wegweiser nach La Demajagua, der Plantage von Céspedes

10. Februar 1878 Der Vertrag von Zanjón bedeutet die Kapitulation der Rebellen und das Ende des Zehnjährigen Kriegs (1868–78), des ersten Teils des Befreiungskampfs

1870 | 1875 | 1880 | 1885

10. Oktober 1868 Carlos Manuel de Céspedes löst mit dem »Schrei von Yara« die Revolte aus

Die Machete, symbolische Waffe des Aufstands

1886 Offizielle Abschaffung der Sklaverei

Das US-Kriegsschiff *Maine* 1898 in der Bucht von Havanna, rechts das Castillo del Morro

mysteriösen Umständen. Dabei kamen 250 Seeleute ums Leben. Die USA machten Spanien für die Tragödie verantwortlich und griffen in den Krieg ein. Am 3. Juli besiegte die US Navy die spanische Flotte. Am 10. Dezember 1898 setzte der Vertrag von Paris – an dem Spanien und die USA, nicht aber Kuba beteiligt waren – dem spanisch-amerikanischem Krieg und der spanischen Kolonialherrschaft in Kuba ein Ende.

José Martí

Als José Martí 1895 in der Schlacht bei Boca de dos Ríos ums Leben kam, war er erst 42 Jahre alt. Jedoch hatte er lange Erfahrung im Exilleben und in revolutionären Kämpfen und verfasste zudem viele Gedichte, Artikel und Essays. Martí wurde 1853 als Sohn spanischer Eltern in Havanna geboren. In der Schulzeit nahm er bereits an antispanischen Verschwörungen teil. Aufgrund dieser Aktivitäten wurde er 1868 im Alter von 16 Jahren deportiert, 1878 musste er ins Exil. Er lebte daraufhin in den USA, in Spanien, Mexiko, Guatemala und Venezuela. Als Essayist und Journalist war Martí bekannt für seinen leidenschaftlichen Stil. Er war auch ein moderner Lyriker *(siehe S. 32)*, Aktivist, Politiker und einfühlsamer Beobachter der menschlichen Seele.

Nationalheld José Martí

Am 1. Januar 1899 übergab der letzte spanische Gouverneur, Jiménez y Castellanos, die Schlüssel von Havanna dem US-General John Brooke. Von da an war Kuba eng mit den Vereinigten Staaten verbunden.

Kontrolle durch die USA

Im Februar 1901 trat die erste kubanische Verfassung in Kraft, Tomás Estrada Palma wurde zum Präsidenten gewählt. Die Delegierten mussten aber einer Auflage zustimmen, die offiziell die Friedenserhaltung zum Ziel hatte, deren Absicht aber war, das Recht der USA auf Intervention in kubanische Angelegenheiten und auf die Kontrolle der Handelsbeziehungen zwischen Kuba und anderen Ländern festzuschreiben. Zusätzlich wurde den USA das Recht eingeräumt, Marinebasen in Kuba zu errichten, u. a. die Basis in Guantánamo in Ostkuba, die sie heute noch halten *(siehe S. 243)*. Obwohl Kuba am 20. Mai 1902 offiziell unabhängig wurde, verstärkte sich der amerikanische Einfluss auf die Wirtschaft immer mehr. Unter dem Deckmantel des Schutzes von Bürgern und Investitionen entsandten die USA häufig Marinetruppen nach Kuba.

1892 Der Exilkubaner José Martí gründet den Partido Revolucionario Cubano

1895–98 Die Feindschaft mit Spanien lebt wieder auf

19. Mai 1895 José Martí fällt im Kampf

7. Dezember 1896 Antonio Maceo fällt im Kampf

15. Februar 1898 Explosion des Kriegsschiffs *Maine*

10. Dezember 1898 Vertrag von Paris: Ende der spanischen Vorherrschaft und Beginn der Kontrolle durch die USA

25. Februar 1901 Erste Verfassung

20. Mai 1902 Kuba wird offiziell unabhängig

1890 | 1895 | 1900

Tomás Estrada Palma, erster Präsident von Kuba

Erste Jahrzehnte der Republik

In den ersten 25 Jahren hatte die Republik mehrere Präsidenten, die sich nur wenig für das Land einsetzten. Der zweite Amtsinhaber José Miguel Gómez mit dem Spitznamen *tiburón* (Hai) führte zumindest allgemeine Schulbildung, Versammlungs- und Redefreiheit sowie die Trennung von Kirche und Staat ein. Zu Beginn des 20. Jahrhunderts wurden immer neue Zuckerfabriken gebaut, die Abhängigkeit von den Exporteinnahmen stieg enorm. Im ständig wachsenden Havanna entstanden in den 1920er Jahren neue Stadtteile.

Die Bevölkerung profitierte jedoch nur wenig von der Unabhängigkeit. Es kam vermehrt zu Demonstrationen, die mit Gewalt niedergeschlagen wurden. Die ersten Handelsunionen und Studentenverbindungen entstanden. 1925 wurde der Partido Comunista de Cuba unter der Führung von Julio Antonio Mella gegründet, einem Anführer der Studentenbewegung von Havanna und Vertreter der lateinamerikanischen Linken. Mella wurde in Kuba verhaftet und trat in Hungerstreik. Dies führte zu Demonstrationen. Daraufhin ließ man ihn wieder frei und schickte ihn nach Mexiko ins Exil. Am 10. Januar 1929 wurde Mella in Mexico City von kubanischen Auftragskillern des Diktators Gerardo Machado umgebracht. Seine Ermordung machte Mella posthum zum gefeierten Nationalhelden.

Der intellektuelle Marxist Julio Antonio Mella

Volksaufstand gegen die korrupte und erfolglose Regierung von Gerardo Machado

Machado-Regime

1925 wurde Gerardo Machado kubanischer Präsident. Er änderte später die Verfassung, um ein weiteres Mal regieren zu können, was er auch bis 1933 mit eiserner Hand tat. Diese Jahre waren geprägt von Gewalt und Tyrannei. Das Volk verlieh seiner Unzufriedenheit in Streiks Ausdruck. Mit der Großen Depression verschlimmerte sich die Situation noch. Infolge eines anhaltenden Generalstreiks und der fehlenden Unterstützung der Armee floh Machado am 12. August 1933 auf die Bahamas.

Nach einer kurzen Interimsregierung Anfang 1934 kamen hintereinander mehrere Präsidenten an die Macht, die mehr oder weniger Marionetten von Fulgencio Batista, dem Oberbefehlshaber des Militärs, waren. Von 1934 bis 1940 wurden verschiedene soziale Reformen eingeführt: So wurden das Frauenwahlrecht und der Acht-Stunden-Tag durchgesetzt, außerdem trat eine neue Verfassung in Kraft.

1905 | 1910 | 1915 | 1920 | 1925 | 1930

29. September 1906 Intervention von US-Marinetruppen, die Kuba bis 1909 kontrollieren

1907 Gründung des Partido Independiente de Color, einer Partei, die Gleichstellung von Schwarz und Weiß fordert

1910–20 Bau-Boom in Havanna

Bahnhof von Havanna (1912)

1925 Gerardo Machado wird Präsident

1925 Gründung des Partido Comunista de Cuba

1929 Wirtschaftskrise

Diktatur unter Batista

Nach dem Zweiten Weltkrieg wurde der Partido del Pueblo Cubano Ortodoxo von Eduardo Chibás populär, der von progressiven Angehörigen der Mittelklasse unterstützt wurde. Diese Partei hätte die Wahlen am 1. Juni 1952 wohl auch gewonnen, aber am 10. März kam es zum Putsch von Fulgencio Batista. Es folgten Demonstrationen, hauptsächlich von Studenten. Sie wurden mit aller Härte niedergeschlagen, die Universität wurde geschlossen. Batistas offiziell von den USA unterstützte Regierung legte ihre populistische Haltung ab und entwickelte sich zu einer Diktatur, der die Bedürfnisse des kubanischen Volkes gleichgültig waren. Weite Teile des Landes wurden an amerikanische und britische Firmen verkauft und die Gelder veruntreut. Das machte die Freunde des Diktators reich, die Bevölkerung noch ärmer und das Land rückständiger. Kuba wurde zur Vergnügungsinsel für Amerikaner.

In den 1950er Jahren war Kuba berühmt für Glanz und Glamour – die Mischung aus Musik, Cocktails, Prostituierten, Zigarren, Alkohol und Spielen in Kombination mit dem sinnlichen Leben der Tropen zog Mafiosi, Filmstars, Urlauber und Geschäftsleute gleichermaßen an. Dieser Trend hatte einen hohen Preis: Kuba war nicht nur zum Land der Casinos und Drogen geworden, es war auch gänzlich in die Hände der amerikanischen Unterwelt gefallen, die Spielhöllen und Luxushotels zur Geldwäsche betrieb.

Tänzerinnen im Tropicana der 1940er Jahre

Fulgencio Batista *(links)* zusammen mit US-Vizepräsident Richard Nixon *(rechts)*

Kubanische Revolution

Nach Batistas Putsch verklagte ein junger Anwalt und Studentenführer mit Verbindungen zum Partido del Pueblo Cubano Ortodoxo namens Fidel Alejandro Castro Ruz die Regierung als unzulässig, aber er scheiterte. Da er auf friedlichem Weg nichts erreichte, versuchte Castro am 26. Juli 1953, die Moncada-Kaserne in Santiago *(siehe S. 234f)* zu stürmen – erneut erfolglos. Er war einer der wenigen überlebenden Rebellen und wurde zu einer Haftstrafe auf der Isla de Pinos (heute Isla de la Juventud) verurteilt. Zwei Jahre später wurde er amnestiert und ging ins Exil nach Mexiko, wo er revolutionäre Kräfte organisierte. Zu ihm stieß der argentinische Arzt Ernesto »Che« Guevara – eine wichtige Begegnung für die Revolution, die Kuba 1959 nach jahrelangen Kämpfen von der Diktatur befreite *(siehe S. 52–55)*.

12. August 1933 Machado flieht über Nacht mit der Staatskasse auf die Bahamas

Januar 1934 Beginn einer Phase von Scheinpräsidenten unter Einfluss des kubanischen Militärmachthabers Fulgencio Batista

1940–44 Fulgencio Batistas Präsidentschaft

Oberbefehlshaber Fulgencio Batista

10. März 1952 Staatsstreich, angeführt von Fulgencio Batista

1959 Die Revolution befreit Kuba von der Diktatur

1935 | 1940 | 1945 | 1950 | 1955

Kubanische Revolution

Von seinem Exil in Mexiko brach Fidel Castro am 25. November 1956 mit 81 weiteren Rebellen, unter ihnen Che Guevara und Raúl Castro, auf der Yacht *Granma* nach Kuba auf. Im ersten Gefecht nach der Landung wurde die Mehrzahl der Rebellen getötet oder festgenommen. Nur eine Handvoll Aufständischer konnte in die Sierra Maestra fliehen, wo sie ihren Guerillakrieg vorbereiteten. Ihr Kampf wurde durch katastrophale Lebensbedingungen und zunehmende Repressionen angeheizt. Nach zweijährigen Kämpfen besiegte die Guerilla-Armee aus Bauern, Studenten, Frauen und Soldaten Batistas Truppen.

Der Sturm auf die Moncada-Kaserne fand am 26. Juli 1953 statt. Die Rebellen nutzten den Karneval, um in der Menge ungesehen zu bleiben, doch ihr Angriff scheiterte.

Legende
- - Raúl Castros Route
- - Che Guevaras Route
- - Camilo Cienfuegos Route

Havanna wurde von Che Guevaras Guerilleros besetzt, während Castro in Santiago de Cuba einfiel (1.1.1959).

Santa Clara war das Schlachtfeld, auf dem der Triumph der Revolution besiegelt wurde. Nach dem Sieg der Rebellen floh Batista nach Santo Domingo (31.12.1958).

Die Sierra del Escambray erreichte Che Guevara nach einem anstrengenden Marsch; seine Männer hatten weder Nahrung noch Schuhe und waren völlig erschöpft, aber siegreich (Oktober 1958).

Radio Rebelde war der Radiosender der Guerilleros. Er wurde im Februar 1958 in der Sierra Maestra von Che Guevara eingerichtet und auf der gesamten Insel aufmerksam gehört.

Phasen des Guerillakrieges

Das Vordringen zweier Guerillatruppen von der Sierra Maestra aus – eine wurde von Che Guevara und Camilo Cienfuegos westwärts angeführt, die andere von Raúl Castro in Richtung Guantánamo – war der Höhepunkt des Revolutionskampfes. Nach der Schlacht von Santa Clara, das von Guevaras Truppen eingenommen wurde, floh Batista nach Santo Domingo. Am 1. Januar 1959 verkündete die Revolution ihren Sieg.

Die *Granma* landete aufgrund von Problemen auf See erst am 2. Dezember 1956 in Kuba an und nicht wie geplant am 30. November. Drei Tage später wurden die Revolutionäre von Batistas Truppen aufgespürt. Die Rebellen versuchten zu flüchten, wurden aber größtenteils erschossen. Auch die Gefangenen wurden getötet. Die Überlebenden versteckten sich in der Sierra Maestra.

Junge Frauen, darunter Haidée Santamaría, Celia Sánchez und Vilma Espín, nahmen aktiv am Revolutionskrieg teil. Nach der Einnahme von Havanna übernahmen sie die Überwachung strategisch wichtiger Punkte.

Fidel Castro nahm Havanna am 8. Januar 1959 ein und wurde am 16. Februar zum Regierungschef gewählt. Präsident war zu diesem Zeitpunkt Manuel Urrutia, der nach Batistas Flucht gewählt worden war. Die Revolutionsregierung schaffte sofort die Rassendiskriminierung ab und senkte die Stromkosten.

In der Sierra Maestra, der größten Gebirgskette Kubas, organisierten die Rebellen ihren Guerillakrieg und rekrutierten Soldaten aus der Bevölkerung. Die Strategie bestand darin, Batistas Truppen aus dem Hinterhalt zu überfallen und an ihre Vorräte und Waffen zu kommen.

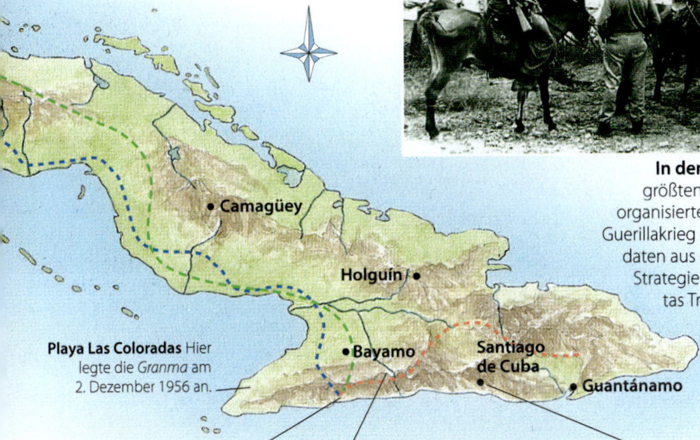

Playa Las Coloradas Hier legte die *Granma* am 2. Dezember 1956 an.

Der Sturm auf La Plata, eine Kaserne, war der erste Erfolg der Rebellen (17. Januar 1957).

In der Sierra Maestra arbeiteten Fidel Castro, Che Guevara und die restlichen Überlebenden der *Granma* eine Strategie für ihren Guerillakrieg aus. Zu ihnen stießen immer mehr *barbudos (siehe S. 55)*, Studenten, Deserteure und Sympathisanten aus den Reihen des Movimiento 26 de Julio.

In Santiago de Cuba erlangten die Rebellen am 17. Januar 1957 einen wichtigen Sieg.

1953

Oktober 1953 Castro wird zu 15 Jahren Haft in Presidio Modelo verurteilt

26. Juli 1953 Sturm auf die Moncada-Kaserne

Castro verlässt das Gefängnis

15. Mai 1955 Castro kommt frei und geht ins Exil nach Mexiko

1956

30. November 1956 Niederschlagung der Revolte in Santiago

2. Dezember 1956 Ankunft der *Granma*

1956–58 Guerillakrieg in der Sierra Maestra

Che Guevara

1958

24. Februar Radio Rebelde geht auf Sendung

31. August Che und Cienfuegos brechen vom Osten ins Zentrum auf

31. Dezember Santa Clara fällt, Batista flieht

1959

1. Januar Che und Cienfuegos erreichen Havanna, Castro Santiago

8. Januar Castro triumphiert in Havanna

Helden der Revolution

Der Erfolg der Revolution ist teils mit dem moralischen Format ihrer charismatischen Helden, teils mit der Geschlossenheit der Bewegung zu erklären – ein ganzes Volk strebte nach Freiheit. Nach ihrem triumphalen Einzug in Havanna begannen die Revolutionsführer, ihre Ziele in die Tat umzusetzen: Reorganisation der Landwirtschaft (die unter Großgrundbesitz und Monokultur litt), Bekämpfung von Analphabetismus und Arbeitslosigkeit, Industrialisierung, Bau von Wohnungen, Schulen und Krankenhäusern. Fidel Castro wurde Regierungschef, Che Guevara Industrieminister und Präsident der Nationalbank. Die Revolution lebte weiter – mit ihren Helden und ihren Idealen.

Ernesto »Che« Guevara war Argentinier und traf Castro in Mexiko. Er war unprätentiös, geradlinig, asketisch und ein grenzenloser Idealist mit der Überzeugung, die Dritte Welt könnte allein durch bewaffneten Aufstand befreit werden *(siehe S. 180)*.

Camilo Cienfuegos, Kommandeur mit legendärem Mut, war ein direkter, spontaner Mensch mit viel Humor. Er spielte im bewaffneten Kampf eine entscheidende Rolle, war aber nur kurze Zeit in der Regierung. Er verschwand am 28. Oktober 1959 auf dem Rückweg aus Camagüey nach der Verhaftung des Guerilla-Kommandeurs Hubert Matos, der die Revolution verraten hatte, in seinem kleinen Flugzeug und gilt seither als verschollen.

Die Strohhüte der *barbudos* waren ursprünglich Kopfbedeckung der Bauern.

Pferde waren das wichtigste Fortbewegungsmittel der Revolutionäre.

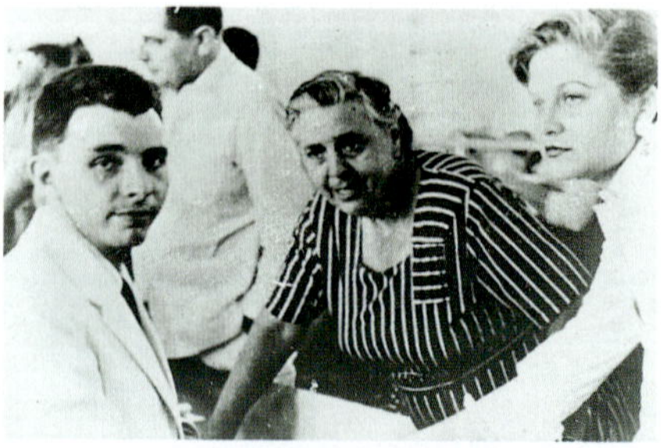

Frank País (hier mit seiner Mutter und seiner Verlobten), Anführer des Movimiento 26 de Julio, organisierte eine Revolte in Santiago de Cuba, die zeitlich mit dem Anlegen der *Granma* am 30. November zusammenfallen sollte. Durch die Verspätung der *Granma* wurde die Revolte niedergeschlagen. País geriet während der Kämpfe in Santiago in einem Hinterhalt des Polizeichefs und starb.

Raúl Castro, Fidels Bruder und aktuell Präsident von Kuba, gehörte zu den wenigen Überlebenden der *Granma*. Nach dem Guerillakrieg wurde er Mitglied der Regierung mit radikaler Grundhaltung. Als Verteidigungsminister unterzeichnete er mit Chruschtschow ein Abkommen über die Stationierung von Atomraketen in Kuba, was im Jahr 1962 zur Kubakrise führte.

Fidel Castro mit Juan Almeida *(links)*, einem der Strategen der Kriegsführung der revolutionären Guerilla. Castro, ein großer Redner und politischer Stratege, der kompromisslose *Máximo Líder*, war die Personifizierung des kubanischen Staates. Nicolás Guillén schrieb, »er führte zu Ende, was José Martí versprochen hatte«. Der Sohn spanischer Immigranten wurde am 13. August 1926 in Mayarí in Ostkuba geboren. Er engagierte sich bereits während seines Jurastudiums bei den Jesuiten für seine Ziele.

Die kubanische Flagge, die nach den Befreiungskriegen eingeführt wurde, trägt die Farben der Französischen Revolution. Die drei blauen Streifen stehen für die alten Provinzen der Insel.

Die Barbudos

Die Rebellen wurden als barbudos *(Bärtige) bezeichnet, da sie sich in den Bergen lange Bärte wachsen ließen. An ihren Märschen beteiligten sich auch zahlreiche Bauern. Dieses Foto des Fotografen Raúl Corrales bringt den von Ethos und Zusammenhalt geprägten Geist der Revolution zum Ausdruck.*

Guillermo García Morales stieß als einer der ersten Bauern zur revolutionären Bewegung des Movimiento 26 de Julio. Aufgrund seiner besonderen Verdienste als Guerillakämpfer in der Sierra Maestra an der Seite von Castro wurde er bei der Revolution zum Kommandeur ernannt.

Celia Sánchez Manduley trat bereits früh für die revolutionären Ideen ein und kämpfte auch in der Sierra Maestra. Sie war die rechte Hand und Gefährtin Fidel Castros und hatte nach 1959 wichtige politische Positionen inne. Celia starb 1980 an Krebs.

Alphabetisierungskampagne und Agrarreform

Zu den ersten Handlungen der neuen Herrscher gehörte die Alphabetisierungskampagne: Tausende Studenten reisten durch Kuba und brachten der Landbevölkerung Lesen und Schreiben bei. Che Guevara, der seine Männer während des Guerillakampfes zu gelegentlichen Studien ermuntert hatte, nahm auch an der Kampagne teil. Tatsächlich konnte der Analphabetismus innerhalb kurzer Zeit erfolgreich bekämpft werden.

Nächster Schritt war die Agrarreform, die mit der Enteignung der meist ausländischen (vor allem amerikanischen) Großgrundbesitzer eingeläutet wurde. US-Landbesitz wurde drastisch eingeschränkt – der Beginn von Feindseligkeiten zwischen beiden Staaten. Im Oktober 1960 erklärten die USA einen Wirtschaftsboykott, der den Erdölexport und den Import von kubanischem Zucker blockierte.

Nach beinahe zwei Jahren wachsender Spannungen knüpfte Kuba engere Kontakte mit der Sowjetunion, Osteuropa und China. Zwischenzeitlich verschärfte sich der Kampf gegen Konterrevolutionäre in der Sierra del Escambray.

Teilnehmer an der Alphabetisierungskampagne

Embargo und Kubakrise

Am 17. April 1961 landete eine von der CIA ausgebildete Truppe von Exilkubanern und Söldnern in der Playa Girón (Schweinebucht). Die Invasion scheiterte, da sich entgegen den Erwartungen der USA die kubanischen Zivilisten nicht gegen Castro erhoben *(siehe S. 171)*. Eine Woche später verhängte Präsident Kennedy ein Handelsembargo gegen Kuba, was auch einen Boykott aller anderen amerikanischen Staaten zur Folge hatte (außer Mexiko und Kanada), die zudem die diplomatischen Beziehungen zu Kuba einschränkten. Dies führte zu verstärkter Anbindung Kubas an die kommunistische Welt. Als die USA ein Jahr später herausfanden, dass in Kuba Atomraketen stationiert waren, richtete Präsident Kennedy eine Schiffsblockade um die Insel ein und forderte den unverzüglichen Abbau der Raketen. Auf dem Höhepunkt der Krise stand die Welt kurz vor einem Atomkrieg, bis Präsident Chruschtschow einlenkte und die Raketen zurückholte.

Elitetruppen bei der Ankunft auf dem US-Militärstützpunkt Guantánamo während der Kubakrise

Von der Zafra-Kampagne bis zur Emigration der Marielitos

In der Anfangsphase machte sich die Regierung für eine größtmögliche Diversifikation der Wirtschaft stark. 1970 aber konzentrierten sich alle Bemühungen auf eine Förderung der *zafra* (Zuckerrohrernte), um die angeschlagene Wirtschaft neu zu bele-

17.4.1961 Invasion in der Schweinebucht. US-Embargo beginnt am 25. April

1962 Kubakrise

1965 Der Partido Comunista de Cuba (PCC) wird Einheitspartei

1975 Erster Kongress des PCC

1991 Abzug sowjetischer Truppen und Techniker

1990 Beginn des Período Especial

1960 | 1970 | 1980 | 1990

3.1.1961 Abbruch der diplomatischen Beziehungen zu den USA

Panzer

1967 Tod von Che Guevara

1970 Die *Zafra*-Kampagne

1980 125 000 Kubaner emigrieren vom kleinen Hafen Mariel aus in die USA

Einteilung von Rationen

ben. Die Revolutionsregierung hatte zwar in sozialer Hinsicht viel geleistet, war jedoch weit davon entfernt, die wirtschaftlichen Probleme in den Griff zu bekommen. 1980 emigrierten 125 000 *marielitos*, benannt nach dem Hafen Mariel, von dem aus sie nach Miami übersetzten.

Castro und Papst Johannes Paul II. bei dessen Besuch in Kuba im Jahr 1998

Período Especial

Mit dem Zusammenbruch des Ostblocks 1989 verlor Kuba seine Wirtschaftspartner. Das Ausbleiben der sowjetischen Unterstützung lähmte die kubanische Wirtschaft und führte sie in eine Krise, die die Regierung mit einem rigorosen Sparprogramm zu lösen versuchte. 1990 durchlebte Kuba eine der schwierigsten Phasen seiner Geschichte, den Período Especial. Er war geprägt von Importbeschränkungen, Mangel an Rohöl, Rationierungen und Niedriglöhnen. 1991 zog die Sowjetunion ihre Truppen und Techniker ab, die Wirtschaftskrise verschärfte sich bis 1994.

Entwicklung der Wirtschaft

Dass die Zeichen auf Veränderung standen, wurde offenbar, als immer mehr *balseros* (Flüchtlinge auf *balsas*, selbst gebauten Booten) in die Vereinigten Staaten flohen.

Die Regierung begann, ausländische Investitionen zu fördern, Privatunternehmen einen gewissen Spielraum einzuräumen, wieder Beziehungen zu osteuropäischen Staaten aufzubauen und den US-Dollar als offizielles Zahlungsmittel zuzulassen (bis 2004). Castro löste sich aus seiner Isolation und machte Staatsbesuche in Europa. Richtungsweisend waren Castros Audienz bei Johannes Paul II. 1996 und der Gegenbesuch des Papstes in Kuba zwei Jahre später.

2008 löste Raúl Castro seinen kranken älteren Bruder Fidel als Staatspräsident ab. Die von ihm verordneten Reformen zeigten nicht die erhoffte Wirkung. 2010 veranlasste Raúl Castro die Freilassung politischer Gefangener. Angesichts unvermindert schlechter Wirtschaftsdaten sah sich Raúl Castro gezwungen, 500 000 Angestellte aus dem Staatsdienst zu entlassen. Gleichzeitig sollten neue Gesetze die Gründung von Klein- und mittleren Unternehmen erleichtern und so für Bewegung auf dem trägen, staatlich gelenkten Arbeitsmarkt sorgen.

2013 wurde die Zusammenführung der beiden Währungen – kubanischer Peso (CUP) und Peso convertible (CUC) – angekündigt. Die 2014 beschlossene Einreiseerleichterung für US-Bürger hat dem Fremdenverkehr in Kuba enormen Auftrieb beschert. Durch das politische Tauwetter scheint nun eine Überwindung der wirtschaftlichen Isolation des Landes möglich.

Leere Regale während der Wirtschaftskrise

1996 Im November besucht Castro Papst Johannes Paul II. im Vatikan

1996 Das Helms-Burton-Gesetz verschärft das Embargo

1998 Papst Johannes Paul II. besucht Kuba vom 21.–25. Januar

2000 1,8 Millionen Besucher machen Urlaub in Kuba

2000

2006 Fidel Castro übergibt Staatsführung an seinen Bruder Raúl

2008 Raúl Castro wird Staats- und Ministerpräsident

2008 Die Hurrikans Gustav und Ike treffen Kuba und verursachen Kosten von sieben Milliarden Euro

Strandvergnügen

2010

2014 Präsident Raúl Castro und US-Präsident Barack Obama einigen sich auf Aufnahme diplomatischer Beziehungen und die Lockerung des US-Embargos

2015 Historischer Handschlag zwischen Raúl Castro und US-Präsident Obama auf dem Amerika-Gipfel

2020

Havanna im Überblick

Havanna (La Habana) ist eine lebenslustige, farbenfrohe Stadt mit vielen architektonischen Schmuckstücken aus der Kolonialzeit und anderen Epochen sowie zahlreichen anderen Sehenswürdigkeiten. Die Stadt allein ist schon eine Reise nach Kuba wert. Die meisten Attraktionen befinden sich in den Stadtteilen La Habana Vieja (Altstadt), Centro Habana und Vedado. Auf den Seiten 64–81 wird zunächst La Habana Vieja, das koloniale Stadtzentrum mit seiner alten Stadtmauer, vorgestellt. Dann folgen Centro Habana und Prado. Der Westen der Stadt ist im Kapitel über Vedado und Plaza beschrieben. Der Stadtplan auf den Seiten 122–127 beinhaltet die wichtigsten Sehenswürdigkeiten.

Die Necrópolis de Colón *(siehe S. 108f)* ist Havannas Stadtfriedhof und zugleich Nationaldenkmal. In den beeindruckenden Grabstätten wurden viele berühmte Menschen beerdigt. So entwickelte sich die Necrópolis de Colón zur Pilgerstätte.

Das Monumento José Martí *(siehe S. 107)* auf der Plaza de la Revolución ist ein bedeutendes Symbol Kubas. An der weißen Marmorstatue finden viele Staatsfeiern statt.

Abstecher
Seiten 110–121

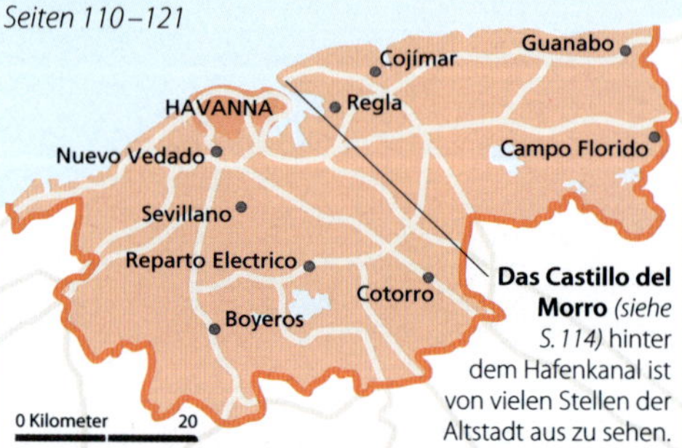

Das Castillo del Morro *(siehe S. 114)* hinter dem Hafenkanal ist von vielen Stellen der Altstadt aus zu sehen.

◀ **Farbenfroh gestrichene Häuserfassaden am Paseo del Prado** ***(siehe S. 90f)***

Das Museo de la Revolución *(siehe S. 92f)* ist im einstigen Präsidentenpalast untergebracht. Davor steht der Panzer, in dem Castro 1961 an der Schlacht in der Schweinebucht teilnahm.

Die Catedral de San Cristóbal *(siehe S. 68)* hat eine typische Barockfassade, deren geschwungene Linien, konvexe Oberflächen und Säulen das farbenfrohe Rosettenfenster in den Mittelpunkt rücken. Die Kirche dominiert die Plaza de la Catedral, die von eleganten Gebäuden aus dem 17. und 18. Jahrhundert umgeben ist.

Das Capitolio *(siehe S. 86f)* ist eine Nachahmung des US-Kapitols. Die Bronzestatuen am Eingang wurden von dem italienischen Künstler Angelo Zanelli geschaffen.

Der Palacio de los Capitanes Generales *(siehe S. 74f)* ist wahrscheinlich das herausragendste Beispiel barocker Architektur in Havanna. Das reich verzierte Eingangsportal der italienischen Bildhauer Gaggini und Tagliafichi wurde 1835 hinzugefügt.

Malecón

Keine andere Gegend Havannas repräsentiert die Stadt besser als der Malecón, und keine andere Gegend übt eine derartige Faszination aus. Die sieben Kilometer lange Uferpromenade führt nicht nur an historischen Stadtteilen Havannas – vom kolonialen Zentrum zu den Wolkenkratzern von Vedado – vorbei, sondern gewährt auch Einblicke in deren Geschichte. An dem Boulevard reihen sich elegante Gebäude aneinander, die durch die Lage an der Bucht von Havanna noch eindrucksvoller erscheinen. Zudem ist der Malecón für viele ein religiöser Ort: Hier werfen sie Opfergaben ins Meer *(siehe S. 26f)*.

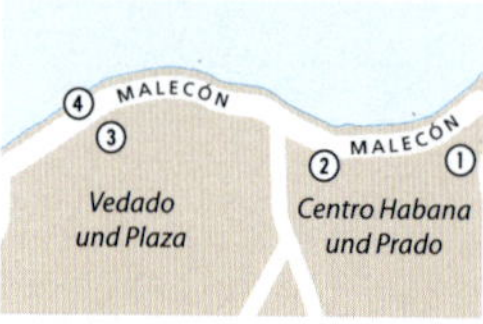

Zur Orientierung
Siehe Stadtplan S. 122–127

① **Das Karyatidengebäude** ist eines der imposantesten Bauwerke am oberen Abschnitt des Malecón. Das im frühen 20. Jahrhundert errichtete Gebäude wurde nach den weiblichen Säulenfiguren benannt, die das Gebälk der Loggia tragen.

② **Das Gebiet zwischen Prado und der Calle Belascoaín**, das detailgetreu restauriert wurde, ist bekannt für seine pastellfarbenen Gebäude. Am gleichen Abschnitt (Nr. 51) befindet sich der »Ataud« (Sarg), ein Wolkenkratzer aus den 1950er Jahren, der nach der Form seiner Balkone benannt wurde.

Abwechslungsreiche Fassaden

Balkone mit neomaurischen Elementen

Architektur

Am Malecón reihen sich in einem bunten Stilmix Kolonialbauten, verblichene pastellfarbene Gebäude und mehrstöckige moderne Häuser aus dem 20. Jahrhundert, zum Teil mit Loggias im oberen Stockwerk, aneinander.

③ **Das Monumento al Maine** wurde 1926 zum Gedenken an die Matrosen errichtet, die 1898 bei der Explosion des amerikanischen Kriegsschiffs *Maine* in der Bucht von Havanna ums Leben kamen *(siehe S. 48f)*. Es steht an einer der breiteren Stellen des Malecón in Vedado.

Edificio Focsa

Hotel Nacional

④ **Zwischen der Calle 23 und der Calle G** begrenzt der Malecón Vedado im Norden. Die Skyline wird hier von Havannas höchsten Gebäuden dominiert und schafft so die Atmosphäre einer modernen Metropole.

Angeln am Malecón ist ein beliebter Zeitvertreib der Einheimischen. Andere musizieren, bummeln oder sitzen einfach auf der niedrigen Mauer und beobachten den Horizont.

An stürmischen Tagen brechen sich die Wellen und schlagen über die Kaimauer auf die Straße – ein besonders bei Kindern beliebtes Spektakel. Anhänger der *Santería*-Lehre sehen den Sturm als Zeichen des Zorns der Meeresgöttin Yemayá *(siehe S. 27)*.

Atmosphäre

Die Küste Havannas ist besonders bei Sonnenuntergang faszinierend, wenn die Gebäude im Abendlicht zu leuchten scheinen. Der Malecón ist vor allem am Sonntag ein beliebtes Ziel derer, die nicht zu den Playas del Este fahren.

Der Malecón ist ein beliebter Treffpunkt für junge Leute, die hier Freunde treffen, schwimmen, sonnenbaden und Rum trinken.

Die herrliche Lage des Malecón – das Meer auf der einen, die Skyline der Stadt auf der anderen Seite – zieht viele verliebte Pärchen an. Doch auch Singles auf Partnersuche flanieren hier gern.

Spaziergang am Ozean: Die Geschichte des Malecón

Am 4. November 1901 verabschiedeten die amerikanischen Behörden, die Kuba damals verwalteten, einen Plan zur Anlage einer baumbestandenen Fußgängerpromenade, die am Castillo de la Punta beginnen sollte. Die starken Winde und die raue See zwangen die Ingenieure jedoch zu einem anderen Entwurf. Der Amerikaner Mead und der Franzose Jean Forestier entwarfen vor dem Prado einen offenen Platz mit einem zentralen Musikpavillon, der 1902 fertiggestellt wurde. Nahe der Altstadt entstanden Hotels und Cafés, um Miramar errichtete man Badeanlagen. Im Jahr 1919 erstreckte sich der Malecón bereits bis zur Calle Belascoaín, 1921 dann bis zur Calle 23. Bald entwickelte er sich zu einer wichtigen Verkehrsverbindung zwischen den Stadtteilen, sodass er von Fußgängern weitgehend gemieden wurde. Heute wird er – trotz des Verkehrs – wieder vermehrt als Promenade genutzt.

Der Malecón Anfang des 20. Jahrhunderts

Im Detail: Plaza de la Catedral

Die Plaza de la Catedral, die von der Bischofskirche dominiert wird, ist eines der Symbole von La Habana Vieja. 1592 wurde der Zanja Real, der erste Aquädukt der Stadt (und auch der erste spanische Aquädukt in der Neuen Welt), auf diesem Platz fertiggestellt. Das Wasser kam vom elf Kilometer entfernten Fluss Almendares. Der Zanja Real sollte die im Hafen vor Anker liegenden Schiffe und die Anwohner mit Wasser versorgen. Auf einer Gedenktafel am Platz ist seine Position vermerkt. Im 18. Jahrhundert wurden die Herrschaftsgebäude und die heutige Kathedrale errichtet. Die Plaza de la Catedral ist ein Muss für jeden Besucher der Stadt. Die hübsche Bar am Platz lädt zum Verweilen, Musikhören und Beobachten der in historische Kleider gewandeten Wahrsagerinnen ein.

Eine Frau in historischer Kleidung vor der Kathedrale

❸ Seminario de San Carlos y San Ambrosio
Der moderne Eingang dieses Gebäudes (18. Jh.) spiegelt die barocken Ornamente der Kathedrale wider.

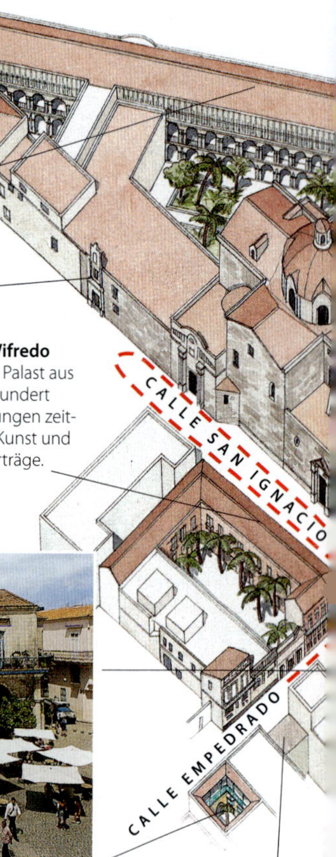

Ehemaliger Eingang zum Seminar

Das Centro Wifredo Lam in einem Palast aus dem 18. Jahrhundert zeigt Ausstellungen zeitgenössischer Kunst und organisiert Vorträge.

Der Palacio de los Marqueses de Aguas Claras wurde in der zweiten Hälfte des 18. Jahrhunderts gebaut. Im frühen 20. Jahrhundert beherbergte er das Restaurant París, später die Büros des Banco Industrial. Heute laden die Tische der Restaurantbar El Patio zu einem Imbiss oder Kaffee auf dem malerischen Platz ein.

Legende

— Routenempfehlung

0 Meter 40

Die Casa de la Condesa de la Reunión, ein Gebäude aus dem 19. Jahrhundert, umrahmt einen herrlichen Innenhof. Sie ist die Zentrale der Alejo-Carpentier-Stiftung. Der berühmte kubanische Schriftsteller *(siehe S. 32f)* machte das Haus zum Schauplatz seiner Novelle *El Siglo de las Luces (Explosion in der Kathedrale)*.

❹ ★ La Bodeguita del Medio
Ernest Hemingway, der hier regelmäßig *mojitos* trank, machte das Restaurant legendär.

Zur Orientierung
Siehe Stadtplan 4

❶ ★ Catedral de San Cristóbal
Die Barockfassade dieser zum Nationaldenkmal erklärten Kirche gilt als eine der schönsten in Nord- und Südamerika.

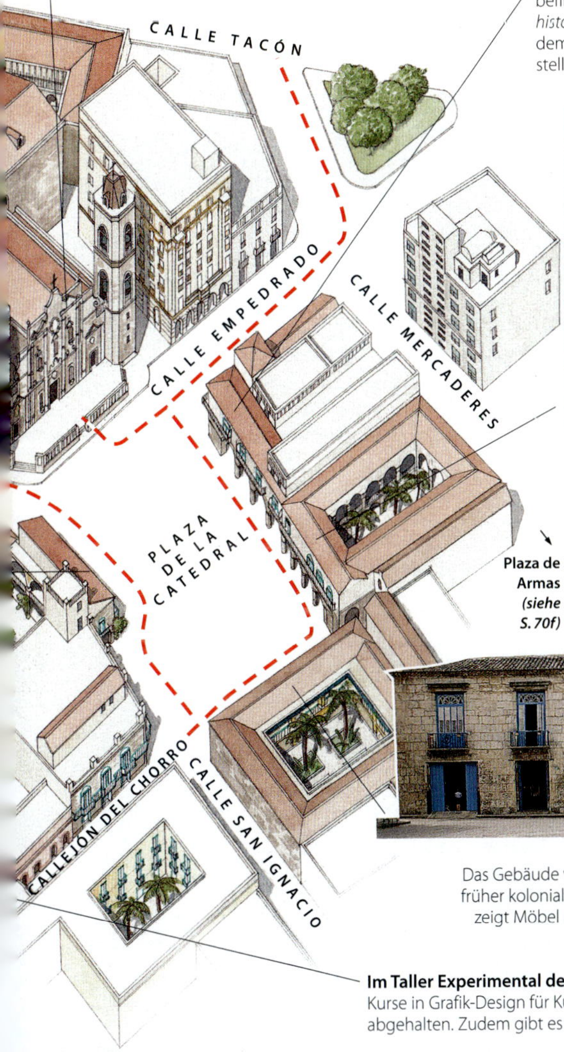

Im Palacio del Conde Lombillo (1746) befinden sich die Verwaltungsräume des *historiador de la ciudad (siehe S. 65)*. Außerdem finden hier regelmäßig Kunstausstellungen (u. a. Bilder, Fotos) statt.

Der Palacio de los Marqueses de Arcos aus dem frühen 18. Jahrhundert beherbergt eine Kunstgalerie mit Kunsthandwerk und Drucken, die zum Verkauf stehen. Das Gebäude war einst die Hauptpost. Der Originalbriefkasten hängt noch immer an der Wand.

❷ ★ Museo de Arte Colonial
Das Gebäude von 1720 ist eines der besten Beispiele früher kolonialer Architektur in Kuba. Die Ausstellung zeigt Möbel und Gegenstände aus der Kolonialzeit.

Im Taller Experimental de Gráfica (1962) werden Kurse in Grafik-Design für Kubaner und Besucher abgehalten. Zudem gibt es eine Kunstgalerie.

❶ Catedral de San Cristóbal

Calle Empedrado 156. **Stadtplan** 4 E2. ☎ (7) 861 7771. 🕐 Mo–Fr 9–17 Uhr, Sa 9–13 Uhr, So 9–12 Uhr. ✝ Mo–Fr 18 Uhr, Sa 15.30 Uhr, So 10.30 Uhr.

Mit dem Bau dieser Kirche wurde 1748 unter der Aufsicht von Jesuitenpatres begonnen, doch nach deren Vertreibung im Zuge des Konflikts mit der spanischen Krone wurde die Kirche 1777 von Franziskanern fertiggestellt. Erst nach dem Einsturz der Kirche Parroquial Mayor *(siehe S. 74)* nach einer Explosion im nahe gelegenen Hafen wurde die Kirche zur Kathedrale ernannt.

1789 wurde die heutige Catedral de San Cristóbal als Catedral de la Virgen María de la Inmaculada Concepción geweiht. Erst 1796 erhielt sie ihren heutigen Namen zu Ehren von Christoph (span. Cristóbal) Kolumbus, dessen Gebeine angeblich von 1796 bis 1898 hier begraben waren. Diese Angaben finden sich auf einer Tafel links der Kanzel wieder, offizielle Belege dafür fehlen.

Die Architektur von San Cristóbal ähnelt der vieler anderer Jesuitenkirchen: Grundform ist ein Kreuz, das im hinteren Bereich und an den Seiten von Kapellen flankiert wird. Das Mittelschiff ist höher als die Seitenschiffe. Die Barockfassade beeindruckt mit den zwei mächtigen Glockentürmen sowie vielen Nischen und Säulen – der große kubanische Schriftsteller Alejo Carpentier beschrieb sie einst als »zu Stein gewordene Musik«.

Schlichtes Hauptschiff der Catedral de San Cristóbal

Im Vergleich dazu wirkt der klassizistische Innenraum sehr schlicht. Mächtige Säulen trennen das Mittel- von den Seitenschiffen, in denen acht Kapellen untergebracht sind. Die größte ist die Sagrario-Kapelle, die älteste (1755) ist der Madonna von Loreto gewidmet und enthält winzige Häuschen, die als Votivgaben dienten.

Die drei Fresken hinter dem Hochaltar stammen von Giuseppe Perovani. Die Originaldecke aus Holz und Stuck, die nach ihrer Zerstörung von 1946–52 wieder aufgebaut wurde, war das Werk des Franzosen Jean Baptiste Vermay, der die San-Alejandro-Akademie der schönen Künste *(siehe S. 30)* gründete. Der Hochaltar aus dem frühen 19. Jahrhundert wird dem italienischen Künstler Giuseppe Bianchini zugeschrieben. Rechts davon steht die Christophorus-Statue von dem Spanier Martín de Andújar (1636). Ihre Beine sind im Vergleich zum Rumpf unproportional kurz, weil die Statue durch das Portal passen musste. Am Namenstag des Christophorus (16. November) findet hier eine feierliche Messe statt, während der die Gläubigen in einer Prozession an der Statue vorbeigehen und um seinen Segen bitten. Diese Bitte wird ihnen allerdings nur gewährt, wenn sie schweigen, bis sie die Kirche verlassen haben.

Statue des Christophorus

Papst Johannes Paul II. vor der Kathedrale

Papstbesuch 1998

Papst Johannes Paul II. (1920–2005) besuchte Kuba vom 21. bis 25. Januar 1998 *(siehe S. 57)*. Dieses Ereignis war für Kuba von historischer Bedeutung und wurde von der gesamten Bevölkerung (nicht nur den Katholiken) begrüßt. In den 1990er Jahren ließ die kubanische Regierung deutlich mehr religiöse Toleranz walten und signalisierte ihre Zustimmung zu einem Dialog mit der Kirche. Journalisten aus der ganzen Welt begleiteten den Besuch des Papstes. Im Verlauf des Besuchs wurde der 25. Dezember zum Feiertag erklärt – erstmals seit 1969. Am 25. Januar hielt der Papst einen Gottesdienst in der Kathedrale ab, bei dem er mit kubanischen Priestern zusammentraf. Im März 2012 besuchte Benedikt XVI. das Land und feierte in Santiago de Cuba eine Messe mit 200 000 Menschen.

❷ Museo de Arte Colonial

Calle San Ignacio 61. **Stadtplan** 4 E2.
☎ (7) 861 4458. ◯ Di–So 9.30–17 Uhr. (Fotografieren gegen Gebühr).

Die Villa aus dem 18. Jahrhundert, die vom kubanischen Gouverneur Don Luis Chacón erbaut wurde, beherbergt seit 1969 ein überaus faszinierendes Museum für Kolonialkunst. Das Gebäude selbst ist mit seinem eleganten Innenhof ein Paradebeispiel für eine koloniale Residenz.

In den zwölf Räumen im Erdgeschoss und im ersten Stock sind Möbel, Kerzenhalter, Porzellan und andere Dekorationsgegenstände des Adels und der Mittelklasse aus dem 18. und 19. Jahrhundert zu sehen. Diese vereinen europäische, kreolische und koloniale Traditionen. Neben einer beeindruckenden Sammlung von Tropenholzmöbeln zeigt das Museum eine einzigartige Kollektion von Buntglasfenstern *(mediopunto, siehe S. 29)*.

Museo de Arte Colonial: ein bogenförmiges *Mediopunto*-Fenster

In einem weiteren Raum werden Ausstellungen zeitgenössischen Kunsthandwerks gezeigt. An Wochenenden organisiert das Museum außerdem Führungen für Kinder und ein Freizeitprogramm für Senioren.

Koloniale Stilmöbel im Museo de Arte Colonial

❸ Seminario de San Carlos y San Ambrosio

Calle San Ignacio 5. **Stadtplan** 4 E2.
☎ (7) 8626 989. ◯ Mo–Sa 9–16 Uhr (nur Hofbereich). ● 1. Jan, 26. Juli, 10. Okt, 25. Dez.

Im 18. Jahrhundert wurde dieses Gebäude von Jesuiten errichtet. Es beherbergte ein Seminar, das schon 1689 gegründet worden war. Berühmte kubanische Patrioten und Intellektuelle studierten hier, darunter Padre Félix Varela (1788–1853), der geistige Vater des kubanischen Unabhängigkeitskriegs *(siehe S. 32)*. Neben dem alten Portal in der Calle San Ignacio, das im damals typisch spanischen Churriguera-Stil erbaut wurde, gibt es auf der Avenida del Puerto einen weiteren Eingang im Neobarockstil, der im 20. Jahrhundert errichtet wurde.

Der große Innenhof ist einzigartig in Kuba. Auf drei Etagen ist er von Galeriebogen umrahmt – im ersten Stock haben diese einfache Säulen, im zweiten Doppelsäulen und im dritten Holzsäulen. Die prächtig geschmückte Innentreppe ist nicht wie gewöhnlich mit Bogen, sondern mit trapezförmigen Motiven und einem Mahagonigeländer verziert. Das Seminar ist heute in Guanabacoa ansässig. Im alten Klostergebäude ist heute das Centro Cultural Padre Félix Varela untergebracht.

❹ La Bodeguita del Medio

Calle Empedrado 207. **Stadtplan** 4 E2.
☎ (7) 867 1374. ◯ tägl. 12–24 Uhr.

Die Bodeguita del Medio – die »kleine Schänke in der Mitte« – verdankt ihren Namen der Tatsache, dass sie exakt in der Mitte einer kleinen Straße nahe der Kathedrale liegt. Inzwischen ist die »kleine Schänke« eine große Attraktion.

1942 wurde die Bodeguita als Lebensmittelgeschäft gegründet. Später kam eine Bar dazu, die Bodeguita wurde zum Treffpunkt von Intellektuellen, Künstlern und Politikern. Heute ist sie ein Restaurant, in dem hervorragende kreolische Küche serviert wird, in der Bar werden Rum und Cocktails ausgeschenkt. Die Wände sind mit Fotos, Gemälden, Graffiti und Autogrammen von Besuchern übersät, darunter Nat King Cole, die Schriftsteller Pablo Neruda, Nicolás Guillén, Gabriel García Márquez, Alejo Carpentier *(siehe S. 33)* und Ernest Hemingway, der hier Stammgast war.

Die Wände der Bodeguita del Medio rufen viele Erinnerungen wach

Im Detail: Plaza de Armas

Die weitläufige Plaza de Armas ist umrahmt von Barockgebäuden, die ihr eine koloniale Atmosphäre verleihen. Die üppige tropische Vegetation und die Stände des Secondhand-Buchmarkts *(siehe S. 73)* beleben den Platz, der im frühen 17. Jahrhundert angelegt wurde. Er sollte die alte Plaza Mayor ablösen, die das Herz des religiösen, politischen und militärischen Lebens Havannas darstellte. Bis Mitte des 18. Jahrhunderts fanden hier auch Militärübungen statt. Nach der Umgestaltung der Plaza (1771–1838) wurde sie besonders bei wohlhabenden Bürgern Havannas populär, die hier mit ihren Kutschen vorfuhren. Die Plaza wurde vor einigen Jahren liebevoll restauriert und ist beliebter Treffpunkt von Urlaubern und Einheimischen.

Der Palacio del Segundo Cabo (1776), die Residenz des einstigen Gouverneurs, dient heute als Domizil eines Kulturzentrums.

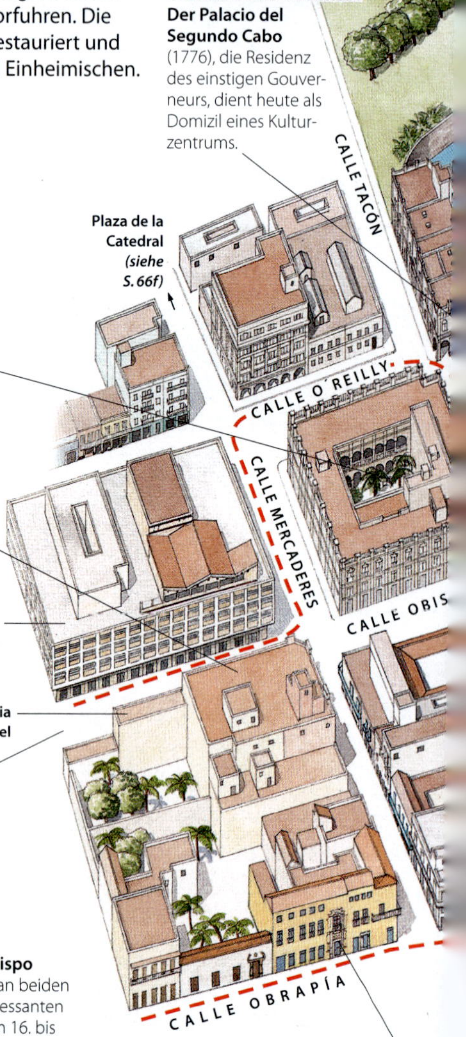

Plaza de la Catedral *(siehe S. 66f)*

Hotel Ambos Mundos

Früheres Ministerio de Educación

Farmacia Taquechel

8 ★ Palacio de los Capitanes Generales
Der Barockpalast wurde für Kubas Kolonialherren gebaut und beherbergt heute das Museo de la Ciudad. Die Kolumbus-Statue im Innenhof wirkt, verglichen mit den majestätischen Palmen, winzig.

9 ★ Calle Obispo
Die Straße, die an beiden Seiten mit interessanten Bauten aus dem 16. bis 19. Jahrhundert (darunter einige historische Läden) gesäumt ist, gleicht einem Open-Air-Museum für koloniale Architektur.

10 Casa de la Obra Pía
Der majestätische Eingangsbereich dieser Villa aus dem 17. Jahrhundert wurde in Spanien gefertigt.

❺ ★ Castillo de la Real Fuerza
Das Kastell (16. Jh.) mit seinem breiten Burggraben und dem eckigen Schutzwall ist der älteste Militärbau Havannas. Die Wetterfahne *Giraldilla*, das Symbol der Stadt, ist im Eingangsbereich zu sehen.

Zur Orientierung
Siehe Stadtplan 4

Die Calle Enna ist Havannas schmalste und kürzeste Straße. Sie wurde nach einem General der Kolonialzeit benannt.

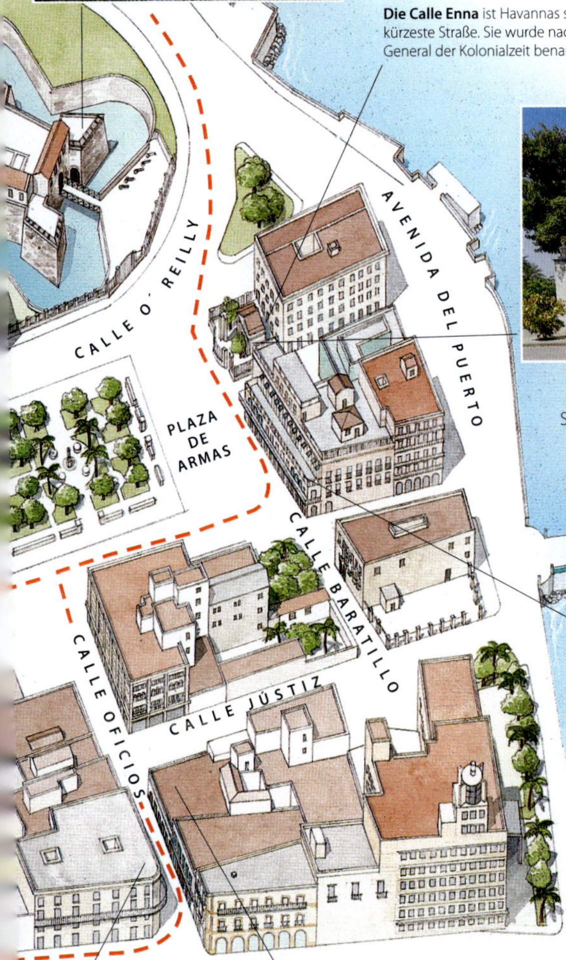

❻ ★ El Templete
Das klassizistische Gebäude im Schatten eines riesigen Kapokbaums weckt Erinnerungen an die Zeit der Stadtgründung.

Das Hotel Santa Isabel befindet sich in der früheren Residenz des Conde de Santovenia (18./19. Jh.). Die noble Herberge *(siehe S. 256)* wurde aufwendig restauriert.

In der Casa de los Árabes war im 17. Jahrhundert Havannas erste Schule untergebracht.

❼ Calle Oficios
In der makellos restaurierten Straße finden sich verschiedene Geschäfte und Museen, darunter ein Oldtimermuseum.

0 Meter 60

Legende
— Routenempfehlung

Stadtplan Havanna *siehe Seiten 122–127*

Treppenaufgang zu den Zinnen des Castillo de la Real Fuerza

❺ Castillo de la Real Fuerza

Calle Tacón, e/ Calle Obispo y O'Reilly. **Stadtplan** 4 F2. (7) 864 4490. Di–So 9.30–17 Uhr. (Fotografieren gegen Gebühr).

Die Festung *(castillo)* wurde von 1558 bis 1577 errichtet, um die Stadt vor Piratenangriffen zu schützen, nachdem das ursprüngliche Fort und große Teile der Stadt bei einem Angriff des französischen Freibeuters Jacques de Sores 1555 zerstört worden waren *(siehe S. 44)*. Aufgrund ihrer strategisch ungünstigen Lage tief in der Bucht erwies sich die Burg bald als ungeeignet zum Schutz der Stadt. Deshalb wurde sie zur Residenz von Gouverneuren und Militärbefehlshabern und auch als vorübergehender Aufbewahrungsort von Schätzen aus Lateinamerika vor deren Transport nach Spanien genutzt. 1634 wurde auf einem der Aussichtstürme eine Wetterfahne, *La Giraldilla*, angebracht. Sie wurde bald zum Symbol Havannas. Die Originalfahne ist heute im Eingangsbereich zu sehen, auf dem Turm weht eine Kopie.

1851 wurde die Fassade der Festung teilweise abgetragen, um die Calle O'Reilly bis zum Ufer zu verlängern. Die Straße ist nach einem Iren benannt, der im 18. Jahrhundert als Militärführer unter den Spaniern diente und wesentlich zu Havannas Befestigung beitrug.

Heute beherbergt die Festung ein Schiffswrackmuseum mit interessanten Exponaten, darunter Juwelen und ein großes originalgetreues Modell der *Santísima Trinidad*.

La Giraldilla

Auf dem Turm prangt die Kopie von La Giraldilla

Es gibt mehrere Theorien zur Bedeutung der bronzenen Wetterfahne, die Gerónimo Martín Pinzón 1630–1634 nach dem Vorbild von La Giralda in Sevilla schuf. Eine Theorie besagt, sie sei ein Siegessymbol, eine andere sieht sie als Personifizierung Sevillas, dem Zielhafen der Schiffe, die nach Europa ausliefen. Einer dritten Theorie zufolge stellt die Statue Inés de Bobadilla, die Frau des spanischen Gouverneurs Hernando de Soto, dar. Sie soll stundenlang auf den Horizont gestarrt und auf die Rückkehr ihres Mannes, der in Nordamerika auf Entdeckungsreise war, gewartet haben – vergebens, da er am Mississippi umgekommen war. Wohl aus diesem Grund blickt die Statue auf den Hafen.

❻ El Templete

Plaza de Armas, Calle Baratillo y O'Reilly. **Stadtplan** 4 F2. tägl. 9–17 Uhr. 1. Jan, 1. Mai. (Fotografieren gegen Gebühr).

An der Stelle dieses einfachen, tempelähnlichen Gebäudes soll der Legende nach im Jahr 1599 die Stadt San Cristóbal de La Habana gegründet worden sein. Unter dem grünen Kapokbaum – einer tropischen Baumart, die den Eingeborenen Südamerikas als heilig gilt – haben angeblich das erste Treffen des Stadtrats *(cabildo)* und die erste Messe stattgefunden. Der Kapokbaum, der heute vor El Templete steht, ist aber nicht mehr der Originalbaum. Daneben befin-

Das Castillo de la Real Fuerza mit Zugbrücke, Eingang, Burggraben und Turm mit La Giraldilla *(links)*

det sich die Columna de Cacigal, eine Säule, die nach dem Gouverneur, der im Jahr 1754 ihre Errichtung angeordnet hatte, benannt ist.

El Templete, der einem Bauwerk in der baskischen Stadt Guernica nachempfunden ist, wurde 1828 fertiggestellt. Innen finden sich drei riesige Gemälde von Jean Baptiste Vermay *(siehe S. 30)*, die Szenen der Stadtgeschichte Havannas darstellen: die Einweihung des Gebäudes, der erste *cabildo* und die erste Messe mit Bischof Juan José Díaz Espada y Land, der die Stadt während der Zeremonie segnete.

***Die erste Messe*, eines von Vermays Gemälden in El Templete**

7 Calle Oficios

Stadtplan 4 F2.

Einst diente diese Straße als Verbindung zwischen dem militärischen Zentrum der Plaza de Armas und dem Hafen- und Handelsgebiet um die Plaza San Francisco. Wie die Calle Obispo ist dies eines der Sträßchen, für deren Besichtigung man sich viel Zeit nehmen sollte. Von besonderem Interesse sind die vielen hübschen Fassaden.

Von der Plaza de Armas aus trifft man zunächst auf drei sehenswerte Gebäude. Das erste, Nr. 8 aus dem späten 18. Jahrhundert, beherbergt das **Museo Numismático**. Hier war auch lange Zeit die Bank Monte de Piedad untergebracht. In dem 1975 vom Banco Nacional de Cuba gegründeten Museum ist eine Sammlung von Münzen, Banknoten, alten Lottoscheinen, Medaillen sowie kubanischen und ausländischen Finanzdokumenten zu sehen.

In Nr. 16 befindet sich die **Casa de los Árabes** (18. Jh.), in der spanische und arabische Bronzeplastiken, Stoffe, Teppiche und Möbel aus dem 18. und 19. Jahrhundert zu sehen sind. Es handelt sich um die größte Sammlung arabischer Objekte in Kuba und belegt frühe libanesische, syrische und palästinensische Kolonien auf der Insel. Auch die einzige Moschee Kubas ist in dem Gebäudekomplex untergebracht.

Das dritte interessante Museum in der Straße ist das **Depósito del Automóvil**, in dem Cadillacs, Rolls-Royce, Packards und Fords aus den 1930er Jahren gezeigt werden. Auch Che Guevaras Chevrolet Bel Air ist hier zu sehen.

Innenhof der Casa de los Árabes mit einem maurischen Brunnen im Zentrum

Museo Numismático
(7) 861 5811. Di–Sa 9.15–16.45, So 9–13 Uhr. 1. Jan, 26. Juli, 10. Okt, 25. Dez.

Casa de los Árabes
(7) 861 5868. Di–Sa 9–17, So 9–13 Uhr.

Depósito del Automóvil
(7) 863 9942. wegen Renovierung; Details zu Öffnungszeiten tel. erfragen. (Fotografieren gegen Gebühr).

Havannas Hallenmärkte

Der riesige Kunsthandwerksmarkt in den Almacenes San José wurde 2009 im Rahmen der Revitalisierung des alten Hafengebiets eröffnet. Er ist in einem renovierten Lagerhaus südlich der Docks der Kreuzfahrtschiffe untergebracht und bietet handgemachtes kubanisches Kunsthandwerk. Das Angebot ist überwältigend, dennoch lässt sich hier wunderbar bummeln und sogar das eine oder andere Schnäppchen machen. Manche Händler lassen sich auch auf Tauschhandel ein. Der Buchmarkt, der seit den 1990er Jahren auf der Plaza de Armas stattfand, soll hier künftig im oberen Stockwerk unterkommen. Im Antiguo Almacén de la Madera y el Tabaco nebenan kann man sich mit Bier und einer Mahlzeit stärken.

Malereien von Oldtimern und Che Guevara in den Almacenes San José

8 Palacio de los Capitanes Generales

Der Palast, ein herrliches Beispiel barocker kubanischer Baukunst *(siehe S. 28)*, wurde zwischen 1776 und 1791 für den Gouverneur Felipe Fondesviela errichtet. Geplant wurde er von Antonio Fernández de Trebejos y Zaldívar. Ursprünglich waren hier ein Stiftshaus und die Residenz des Gouverneurs untergebracht. Im Westflügel befand sich bis 1834 eine Strafanstalt. 1902 wurde der Palacio Sitz der kubanischen Regierung, 1967 richtete man hier das Museo de la Ciudad (Stadtmuseum) ein. Während seiner wechselvollen Geschichte veränderte sich die Struktur des Palacio jedoch nie. Der Komplex bietet einen sehenswerten Einblick in die Geschichte Havannas – vom alten Espada-Friedhof über die Kirche Parroquial Mayor bis hin zu den Unabhängigkeitskriegen.

★ Flaggensaal
Der Saal enthält Memorabilien der Unabhängigkeitskriege, darunter die Flagge von Céspedes *(siehe S. 47)*.

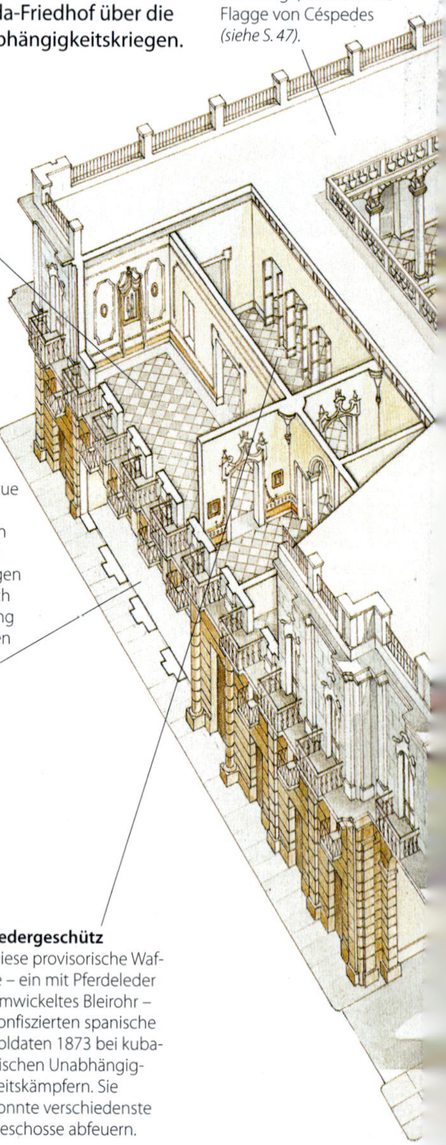

Die Amtsstäbe des Cabildo
Diese Amtsstäbe von Juan Díaz (1631) sind die ältesten Beispiele kubanischer Goldschmiedekunst. Ausgestellt sind sie in der Sala del Cabildo, dem einstigen Versammlungsraum des Stadtrats.

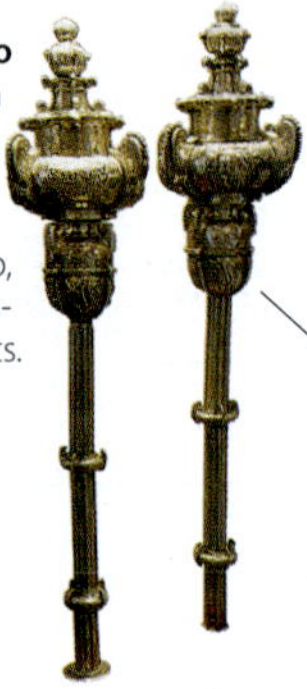

★ Christus der Demut und Geduld
Die aus Holz geschnitzte Statue des 18. Jahrhunderts wurde früher bei Prozessionen durch die Straßen getragen. Sie ist entsprechend dem damaligen Zeitgeschmack naturalistisch bemalt sowie zur Verstärkung des Ausdrucks mit Glasaugen und echtem Haar versehen.

Außerdem

① **Im weißen Zimmer** sind die Wappen der spanischen Bourbonen und das Stadtwappen Havannas zu sehen. Es ist mit Meißener Porzellan (18. und 19. Jh.) geschmückt.

② **Die Buntglasfenster** erhellen das Grau der *Piedra marina*, einer Kalksteinfigur mit Korallenfossilien.

③ **Der Saal des Espada-Friedhofs** enthält Überreste des ersten Friedhofs der Stadt, der 1806 gegründet wurde. Darunter befindet sich das Grabmal des französischen Malers Vermay *(siehe S. 30)*.

④ **Die Pflasterung** im Eingangsbereich besteht aus *china pelona* und stammt aus dem 18. Jahrhundert.

Ledergeschütz
Diese provisorische Waffe – ein mit Pferdeleder umwickeltes Bleirohr – konfiszierten spanische Soldaten 1873 bei kubanischen Unabhängigkeitskämpfern. Sie konnte verschiedenste Geschosse abfeuern.

VIS-À-VIS

So schmeckt
KUBA

DK

www.dorlingkindersley.de

KUBA KULINARISCH

Kubas Küche lässt sich mit ein wenig Wissen um die Historie des Landes und die vielfältigen ethnosoziologischen Einflüsse umso besser genießen. Die beachtliche Bandbreite der zum Teil exotischen Zutaten verspricht ein Fest für den Gaumen.

Historisch bedingt unterscheidet man zwischen der Küche Westkubas und den ostkubanischen Kochtraditionen. Im Westen des Landes siedelten vor allem europäischstämmige Einwanderer, während in Ostkuba vorwiegend Menschen mit afrikanischen und karibischen Wurzeln lebten. Entsprechend unterschiedlich und vielfältig waren die Einflüsse hinsichtlich Zutaten und Kocharten. Kreolisch-karibische Speisen zeichnen sich vor allem durch die Verwendung verschiedenster, oft auch reichlich scharfer Gewürze aus. Chili, Annatto, Kreuzkümmel, Nelken und Koriander verheißen intensive Gaumenfreuden.

Der **Potaje cubano** scheint dem Namen zufolge eine einfach-deftige Vorspeise zu sein, aber bereits die Zutatenliste deutet eine Raffinesse an, die sich beim ersten Löffel bewahrheitet. Gleiches gilt für die **Tamales**, gefüllte Maismehltaschen, deren Zubereitung einiges an Zeit erfordert. Die **Tortilla des patatas** hingegen ist für viele europäische Besucher Kubas eine alte Bekannte aus Spanien. Sie ist schnell zubereitet und delikat. Auch die **Empanadas** kommen ursprünglich von der Iberischen Halbinsel, werden aber in Lateinamerika in unzähligen Varianten zubereitet.

Limette – wichtige Zutat vieler Cocktails

Leicht und von unwiderstehlicher Frische ist das **Filete de pescado grillé** mit der wunderbar süßen Note der Kochbananen. Ein absolutes Highlight bei jedem Essen mit Freunden sind die **Costillas con mojo de mango**. Die knusprig-zarten Schweinerippchen sind zusammen mit dem Mango-Dip ein Hochgenuss.

Erneut spanischen Ursprungs ist der **Flan de huevos**, ein herrlicher Eierpudding, den man in Kuba gerne extrasüß isst. **Dulce de leche** wird in ganz Südamerika geschätzt. Die süße Sauce schmeckt besonders gut mit Vanilleeis, passt aber auch gut zu **Tres leches**, einem Milchkuchen.

Inhalt

Impressum

Beilage zum Reiseführer Vis-à-Vis Kuba

Programmleitung: Dr. Jörg Theilacker, DK Verlag
Projektleitung: Antonia Knittel, DK Verlag
Gestaltung: Ute Berretz, München
Redaktion: Matthias Liesendahl, Berlin
Schlussredaktion: Philip Anton, Köln

ISBN: 978-3-7342-0102-8

Potaje cubano
Kubanische Bohnensuppe

Diese Suppe enthält Annatto – ein orangerotes Gewürz mit süßlich-pfeffrigem Aroma, das häufig in Lateinamerika verwendet wird und auch als Farbstoff dient.

① Die eingeweichten **Bohnen** abgießen, in einen Topf geben und 5 cm hoch mit frischem Wasser bedecken. Das Lorbeerblatt zufügen. Aufkochen und 10 Min. sprudelnd kochen lassen. Die Hitze herunterschalten und die Bohnen halb abgedeckt 1 Std. **sehr weich** köcheln. Bohnen abgießen, das Kochwasser auffangen. Den Fond mit dem Kochwasser auf 1 l auffüllen.

② Das Lorbeerblatt entfernen. Zwei Drittel der Bohnen mit etwas Fond im Mixer oder mit dem Pürierstab grob **pürieren** oder alternativ mit einem Kartoffelstampfer grob zerdrücken und mit den ganzen Bohnen vermischt beiseitestellen.

③ Das Öl im ausgespülten Topf erhitzen. Die Zwiebel darin unter Rühren 3–4 Min. glasig schwitzen (nicht bräunen). Knoblauch zufügen und 1 Min. anbraten, dann Gewürze zugeben und 30 Sek. anschwitzen. Tomate und Essig unterrühren und alles 3–5 Min. **zu einem Mus** köcheln.

④ Bohnen, restlichen Fond, Schinken und Zucker zufügen. Alles aufkochen, dann die Hitze herunterschalten und Suppe 20 Min. köcheln lassen. Mit Salz und Pfeffer **abschmecken**. Auf Schalen verteilen, mit Koriander und Sauerrahm garniert servieren.

Für 4 Personen

Zubereitungszeit 20 Min. + Wartezeit

Garzeit 1:45 Std.

Zutaten

250 g getrocknete schwarze Bohnen, über Nacht in kaltem Wasser eingeweicht

1 Lorbeerblatt

500 ml Geflügelfond

1 EL Sonnenblumenöl

1 große Zwiebel, fein gehackt

1 Knoblauchzehe, gehackt

½ TL gemahlener Kreuzkümmel

½ TL gemahlenes Annatto (aus dem Gewürzhandel)

1 Prise gemahlene Gewürznelken

1 Fleischtomate, enthäutet und gehackt

1 TL Weißweinessig

125 g gekochter Schinken, gewürfelt

1½ TL Rohrzucker

Salz und frisch gemahlener schwarzer Pfeffer

Koriandergrün, zerzupft, zum Garnieren

Sauerrahm, zum Servieren

Schwarze Bohnen sind vor allem in Lateinamerika eine geschätzte Zutat für Suppen und Eintöpfe

Tamales

Gefüllte Maismehltaschen

In Kuba werden *tamales* häufig auch in Maisblätter gewickelt. Die Zubereitung zu Hause ist leider etwas zeitaufwendig und nicht ganz einfach.

① Für den Teig Maismehl mit Backpulver und Salz in eine Küchenmaschine geben, Knethaken verwenden. Ungefähr die Hälfte des heißen Geflügelfonds zufügen und alles **mischen**. Während des Knetens Butter, Schweineschmalz und Öl hineingeben und glatt rühren.

② Restliche Brühe hinzufügen, alles zu einem lockeren Teig verkneten. Schüssel zugedeckt mindestens 30 Min. in den **Kühlschrank** stellen. Inzwischen die Füllung zubereiten.

③ Für die Füllung Hähnchenschenkel und Schweinefleisch mit Salz und Pfeffer würzen. In einer großen beschichteten Pfanne 1 EL Annatto-Öl mittelstark erhitzen. Zuerst Hähnchenschenkel **anbraten** und in eine Schüssel geben, ebenso mit dem Schweinefleisch verfahren.

④ Das restliche Öl in die Pfanne geben, Knoblauch und Chili darin 30 Sek. unter Rühren **erhitzen**, dann Zwiebel und Paprika hinzufügen, mit Salz und Pfeffer würzen und 5 Min. garen. Kreuzkümmel hinzufügen, dann die Hähnchenschenkel und das Fleisch wieder in die Pfanne geben, mit Fond **aufgießen**. Bei schwacher Hitze zugedeckt 1 Std. garen, bis das Fleisch weich ist.

Für 12 Stücke

Zubereitungszeit 1 Std.

Garzeit 2:10 Std.

Bananenblätter, tiefgekühlt aus dem Asialaden

Zutaten

450 g Maismehl

2 TL Backpulver

1 EL Meersalz

1 l heißer Geflügelfond

150 g weiche Butter

200 g Schweineschmalz

2 EL Annatto-Öl (ersatzweise Sonnenblumenöl)

Für die Füllung

4 Hähnchenschenkel

450 g Schweinefleisch aus der Schulter, zu 2,5 cm großen Würfeln geschnitten

Salz und Pfeffer

2 EL Annatto-Öl, mehr zum Bestreichen

3 Knoblauchzehen, gehackt

1 scharfe Chili, gehackt

½ rote Zwiebel, in dünne Scheiben geschnitten

1 rote Paprikaschote, in dünne Stifte geschnitten

1 TL Kreuzkümmelpulver

360 ml Geflügelfond

2 EL Limettensaft

2 EL Korinthen, gehackt

1 EL Portwein

200 g vorgekochter Reis

1 EL Kapern, gehackt

30 g grüne Oliven, in Ringe geschnitten

⑤ Die Hähnchenschenkel aus der Pfanne nehmen. Das Hähnchenfleisch in mittelgroßen Stücken von den Knochen **lösen**, die Haut entfernen. Das Fleisch zurück in die Pfanne geben.

⑥ Offen köcheln lassen, bis fast alle Flüssigkeit die Konsistenz eines **dicken Ragouts** hat. Den Limettensaft hinzufügen, die Füllung abschmecken. Abkühlen lassen. Korinthen im Portwein einweichen.

⑦ Den Teig zu 12 Kugeln formen. Zwei zugeschnittene Bananenblätter (etwa 28 x 20 cm) übereinanderlegen und in die Mitte eine Maiskugel setzen. Diese zu einem 15 cm großen Kreis **drücken**. Füllung sowie Reis daraufsetzen, mit abgetropften Korinthen, Kapern und Oliven bestreuen.

⑧ Durch Umbiegen des Bananenblatts die Füllung mit Teig umhüllen, Bananenblatt zu wasserdichtem Päckchen falten und mit Küchengarn **festbinden**. In einem großen Topf mit kochendem Wasser etwa 1 Std. garen. Danach in einem Sieb etwa 10 Min. abtropfen lassen und servieren.

Rote Zwiebeln sind etwas weniger scharf, aber dafür besonders aromatisch

Für 4 Personen

Zubereitungszeit 10 Min.

Garzeit 55 Min.

1 beschichtete, ofenfeste Pfanne (25 cm ø)

Zutaten

250 ml Olivenöl

500 g Kartoffeln, in 5 mm dicken Scheiben

3 Zwiebeln, in Halbringen

2 TL Paprikapulver

6 Eier, verquirlt

Salz

schwarzer Pfeffer

Tortilla de patatas

Kartoffel-Tortilla mit Paprika

Die Tortilla wurde angeblich im 19. Jahrhundert im spanischen Navarra erfunden. Heute wird das Gericht in der gesamten spanischsprachigen Welt geliebt.

① Das Olivenöl in der Pfanne vorsichtig erhitzen. Die Kartoffeln darin etwa 15 Min. bei schwacher Hitze garen, bis sie weich, aber **nicht stark** gebräunt sind. Ab und an vorsichtig umrühren, ohne die Kartoffeln zu zerdrücken. Die Kartoffeln mit einem Schaumlöffel aus der Pfanne nehmen und in einer Schüssel abkühlen lassen.

② Die Zwiebeln mit 1 Prise Salz in die Pfanne geben und bei schwacher Hitze 10–15 Min. dünsten, bis sie **weich**, aber nicht braun werden (falls nötig, etwas Öl hinzufügen). Mit dem Paprikapulver unter die Kartoffeln mischen, kurz abkühlen lassen.

③ Die Eier kräftig mit Salz und Pfeffer würzen und unter die abgekühlte Kartoffel-Zwiebel-Mischung heben. Den Backofen auf 200 °C oder den Grill vorheizen. Die Kartoffelmischung in die Pfanne füllen und bei schwacher bis mittlerer Hitze 15–20 Min. garen, bis sie fast **gestockt** ist. Im heißen Ofen die Tortilla weitere 5 Min. backen, bis sie fest und oben goldbraun ist. Etwas abkühlen lassen, in Stücke oder Würfel schneiden. Warm oder kalt servieren.

Tipp

Die Tortilla muss ganz fest sein, bevor Sie sie aus der Pfanne stürzen. Dafür einen großen flachen Teller auf die Pfanne legen und fest daraufhalten, während Sie die Pfanne schnell umdrehen.

Handelsübliches Olivenöl stammt zum allergrößten Teil aus Europa, in Lateinamerika wird das wertvolle Lebensmittel lediglich in Argentinien in nennenswerten Mengen produziert

Empanadas
Knusprige Teigtaschen

Empanadas gibt es in zahlreichen Variationen und Formen, ob mit Fleischfüllung, vegetarisch oder vegan.

① Für den Teig das Mehl mit ½ TL Salz in eine Schüssel sieben. Mit den Händen die Butter einarbeiten, bis feine Krümel entstanden sind. Die verquirlten Eier sowie 4–6 EL Wasser hinzufügen und alles rasch verkneten. Den Teig in **Frischhaltefolie** gewickelt 30 Min. kalt stellen.

② In der Zwischenzeit das Öl in einer Pfanne erhitzen. Zwiebel und Paprikawürfel bei mittlerer Temperatur unter Rühren 5–8 Min. braten. Tomatenmark, Kichererbsen, Petersilie, Chilischote sowie Salz und Pfeffer **nach Geschmack** dazugeben und bei reduzierter Hitze 10–12 Min. unter gelegentlichem Rühren köcheln lassen.

③ Den Backofen auf 190 °C vorheizen. Den Teig 3 mm dick ausrollen und 24 Kreise ausstechen. Auf jeden Kreis 1 TL Füllung setzen. Die Ränder mit Wasser **bestreichen**, aufeinanderlegen und gut zusammendrücken.

④ Die Empanadas auf ein geöltes Backblech legen, mit Ei bestreichen und 25–30 Min. backen, bis sie **goldbraun** sind. Warm servieren.

Für 24 Stücke

Zubereitungszeit 45 Min. + Wartezeit

Garzeit 40–50 Min.

9 cm große, runde Ausstechform

Zutaten

Für den Teig

450 g Dinkelmehl

Salz

90 g Butter, gewürfelt

2 Eier, verquirlt, plus Ei zum Bestreichen

Für die Füllung

1 EL Olivenöl plus Öl für das Blech

1 Zwiebel, fein gehackt

1 rote Paprikaschote, Samengehäuse entfernt, gewürfelt

2 TL Tomatenmark

140 g Kichererbsen aus der Dose, grob gehackt

2 EL fein gehackte Petersilie

1 rote Chilischote, entkernt, in Ringen

Salz und schwarzer Pfeffer

Variante

Empanaditas
Kleinere Kreise ausstechen, um mundgerechte Teigtaschen herzustellen. Die Kichererbsen durch 140 g gegartes Hähnchenfleisch oder Chorizo ersetzen. Die Taschen 15–20 Min. backen, bis sie goldbraun sind.

Kichererbsen geben vielen Gerichten eine sämige Konsistenz

Für 4 Personen

Zubereitungszeit 20 Min.
Garzeit 5 Min.
Sandwichtoaster

Zutaten

1 Laib weiches Weißbrot
mittelscharfer Senf
4 Scheiben kalter Braten
4 Scheiben Schinken
4 Scheiben würziger Käse
4 Gewürzgurken
weiche Butter

Cubano

Getoastetes Sandwich à la Kuba

Das schmackhafte Sandwich steht sowohl in Kuba als auch bei der kubanischen Gemeinde in den USA hoch im Kurs.

① Sandwichtoaster vorheizen. Brotlaib in 4 Teile zu je 15 cm Länge schneiden und längs halbieren. Eine Hälfte dünn mit Senf **bestreichen** und mit Braten, Schinken und Käse belegen. Gurke daraufgeben, mit zweiter Brothälfte schließen und mit etwas Butter bestreichen.

② Sandwich in den Sandwichtoaster geben, zuklappen und so lange toasten, bis der Käse zu schmelzen beginnt und das Brot leicht **bräunt**. Sandwich aus dem Toaster nehmen, diagonal auseinanderschneiden und heiß servieren.

Senf ist sowohl appetit- als auch verdauungsfördernd, die Schärfe entsteht erst beim Mahlen der Senfkörner

Tipp

Wenn Sie Cubanos für Kinder zubereiten, sollten Sie auf milden Senf zurückgreifen. Manche Menschen reagieren allergisch auf Kreuzblütengewächse, zu denen die Senfpflanze zählt.

Für 4 Personen

Zubereitungszeit 20 Min.

Garzeit 15 Min.

Zutaten

Für die Bananen

2 sehr reife Kochbananen

Erdnussöl zum Braten

Für den Fisch

Butter für die Folie

4 Glattbuttfilets (je etwa 175 g; alternativ Filets von Heilbutt, Seezunge oder Flunder)

Zitronenschnitze zum Servieren

Für den Krautsalat

¼ Weißkohl

2 Karotten

100 ml Weißweinessig

½ TL Salz

1 TL Zucker

Filete de pescado grillé

Gegrilltes Fischfilet mit Gemüse

Das leichte Gericht ist schnell zubereitet und schmeckt wunderbar an heißen Sommertagen.

① Den Backofengrill auf höchster Stufe vorheizen. Die reifen Kochbananen schälen und **schräg** in 8–10 etwa 1 cm dicke Scheiben schneiden.

② Weißkohl fein hobeln und Karotten raspeln. Essig, Salz und Zucker in einem kleinen Topf erhitzen und zum Kochen bringen. Weißkohl und Karotten in einer Schüssel **vermischen**, Essigmischung über den Salat geben und möglichst lange durchziehen lassen.

③ Ein Backblech mit gebutterter Alufolie auslegen und die Fischfilets mit der Haut nach unten darauflegen. Die Fischfilets unter dem **sehr heißen** Grill 2–3 Min. grillen und wenden. Jedes Filet großzügig mit Butter bedecken und bei schwächerer Hitze in weiteren 2–3 Min. leicht goldfarben grillen.

④ In eine große Pfanne ca. 5 mm hoch Erdnussöl füllen und dieses bei starker Hitze heiß werden lassen. Bananenscheiben portionsweise mit etwas Abstand voneinander in das heiße Öl legen, damit sie leicht gewendet werden können. In 1–1:30 Min. **goldbraun frittieren**. Herausheben und auf Küchenpapier entfetten. Mit Salz und Pfeffer bestreuen.

⑤ Die Fischfilets mit Zitronenschnitzen, Bananen und Krautsalat anrichten.

Weißkohl ist bei vorsichtiger Zubereitung ein sehr guter Vitamin-C-Lieferant und enthält zudem viele Mineralstoffe

Costillas con mojo de mango

Kubanische Rippchen mit Mango-Mojo

Außen kross, innen zart und saftig, serviert mit fruchtig-würzigem Mojo – nach diesen Rippchen leckt man sich nicht nur in Kuba alle zehn Finger.

① Grill vorbereiten; die Kohle sollte **nicht mehr** rauchen, sondern außen bereits weiß sein und innen glühen.

② Rippchen mit Öl bestreichen. Alle Gewürze gut miteinander vermengen und in das Fleisch **einmassieren**.

③ Rippchen nicht direkt über die glühenden Kohlen des Grills legen, sondern leicht **versetzt** daneben, da die Marinade durch den enthaltenen Zucker leicht verbrennen kann. Deckel des Grills schließen und etwa 2 Std. garen lassen. Alle 30 Min. eine Handvoll Kohle nachfüllen, Fleisch dabei mehrmals wenden.

④ Inzwischen die Mangos schälen. Das Fleisch mit einem scharfen Messer von den Steinen **abschneiden**, fein würfeln und in eine Schüssel geben.

⑤ Chilischote, Zucker, Essig, Limettensaft mischen, bis sich der Zucker aufgelöst hat. Anschließend Öl **sorgfältig** unterrühren und alles unter die Mangowürfel

Für 6 Personen

Zubereitungszeit 20 Min.

Garzeit 2 Std.

Zutaten

Für die Rippchen

3 kg Kotelettrippchen

3 TL Olivenöl

2 TL Annatto (alternativ: geräuchertes Paprikapulver)

1 TL Cumin, gemahlen

½ TL schwarze Pfefferkörner, gemahlen

1 TL Salz

2 TL brauner Zucker

Für das Mango-Mojo

2 reife Mangos

1 Scotch-Bonnet-Chili, Samen entfernt, gehackt

3 TL brauner Zucker

1 TL Weißweinessig

Saft einer ½ Limette

4 TL Rapsöl oder Olivenöl

Salz und schwarzer Pfeffer

1 große Prise gemahlener Koriander

1 EL gehackte Minze

geben. Das Mojo mit Salz, Pfeffer und Koriander würzen.

⑥ Das Mojo in einen luftdicht verschließbaren Behälter füllen und **kalt stellen**, damit sich die Aromen entfalten können.

⑦ Die Rippchen sind gar, sobald aus ihnen klarer Saft läuft, wenn man mit einem spitzen Messer hineinsticht. Rippchen vom Grill nehmen, diesen noch einmal **stark erhitzen** und die Rippchen über der glühenden Kohle auf beiden Seiten knusprig braten.

⑧ Das Mojo vor dem Servieren bei Bedarf nachwürzen, die Minze **unterrühren** und das Ganze mit den Rippchen servieren.

Variante

Statt mit einem Grill können Sie die Rippchen auch im Backofen zubereiten. Bei 100 °C sollten die Rippchen innerhalb von 2 Std. zart gegart sein. Auch hier die Rippchen danach aus dem Ofen nehmen, den Ofen auf 200 °C vorheizen und das Fleisch kurz auf beiden Seiten kross grillen.

Eine reife Mango erkennt man daran, dass sie angenehm duftet und auf leichten Druck nachgibt

DK

Vis-à-Vis

So schmeckt
KUBA

CUBANO · TAMALES · TORTILLA
EMPANADAS · FLAN · COSTILLAS

Genießen im Urlaub – Rezepte für zu Hause

Galerie
Die elegante Galerie, die den Blick auf den grünen Innenhof freigibt, bildet einen herrlichen Rahmen für die hier ausgestellten Büsten berühmter Persönlichkeiten des Bildhauers Luigi Pietrasanta aus dem frühen 20. Jahrhundert.

Infobox

Information
Plaza de Armas, Calle Tacón, e/ O'Reilly y Obispo. **Stadtplan** 4 E2.
(7) 861 2876, (7) 861 5062.
Di–So 9.30–16 Uhr. (Fotografieren gegen Gebühr).

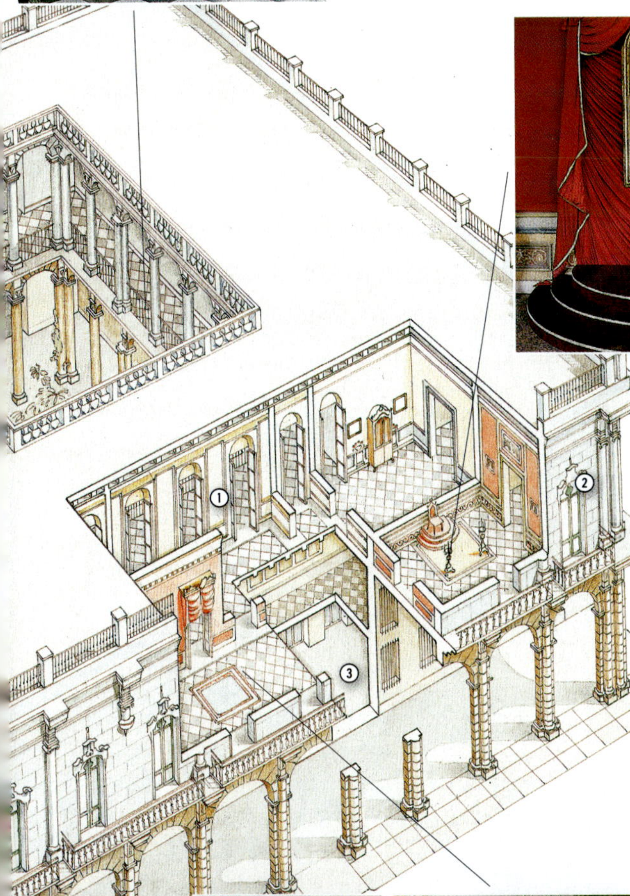

Thronsaal
Nach dem Vorbild des großen Salons im Palacio de Oriente in Madrid wurde der Saal einst für einen spanischen Monarchen gebaut, jedoch nie benutzt. 1893 wurde er anlässlich des Besuchs der Bourbonenprinzessin Eulalia restauriert.

★ Salón de los Espejos
In dem lichtdurchfluteten Saal mit venezianischen Spiegeln wurde 1899 das Ende der spanischen Herrschaft verkündet. 1902 hatte der erste Präsident der Republik Kuba hier seinen Amtssitz.

Stadtplan Havanna *siehe Seiten 122–127*

Die Casa del Agua la Tinaja verkauft gereinigtes Quellwasser

❾ Calle Obispo

Stadtplan 4 E2.

Die belebteste und charakteristischste Straße in Havannas Altstadt liegt wie eine lange Brücke zwischen den beiden Teilen des historischen Stadtkerns. Auf der einen Seite ist die Plaza de Armas, die mit ihren barocken Kolonialgebäuden das Herz der Altstadt darstellt. Auf der anderen Seite trifft die Calle Obispo auf die Avenida de Bélgica und das berühmte Restaurant El Floridita.

Alter Filter, Apotheke Taquechel

Die Avenida stellt mit eklektischer Jugendstilarchitektur den Beginn des moderneren Distrikts dar. Ihren Namen verdankt die Calle Obispo dem früheren Bischofssitz (Bischof = *obispo*) an der Ecke zur Calle Oficios.

Dank umfassender Restaurationsarbeiten, die die Gebäude der Altstadt vor dem Verfall bewahrten, hat die Calle Obispo die Eleganz, Farbenfreude und Lebenslust der Kolonialzeit nicht verloren. Und seit eine Nachtbeleuchtung installiert wurde, kann man hier auch abends bummeln.

Eine Tafel auf der linken Seite des Palacio de los Capitanes Generales trägt Zitate des kubanischen Patrioten José Martí anlässlich des Aufenthalts Garibaldis in Havanna. Gegenüber befindet sich der Laden **Casa del Agua la Tinaja**, in dem seit Jahrhunderten Quellwasser verkauft wird, das noch heute mit Keramikfiltern hervorragend gereinigt wird. Nebenan werden im Restaurant **La Mina** zu den Klängen traditioneller Live-Musik *(siehe S. 270)* Mahlzeiten und Cocktails serviert.

Zu den faszinierendsten Läden in diesem Teil der Straße zählt die Apotheke **Taquechel**, in der kubanische Kosmetik- und Naturprodukte sowie homöopathische Mittel verkauft werden. Auf den Regalen reihen sich hübsche Glas- und Majolikabehälter aus dem 17. und 18. Jahrhundert, zudem sieht man antike Destilliergefäße sowie pharmazeutische und medizinische Geräte. Das älteste erhaltene Haus Havannas ist Nummer 117–119 *(siehe S. 28)*.

Briefkasten am Haus Nr. 115

Eine der bedeutendsten Sehenswürdigkeiten in der Straße ist das **Hotel Ambos Mundos** *(siehe S. 256)*. Das reizende Hotel ist reich an literarischen Erinnerungen, denn hier lebte der Literat Ernest Hemingway immer wieder zwischen 1932 und 1939 *(siehe S. 118)* und begann die Arbeit an seinem berühmten Roman *Wem die Stunde schlägt*.

Blaue Holztüren *(azul avana)* am Haus Nr. 117

Gegen Ende der Straße, bei dem kleinen Platz Obispo y Bernaza, gibt es modernere Läden mit einer großen Angebotspalette.

Gleich nebenan liegt das Restaurant **El Floridita** *(siehe S. 270)*, das »Wiege des Daiquiri« genannt wird. Hier perfektionierte Barkeeper Constante in den 1930er Jahren den von Pagluchi *(siehe S. 269)* kreierten Cocktail. Beim Austüfteln der Mischung aus weißem Rum, Zucker, Limetten, Maraschino und Eis war Hemingway beteiligt, der hier Stammgast war. Heute serviert man nicht nur Cocktails, sondern auch Hummer und Langusten in elegantem Ambiente, das von einer Büste Hemingways dominiert wird. Sie wurde noch zu seinen Lebzeiten von Fernando Boada geschaffen.

In der Apotheke Taquechel stehen noch dekorative Majolikabehälter

Die obere Galerie der Casa de la Obra Pía, die mit Fresken und einer Holzbalustrade geschmückt ist

⑩ Casa de la Obra Pía

Calle Obrapía 158, esq. Mercaderes. **Stadtplan** 4 E2. (7) 861 3097. Di–Sa 9.15–16.45, So 9–13 Uhr. 1. Jan, 26. Juli, 10. Okt, 25. Dez.

Namensgeber der Calle Obrapía (»Wohlfahrtsstraße«) war eine Villa, deren Name an die Taten des Spaniers Martín Calvo de la Puerta y Arrieta erinnert, der hier im 17. Jahrhundert lebte. Jedes Jahr schenkte er fünf Waisenmädchen eine Mitgift für eine Heirat oder den Eintritt in ein Kloster.

Straßenschild der Calle de la Obrapía

100 Jahre später wurde die Casa die Residenz von Don Agustín de Cárdenas, dem wegen seiner Unterstützung der Spanier während der britischen Besatzung Havannas 1762 der Titel Marqués verliehen wurde *(siehe S. 44)*. Im Jahr 1793 wurde das Innere umgestaltet und der elegante Bogen über dem Treppenaufgang zur Loggia im ersten Stock hinzugefügt.

Die Casa de la Obra Pía gilt als Schmuckstück des kubanischen Barock. In ihren luxuriösen Salons wurden die Töchter der Adelsfamilien in die Gesellschaft eingeführt. Die Räume im oberen Stockwerk wurden mit authentischen Kolonialmöbeln eingerichtet.

Die Villa beherbergt zudem ein kleines Nähmaschinenmuseum, Alejo Carpentiers *(siehe S. 33)* Arbeitszimmer und eine Kunstgalerie.

An der Ecke zur Calle Mercaderes liegt die **Casa de México**, ein Kulturzentrum, in dem die enge Verbundenheit zwischen Mexiko und Kuba dokumentiert wird. Die Bibliothek umfasst mehr als 5000 Bücher, im Museum werden handgefertigte Glas-, Silber-, Terrakotta- und Holzobjekte ausgestellt. Am Ende der Straße steht die **Casa de Guayasamín**, benannt nach dem Maler Oswaldo Guayasamín aus Ecuador, dessen Werke hier ausgestellt sind.

Palo-Monte-Objekte *(siehe S. 27)*, Casa de África

⑪ Casa de África

Calle Obrapía 157, e/ San Ignacio y Mercaderes. **Stadtplan** 4 E2. (7) 861 5798. Di–Sa 9–17, So 9–13 Uhr. 1. Jan, 26. Juli, 10. Okt, 25. Dez. (Fotografieren gegen Gebühr).

Gegenüber der Casa de la Obra Pía steht ein Gebäude aus dem 17. Jahrhundert, das 1887 völlig umgestaltet wurde. Die obere Etage diente als Wohnung der Plantagenbesitzer, im Erdgeschoss war eine Tabakfabrik untergebracht, in der Sklaven arbeiteten. Heute dient das Gebäude als Bibliothek und Museum für die Geschichte Schwarzafrikas und die verschiedenen ethnischen Gruppen, die auf Sklavenschiffen nach Kuba gebracht wurden.

Viele Exponate gehörten dem Ethnografen Fernando Ortíz, einem Experten für die afrikanischen Wurzeln der kubanischen Gesellschaft. Zu sehen sind auch Kultobjekte verschiedener afrokubanischer Religionen *(siehe S. 26f)*, zudem werden Folterinstrumente, *Batá*-Trommeln und Bilder über das Leben auf den Plantagen gezeigt.

⓬ Plaza de San Francisco

Stadtplan 4 F2. **Basílica Menor de San Francisco de Asís** ☎ (7) 862 9683. ◯ Mo–Fr 9.30–16.30, Sa 11–17 Uhr. ● 1. Jan, 1. Mai, 26. Juli, 10. Okt, 25. Dez.

Dieser malerische Platz grenzt an den Hafen. Mit seiner andalusischen Atmosphäre ruft er Bilder vergangener Zeiten hervor, als hier Galeonen voll wertvoller Fracht nach Spanien ausliefen. In der Mitte des Platzes steht der Brunnen **Fuente de los Leones**, der nach dem Vorbild der Alhambra in Granada geschaffen wurde. Dieses Werk des italienischen Bildhauers Giuseppe Gaggini wurde 1836 vom Conde de Villanueva, Don Claudio Martínez de Pinillos, gestiftet. Der Brunnen diente den Besatzungen der hier anlegenden Schiffe über viele Jahre hinweg als Trinkwasserquelle.

Die einstige Bedeutung des Platzes als Handelszentrum wird an der Aduana General de la República (Zollhaus, 1914) und der **Lonja del Comercio** (einstige Börse, 1908) deutlich, auf deren Kuppel eine Statue des Handelsgottes Merkur thront. Dieses 1995 restaurierte Gebäude beherbergt nun Niederlassungen einiger wichtiger ausländischer Firmen.

Das bedeutendste Bauwerk auf dem Platz ist jedoch die **Basílica Menor de San Francisco de Asís**, die von 1580 bis 1591 als Franziskanerdomizil erbaut und im 18. Jahrhundert teilweise restauriert wurde. Das dreischiffige Innere ist kreuzförmig angelegt und mit Gemälden unbekannter kubanischer Künstler aus dem 18. Jahrhundert und einer Holzstatue des heiligen Franziskus geschmückt. Auch sie wurde im 18. Jahrhundert von einem unbekannten Künstler geschaffen. In der Basilika sind die sterblichen Überreste berühmter Bewohner Havannas begraben, darunter die des Marqués González, der während der britischen Besatzung von 1762 starb, sowie die von José Martín Félix de Arrate, einem angesehenen Historiker der Kolonialzeit. Aufgrund ihrer ausgezeichneten Akustik wurde die Basilika in einen Konzertsaal umgestaltet *(siehe S. 129)*. Konzerte finden jeden Samstag um 18 Uhr statt.

Vom Glockenturm bietet sich ein herrlicher Blick. Die Statue des hl. Franz von Assisi, die auf der Spitze thronte, wurde bei einem Hurrikan 1846 zerstört. Das angrenzende Kloster (1739) dient als Museum für religiöse Kunst, in dem Messbücher, Votivgaben und Keramikgegenstände gezeigt werden.

Brunnen Fuente de los Leones, Plaza de San Francisco

⓭ Museo del Ron

Calle San Pedro 262. **Stadtplan** 4 F3. ☎ (7) 861 8051. ◯ Mo–Do 9–17, Fr–So 9–16 Uhr.

Die Herstellung von Havana Club, dem berühmtesten kubanischen Rum, wird hier dokumentiert. Man kann bei der Produktion des »fröhlichen Kindes des Zuckerrohrs«, wie der Rum vom kubanischen Schriftsteller und Journalisten Fernando Campoamor, einem Freund Ernest Hemingways, genannt wurde, zusehen.

Logo der Fundación Havana Club

Die Führungen beginnen im Innenhof der Fundación Havana Club. Nach der Vorführung eines Videos über Geschichte und Anbau des Zuckerrohrs werden die Besucher durch die Produktionsanlagen geführt, wo sie die Stadien der Rumherstellung beobachten können. In der Haupthalle, die vom Geruch fermentierter Melasse durchsetzt ist, steht ein Modell eines *ingenio (siehe S. 46f)*, einer Zuckerfabrik. Es beinhaltet sogar einen Modelldampfzug.

Die Tour endet in einer Bar, in der man den drei Jahre alten Rum probieren kann. In dieser Bar, die von 9 bis 24 Uhr geöffnet ist, werden auch gute Cocktails serviert. Im Shop werden Rum, Gläser und zahlreiche Souvenirs verkauft.

Innenraum der Basílica de San Francisco, in der jetzt Konzerte stattfinden

Kubanischer Rum

Die Geschichte des Rums reicht bis ins frühe 16. Jahrhundert zurück, als zum ersten Mal unreines Destillat aus Zuckerrohr gewonnen wurde. Nach der Ankunft von Don Facundo Bacardí *(siehe S. 232)* führte man ein neues Brennverfahren ein, und kubanischer Rum *(ron)* wurde weltweit beliebt. Rum ist Teil des kubanischen Alltags: Viele kubanische Cocktails werden auf Rumbasis gemixt, den Göttern der *santería* wird er als Opfergabe dargebracht. Die Herstellung beginnt mit einem Nebenprodukt des Zuckers, der klebrigen, bernsteinfarbenen Melasse, die mit Wasser verdünnt und mit Hefe fermentiert wird. Durch Destillation und Filterung entsteht daraus ein Schnaps, dem nach 18 Monaten Wasser und Alkohol zugefügt werden. So entsteht der junge, klare Silver Dry-Rum.

Die Destillation wurde einst in Destilliergefäßen (links) durchgeführt. Heute wird der Dampf der Melasse in miteinander verbundene Röhren geleitet, bis er zu einer farblosen Flüssigkeit kondensiert, die dann in besonderen Fässern bis zur gewünschten Reife altert.

Beim Blending (Mischen, spanisch: *mezcla*) mischt der Blendmeister den neuen Rum mit anderen Beständen. Danach lagert dieser Verschnitt einige Wochen in speziellen Bottichen, bis das gewünschte Aroma erreicht ist.

Für den Reifeprozess werden spezielle Eichenholzfässer verwendet, in denen der Rum mindestens drei Jahre lagert. In dieser Zeit wird er farbintensiver und vollmundiger wie zum Beispiel der sieben Jahre alte Añejo. Temperatur, Luftfeuchtigkeit und -zirkulation in den Reifekellern müssen exakt eingehalten werden.

Rumsorten

Neben Silver Dry-Rum, der für Cocktails verwendet wird, gibt es den drei Jahre alten Carta Blanca, den fünf Jahre alten Carta Oro oder den mindestens sieben Jahre alten Añejo. Alter Rum, der auch der teuerste ist, wird pur bei Zimmertemperatur getrunken. Weiter verbreitet ist der Carta Blanca-Rum, der für verschiedene Zwecke verwendet werden kann und oft mit Eis getrunken wird. Es gibt einige hochwertige kubanische Rumsorten, die berühmteste von ihnen ist Havana Club.

Silver Dry | Carta Blanca | Carta Oro | Añejo

Der Säulengang des Convento de Santa Clara mit tropischer Vegetation

⓮ Plaza Vieja

Stadtplan 4 E3.

Der Platz wurde 1559 angelegt und Plaza Nueva (Neuer Platz) genannt. Nach der Vergrößerung der Plaza de Armas und der Entstehung neuer städtischer Siedlungen im 19. Jahrhundert verlor er jedoch an Bedeutung und wurde in Plaza Vieja (Alter Platz) umbenannt. Lange Jahre wurde er als Parkplatz genutzt, inzwischen ist er jedoch restauriert und präsentiert sich im Originalzustand.

Die Plaza wird von Arkaden und historischen Gebäuden aus vier Jahrhunderten gesäumt. Das bedeutendste ist die **Casa del Conde Jaruco** (1733–37). Sie war Residenz der Condesa de Merlin, einer bedeutenden kubanischen Romanautorin. Hier finden Ausstellungen statt. Ein Besuch in dem geräumigen Salon mit seinen Buntglasfenstern, den sogenannten *mediopuntos (siehe S. 29)*, ist lohnenswert.

Nebenan befinden sich zwei Gebäude aus dem 17. Jahrhundert, und an der Ecke zwischen der Calle Muralla und der Calle Inquisidor steht das auffallende Jugendstil-Hotel Palacio Cueto. Im Jahr 1908 erbaut, wurde es zeitweilig als Apartmenthaus genutzt. Derzeit wird es wieder in ein exklusives Fünf-Sterne-Hotel umgewandelt. Das Centro de Desarrollo de las Artes Visuales (Zentrum für die Entwicklung visueller Kunst) schräg gegenüber ist einer der Hauptveranstaltungsorte der Bienal de La Habana *(siehe S. 38)*.

In der Mitte des Platzes steht ein Brunnen (1796). Er trägt die Wappen Havannas und des Conde de Santa Clara, dem früheren Gouverneur der Stadt. Daneben befinden sich ein Kunstzentrum, eine Fotogalerie und ein Planetarium.

⓯ Convento de Santa Clara

Calle Cuba 610, e/ Sol y Luz. **Stadtplan** 4 E3. (7) 861 3335. wegen Restaurierung.

Der Convento de Santa Clara ist einer der ältesten und charakteristischsten kolonialen Sakralbauten in der Neuen Welt. Der 1644 von Schwester Catalina de Mendoza gegründete Konvent nimmt eine beträchtliche Fläche der Altstadt ein. Er sollte Mädchen aus reichen Familien als Unterkunft dienen.

Der Bau mit seinen einfachen Fenstern bildet einen krassen Gegensatz zum Inneren des Konvents mit seinem Kolonnadengang und den mit Intarsien geschmückten Holzdecken. Zwei der drei Säulengänge haben dem drohenden Verfall standgehalten. Hier befindet sich das Centro Nacional de Conservación, Restauración y Museología – ein Gremium, das für die Erhaltung historischer kubanischer Architektur verantwortlich ist.

Fassade der Casa del Conde Jaruco mit den typischen *Mediopunto*-Buntglasfenstern im ersten Stock

Hotels und Restaurants in Havanna *siehe Seiten 256–258 und 270–272*

Das Hauptschiff der Iglesia de la Merced in feierlicher Beleuchtung

⑯ Iglesia del Espíritu Santo

Calle Acosta 161, e/ Cuba y Damas. **Stadtplan** 4 E3. (7) 862 3410. Di–Fr 9–12.30, 15–18, Sa 9–15, So 9–12 Uhr. Do, Sa 17 Uhr, So 10.30 Uhr.

Als eine der ältesten katholischen Kirchen Havannas ist die Iglesia del Espíritu Santo von historischer Bedeutung. Sie wurde 1637 von befreiten afrikanischen Sklaven errichtet. Dank einer päpstlichen Bulle und einem Erlass von König Carlos III wurde ihr 1772 das Recht verliehen, den von Behörden verfolgten Menschen Asyl zu gewähren.

Architektonisch ist der Turm der auffallendste Teil der Kirche. Er ist fast ebenso hoch wie der Turm der Basílica de San Francisco *(siehe S. 78)*. Im 19. Jahrhundert wurde die Kirche radikal umgestaltet, sodass maurische Elemente nur im Dach erhalten blieben. Die Hauptkapelle mit Steingewölbe und Krypta ließ Bischof Jerónimo Valdés zwischen 1706 und 1729 errichten.

Ganz in der Nähe steht die weiße orthodoxe Kathedrale Nuestra Senora de Kazán (Avenida del Puerto, e/ Sol y Santa Clara). Sie wurde 2008 als Zeichen der kubanisch-russischen Freundschaft errichtet.

⑰ Iglesia de Nuestra Señora de la Merced

Calle Cuba 806, esq. Habana. **Stadtplan** 4 F3. (7) 863 8873. tägl. 8–12, 15–17 Uhr. Do–Di 9 Uhr.

Mit dem Bau der Kirche wurde 1637 begonnen, fertiggestellt wurde sie jedoch erst im 18. Jahrhundert. Die üppige Ausschmückung stammt aus dem 19. Jahrhundert. Die Kirche ist bei Anhängern der afrokubanischen Religion *santería (siehe S. 26f)* sehr beliebt. Für die Anhänger entspricht die Patronin der Kirche der Yoruba-Gottheit Obatalá. Sie ist eine der *Santería*-Hauptgottheiten, gilt als Beschützerin der Menschen und verkörpert Weisheit und Harmonie. Am 24. September, dem Namenstag der heiligen Mercedes, tragen *Santería*-Anhänger weiße Kleidung – die Farbe Obatalás.

⑱ Casa Natal de José Martí

Calle Leonor Pérez 314, esq. Calle Egido. **Stadtplan** 4 E4. (7) 861 3778. Di–Sa 9.30–16.30, So 9.30–12.30 Uhr. 1. Jan, 1. Mai, 26. Juli, 10. Okt, 25. Dez. (Fotografieren gegen Gebühr).

Dank der herausragenden Bedeutung des kubanischen Patrioten José Martí *(siehe S. 49)* wurde dieses einfache Gebäude aus dem 19. Jahrhundert, das im Stadtteil Paula liegt, zum Nationaldenkmal. Der 1853 hier geborene Autor wird von den Kubanern leidenschaftlich verehrt. Er starb am 19. Mai 1895 im Unabhängigkeitskrieg gegen die Spanier. Nach seinem Tod lebte seine Mutter Leonor Pérez in dem Gebäude, das nach deren Tod zur Finanzierung der Ausbildung ihrer Enkel vermietet wurde. 1901 wurde es von der Stadt nach einer beispiellosen Spendenaktion gekauft und 1925 in ein Museum umgebaut. Doch erst nach der Machtübernahme Castros war die Finanzierung gesichert.

Das Haus wurde inzwischen restauriert. Besucher können Möbel, Gemälde und Erstausgaben der Werke von Martí betrachten. Zudem sind Gegenstände von großem historischem Wert ausgestellt, so das Tintenfass und die Feder, mit dem Generalissimo Máximo Gómez und Martí das *Manifesto de Montecristi* unterzeichneten, das als Kriegserklärung gegen die Spanier diente. Außerdem werden persönliche Gegenstände gezeigt, etwa das Messer, das Martí bei seinem Tod bei sich trug, oder ein Album mit Glückwünschen von Freunden zu seiner Hochzeit mit Carmen Zayas-Bazán.

Porträt José Martís von Herman Norman

Centro Habana und Prado

Das Centro Habana gleicht einem verarmten Aristokraten – eine edle Gestalt, dessen abgetragene Kleider seiner reichen Vergangenheit spotten. Das bunte Viertel hinter der Stadtmauer (die parallel zur heutigen Avenida Bélgica und der Avenida de las Misiones verlief) wurde im 19. Jahrhundert als Wohngebiet errichtet. Der größte Teil entstand nach 1863, als man die Stadtmauer größtenteils abriss, um mehr Bauland zu gewinnen. In den 1920er und 1930er Jahren wurden die Arbeiten abgeschlossen, nachdem der französische Architekt Forestier den Paseo del Prado, den Parque Central, die Gärten des Capitolio und den Parque de la Fraternidad angelegt hatte.

Sehenswürdigkeiten auf einen Blick

Historische Gebäude

1 Hotel Inglaterra
3 *Capitolio S. 86f*
5 Real Fábrica de Tabacos Partagás
6 Palacio de Aldama
8 Castillo de San Salvador de la Punta

Historische Straßen und Plätze

4 Parque de la Fraternidad
7 *Paseo del Prado S. 90f*
15 Avenida Carlos III
16 Callejón de Hamel
17 Stadtmauern

Stadtviertel

13 Barrio Chino

Theater

2 Gran Teatro de La Habana

Kirchen

10 Iglesia del Ángel Custodio
14 Iglesia del Sagrado Corazón

Museen

9 Museo Nacional de la Música
11 *Museo de la Revolución S. 92f*
12 *Museo Nacional de Bellas Artes S. 96–99*

Restaurants in Centro Habana und Prado

siehe S. 271

Stadtplan *3, 4*

Im Detail: Parque Central

An der Grenze zwischen Altstadt und Centro Habana, zwischen dem Capitolio und der Promenade Prado liegt der Parque Central. Er wurde 1877 angelegt, nachdem man die Stadtmauer abgerissen hatte. In der Mitte des Platzes stellte man eine Statue von Isabella II auf, die später durch eine Statue José Martís ersetzt wurde. Der palmenbestandene Park ist von herrschaftlichen Gebäuden aus dem 19. und 20. Jahrhundert gesäumt. Er ist das Herz des Stadtzentrums und ein beliebter Treffpunkt. Abends kommen die Menschen hier zusammen und plaudern bis in die frühen Morgenstunden.

❷ ★ Gran Teatro de La Habana
Das Theater, in dem ein Saal nach dem spanischen Dichter García Lorca benannt wurde, der 1930 einige Monate in Havanna lebte, ist eine Mischung aus verschiedenen Stilrichtungen.

❺ Real Fábrica de Tabacos Partagás
In dem eleganten Gebäude ist eine berühmte Zigarrenfabrik ansässig.

❹ Parque de la Fraternidad
Anlässlich des 400. Jahrestags der Entdeckung Amerikas wurde der Park 1892 angelegt.

Das Cine Payret, das erste Kino Kubas, wurde 1897 eröffnet, nur zwei Jahre, nachdem die Brüder Lumière ihre Erfindung in Paris vorgestellt hatten.

❸ ★ Capitolio
Die Kuppel eines der imposantesten Gebäude Lateinamerikas ragt majestätisch über den Dächern Havannas auf.

Legende
— Routenempfehlung

0 Meter 100

❶ ★ Hotel Inglaterra
In dem historischen Hotel ist der Geist des 19. Jahrhunderts noch lebendig. Trotz des »englischen« Namens wirkt es in Architektur und Dekoration eindeutig spanisch.

Zur Orientierung
Siehe Stadtplan 4

Die Calle San Rafael wird auch Boulevard genannt. Die schmale Straße ist eine Fußgängerzone, die bis in die 1950er Jahre für ihre Luxusläden berühmt war.

Das Iberostar Parque Central wurde erst 1999 errichtet. Seine Bauweise fügt sich gut in die Umgebung ein *(siehe S. 257)*.

❼ ★ Paseo del Prado
In dieser Avenida gehen die Einheimischen gern bummeln. Sie ist gesäumt von hübschen Gebäuden und renovierten Arkaden.

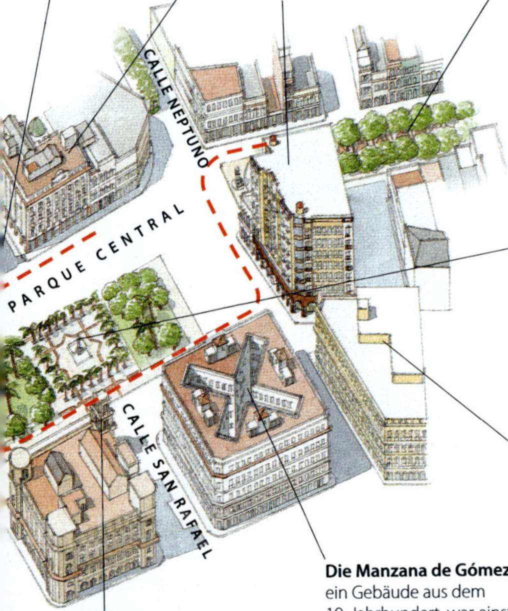

Die Statue von José Martí, Kubas Nationalhelden, wurde in Rom von José Vilalta y Saavedra aus wertvollem Carrara-Marmor geschaffen und am 24. Februar 1905 von Generalissimo Máximo Gómez eingeweiht.

Die Manzana de Gómez, ein Gebäude aus dem 19. Jahrhundert, war einst ein großes Einkaufszentrum. 2016 soll sie als Fünf-Sterne-Hotel wiedereröffnen.

Das Hotel Plaza aus dem19. Jahrhundert war ein Privathaus und wurde 1909 in ein Hotel umgestaltet, in dem Berühmtheiten verkehrten wie Isadora Duncan, Enrico Caruso und Anna Pawlowa.

Das Centro Asturiano wurde von dem Spanier Manuel del Busto entworfen und 1928 eröffnet. Hier ist die internationale Kunstsammlung des Museo de Bellas Artes *(siehe S. 96–99)* untergebracht.

❶ Hotel Inglaterra

Paseo de Martí (Prado) 416, esq. a San Rafael. **Stadtplan** 4 D2. (7) 860 8594. **hotelinglaterra-cuba.com**

Obwohl dieses Hotel aus dem 19. Jahrhundert im Stil der klassizistischen Architektur erbaut wurde, schlägt doch ein maurisches Herz in seiner Brust: Die Majolikafliesen in feinen Ocker-, Grün- und Goldtönen wurden aus Sevilla importiert, das Foyer ist mit andalusischen Mosaiken dekoriert, die Holzdecken ähneln maurischen Intarsienarbeiten. Zudem trägt eine der Säulen im *Salón-Café* die klassische arabische Inschrift: »Nur Allah wird siegen«. Das Hotel Inglaterra wurde 1875 eröffnet, als ein kleines Hotel mit dem lebhaften Nachtclub Le Louvre zusammengelegt wurde. Der Platz vor dem Hotel wurde zu einem beliebten Treffpunkt der Liberalen Havannas. Hier trat auch der junge José Martí *(siehe S. 49)* für die vollständige Loslösung von Spanien ein und widersprach so moderateren Forderungen nach Autonomie. General Antonio Maceo, Held der Unabhängigkeitskriege, schmiedete in dem Hotel Putschpläne.

Zu den vielen berühmten Gästen gehörten die Schauspielerin Sarah Bernhardt und die Balletttänzerin Anna Pawlowa.

❷ Gran Teatro de La Habana

Paseo de Martí (Prado) y San Rafael, Centro Habana. **Stadtplan** 4 D2. (7) 861 3077. wegen Renovierung; aktuelle Informationen tel. erfragen.

Im Gran Teatro, einem der größten Opernhäuser der Welt, fanden die gesellschaftlichen Höhepunkte der einflussreichen spanischen Bevölkerung Havannas statt. Es ist Teil des monumentalen Palacio del Centro Gallego (1915), der von dem belgischen Architekten Paul Belau entworfen wurde.

Die herrliche Fassade ist mit vier Skulpturengruppen des italienischen Bildhauers Giu-

❸ Capitolio

Als weithin sichtbares Symbol der Stadt kombiniert das Capitolio die Eleganz des Klassizismus mit Elementen des Art déco. Es ist angelehnt an das Capitol in Washington, DC, aber noch größer. Eingeweiht wurde es 1929 durch den Diktator Gerardo Machado. Bis 1959 diente der Bau als Regierungssitz und war Schauplatz historischer Ereignisse: 1933 schoss die Polizei hier auf eine Gruppe von Anti-Machado-Demonstranten. Das Anwesen ist seit einigen Jahren wegen Renovierung für die Öffentlichkeit nicht zugänglich. Nach Abschluss der Arbeiten soll hier wieder das kubanische Parlament tagen.

Dieser Treppenaufgang war einst den Abgeordneten vorbehalten

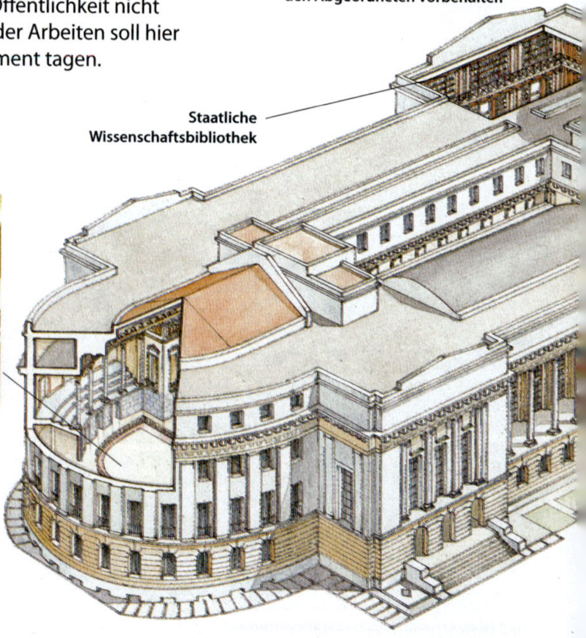

Abgeordnetensaal
Die Abgeordnetenkammer ist noch original möbliert und mit Flachreliefs des italienischen Künstlers Gianni Remuzzi dekoriert.

Hinter der Fassade des einstigen Centro Gallego befindet sich heute das Gran Teatro

seppe Moretti geschmückt, den Allegorien für Wohltätigkeit, Bildung, Musik und Theater. Das Gebäude wurde über den Grundmauern des Teatro Nuevo oder Tacón erbaut, das von 1837 bis ins frühe 20. Jahrhundert weltbekannten Künstlern eine Bühne bot. Unter ihnen war die österreichische Balletttänzerin Fanny Elßler, die hier 1841 ihr Debüt gab. Mitte des 19. Jahrhunderts arbeitete hier Antonio Meucci, der mit Graham Bell um den Titel des Erfinders des Telefons konkurrierte. Dank der Unterstützung des Impresarios konnte er seine Erfindung in den USA zum Patent anmelden.

Das neue Theater wurde im April 1915 mit einer Inszenierung der *Aida* eingeweiht, der viele hervorragende Produktionen folgten. Sarah Bernhardt trat hier 1918 auf, der Pianist Arthur Rubinstein 1919. Auch der kubanische Komponist Ernesto Lecuona und der spanische Gitarrist Andrés Segovia waren Gäste.

Im Jahr 1959 wurde das Gran Teatro zur »Heimbühne« der Tänzerin Alicia Alonso, Gründerin des Tanzensembles Ballet Nacional de Cuba, das das Ballettfestival ausrichtet *(siehe S. 40 und 129)*. Während der Renovierung des Gran Teatro tritt das Ensemble im Teatro Nacional *(siehe S. 106)* auf.

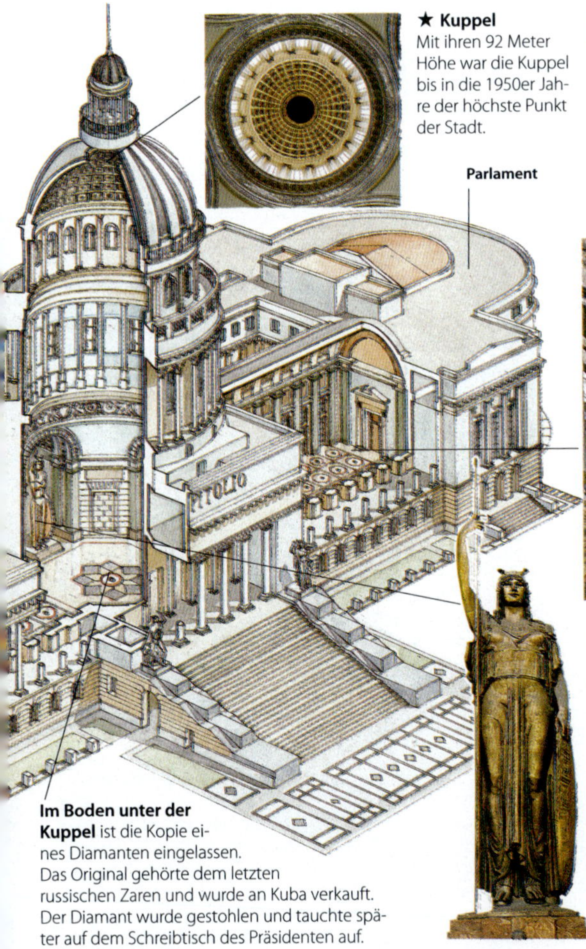

★ Kuppel
Mit ihren 92 Meter Höhe war die Kuppel bis in die 1950er Jahre der höchste Punkt der Stadt.

Parlament

Infobox

Information
Paseo de Martí (Prado), esq. a San José. **Stadtplan** 4 D3. (7) 861 5519. wg. Renovierung.

★ Salón de los Pasos Perdidos
Diese monumentale Halle mit ihren Marmorböden verdankt ihren Namen (»Saal der verlorenen Schritte«) ihrer ungewöhnlichen Akustik.

Im Boden unter der Kuppel ist die Kopie eines Diamanten eingelassen. Das Original gehörte dem letzten russischen Zaren und wurde an Kuba verkauft. Der Diamant wurde gestohlen und tauchte später auf dem Schreibtisch des Präsidenten auf.

Statue der Republik
Die 17 Meter hohe und 49 Tonnen schwere Statue wurde in Rom gegossen und mit 22-karätigem Blattgold überzogen. Sie ist die dritthöchste der Welt.

Stadtplan Havanna *siehe Seiten 122–127*

❹ Parque de la Fraternidad

Stadtplan 4 D3.

Im 19. Jahrhundert wurde die Grünanlage hinter dem Capitolio »Campo di Marte« (Paradeplatz) genannt, da hier oft militärische Paraden abgehalten wurden. Seit 1928 heißt sie Parque de la Fraternidad und erinnert mit Denkmälern bedeutender Amerikaner, darunter der Argentinier José de San Martín, der Venezuelaner Simón Bolívar und der US-Präsident Abraham Lincoln, an die gemeinsamen Wurzeln der Kubaner und anderer amerikanischer Völker.

In der Mitte des Parks befindet sich ein Tor mit einer Tafel, auf der ein berühmtes Zitat von José Martí steht: »Es ist an der Zeit, dass wir uns versammeln und zusammen marschieren, wir müssen so zusammenhalten wie das Silber in den Tiefen der Anden. Nur durch Freundschaft, Brüderlichkeit und Liebe finden Völker zueinander.« Hinter dem Tor steht als Monument amerikanischer Freundschaft und Solidarität ein großer Kapokbaum: Diese Pflanze gilt amerikanischen Ureinwohnern und Afrikanern, die als Sklaven in die Neue Welt gebracht wurden, als heilig.

Vor dem Platz steht der Brunnen »Fuente de la India« oder »La Noble Habana« von Giuseppe Gaggini (1831) – eine Allegorie Havannas.

Heute ist der Park voller alter amerikanischer Autos, die als private Taxis eingesetzt werden.

Der Brunnen vor dem Park symbolisiert die Stadt

Fassade der Zigarrenfabrik Partagás mit ihren auffallenden Ziergiebeln

❺ Real Fábrica de Tabacos Partagás

Calle Industria 524. **Stadtplan** 4 D3.
(7) 862 4604. wegen Renovierung (Details tel. erfragen).

Kubas größte Zigarrenfabrik wird von einer eindrucksvollen klassizistischen Fassade geprägt und ist ein herausragendes Beispiel der industriellen Architektur des 19. Jahrhunderts. Sie wurde 1845 vom katalanischen Geschäftsmann Jaime Partagás Ravelo gegründet. Das Geheimnis seiner Tabakblätter und ihrer Verarbeitung gab er nie preis. Überliefert ist lediglich, dass er Holzfässer zur Fermentierung der Blätter verwendete, um ihr Aroma zu intensivieren.

Von den Gewinnen, die seine Zigarrenfabrik abwarf, kaufte Partagás eine Plantage in der Provinz Pinar del Río. Er wollte alle Arbeitsschritte bei der Zigarrenherstellung selbst überwachen, vom Züchten der Pflanzen bis zum Anlegen der Deck-, Um- und Einlegeblätter durch den *torcedor (siehe S. 37)*. Partagás wurde unter mysteriösen Umständen ermordet. Die Fabrik wurde daraufhin von einem anderen cleveren Geschäftsmann, Ramón Cifuentes Llano, aufgekauft.

In den Fabrikhallen arbeiten Dutzende Menschen. Allerdings liest heute niemand mehr Unterhaltsames und Lehrreiches vor, um die Monotonie der Arbeit erträglicher zu gestalten, wie es noch im 19. Jahrhundert üblich war. Diese Sitte wurde von Partagás selbst eingeführt. Heute werden die Arbeiter mit Musik und Nachrichten aus dem Radio unterhalten und informiert. An die Fabrik sind eine Casa del Habano (Zigarrengeschäft) und ein Probierraum angeschlossen.

Neonschild an der Zigarrenfabrik Partagás

❻ Palacio de Aldama

Avenida Simón Bolívar (Reina) y Máximo Gómez (Monte). **Stadtplan** 3 C3.
für die Öffentlichkeit.

Diese Villa *(siehe S. 29)* wurde von Manuel José Carrera entworfen und Mitte des 19. Jahrhunderts im Auftrag des reichen baskischen Industriellen Domingo de Aldama y Arrechaga erbaut. Um die Residenz vor dem Paradeplatz Campo di Marte, der militärischen und administrativen Gebäuden vorbehalten war, errichten zu dürfen, musste er sich den Einfluss seiner wichtigen Freunde zunutze machen. Noch heute ist die monumentale Größe des klassizistischen Gebäudes, das als Paradebeispiel für Architektur des 19. Jahrhunderts in Kuba steht, Ehrfurcht einflößend. Die Residenz dient heute als Sitz des Instituto de Historia de Cuba. Leider ist das Gebäude nicht öffentlich zugänglich. Wer jedoch beim Portier anfragt, wird in den herrlichen Innenhof mit seinen Marmortreppen, barocken schmiedeeisernen Bogen und in die beiden Gärten mit ihren aus Carrara-Marmor gefertigten Brunnen vorgelassen.

Reiterstandbild von General Máximo Gómez

❼ Paseo del Prado

Siehe S. 90f.

❽ Castillo de San Salvador de la Punta

Malecón y Paseo de Martí (Prado). **Stadtplan** 4 D1. (7) 860 3196. wegen Renovierung (Details telefonisch erfragen).

Die schnörkellose Festungsanlage *(castillo)* am Westufer der Hafeneinfahrt bietet aufgrund ihrer exponierten Lage an der Straße eine passende Kulisse für politische Ansprachen und Konzerte. In der Vergangenheit war das Castillo wichtig bei der Verteidigung der Stadt, heute ist hier das Schifffahrtsmuseum untergebracht. Die von Giovanni Battista Antonelli, Juan de Tejeda und Cristóbal de Roda 1590–1630 erbaute Anlage war, zusammen mit dem größeren Castillo de los Tres Reyes del Morro auf der anderen Seite der Bucht, Teil der ersten Verteidigungslinie der Stadt.

Die beiden Festungen wurden durch eine Kette aus schwimmenden Holz- und Bronzeringen verbunden, eine geniale Erfindung des italienischen Ingenieurs Antonelli (16. Jh.). Sobald ein feindliches Schiff gesichtet wurde, spannte man die Kette und blockierte so die Hafeneinfahrt. Die drei Kanonen, an denen die Kette befestigt war, stehen noch heute auf dem Platz vor dem Castillo.

Im Vorhof sind einige Denkmäler, die eher von historischer als von künstlerischer Bedeutung sind. In der Mitte befindet sich eine Reiterstatue von Generalissimo Máximo Gómez, Held der Unabhängigkeitskriege, von Aldo Gamba (1935). In der Kapelle dahinter werden eine Briefmarkensammlung gezeigt und Vorträge gehalten. Sie war Teil des Gefängnisses Real Cárcel, in dem José Martí wegen seiner Aktionen gegen die spanische Krone 16 Jahre verbrachte. Zellen und die Mauer, an der 1871 einige Studenten wegen ihres Aufstands gegen die Spanier exekutiert wurden, stehen noch. Ihnen wurde ein Ehrenmal auf dem Kolumbus-Friedhof *(siehe S. 108)* erbaut.

Museo de la Música – beispielhaft für eklektische Architektur

❾ Museo Nacional de la Música

Calle Capdevila 1, e/ Habana y Aguiar. **Stadtplan** 4 E1. (7) 861 9846, (7) 863 0052. wegen Renovierung (Details telefonisch erfragen).

Mit seinem Stilmix gilt dieses Gebäude von 1905 als typisches Beispiel für die eklektische Architektur des 20. Jahrhunderts. Einst diente es als Residenz einer Familie von Opernmäzenen, zu deren illustren Gästen u. a. der italienische Tenor Enrico Caruso und der spanische Poet Federico García Lorca zählten.

Heute ist hier das nationale Musikmuseum untergebracht, das 1971 gegründet wurde. Es zeigt die größte Sammlung traditioneller Musikinstrumente Kubas. Sie wurden vom Ethnologen Fernando Ortíz, Pionier bei der Erforschung der afrikanischen Wurzeln Kubas, zusammengetragen. Neben der weltgrößten Sammlung afrikanischer Trommeln ist hier das Klavier des Sängers und Komponisten Bola de Nieve *(siehe S. 34)* zu sehen sowie 40 Gitarren, die von legendären kubanischen Musikern gespielt wurden, darunter das Trío Matamoros und Sindo Garay. Zudem sieht man Grammophone, Fotos und Originalmanuskripte berühmter Komponisten. Im Foyer liegt die Partitur der Nationalhymne *Bayamo* aus. Besucher können in kubanischen und internationalen Musikzeitschriften und seltenen Dokumenten stöbern.

Befestigungswall des Castillo de la Punta, dahinter das Castillo del Morro

❼ Paseo del Prado

Tagsüber lädt der malerischste Boulevard Havannas zum Bummeln und Plaudern ein, nach Sonnenuntergang wird er zur Flaniermeile. Im Jahr 1772 ließ der Marqués de la Torre den Paseo außerhalb der Stadtmauern anlegen. Bald wurde er ein beliebtes Ausflugsziel für die Aristokratie, die mit ihren Kutschen hierherfuhr. An fünf Stellen entlang dem Boulevard standen Musikgruppen, um die Passanten zu unterhalten. Im 19. Jahrhundert hielt man auf dem Paseo militärische Paraden und Karnevalszüge ab. Den Prado in seiner heutigen Form entwarf 1927 der französische Architekt Forestier: eine breite Prachtstraße mit Bronzelöwen und Bänken aus Marmor.

Löwen
Als Symbol Havannas wurden 1927 acht Löwen aufgestellt – zusammen mit weißen Marmorbänken.

Neomaurisches Gebäude
Das Gebäude an der Ecke zur Calle Virtudes ist reich mit *Mudéjar*-Bogen dekoriert und zeigt mit seinem eklektischen Stilmix eine für Havanna typische Architektur.

Hotel Sevilla
Das Hotel wurde 1908 eröffnet, der Turm 1917 angefügt. Die *Mudéjar*-Dekoration *(siehe S. 28)* der Fassade und Lobby ist eine Hommage an die maurische Architektur.

Palacio de los Matrimonios
Der »Hochzeitspalast« (1914) verdankt seinen Namen den Hochzeiten, die im ersten Stock geschlossen werden. Ursprünglich wurde er als Casino genutzt.

Außerdem

① **Die Casa del Científico** war einst Residenz von José Miguel Gómez, dem zweiten Präsidenten der Republik Kuba.

② **Dr. Carlos Finlay**, der die Übertragung von Gelbfieber durch Moskitos nachwies, lebte in diesem Haus.

③ **Das Teatro Fausto** wurde 1938 über dem Fundament eines alten Theaters desselben Namens erbaut.

Hotels und Restaurants in Havanna *siehe Seiten 256–258 und 270–272*

Tanzen ist schon bei Schulkindern beliebt

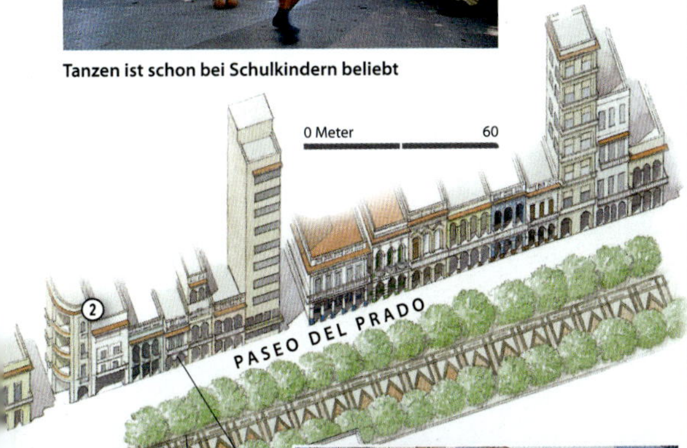

Restaurierte Gebäude
Einst waren diese Häuser mit Säulengängen aus dem späten 19. und frühen 20. Jahrhundert Wohnhäuser. Nach umfassenden Renovierungsarbeiten erstrahlen sie heute wieder in bunten Farben.

Straßenlaternen
1834 wurden am Boulevard elegante schmiedeeiserne Laternen aufgestellt, und die Straße wurde bunt gepflastert.

⑩ Iglesia del Ángel Custodio

Calle Compostela 2, esq. Cuarteles.
Stadtplan 4 D2. ☎ (7) 861 0469.
◯ Mo–Fr 8.30–18, So 8.30–12 Uhr.
✝ Di, Do 18 Uhr, So 9 Uhr.

Im Jahr 1689 wurde dieses Gebäude auf dem Hügel Peña Pobre oder »Loma del Ángel« als Einsiedelei gebaut und erst 1788 in eine Kirche umgewandelt. Als Resultat von umfassenden Restaurierungsarbeiten sieht der neogotische Bau heute viel zu weiß und fast unwirklich aus.

Die Kirche zwischen dem ehemaligen Präsidentenpalast (dem heutigen Museo de la Revolución) und der Altstadt fand in vielen literarischen Werken Erwähnung – der kubanische Autor Cirilo Villaverde *(siehe S. 32)* ließ seinen Roman *Cecilia Valdés* auf der Loma del Ángel spielen.

Félix Varela *(siehe S. 32)* und José Martí *(siehe S. 49)* wurden hier getauft.

Der Glockenturm Iglesia del Ángel Custodio mit seinen Spitztürmchen

Graham Greene in Havanna

Der Spionagethriller *Unser Mann in Havanna* (1958) des englischen Schriftstellers und kurzzeitigen Geheimdienstmitarbeiters malt ein anschauliches Bild der Stadt vor dem Ausbruch der Revolution. In dem Buch erzählt Greene von den Erlebnissen eines Staubsaugervertreters, der gegen seinen Willen zum Geheimagenten wird. Die Novelle zeichnet sich durch trockenen Humor und bildhafte Beschreibungen einer Welt aus Casinos, New Yorker Wolkenkratzern, dekadenten Jugendstilvillen, Bühnenshows und Prostitution aus. Und immer wieder spielt das Hotel Sevilla als Kulisse eine Rolle.

Graham Greene (1904–1991)

⓫ Museo de la Revolución

Die Entscheidung, das Museo de la Revolución im einstigen Palast von Diktator Fulgencio Batista unterzubringen, hatte symbolischen Charakter. Das von den Architekten Rodolfo Maruri (Kuba) und Paul Belau (Belgien) entworfene Gebäude wurde 1920 von Mario García Menocal eingeweiht und diente noch 21 weiteren Präsidenten bis 1965 als Residenz. Der Prachtbau mit seinen klassizistischen Elementen wurde von Tiffany in New York dekoriert und enthält Werke bedeutender kubanischer Dekorateure aus dem frühen 20. Jahrhundert sowie Arbeiten von Bildhauern wie Juan José Sicre, Esteban Betancourt und Fernando Boada. Ausgestellt sind hier Dokumente, Fotos und Erinnerungsstücke, die Kubas Unabhängigkeitskampf dokumentieren – vom Guerillakampf bis zu den 1990er Jahren.

Statuen von Che Guevara und Camilo Cienfuegos
Diese lebensgroßen Wachsfiguren zeigen die beiden Helden im Kampf.

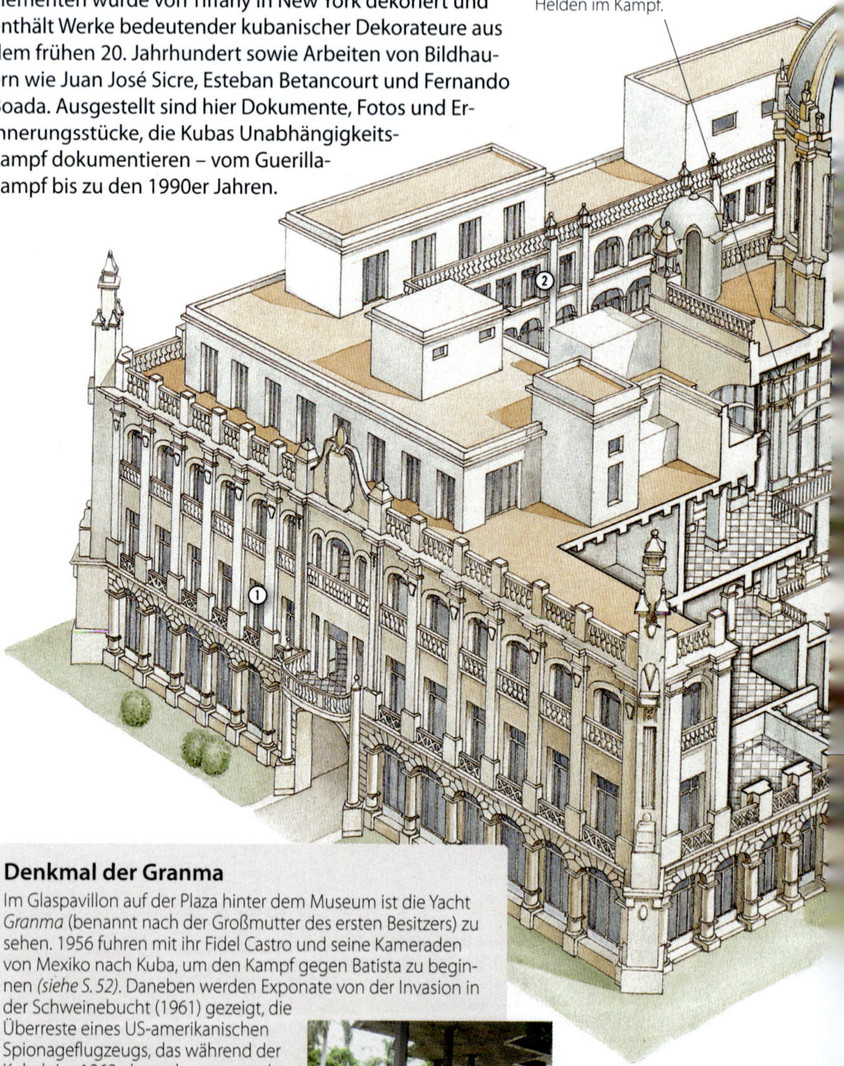

Denkmal der Granma

Im Glaspavillon auf der Plaza hinter dem Museum ist die Yacht *Granma* (benannt nach der Großmutter des ersten Besitzers) zu sehen. 1956 fuhren mit ihr Fidel Castro und seine Kameraden von Mexiko nach Kuba, um den Kampf gegen Batista zu beginnen *(siehe S. 52)*. Daneben werden Exponate von der Invasion in der Schweinebucht (1961) gezeigt, die Überreste eines US-amerikanischen Spionageflugzeugs, das während der Kubakrise 1962 abgeschossen wurde, und der Lieferwagen, den die Revolutionäre 1957 beim Überfall auf den Palast benutzten.

Abgeschossenes Spionageflugzeug

Kuppel
Das Kuppelinnere besteht aus bunten Keramikfliesen und ist von der Treppe aus zu sehen. Die Eckgemälde wurden von Esteban Valderrama und Mariano Miguel González vor einem Hintergrund aus Blattgold gestaltet.

Infobox

Information
Calle Refugio 1, e/ Avenida de las Misiones y Zulueta. **Stadtplan** 4 D2. (7) 862 4091. tägl. 9–18 Uhr.

★ Salón de los Espejos
Der mit großen Spiegeln *(espejos)* ausstaffierte Audienzsaal des einstigen Präsidentenpalasts zeigt an den Decken Fresken der kubanischen Maler Armado Menocal und Antonio Rodríguez Morey.

Außerdem

① **Im Seitenflügel** des Palastes befand sich früher das Büro von Batista.

② **Im dritten Stock** sind Fotos und Exponate aus der Kolonialzeit bis 1959 ausgestellt.

③ **Im zweiten Stock** sieht man den Schreibtisch des Präsidenten, den Ministerrat und Memorabilien von 1959 bis heute.

④ **Die hohen Fenster** ähneln denen im Gran Teatro de La Habana. Sie wurden vom selben Architekten, Paul Belau, entworfen.

⑤ **Von der Terrasse** bietet sich ein herrlicher Blick auf die Bucht von Havanna.

★ Haupttreppe
In der monumentalen Treppe zum ersten Stock sind noch immer die Einschusslöcher des Angriffs vom 13. März 1957 zu sehen, als revolutionäre Studenten versuchten, Batista zu ermorden. Der Diktator konnte sich nur mittels Flucht in höhere Stockwerke retten.

Stadtplan Havanna *siehe Seiten 122–127*

⑫ Museo Nacional de Bellas Artes

Siehe S. 96 – 99.

⑬ Barrio Chino

Stadtplan 3 C3.

Das chinesische Viertel Havannas, der Barrio Chino, umfasst das Gebiet zwischen den Straßen San Nicolás, Dragones, Zanja und Rayo. Es entstand im 19. Jahrhundert, zu seiner Blütezeit Anfang des 20. Jahrhunderts gab es hier chinesische Theater- und Opernaufführungen sowie ein Casino. Auf den belebten Straßen wurden asiatische Speisen sowie das beste Obst und die frischesten Fische der Stadt verkauft.

Heute konzentrieren sich die chinesischen Geschäfte im Gebiet der sogenannten Cuchillo de Zanja (die Kreuzung zwischen Zanja und Rayo). Abgesehen vom Eingangstor mit seiner Pagode ist die Architektur hier jedoch nur wenig charakteristisch. An der Ecke der

Altarraum der im 19. Jahrhundert erbauten Iglesia de la Caridad

Calle Dragones und der Calle Amistad wurde 1998 aber ein eindrucksvoller Säulengang im Ming- und Ching-Stil errichtet. Den 19 Meter breiten Gang bekam Kuba von der chinesischen Regierung geschenkt.

Im Barrio Chino steht auch die **Iglesia de la Caridad**, die Kubas Nationalheiliger, der Virgen del Cobre, gewidmet ist *(siehe S. 225)*. In der Kirche befindet sich seit den 1950er Jahren eine ganz besondere Statue: eine Madonna mit asiatischen Gesichtszügen.

Chinesen in Havanna

Die ersten Chinesen erreichten Kuba Mitte des 19. Jahrhunderts, um in der prosperierenden Zuckerindustrie zu arbeiten, wo sie allerdings wie Sklaven behandelt wurden. Die ersten chinesischen Arbeiter, die in die Freiheit entlassen wurden, bewirtschafteten kleine Felder in Havanna. Hier, nahe der heutigen Calle Salud, bauten sie die ersten Mangos an, die bei den Kubanern sofort beliebt waren. Nach der zweiten Einwanderungswelle wohlhabenderer chinesischer Immigranten aus Kalifornien (1869 – 75) entstanden viele chinesische Restaurants. Die Chinesen haben sich in die kubanische Gesellschaft eingefügt, ohne ihre Identität zu verlieren. Eine Granitsäule an der Ecke der Calle Línea und Calle L gedenkt der Chinesen, die für die kubanische Unabhängigkeit kämpften.

Eingangstor zum Barrio Chino, dem chinesischen Viertel Havannas

⑭ Iglesia del Sagrado Corazón

Avenida Simón Bolívar (Reina) 463. **Stadtplan** 3 B3. (7) 862 4979. Mo – Sa 7.30 – 18, So 8 – 12, 15 – 17 Uhr. Mo – Sa 8, 16.30 Uhr, So 8, 9.30, 16.30 Uhr.

Mit dem 77 Meter hohen Glockenturm ist die Kirche weithin sichtbar. Sie wurde im frühen 20. Jahrhundert von dem Jesuiten Luis Gorgoza entworfen und 1923 geweiht. Sie ist eines der wenigen Beispiele neogotischer Architektur in Kuba.

Die Fassade wird von einer großen Christusfigur dominiert, die auf drei Säulen ruht. Diese sind mit einem Kapitell geschmückt, das die Parabel des verlorenen Sohnes zeigt. Das Innere schmücken Stuck, Spitzbogen und Buntglasfenster, die das Leben Christi zeigen. Auf dem Hochaltar thront ein byzantinisches Herz mit Skulpturen von Heiligen und Propheten.

Eingang der Iglesia del Sagrado Corazón mit der Christusstatue

⑮ Avenida Carlos III

(Avenida Salvador Allende). **Stadtplan** 3 B3.

Der 1850 unter der Leitung von General Miguel de Tacón angelegte Boulevard (offiziell: Avenida Salvador Allende) war als militärische Verbindungsstraße vom Castillo del Príncipe – auf dem Hügel Aróstegui Ende des 18. Jahrhunderts erbaut – zum Paradeplatz, dem heutigen Parque de la Fraternidad, konzipiert.

Der Callejón de Hamel ist berühmt für seine bunten und exotischen Wandmalereien

Der Mittelteil war Kutschen vorbehalten, die seitlichen Straßenarme mit Bänken, Bäumen und Brunnen waren für Fußgänger angelegt. Die zunächst Alameda de Tacón oder Paseo Militar genannte Straße wurde später zu Ehren des spanischen Königs, der im 18. Jahrhundert den Handel und die Kultur in Kuba förderte, umbenannt.

Eines der schönsten Gebäude der Avenida ist der Freimaurertempel aus den 1950er Jahren, auf dessen Dach eine Weltkarte zu bestaunen ist.

⓰ Callejón de Hamel

Stadtplan 3 A2.

Diese Straße im traditionsreichen Arbeiterviertel Cayo Hueso ist ein eigentümliches afrokubanisches Refugium. Für ihren Namen stand der legendäre französisch-deutsche Einwohner Fernando Hamel Pate. Der wohlhabende Waffenhändler und Kaufmann prägte einst das Gesicht des Viertels. Das farbenfrohe, 200 Meter lange Wandgemälde, das die Straße bekannt gemacht hat, ist eine Arbeit des Malers Salvador González. Er wollte in diesem Wandbild den vielfältigen kulturellen Wurzeln Kubas Tribut zollen, indem er alle religiösen Gruppen afrikanischen Ursprungs darstellte, die in Kuba noch lebendig sind.

Darstellung von Oshun, der Göttin der Liebe

So erklären sich auch die Symbole, Schriften und Bilder afrikanischer Gottheiten und *Abakuá*-Teufel *(siehe S. 27)*.

In den Läden der Callejón de Hamel gibt es alles zu kaufen: von religiösen Gegenständen bis hin zu *ngangas*, dampfkesselartigen Gefäßen, die in der Palo-Monte-Religion eine wichtige Rolle spielen. Diese Religion wurde von Bantu-Sklaven aus dem Kongo mitgebracht. Sonntags wird der Callejón de Hamel zur Open-Air-Bühne für Rumba-Shows.

⓱ Stadtmauern

Avenida del Puerto. **Stadtplan** 4 D5.

Die alte Kolonialstadt San Cristóbal de La Habana war von einer neun Meter hohen Befestigungsmauer mit neun Bastionen und einem Graben umgeben. Die Bauarbeiten begannen 1671 und dauerten bis 1797.

Jeden Abend wurden die Tore geschlossen, worüber die Bewohner durch einen Kanonenschuss informiert wurden *(siehe S. 115)*. Der Zugang zur Bucht wurde von einer Kette versperrt. Im frühen 19. Jahrhundert war die Stadt mittlerweile so groß, dass die Stadtmauern 1863 abgetragen werden mussten. Die letzten Überreste sieht man heute noch gegenüber dem Museo de la Revolución *(siehe S. 92f)* und beim Bahnhof.

Überreste der alten Stadtmauer in der Nähe der Estación Central

⓬ Museo Nacional de Bellas Artes

Das Museum wurde im Februar 1913 dank der Bemühungen des Architekten Emilio Heredia, des ersten Direktors, gegründet. Nach mehreren Umzügen fanden die Sammlungen in dem Gebäudeblock, der einst den Colón-Markt beherbergte, eine Heimat. Man riss die ursprünglichen Arkaden des Baus ab und konnte den Palacio de Bellas Artes 1954 im neuen Design einweihen. Das rationalistische Gebäude mit den streng geometrischen Linien wurde von Rodríguez Pichardo entworfen. Das Museum ist heute auf zwei Gebäude verteilt: den ursprünglichen, der kubanischen Kunst gewidmeten Palacio und das Centro Asturiano am Parque Central für internationale Kunst.

Zur Orientierung
Siehe Stadtplan 4

Jungfrau und Kind
Dieses Triptychon von Hans Memling (1433–1494) ist beispielhaft für den lebendigen Stil und die räumliche Darstellung, die Memling zu einem der großen flämischen Maler machte.

Sagrada Família
Die *Heilige Familie* des spanischen Künstlers Bartolomé Esteban Murillo (1618–1682), der schon zu Lebzeiten hohes Ansehen genoss, stellt eine fast meditativ ruhige Szene dar.

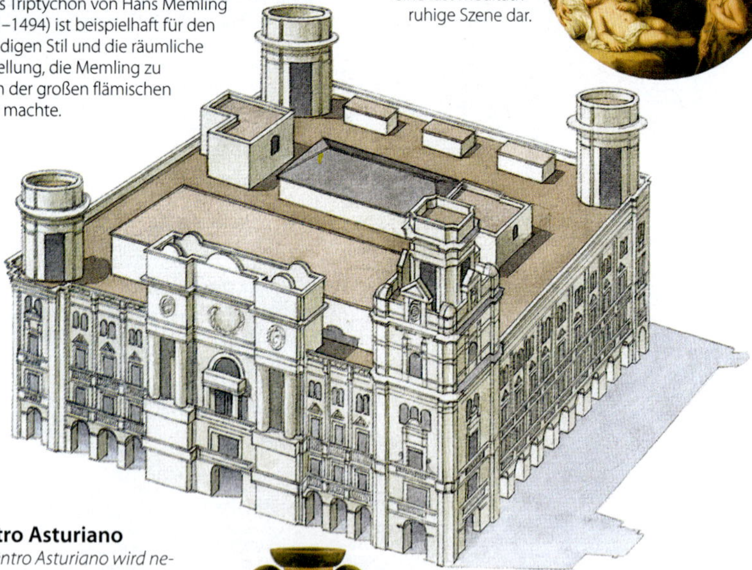

Centro Asturiano
Im Centro Asturiano wird neben europäischen Gemälden und Skulpturen eine Sammlung antiker Kunst gezeigt. Das Gebäude wurde 1927 von Manuel Busto entworfen.

★ Panathenäische Amphore
Diese schwarzfigurige Terrakotta-Amphore ist eines der bedeutendsten Stücke in der Sammlung altgriechischer Vasen, die einst dem Condé de Lagunillas gehörte.

★ **La Habana en Rojo (1962)**
Havanna in Rot ist Teil einer Bilderreihe, die René Portocarrero der kubanischen Hauptstadt gewidmet hat. Bei diesem Werk wird der barocke Geist, der das Werk Portocarreros kennzeichnet, besonders deutlich.

Infobox

Information
Palacio del Centro Asturiano San Rafael, e/ Zulueta y Monserrate. **Palacio de Bellas Artes** Calle Trocadero, e/ Zulueta y Monserrate. **Stadtplan** 4 D2. (7) 861 0241. Di–Sa 9–17, So 10–14 Uhr. 1. Jan, 1. Mai, 26. Juli, 10. Okt, 25. Dez. **bellasartes.cult.cu**

Die Dauerausstellung im ersten und zweiten Stock ist chronologisch angeordnet.

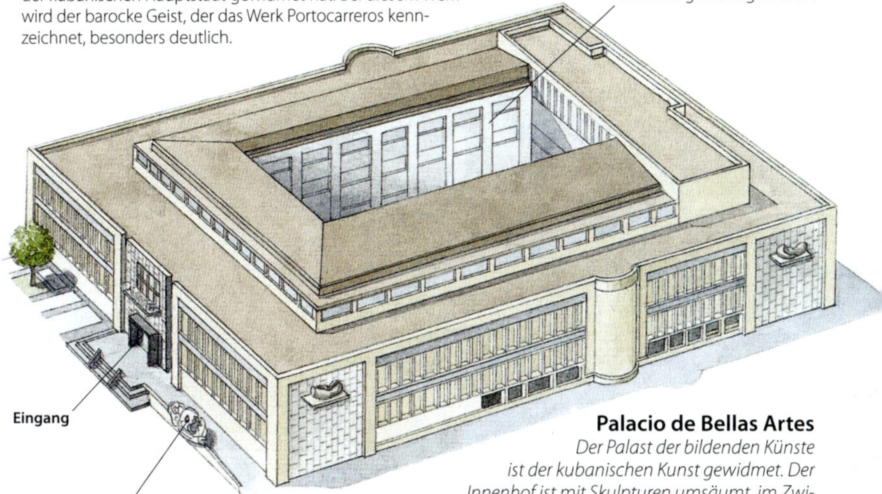

Eingang

Palacio de Bellas Artes

Der Palast der bildenden Künste ist der kubanischen Kunst gewidmet. Der Innenhof ist mit Skulpturen umsäumt, im Zwischengeschoss sind Räume für kulturelle Bildung, ein Auditorium und die Bibliothek untergebracht. Die Galerien in den beiden oberen Etagen sind in drei Sektionen unterteilt: Kolonialkunst, akademische Kunst und Kunst des 20. Jahrhunderts (von den 1930er bis zu den 1990er Jahren, chronologisch nach Dekaden geordnet).

Forma, Espacio y Luz (1953)
Diese Skulptur von Rita Longa im Museumseingang wird vom Konzept fließender Masse charakterisiert. Zwei männliche Figuren schaffen ein harmonisches Gegengewicht.

★ **La Silla (1943)**
Eine der berühmten Arbeiten Wifredo Lams, in der er Kubismus und Surrealismus kombiniert und mit eindeutig kubanischen Elementen versieht: ein Stuhl mit einer Vase darauf vor einem Dschungelhintergrund.

Stadtplan Havanna *siehe Seiten 122–127*

Museo Nacional de Bellas Artes: Sammlungen

Bei der Neubewertung kubanischer Institutionen nach 1959 wurde das Nationalmuseum um viele Werke bereichert – Ergebnis der Enteignungen »unangemessenen Privateigentums«. Die Sammlung wurde in kubanische und internationale Kunst untergliedert. Die kubanische Sammlung umfasst Gemälde, Drucke und Zeichnungen sowie Skulpturen, die europäische verfügt über Gemälde, Skulpturen und Zeichnungen vor allem aus Europa, den USA und Lateinamerika mit vereinzelten Werken aus der ägyptischen und römischen Epoche.

Clotilde en los Jardines de La Granja von Joaquín Sorolla

Centro Asturiano (Internationale Kunst)

Das Gebäude, das 1927 als Heimstatt der internationalen Sammlung errichtet wurde, hat seine alten architektonischen Elemente wie eiserne Fenstergitter, Buntglasfenster und Ausstattungsgegenstände wie Stilmöbel und Lüster behalten. Neben der Galerie gibt es Leseräume, einen Buchladen, ein Café, einen Videoraum sowie ein Auditorium.

Kopf des Gottes Amon, altägyptische Skulptur

Die Gemälde und Skulpturen der Sammlung sind in mehrere Bereiche unterteilt: Mittelalter, Italien, Deutschland, Flandern, Niederlande, Frankreich und Spanien. Zudem werden Werke einiger europäischer Schulen und Arbeiten aus den USA und Lateinamerika gezeigt.

Herausragend sind die flämischen Gemälde und die spanischen Werke der internationalen Sammlung des 19. Jahrhunderts, darunter auch *Entre Naranjos* von Joaquín Sorolla (1903). In seiner Darstellung eines Banketts auf dem Land schafft der Künstler mit seinem Spiel von Figuren, Licht und Schatten eine impressionistische Atmosphäre. Ähnliches gilt auch für die Hintergrunddarstellung des Wassers und Gartens in *Clotilde en los Jardines de La Granja*.

Andere hier vertretene spanische Künstler sind Murillo und Zurbarán, außerdem werden Werke von Constable, Bouguereau und Van Mieris gezeigt.

Die italienische Sammlung umfasst einige Landschaftsgemälde, etwa *Chelsea College, Rotunde, Ranelagh House und die Themse* von Canaletto (1751), in dem der Maler die Atmosphäre Londons darstellt. In Francesco Guardis *La Laguna frente a las Fondamento Nove*, einer Szene in Venedig, deutet sich bereits die Detailtreue seiner späteren Arbeiten an.

Eine der vielen Ansichten Londons von Canaletto

Weitere italienische Werke der internationalen Sammlung sind *San Cristobál* von Jacopo Bassano (um 1515–1592), *Alpine Landschaft mit Figuren* von Alessandro Magnasco (1667–1748), *Die Jungfer* von Giovanni Battista Piazzetta sowie *Die Ankunft der Gesandten* (1490) von Vittore Carpaccio.

Auch der Bereich antiker Kunst im Centro Asturiano ist faszinierend: griechische, römische und ägyptische Arbeiten reihen sich neben mesopotamische, phönizische und etruskische Funde. Highlights sind die griechische Amphore aus dem 5. Jahrhundert v. Chr. und die Bildnisse aus Faijum.

Palacio de Bellas Artes

Die Sammlung kubanischer Kunst vom 18. bis zum 20. Jahrhundert bietet einen umfassenden Einblick in die Werke einzelner Künstler und Schulen.

Die Wechselausstellungen von Drucken, Zeichnungen und Gemälden bereichert die Dauerausstellung, die bedeutende Werke der Meister zeitgenössischer kubanischer Kunst zeigt.

Zwei der wichtigsten Vertreter dieser Epoche sind Wifredo Lam (*La Silla*, 1943) und der Bildhauer Agustín Cárdenas, die von europäischer Avantgarde und afrikanischer Kunst beeinflusst wurden. Das freie Formenspiel in seiner Statue *Figure* zeigt die afrikanisch inspirierte Sensibilität, die Cárdenas auszeichnet.

Das hohe technische Können, das die kubanische Kunst des 19. Jahrhunderts prägt, zeigt sich in den Porträts des Akademikers und Malers Guillermo Collazos und in den Landschaften der Brüder Chartrand. Zu den kubanischen Künstlern mit akademischem Hintergrund zählen auch Armando García Menocal und Leopoldo Romañach.

Besonders interessant sind die Pioniere moderner kubanischer Kunst. Dazu zählt Víctor Manuel García, ein Landschaftsmaler, dessen ruhige Flüsse und wellenförmige Körper eine friedliche Atmosphäre schaffen. García hat auch die archetypische Figur *Mestizo* geschaffen: Seine Darstellung eines Frauenkörpers vor öder Landschaft in *Gitana Tropical* (1929) wurde zum Symbol kubanischer Malerei *(siehe S. 30)*. Das Genre des Stilllebens erfuhr eine Wiederbelebung in den Werken von Amelia Peláez, die kubistische Elemente mit kubanischen Motiven verbindet, z. B. in *Naturaleza Muerta sobre Ocre* (1930) und *Flores Amarillas*, eine ihrer späteren Arbeiten, in der sie nach einer »barocken« Schaffensperiode einfache Kompositionen kreiert.

El Malecón **von Manuel Mendive, ein bedeutendes Beispiel naiver Malerei**

Figure **(1953) von Agustín Cárdenas**

Carlos Enríquez greift in *El Rapto de las Mulatas* (1938), einem traumartigen Gewirr menschlicher Körper und Pferde, das klassische Thema des Raubs der Sabinerinnen auf. Das Werk gilt als exemplarisch für den Maler und für kubanische Malerei: Die Verletzlichkeit menschlicher Körper und die tropische Atmosphäre dieser Arbeit sind der Schlüssel zur Interpretation der Motive traditioneller Kunst.

Flores Amarillas **(1964), ein Stillleben aus Amelia Peláez' später Schaffensperiode**

Die chronologische Anordnung der Arbeiten zeichnet die Entwicklung der kubanischen Kunst nach. In den 1950er Jahren bewegte sie sich weg von figurativen Darstellungen, wie in den Werken von Guido Llinás und Hugo Consuegra deutlich wird. Nach der Revolution 1959 nahmen kubanische Künstler unterschiedlichste Stile an. Servando Cabrera machte zunächst die Guerrillas zum Thema, wandte sich dann aber erotischen Bilderreihen zu. Antonia Eiriz war eine besonders ausdrucksstarke Vertreterin des Neo-Expressionismus, und Raúl Martínez bewegte sich von abstrakter Kunst in Richtung Pop-Art.

Ein weiterer renommierter zeitgenössischer Künstler ist Manuel Mendive, der in der Darstellung Kubas afrikanischen Erbes nach den verborgenen Tiefen der Existenz sucht. In seinem Werk *El Malecón* (1975) zeigt er den Boulevard als beinahe heiligen Ort, an dem Menschen und afrikanische Götter aufeinandertreffen. Der Stil dieses Bildes ist naiv und ausgereift zugleich.

Aus den 1970er Jahren sind Werke der Maler Ever Fonseca, Nelson Domínguez und des einzigartigen Illustrators Roberto Fabelo zu sehen. Bei den jüngeren Künstlern (alle sind Absolventen der San-Alejandro-Akademie und der Escuela Nacional de Arte) bestechen vor allem Tomás Sánchez mit seinen archetypischen Landschaften und José Bedia mit seinen kühnen Installationen. Viele junge Künstler bekommen die Chance, ihre Arbeiten in den Wechselausstellungen zu präsentieren.

Momentan ist im Museum eine Großteil der Gemälde, Zeichnungen und Skulpturen der umfangreichen Sammlung ausgestellt.

Vedado und Plaza

Die Idee des gitterartigen Grundrisses in Vedado stammt von Luis Yboleón Bosque (1859). Er sah großzügig angelegte Gehwege, Häuser mit Gärten sowie breite, gerade Straßen vor. Der Name Vedado (»verboten«) leitet sich von einem Erlass aus dem 16. Jahrhundert ab, der es untersagte, in dieser Gegend zu bauen, um nicht den Blick auf herannahende Piraten zu behindern. Ende des 19. und Anfang des 20. Jahrhunderts wurde das Viertel vergrößert und bei den reichen Familien der Stadt beliebt. Vedado spielt zwei Rollen: Es ist Havannas modernes politisches und kulturelles Zentrum mit Hotels, Restaurants, Theatern, Kinos und Behörden, es ist aber auch ein historisches Viertel mit großzügigen Gärten und herrlichen Häusern im Kolonialstil. Auf der Plaza de la Revolución finden heute große Veranstaltungen statt, auch das öffentliche politische Leben Havannas und ganz Kubas spielt sich auf diesem Platz ab.

Sehenswürdigkeiten auf einen Blick

Museen und Sammlungen
- ❸ Museo de Artes Decorativas
- ❺ Museo Napoleónico

Historische Gebäude
- ❷ Casa de las Américas
- ❹ Universidad de La Habana
- ❻ Quinta de los Molinos

Denkmal
- ❽ *Monumento José Martí S. 107*

Platz
- ❼ Plaza de la Revolución

Friedhof
- ❾ *Necrópolis de Colón S. 108f*

Spaziergang
- ❶ *Spaziergang durch Vedado S. 102f*

Restaurants in Vedado und Plaza

siehe S. 271f

Stadtplan *1, 2*

Legende

••• Spaziergang *S. 102f*

❶ Spaziergang durch Vedado

Der Spaziergang führt Sie durch die typischen Avenidas und gibt Einblick in den Architekturmix des Viertels: von Wolkenkratzern aus den 1950er Jahren bis zu baufälligen klassizistischen Villen. Auf dem Weg liegt nur ein Museum (Vedado hat nicht viele konventionelle Attraktionen), sodass Sie genügend Zeit zum Bummeln und Beobachten haben. Calle 23, die berühmteste Straße des alten Havanna, ist Ihr Anhaltspunkt. Der Abschnitt an ihrem Anfang heißt *La Rampa*.

Hotel Habana Libre mit dem Mosaik *La Fruta Cubana* (1957)

Blick vom Focsa-Turm auf das Hotel Nacional

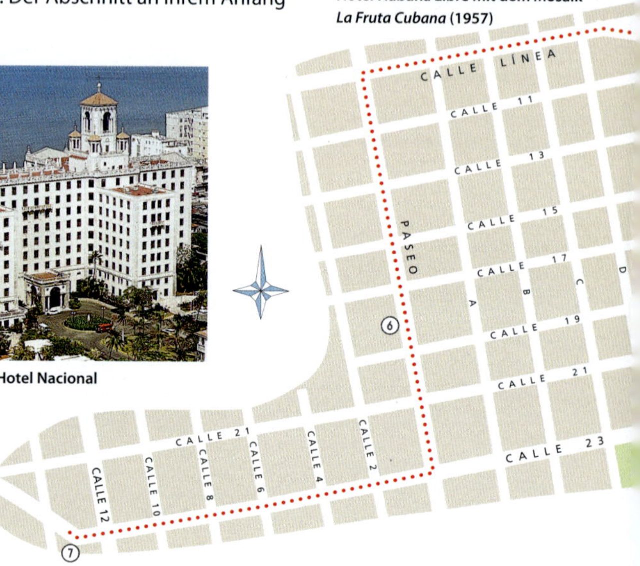

Legende

• • • Routenempfehlung

0 Meter 300

Malecón
Der Abschnitt des Malecón, an dem dieser Spaziergang beginnt, wird von der Landzunge dominiert, auf der das Hotel Nacional ① errichtet wurde. Dieses Juwel der Art-déco-Architektur wurde 1930 eröffnet *(siehe S. 257)*. Zu seinen Gästen zählten Winston Churchill, Fred Astaire, Buster Keaton und Walt Disney. Der Hotelpark bietet einen herrlichen Blick über die Bucht.

La Rampa
Ein Stück südlich liegt der Abschnitt der Calle 23, der La Rampa genannt wird (zwischen Küste und Calle N). Mit den Büros, Restaurants und Bars mit altmodischen Neonschildern könnte man sie für eine typische Straße aus den 1950er Jahren halten. Nur die Fassade des Zuckerministeriums (AZCUBA) mit dem revolutionären Wandgemälde und dem »futuristischen« Pabellón Cuba holt einen ins Jetzt zurück. Über diese Etappe des Spaziergangs wacht das Edificio Focsa ②, ein Wolkenkratzer aus den 1950ern.

Die Route führt vorbei an einem Kunsthandwerkermarkt und am Centro de Prensa Internacional, dem internationalen Pressezentrum.

Calle 23
In der Mitte des Parks an der Ecke Calle 23 und Calle L befindet sich die Eisdiele Coppelia ③. Sie wurde durch den Film *Erdbeer und Schokolade (siehe S. 33)* von Tomás Gutiérrez Alea berühmt und ist eine Institution (dementsprechend lang sind hier auch die Warteschlangen).

Auf der anderen Seite der Calle 23 steht das legendäre Hotel Tryp Habana Libre *(siehe S. 257)* mit einem Wandmosaik der Künstlerin Amelia Peláez. Das Hotel wurde 1958 eröffnet, ein Jahr später von den Amerikanern zurückgefordert und zu Fidel Castros Hauptquartier umgestaltet. Innen gibt es zwei Mosaiken von Portocarrero und Sosabravo *(siehe S. 30f)*.

An der Kreuzung mit der Calle J liegt der Parque El Quijote ④ mit der Statue eines nackten Don Quijote auf einem Pferd von Sergio Martínez. Weiter auf der Calle 23 werden die Gebäude niedriger, die Architektur vielschichtiger.

Don-Quijote-Statue von Sergio Martínez (1980)

Sehenswürdigkeiten auf einen Blick

① Hotel Nacional
② Edificio Focsa
③ Coppelia
④ Parque El Quijote
⑤ Museo de la Danza
⑥ Casa de la Amistad
⑦ ICAIC

Besucher vor der beliebten Eisdiele Coppelia

Routeninfos

Information
Start: Hotel Nacional.
Ende: Ecke 23. und 12. Straße.
Länge: 3,5 km.
Rasten: Coppelia-Eisdiele, Casa de la Amistad, Bars an der Ecke 23. und 12. Straße. Pausen und Museumsbesuch sollten Sie in die heißen Mittagsstunden legen.
Museo de la Danza (7) 831 2198. Di–Sa 10–17 Uhr. 1. Jan, 1. Mai, 26. Juli, 25. Dez. **balletcuba.cult.cu**

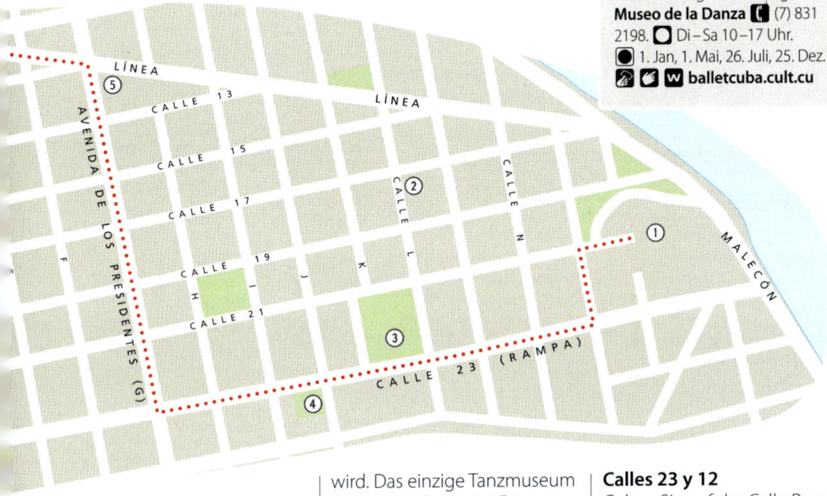

Avenida de los Presidentes

Weiter geht es in der Calle G (Avenida de los Presidentes), einer breiten Avenida mit luxuriösen Gebäuden im französischen Stil (19./20. Jh.). Die Straßenmitte wird durch Bänke und Blumenbeete geziert. Hinter der Statue von Simón Bolívar liegt die Kreuzung mit der Calle Línea.

Calle Línea

Die erste Straße Vedados verdankt ihren Namen der Tramlinie *(línea)*, die das Viertel einst mit dem historischen Zentrum verband. Auch hier stehen viele Gebäude im französischen Stil neben Kolonialbauten mit Buntglasfenstern.

Das renovierte Gebäude an der Ecke zur Calle G beherbergt das Museo de la Danza ⑤, das von der legendären Balletttänzerin Alicia Alonso, der Gründerin des Ballet Nacional *(siehe S. 87)*, geführt wird. Das einzige Tanzmuseum Lateinamerikas zeigt Erinnerungsstücke an berühmte Tänzer, die in Kuba auftraten, Kulissenentwürfe, Fotos, Presseartikel und Arbeiten zeitgenössischer Künstler.

Alicia Alonsos Schuhe, Museo de la Danza

Paseo

Verlässt man das Museum, gelangt man weiter über die Calle Línea zur Kreuzung mit einer der schönsten Straßen in Havanna: die Calle Paseo, ein langer, schmaler Park, der bis zur Plaza de la Revolución *(siehe S. 106)* reicht. Sie ist gesäumt von eleganten Gebäuden: meist Ministerien und Behörden. Die Casa de la Amistad ⑥ in Nr. 406 zwischen Calle 17 und 19 ist ein Kulturzentrum mit Bar und Restaurant und in einem Gebäude untergebracht, das Pedro Baró einst seiner Geliebten Catalina Lasa schenkte. Als ihre Affäre entdeckt wurde, mussten sie nach Europa fliehen. Im Jahr 1917 kehrten sie nach Havanna zurück.

Calles 23 y 12

Gehen Sie auf der Calle Paseo zurück in Richtung Calle 23. Sechs Blocks weiter erreichen Sie eine belebte Kreuzung. Hier steht eine Skulptur von Fidel Castro und der Besatzung der *Granma*. Eine Tafel erinnert an die Rede, in der Fidel Castro am 16. April 1961, einen Tag vor der US-Invasion in der Schweinebucht *(siehe S. 171)*, die sozialistische Revolution in Kuba ankündigte. An der Ecke Calle 23 und 12 gibt es Geschäfte und Kinos, z. B. das Instituto Cubano de Arte e Industria Cinematográficos (ICAIC) ⑦ *(siehe S. 33)* mit einer Galerie.

Posterausstellung im Gebäude des ICAIC

Dieses Art-déco-Gebäude beherbergt die Casa de las Américas

❷ Casa de las Américas

Calle 3ra, esq. G. **Stadtplan** 1 C1. ☎ (7) 838 2706, (7) 838 2707. ◯ Mo–Fr 10–17 Uhr. ● 1. Jan, 1. Mai, 26. Juli, 10. Okt, 25. Dez. **W** **casa.cult.cu**

Auf dem Malecón, hinter dem Monumento al Maine *(siehe S. 62)*, befindet sich eine Art säkularer Tempel mit einem Glockenturm, aber ohne Kreuz. Es ist die Casa de las Américas, ein Kulturinstitut, das nach dem Sieg der kubanischen Revolution in nur vier Monaten gebaut wurde. Haydée Santamaría, eine der Heldinnen der Revolution, gründete die Casa, die den Austausch zwischen Künstlern und Schriftstellern auf dem amerikanischen Kontinent zum Ziel hat.

Hier wird die Sammlung Arte Nuestra América gezeigt, die wohl umfassendste Kollektion lateinamerikanischer Malerei und grafischer Kunst seit den 1960er Jahren.

❸ Museo de Artes Decorativas

Calle 17 502. **Stadtplan** 2 D2. ☎ (7) 830 9848. ◯ Di–Sa 10–17 Uhr. ● 1. Jan, 1. Mai, 25. Dez.

Das wunderbare Museum dekorativer Kunst ist in der einstigen Residenz einer der reichsten Kubanerinnen des 20. Jahrhunderts untergebracht: Die Condesa de Revilla de Camargo war die Schwester von José Gómez Mena, dem Besitzer der Manzana de Gómez *(siehe S. 85)*. Die Villa wurde 1927 erbaut. Ihre Einrichtung im Stil Louis' XV sowie die Gärten lohnen einen Besuch.

Die Sammlung bezeugt den stilsicheren und exotischen Geschmack der herrschenden Schicht und der wohlhabenden Kunstsammler der Kolonialzeit. Zu sehen sind hier u. a. zwei Gemälde von Hubert Robert, *Die Schaukel* und *Der große Wasserfall bei Tivoli*, sowie zwei Bronzestatuen.

Im größten Saal des Erdgeschosses sind chinesische Vasen aus dem 18. Jahrhundert, Meißener Porzellan, ein großer Aubusson-Teppich von 1722 und Gemälde französischer Maler ausgestellt.

Im einstigen Schlafzimmer ist eine Sammlung chinesischer Paravants zu sehen, im Zimmer der Condesa steht ein Sekretär, der einst Marie Antoinette gehörte.

Unbedingt sehenswert ist auch das Art-déco-Badezimmer aus rosa Marmor.

Chinesische Vase, Museo de Artes Decorativas

❹ Universidad de La Habana

Calle 27 de Noviembre (Jovellar) y Ronda. **Stadtplan** 2 F2. **Museo Antropológico Montané** Edificio Felipe Poey, Plaza Ignacio Agramonte. ☎ (7) 879 3488. ◯ Mo–Fr 9–14 Uhr. ● 1. Jan, 1. Mai, 26. Juli, 10. Okt, 25. Dez.

Die Universität von Havanna wurde 1728 auf eine päpstliche Bulle hin gegründet und ursprünglich im Convento de San Juan de Letrán in Habana Vieja untergebracht. 1902, nur wenige Tage nach der Ausrufung der kubanischen Republik, wurde sie nach Vedado verlegt und an der Stelle eines ehemaligen Sprengstofflagers eingerichtet.

Die neue Universität, deren Fakultäten auf mehrere Gebäude verteilt sind, wurde zwischen 1906 und 1940 erbaut. Vor dem Haupteingang, wo heute Konzerte stattfinden, steht eine Statue der Alma Mater, dem Symbol der Universität.

Klassizistisches Foyer des Museo de Artes Decorativas

Nüchterne Fassade der Universidad de La Habana mit der Statue der Alma Mater vor dem Haupteingang

Die Frauenfigur, die ihre Arme in einer einladenden Geste ausbreitet, wurde 1919 von dem tschechischen Bildhauer Mario Korbel in New York geschaffen und 1927 am Ende des breiten Treppenaufgangs zum Eingang aufgestellt. Der Haupteingang zur Universität liegt in der Calle San Lázaro, die in einen Platz mündet, auf dem die Asche von Julio Antonio Mella *(siehe S. 50)* aufbewahrt wird.

In der naturwissenschaftlichen Fakultät steht den Besuchern das Museo de Historia Natural »Felipe Poey« offen. Sehr viel interessanter ist jedoch das **Museo Antropológico Montané** in der mathematischen Abteilung. Das 1903 gegründete Museum zeigt eine Sammlung präkolumbischer Funde aus Kuba, z. B. den Ídolo de Tabaco, der im Osten der Insel gefunden wurde, den Ídolo de Bayamo, eine der größten Steinskulpturen der Karibik, und den Dujo de Santa Fe, eine Art hölzerner Thronstuhl.

Das älteste Gebäude auf dem Hügel ist die Aula Magna mit ihrer schnörkellosen Fassade, hinter der die allegorischen Gemälde von Armando Menocal zu sehen sind. In der Halle selbst wird die Glocke der alten Universität von San Gerónimo ausgestellt. Zudem liegen hier die sterblichen Überreste von Félix Varela *(siehe S. 32)*, die 1911 aus Florida überführt wurden.

❺ Museo Napoleónico

Calle San Miguel 1159, esq. a Ronda. **Stadtplan** 2 F3. (7) 879 1412, (7) 879 1460. Di–Sa 9.30–17, So 9.30–13 Uhr. (Fotografieren gegen Gebühr).

Die überraschende Existenz eines napoleonischen Museums hat Kuba der Leidenschaft des Zuckermagnaten Julio Lobo (1898–1983) zu verdanken. Jahrelang schickte er Agenten durch die Welt, die Erinnerungsstücke an Napoléon suchen sollten. Als Lobo Kuba 1959 verließ, kaufte ihm die Regierung seine Sammlung ab.

Ídolo de Tabaco, Museo Montané

In jedem Zimmer des eigentümlichen Museums findet man Möbel im Stil der imperialistischen Zeit sowie alle möglichen Memorabilien von Napoléon, z. B. seine Zähne oder eine Haarsträhne. Zudem werden zwei Porträts – eines von Antoine Gros und eines von Andrea Appioni, gemalt während Napoléons zweitem Italienfeldzug – gezeigt. Zu sehen ist auch die Totenmaske, die zwei Tage vor seinem Ableben von seinem italienischen Arzt auf St. Helena, Francesco Antommarchi, gefertigt wurde. Dieser ließ sich später in Kuba nieder.

Die Villa selbst wurde um 1920 von Oreste Ferrara, einem Berater des Diktators Gerardo Machado, erbaut und eingerichtet.

❻ Quinta de los Molinos

Avenida Carlos III (Salvador Allende) y Luaces. **Stadtplan** 2 F3. (7) 879 8850. wegen Renovierung.

Die für die Bauweise des Vedado des 19. Jahrhunderts typische Villa Quinta de los Molinos wurde im Jahr 1837 als Sommerresidenz der Militärbefehlshaber in einer grünen Gegend gebaut. In der Nähe gibt es zwei Tabakmühlen *(molinos)*.

Das Grundstück um die Villa wurde mit tropischen Gewächsen aus dem botanischen Garten üppig bepflanzt. Dieser befand sich damals nahe dem Capitolio, wurde aber aufgelöst, als der Parque Central vergrößert wurde. Die Parkanlagen hier sind bei Musikern beliebt.

1899 lebte hier General Máximo Gómez, der Oberkommandierende der Befreiungsarmee. Aus diesem Grund wurde dem Kriegshelden hier ein Museum gewidmet *(siehe S. 48)*.

Buntglasfenster in der Quinta de los Molinos

Parade vor dem Innenministerium auf der Plaza de la Revolución

❼ Plaza de la Revolución

Stadtplan 2 E5.

Seit 1959 ist die Plaza de la Revolución Kubas politisches, administratives und kulturelles Zentrum. Der Platz wurde im Jahr 1952 unter dem Batista-Regime angelegt, die meisten Gebäude stammen noch aus jener Zeit. Nach dem Sieg Fidel Castros 1959 wurde die einstige Plaza Cívica in Plaza de la Revolución umbenannt.

Auch wenn die Plaza de la Revolución nicht unbedingt durch eine besonders gelungene Architektur besticht, sollte man ihr doch aufgrund ihrer historischen Bedeutung einen Besuch widmen. Denn hier fanden nach dem Umsturz die ersten Massenkundgebungen statt, und auch die Feierlichkeiten anlässlich des Kampfes gegen den Analphabetismus wurden hier 1961 abgehalten.

Seit 1959 kommen auf der Plaza regelmäßig Hunderttausende von Menschen zu Militärparaden und offiziellen Feierlichkeiten zusammen. Die Redner, zu denen auch hochrangige Politiker gehören, nehmen dann ihren Platz auf dem Podium neben der Statue von José Martí am Fuß des Obelisken ein.

Am 28. März 2012 zelebrierte Papst Benedikt XVI. vor Tausenden von Gläubigen auf diesem Podium eine Messe.

Ministerio del Interior

Calle Aranguren.

Die Fassade des Innenministeriums ist fast völlig von einer riesigen, aus Bronze gearbeiteten Darstellung Che Guevaras bedeckt. Der Guerrillakämpfer hatte in den frühen 1960er Jahren ein Büro in diesem Gebäude. Das Bildnis lehnt sich an das weltberühmte Foto des Pressefotografen Alberto Korda *(siehe S. 180)* an. Nachts ist die Fassade beleuchtet.

Museo Postal Cubano

Ave Rancho Boyeros y 19 de Mayo. (7) 881 5551. Mo–Fr 8–17.30 Uhr. 1. Jan, 1. Mai, 26. Juli, 10. Okt, 25. Dez. (Fotografieren gegen Gebühr).

Das Postmuseum besteht seit 1965 in einem kleinen Bereich des Kommunikationsministeriums. Die Stahldraht-Skulptur des Revolutionsführers Camilo Cienfuegos *(siehe S. 54)* wurde 2009 angebracht, sie erinnert an die Che-Guevara-Skulptur am Innenministerium.

Anhand von Briefmarken wird hier die Geschichte Kubas während der letzten 200 Jahre illustriert – von der Kolonialzeit über die Unabhängigkeitskriege mit Persönlichkeiten wie Machado, Batista und Che Guevara bis hin zur Zeit nach dem Zusammenbruch des Kommunismus in Osteuropa.

Das kurioseste Exponat ist ein Teil einer »Postrakete«, die einige Kubaner 1939 für die »Expressbeförderung« der Post von Havanna nach Matanzas einsetzen wollten. Sie explodierte jedoch kurz nach ihrem Abschuss.

Palacio de la Revolución

Calle Martí.

Das einstige Justizministerium (1958) hinter dem Martí-Denkmal beherbergt nun die Büros des Staatsrats, des Ministerrats und des Zentralkomitees der Kommunistischen Partei Kubas. Hier empfing Präsident Fidel Castro am 22. Januar 1998 Papst Johannes Paul II.

Hölzerne Karteikästen in der Biblioteca Nacional

Biblioteca Nacional José Martí

Plaza de la Revolución. (7) 855 5442. Mo–Sa 9–17.30 Uhr. tel. Anmeldung unter (7) 881 7657.

In der Nationalbibliothek lagern über zwei Millionen Bücher, besonders geisteswissenschaftliche Werke. Das Embargo der USA und die Auswirkungen des Sparprogramms des Período Especial haben die Einrichtung eines computergestützten Archivsystems bislang verzögert.

Teatro Nacional

Paseo y 39. (7) 879 6022.

Das wichtigste Kulturgebäude Kubas (1959) zeichnet sich besonders durch seine konvexe Fassade aus. Der größere der beiden Säle, die Avellaneda, fasst 2500 Zuschauer, in der Covarrubia finden 800 Menschen Platz. Dieser Saal wird geziert von einem Wandgemälde des Kubaners René Portocarrero *(siehe S. 30)*. Neben Theaterproduktionen finden hier auch Lesungen, Ballettaufführungen sowie Konzerte statt. Im Café Cantante und in der Pianobar gibt es auch Live-Shows *(siehe S. 129)*.

Blick vom Martí-Denkmal auf das Teatro Nacional

8 Monumento José Martí

Die Arbeiten an dem Denkmal in der Mitte der Plaza de la Revolución wurden 1953, am 100. Geburtstag des kubanischen Nationalhelden, aufgenommen, fertiggestellt wurde es 1958. Es besteht aus einem 109 Meter hohen Turm, der einen fünfzackigen Stern darstellt und aus grauem Marmor von der Isla de la Juventud gebaut wurde. An dessen Fuß steht eine riesige Statue José Martís in Meditationshaltung. Das eigentliche Denkmal befindet sich, neben der Sala de Actos, einem Konzert- und Lesungssaal, im Inneren des Turms.

★ Panorama
An klaren Tagen sieht man vom *mirador* auf der Turmspitze, dem höchsten Punkt Havannas, über die ganze Stadt bis hinaus aufs Meer.

Die oberste Plattform erreicht man per Lift. Sie liegt in einer Höhe von 139 Metern. Der Turm steht auf einem Hügel von 30 Metern Höhe.

Infobox

Information
Plaza de la Revolución. **Stadtplan** 2 E5. (7) 882 0906. Mo–Sa 10–17 Uhr. teilweise wegen Renovierung; aktuelle Zeiten tel. erfragen.

★ Denkmalshistorie
In zwei Räumen werden Erinnerungsstücke an Martí gezeigt. Ein dritter illustriert die Geschichte des Denkmals und des Platzes, im vierten finden Kunstausstellungen statt. Ein Wandgemälde beschäftigt sich mit der Philosophie Martís.

Statue von José Martí
Die 18 Meter hohe Statue aus weißem Marmor wurde am Ort von Juan José Sicre behauen. Sie ist von sechs Halbsäulen umgeben.

❾ Necrópolis de Colón

Mit einer Fläche von 56 Hektar ist Havannas Kolumbus-Friedhof einer der größten Friedhöfe der Welt. Mehr als zwei Millionen Menschen sind hier begraben. Er wurde um 1860 von dem spanischen Architekten Calixto de Loira in Anlehnung an die streng symmetrischen römischen Militärlager entworfen und 1871–86 angelegt. Aufgrund der vielen Skulpturen und Denkmäler in unterschiedlichen Stilrichtungen – von eklektischen bis zu gewagten zeitgenössischen Werken – wurde die Necrópolis de Colón unter Denkmalschutz gestellt. Doch trotz ihrer historischen und künstlerischen Bedeutung wird sie nach wie vor als Friedhof genutzt, auf dem man neben Spaziergängern auch immer wieder Grabgänger trifft.

Mártires del Asalto al Palacio Presidencial
Das Denkmal wurde 1982 zu Ehren der Studenten errichtet, die beim Angriff auf den Präsidentenpalast Batistas 1957 umkamen.

★ La Piedad von Rita Longa
Das marmorne Halbrelief der Pietà schmückt das schwarze Marmorgrabmal der Familie Aguilera aus den 1950er Jahren.

Außerdem

① **Grabmal des Schriftstellers Alejo Carpentier (1904–1980)**

② **Kapelle der sechs Medizinstudenten**

③ **Das Pantheon von Catalina Lasa** *(siehe S. 103)* wurde von ihrem zweiten Ehemann Juan Pedro Baró in Auftrag gegeben. Er hatte sie von Paris überführen lassen.

④ **La Milagrosa**

⑤ **Das Osario General**, das Beinhaus aus dem Jahr 1886, ist einer der ältesten Bauten der Necrópolis.

⑥ **Panteón de los Prelados**

⑦ **Das Panteón de la Família Falla Bonet** ist eine Pyramide aus grauem Granit, auf der eine Christusstatue von Mariano Benlliure thront.

⑧ **Grabmal von Generalissimo Máximo Gómez** *(siehe S. 48)*

★ Haupteingang
Die Skulptur aus Carrara-Marmor zeigt die drei religiösen Tugenden Glaube, Hoffnung und Liebe. Sie wurde 1904 von José Villalta de Saavedra im »neoromanischen« Stil geschaffen.

Panteón de las Fuerzas Armadas Revolucionarias
Hier liegen die Helden der revolutionären Armee begraben.

Infobox

Information
Calle Zapata, esq. a Calle 12.
Stadtplan 1 C5. (7) 832 1050.
tägl. 8–17 Uhr.

Capilla Central
Mitte des 19. Jahrhunderts wurde diese Kapelle auf der zentralen Straße des Friedhofs, der Avenida Colón, errichtet. Sie enthält einige Fresken des kubanischen Malers Miguel Melero.

★ Monumento a los Bomberos
Dieses Grabmal wurde zu Ehren der 25 Feuerwehrleute errichtet, die 1890 beim Brand des Eisenwarenladens Isasi starben. Der Entwurf stammt von den spanischen Architekten Agustín Querol und Julio Zapata.

La Milagrosa

Eine Mutter legt vor der Statue La Milagrosa Blumen nieder

»Die Wundersame« ist das Grabmal von Amelia Goyri de la Hoz, die 1901 im Alter von 24 Jahren bei der Geburt ihres Kindes starb. Auch das Neugeborene überlebte nicht. Nach der damaligen Tradition wurden die beiden gemeinsam bestattet. Eine Legende besagt, dass ihr Körper bei der Graböffnung nach mehreren Jahren völlig unversehrt war. Dieses »Wunder«, ebenso wie die Trauer des Ehemanns, der das Grab täglich besuchte und ihm nie den Rücken zuwandte, machten Amelia zum Symbol der Mutterliebe. Sie wurde zur Schutzpatronin Schwangerer und Neugeborener. Werdende Mütter pilgern zu ihrem Grab, um ihren Segen zu erbitten. Auch sie wenden ihm nie den Rücken zu. Die Statue von José Villalta de Saavedra wurde 1909 aufgestellt.

Abstecher

Die Sehenswürdigkeiten außerhalb der Stadt sind recht weit verstreut. Der Stadtteil Miramar liegt im Westen. Das Castillo del Morro und die Festung Fortaleza de La Cabaña, die von Havannas strategischer Bedeutung zeugen, sind räumlich von der Stadt getrennt, historisch jedoch mit ihr verbunden. Kubaner lieben das Strandleben. Die goldenen Strände der Playas del Este östlich der Stadt sind beliebte Ausflugsziele an den Wochenenden. Zu den weiteren Attraktionen zählen die Ferienziele Ernest Hemingways, darunter die Finca Vigía, in der er einige seiner besten Romane schrieb, und das Fischerdorf Cojímar.

Sehenswürdigkeiten auf einen Blick

Museum

⑩ Finca La Vigía

Festungen und Kirchen

③ Castillo del Morro
④ San Carlos de La Cabaña
⑬ Santuario Nacional de San Lázaro

Parks und Gärten

⑪ Parque Lenin
⑫ Jardín Botánico Nacional

Strände

⑨ Playas del Este

Städte und Vororte

⑤ Casablanca
⑥ Regla
⑦ Guanabacoa
⑧ Cojímar

Historischer Ort

② Tropicana

Spaziergang

① Spaziergang durch Miramar *S. 112f*

Restaurants bei den Abstechern

siehe S. 272

Legende

Havanna Zentrum
Autobahn
Hauptstraße
Nebenstraße
Eisenbahn

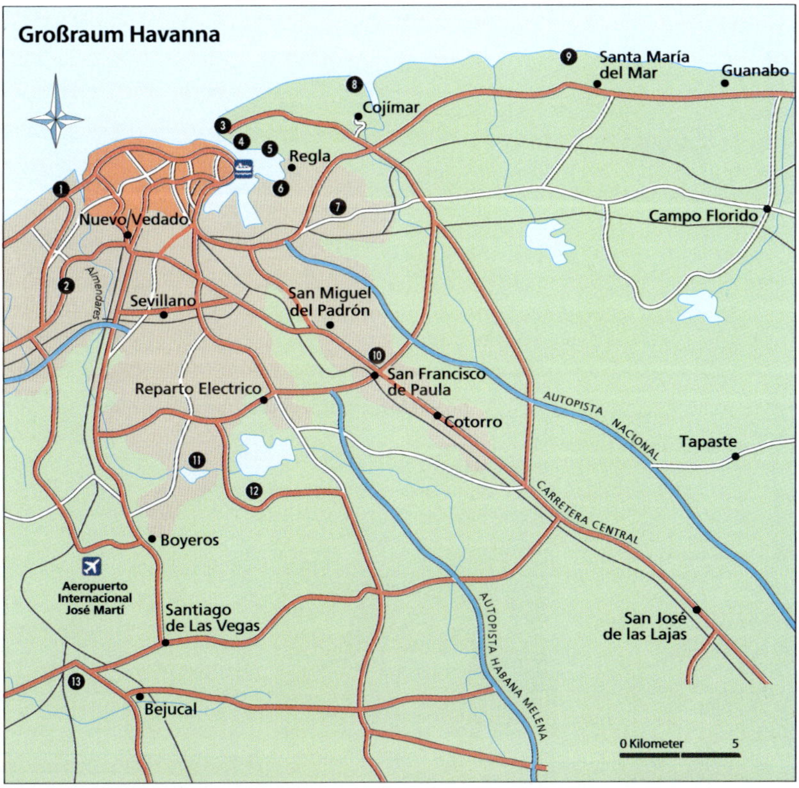

❶ Spaziergang durch Miramar

Miramar ist der eleganteste Stadtteil Havannas. So war es auch vor der Revolution, als hier die Oberschicht Havannas lebte. Lebensader von Miramar ist die Avenida 5. Die breite, baumbestandene Straße wird von Villen des frühen 20. Jahrhunderts gesäumt, in denen viele Botschaften untergebracht sind. Verwaltungstechnisch gehört Miramar zur Gemeinde Playa, ebenso wie der Nachbarort Cubanacán, in dem ebenfalls viele Botschaften ihren Sitz haben.

Blick auf die Avenida 5

Kompaktes Bollwerk: Fuerte de la Chorrera

Ausgangspunkt Vedado

Der Spaziergang beginnt an der Festung Fuerte de Santa Dorotea de la Luna en la Chorrera ①. Sie wurde von Giovanni Battista Antonelli entworfen, 1645 erbaut und war über 200 Jahre für die Verteidigung der Stadt von zentraler Bedeutung *(siehe S. 114)*. Daneben befindet sich das Restaurante 1830 ②, wo samstagnachts Salsa getanzt wird. Das Gebäude gehörte Carlos Miguel de Céspedes, einem Minister unter Präsident Machado.

Entlang der Avenida 5 (Quinta Avenida)

Folgen Sie von hier dem nördlichsten Tunnel unter dem Fluss Almendares, um zur Avenida 5 zu kommen, einer breiten Straße mit Büschen und einem Grünstreifen in der Mitte.

Auf beiden Seiten des Boulevards beeindrucken imposante Villen aus dem frühen 20. Jahrhundert und Häuser im Art-déco- oder eklektischen Stil. Die meisten wurden nach der Machtübernahme Fidel Castros verlassen. Die kubanische Regierung hat inzwischen viele dieser Gebäude in Ministerien, Botschaften und sogar Waisenhäuser umgebaut, zum Beispiel die ehemalige Residenz von Präsident Grau San Martín an der Ecke zur Calle 14. An der Kreuzung Quinta Avenida und Calle 2 residiert in der restaurierten Casa de las Tejas Verdes ③ heute ein

Legende

• • • Routenempfehlung

0 Meter 400

Sehenswürdigkeiten auf einen Blick

① Fuerte de Santa Dorotea de la Luna en la Chorrera
② Restaurante 1830
③ Casa de las Tejas Verdes
④ Iglesia de Santa Rita
⑤ Acuario Nacional

Die besonders bei Kindern beliebte Delfinshow im Acuario Nacional

Routeninfos

Information
Start: Fuerte de la Chorrera, Malecón.
Länge: 5 km.
Rasten: Mesón La Chorrera, Calle Calzada 1252, vor dem Tunnel; Bar Tabarish, Calle 20 No. 503, e/ 5 y 7, (7) 202 9188.

Architekturzentrum. Wochentags werden Führungen durch Haus und Garten angeboten. Weiter entlang der Avenida, an der Ecke zur Calle 26, treffen Sie auf die moderne Iglesia de Santa Rita ④, deren Fassade durch die drei Bogen einzigartig ist. Innen sollten Sie die Statue der hl. Rita von der Bildhauerin Rita Longa betrachten. Gehen Sie die Calle 28 entlang zur Avenida 3 (*»tercera«*). Weiter geht es auf der Avenida 3 mit ihrer eleganten Architektur. Biegen Sie rechts in die Avenida 1 und gehen Sie einen Block weiter.

Statue der hl. Rita, Iglesia de Santa Rita

Uferstraße

Der Avenida 1 (*»primera«*) fehlt es im Vergleich zum Malecón an Lebendigkeit und Faszination, aber das Wasser ist hier klar, und die ruhigen Plätze laden zum Sonnenbaden ein, z. B. die Playita 16 (am Ende der Calle 16). An der Ecke zur Calle 60 steht ein unübersehbares hellblaues Haus, in dem das Acuario Nacional ⑤ untergebracht ist. Hier wird in großen Salzwasseraquarien die Unterwasserwelt des Karibischen Meeres imitiert. Etwa 3500 Exemplare 350 verschiedener Tierarten leben hier. Der spektakulärste Bereich ist sicherlich das Becken mit den Tümmler-Delfinen. Hier werden auch regelmäßige Delfinshows veranstaltet. Das Aquarium ist täglich außer montags von 10 bis 18 Uhr geöffnet.

Die Casa de las Tejas Verdes, in den 1920er Jahren von José Luis Echarte errichtet

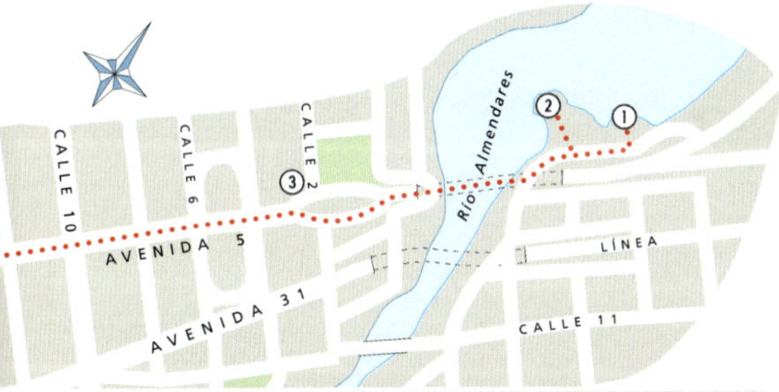

Río Almendares

Der Fluss Almendares ist heutzutage leider nicht mehr ganz so klar, wie er es einmal gewesen sein muss. Im 17. Jahrhundert kam ein spanischer Bischof namens Almendáriz in schlechter Gesundheit nach Havanna. Nach einem Aufenthalt am Ufer dieses Flusses war er völlig genesen. Daraufhin erhielt der Fluss den Namen des Bischofs. An seinem Westufer, an der Brücke der Calle 23 von Vedado, liegt der Parque Almendares, in dem tropische Vegetation gedeiht.

Der Parque Almendares, Havannas »Wald«, mit üppiger Vegetation

Musenbrunnen aus dem frühen 20. Jahrhundert im Tropicana

❷ Tropicana

Calle 72, e/ 41 y 45, Marianao.
(7) 267 1010.

Der berühmteste Nachtclub Kubas, vielleicht sogar ganz Amerikas, liegt in einem Vorort Havannas, im Bezirk Marianao. Viele legendäre Persönlichkeiten des 20. Jahrhunderts traten hier auf, darunter Josephine Baker, Bola de Nieve, Rita Montaner und Nat King Cole.

Das Anwesen des Tropicana war einst eine große Farm, die Mina Pérez Chaumont gehörte. Sie war die Witwe des russischen Konsuls Regino Truffin. In den 1930er Jahren gestaltete sie das Anwesen in ein Restaurant und eine Showbühne um, auf der Shows in extravaganten Kostümen gezeigt wurden. Der Nachtclub öffnete am 31. Dezember 1939.

Überraschenderweise hat der Club den politischen Machtwechsel überlebt und ist beliebt wie eh und je. Noch immer stehen die ursprünglich gepflanzten Bäume, die inzwischen einem Tropenwald gleichen. Nachts werden die Palmen zum Teil durch Kunstnebel verdeckt und mit Flutlichtern angestrahlt. An das Goldene Zeitalter des Tropicana erinnert der Ballsaal »Bajo las Estrellas«, in dem 1000 Personen genügend Platz zum Tanzen haben.

Vor dem Haupteingang befindet sich der Musenbrunnen (1952). Die Statue einer Balletttänzerin von Rita Longa aus dem Jahr 1952 wurde zum Symbol des Clubs.

Blick auf das Castillo del Morro, das auf einer felsigen Landzunge an der Bucht von Havanna errichtet wurde

❸ Castillo del Morro

Carretera de la Cabaña, Habana del Este. (7) 862 0617. tägl. 9–21 Uhr.

Der Bau dieser Festung, die von dem italienischen Militärarchitekten Giovanni Battista Antonelli geplant wurde, begann 1589 auf Befehl des Gouverneurs Juan de Texeda. Vom Castillo de los Tres Reyes del Morro (so sein voller Name) sollten nahende feindliche Schiffe (v. a. Piraten) gesichtet werden. Denn an Bord der Schiffe, die auf ihrem Weg nach Spanien immer wieder im Hafen von Havanna anlegten, waren oft Schätze aus der Neuen Welt, die beschützt werden mussten.

Die alte Lampe des Morro-Leuchtturms

Der ursprüngliche Leuchtturm auf dem »Morrillo«, dem höchsten Punkt des Hügels, wurde mehrmals umgebaut, bis General Leopoldo O'Donnel 1845 anordnete, einen neuen zu errichten. Dieser Steinturm steht noch, auch seine Originallampe leuchtet noch etwa 30 Kilometer weit in die Nacht. Das *castillo* und die nahe Festung La Cabaña *(siehe rechts)* bilden den **Parque Histórico-Militar Morro-Cabaña**. Viele Besucher genießen den herrlichen Blick auf den Hafen und die Stadt.

In die Burg gelangt man über eine eindrucksvolle Galerie. Tafeln zeigen die Stellen, an denen die Briten 1762 in die Festung eindrangen und nach 40-tägiger Belagerung das Castillo und die ganze Stadt eroberten.

An der Nordseite liegt die Plataforma de la Reina mit Verteidigungswällen und Treppen zur oberen Plattform. Von hier kann man die Festung von oben betrachten.

❹ San Carlos de La Cabaña

Carretera de la Cabaña, Habana del Este. (7) 862 0617. tägl. 8–23 Uhr.

Nach der Einnahme Havannas durch die Briten 1762 dauerte es elf Monate, ehe die Spanier die Stadt zurückeroberten. Die Erfahrung der Besatzung überzeugte sie von der Notwendigkeit einer effektiveren Verteidigungsanlage auf dem Hügel.

Havannas Verteidigungssystem

Im 18. Jahrhundert war Havanna der bedeutendste Hafen der Neuen Welt. Aufgrund der strategischen Position in der Karibik war er ein beliebtes Ziel von Feinden und Piraten. Deshalb wurde Havanna besser gesichert als jede andere Stadt im spanischen Kolonialreich. Hinter dem Kanal, über den man zur Bucht von Havanna gelangte, lagen die beiden Festungen Morro und Cabaña. Zusammen mit den Bastionen Real Fuerza, Punta, Atarés und Príncipe sowie den Stadtmauern bildeten sie ein sehr effektives Angriffs- und Verteidigungssystem. Von den vorgelagerten Forts Cojímar und La Chorrera konnten alle herannahenden feindlichen Schiffe gesichtet werden.

So wurde am 4. November 1763 mit der Errichtung der Festung Cabaña begonnen. 4000 Männer arbeiteten an dem Bau, darunter mexikanische und indianische Gefangene, die von der Halbinsel Yucatán unter sklavenähnlichen Bedingungen hierher gebracht wurden.

Der Verteidigungsposten kostete 14 Millionen Pesos. Diese Summe war derart hoch, dass folgende Legende entstand: Als König Carlos III von Spanien über die Kosten informiert wurde, soll er um ein Fernglas gebeten und gesagt haben: »Ein so teurer Bau sollte doch von Madrid aus zu sehen sein.«

La Cabaña, die sich auf über 700 Metern am Einfahrtskanal der Bucht erstreckt, ist ein riesiges Vieleck auf einer Fläche von 10 Hektar. Der Grundriss folgt den Prinzipien französischer Militärakademien, die Details wurden vom spanischen Ingenieur Silvestre Abarca entworfen. Die kronenförmige Anlage gilt als Paradebeispiel einer bastionartigen Verteidigungsanlage.

Ein Besuch der Festung bietet einige Höhepunkte. Der Haupteingang führt zur Bastei Baluardo di San Ambrosio und der Terraza de San Agustín, auf der der Dichter Juan Clemente Zenea aufgrund seiner separatistischen Ideologie 1871 hingerichtet wurde. Hier werden außerdem sowjetische Atomraketen aus der Kubakrise 1962 *(siehe S. 56)* gezeigt.

Eingang zur Gemeindekirche von La Cabaña am Paradeplatz der Festung

Im **Museo Monográfico** wird die Geschichte der Festung anhand von Dokumenten und Fotografien illustriert. Das **Museo de Armas y Fortificaciones** ist ein Militärmuseum. Nicht verpassen sollten Sie allerdings die **Comandancia del Che**: Am 3. Januar 1959 besetzten die *barbudos* (wie Castro und seine bärtigen Revolutionäre genannt wurden) La Cabaña und richteten in dem Gebäude aus dem 19. Jahrhundert, das einst die Residenz des spanischen Militärgouverneurs war, ihre Kommandozentrale ein. Heute ist es ein Museum, in dem persönliche Gegenstände von Che Guevara gezeigt werden, darunter Waffen, seine Brille und Kamera. Das Büro des Revolutionärs blieb original erhalten und kann besichtigt werden.

❺ Casablanca

von Muelle de Luz, La Habana Vieja, alle 15 Min.; (7) 860 8506.

Das Fischerdorf entstand im 18. Jahrhundert an der anderen Seite der Bucht von Havanna. Bekannt ist der Ort wegen der 18 Meter hohen Christusstatue von 1958 aus weißem Marmor, die über die Stadt wacht.

Die riesige Statue Cristo de La Habana

Die Arbeit der kubanischen Bildhauerin Jilma Madera wurde von der Frau des Präsidenten Batista in Auftrag gegeben. Sie hatte bei den Studentenangriffen auf den Palast des Präsidenten im Jahr 1957 geschworen, sie würde eine Christusstatue finanzieren, falls Batista den Anschlag, bei dem sein Leben auf dem Spiel stand, überstehen sollte. Die Statue wurde nur eine Woche vor der Revolution fertiggestellt. Sie ist von vielen Teilen der Stadt aus zu sehen.

Cañonazo

Jeden Abend um 21 Uhr wird in der Festung La Cabaña die malerische Cañonazo-Zeremonie abgehalten. Um Punkt 21 Uhr feuert eine Gruppe junger Soldaten der revolutionären Armee, in Uniformen aus dem 18. Jahrhundert gekleidet, mehrere Kanonensalven ab. Dieser Ritus hat einen historischen Hintergrund: Während der Kolonialzeit gab man jeden Abend Böllerschüsse ab, um die Bürger zu informieren, dass die Stadttore geschlossen und die Hafeneinfahrt durch eine Kette *(siehe S. 89)* abgeriegelt wurde.

Die Cañonazo-Zeremonie wird in historischer Kleidung zelebriert

❻ Regla

Havanna. 43 000. von Muelle de Luz, Habana Vieja, alle 30 Min.; (7) 697 7473.

Regla liegt an der Ostküste der Bucht von Havanna, wenige Fährminuten von Muelle de Luz entfernt. Die Stadt wurde 1687 gegründet und erlangte im Lauf der Zeit als Fischerhafen und Zentrum der Zuckerlager wirtschaftliche Bedeutung. Im 19. Jahrhundert ließen sich hier befreite Sklaven nieder, und so ist die afrokubanische Kultur noch sehr lebendig.

Die Kirche **Nuestra Señora de la Virgen de Regla** wurde 1687 errichtet. Der schlichte Bau steht auf einem kleinen Hügel mit Blick auf die Bucht. Im Inneren gibt es einen kunstvollen goldenen Altar mit einer dunkelhäutigen Madonna.

Innenraum der Kirche von Regla mit ihrem vergoldeten Hochaltar

1879 wurde das Liceo Artístico y Literario mit einer berühmten Rede José Martís zur kubanischen Unabhängigkeit eröffnet.

❼ Guanabacoa

Havanna. 115 000.

Nach ihrer Gründung 1607 wurde diese Stadt zum obligatorischen Anlaufhafen der Sklavenschiffe, was ihren Ruf als Zentrum afrokubanischer Kultur erklärt. Ihr Name ist indianischen Ursprungs und bedeutet »Dame der vielen Wasser«: Die Quellen in diesem Gebiet veranlassten einst reiche Bewohner von Havanna, sich hier niederzulassen. Heute sind deren Kolonialhäuser Guanabacoas ganzer Stolz. Drei wichtige Musiker des 20. Jahrhunderts wurden hier geboren: der Pianist und Komponist Ernesto Lecuona, die Sängerin Rita Montaner sowie der große Chansonnier Ignacio Villa, bekannt als Bola de Nieve (»Schneeball«).

***Mano poderosa* im Museo Municipal de Guanabacoa**

Guanabacoa hat mehrere interessante Kirchen. Die **Ermita de Potosí** aus dem Jahr 1644 ist besonders sehenswert. Sie gehört zu den ältesten und besterhaltenen Kirchen aus der Kolonialzeit.

Im interessanten **Museo Municipal de Guanabacoa**, in einem Haus im Kolonialstil untergebracht, wird die Stadtgeschichte illustriert. Herausragende Persönlichkeit ist Pepe Antonio, ein Held im Kampf gegen die Briten im 18. Jahrhundert. Das Museum befasst sich besonders mit den Religionen *santería* und *palo monte* sowie den Ritualen des *Abakuá*-Kults *(siehe S. 27)*. Ein eindrucksvolles Stück in diesem Bereich ist die *Mano poderosa*, eine vielfarbige, etwa einen Meter hohe Holzskulptur. Einer Legende zufolge soll sie einer Frau gehört haben, die mit den Toten in Kontakt treten konnte. Im Innenhof werden manchmal afrokubanische Feste gefeiert.

Museo Municipal de Guanabacoa
Calle Martí 108, esq. Versalles.
(7) 797 9117. Di–Sa 10–18, So 9–13 Uhr.

La Virgen de Regla

Die Jungfrau von Regla wurde im Jahr 1714 zur Schutzpatronin der Fischer und Havannas ernannt. In dem ihr geweihten Altarraum steht eine Ikone, auf der eine dunkelhäutige Madonna mit einem weißen Kind zu sehen ist. Die Gläubigen nennen sie »La Negra«. Ihre Herkunft ist unbekannt, es wird erzählt, sie habe die dunkle Farbe bei der Überfahrt über das Schwarze Meer angenommen. Sie wurde 1696 von einem Einsiedler aus Spanien hierhergebracht und um das Jahr 1900 von Panchita Cárdenas bewacht, dessen Haus den Gläubigen offensteht. Anhänger der *santería* sehen in der Virgen die Göttin Yemayá, Patronin des Meers und Mutter aller Männer. Ihr werden u. a. Speisen und Blumen geopfert, an ihrem Namenstag (8. Sep) wird die Ikone durch die Stadt getragen.

La Virgen de Regla, die Schutzpatronin der Fischer

❽ Cojímar

Havanna. 20 000.

Mit seinen einstöckigen Holzhäusern, meist mit Garten, Veranda und Hof, ist Cojímar eine reizende Kleinstadt, in der einst nur Fischer lebten. Heute wohnen hier auch viele ältere Menschen, darunter Schriftsteller und Künstler, die dem hektischen Leben der Großstadt entfliehen wollen.

In den 1950er Jahren traf man in Cojímar allerdings nur einen Schriftsteller: Ernest Hemingway. Er war mit vielen der Fischer hier befreundet, spielte und trank Rum mit

Fort von Cojímar aus dem 17. Jahrhundert

ihnen, während er ihren Geschichten lauschte. Und so ist es keineswegs verwunderlich, dass Cojímar Schauplatz seiner berühmten Novelle *Der alte Mann und das Meer* wurde.

Auf dem kleinen Platz, der nach Ernest Hemingway benannt wurde, steht eine Büste des Autors – eine detailgetreue Kopie der Büste im El Floridita *(siehe S. 76)*. Finanziert wurde sie von seinen Fischerfreunden, die Haken und Werkzeuge als Rohmaterial für den Guss spendeten.

An der Uferstraße befindet sich ein kleines Fort, das im Jahr 1646 als östlichster Verteidigungspunkt Havannas errichtet wurde. Es wurde vom Architekten des Castillo del Morro *(siehe S. 114)*, Giovanni Battista Antonelli, entworfen.

In Cojímar steht auch das Lieblingsrestaurant von Ernest Hemingway, La Terraza *(siehe S. 272)*. Es ist noch immer elegant und gut geführt wie zu Hemingways Zeiten. Die Cocktaillounge mit ihrer Holzbar ist äußerst einladend.

❾ Playas del Este

Havanna.

Havanna ist eine der wenigen Städte der Welt, die nur 20 Autominuten von schönen Stränden entfernt liegen. Die Playas del Este bestehen aus einem 50 Kilometer langen Strandstreifen mit feinstem Sand und kristallklarem Wasser. Sie sind über eine Schnellstraße mit guter touristischer Infrastruktur leicht zu erreichen und eignen sich besonders für Urlauber, die Strand- und Sightseeing-Urlaub verbinden möchten. Allerdings gehören diese Strände zum Jagdrevier der *jineteros (siehe S. 292)*, es wurden aber Sicherheitskräfte zur Abschreckung eingesetzt.

Wer vom Stadtzentrum anfährt, trifft zunächst auf den Strand **Bacuranao**, einen ruhigen, besonders bei Familien beliebten Küstenabschnitt. Die hübschesten Gebiete sind jedoch **Santa María del Mar** und **Guanabo**. Santa María del Mar ist besonders bei Urlaubern beliebt. Es bietet den schönsten Strand, der mit Bäumen bestanden ist, sowie ein hervorragendes Angebot an Hotels und Sportmöglichkeiten. Guanabo ist traditioneller, mit kleinen Häusern, Restaurants und Geschäften. An Wochenenden ist dies der belebteste Küstenabschnitt. Die Bajo de las Lavanderas lässt das Herz von Tauchern höherschlagen. In der **Marina Punto Náutico** werden Touren zum Hochseefischen angeboten. An der Mündung des Flusses Itabo liegt die kleine Insel **Mi Cayito**, und vom Mirador Bellomonte bietet sich ein herrlicher Blick.

Einer der beliebten Strände der Playas del Este

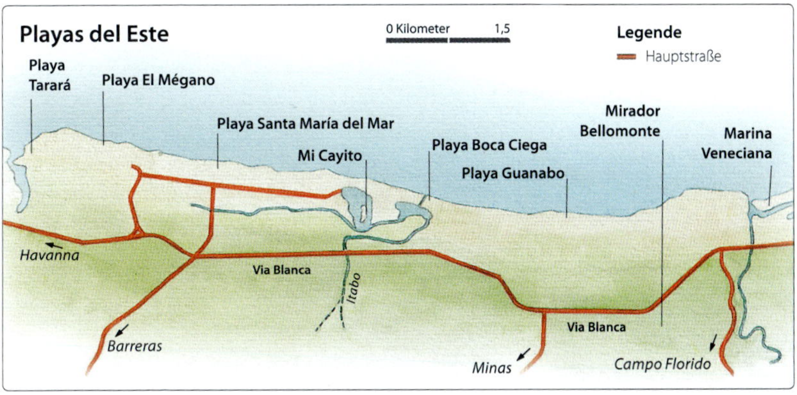

Ernest Hemingway in Kuba

Der große amerikanische Schriftsteller (1899–1961) verliebte sich 1932 bei seinem ersten Besuch in Kuba in die Insel, als er eigentlich nur Marline fischen wollte. Doch erst im Jahr 1939 ließ er sich dort nieder. Zunächst lebte er im Hotel Ambos Mundos *(siehe S. 256)* in der Altstadt von Havanna. Später zog er mit der Journalistin Martha Gellhorn (die er 1940 heiratete) in eine ruhige Villa am Stadtrand, die Finca Vigía, um zu schreiben. Seine Liebesbeziehung zu Kuba hielt länger als seine Ehe und überdauerte sogar das Batista-Regime und den Beginn der Revolution. Hemingways letzte Ehefrau, Mary Welsh (Hochzeit 1946), folgte dem Schriftsteller nach Kuba und lebte mit ihm in der Finca Vigía. Heute ist die Villa ein Museum *(siehe S. 119)*. 1960, ein Jahr vor seinem Selbstmord, kehrte Hemingway in die USA zurück.

Der Cocktail-Liebhaber Hemingway war Stammgast in der Bodeguita del Medio *(siehe S. 69)* und im El Floridita *(siehe S. 76)*. Beide Bars lagen nur einen Katzensprung vom Hotel Ambos Mundos entfernt. An der Erfindung des Daiquirí war Hemingway maßgeblich beteiligt.

Hemingway schrieb viele seiner berühmten Romane in Kuba. 1954 erfuhr er auch in der Finca Vigía, dass er den Nobelpreis gewonnen hatte. »Dieser Preis gehört Kuba, denn meine Arbeiten entstanden hier, bei den Bewohnern von Cojímar, meiner Heimatstadt.« Mit diesen Worten legte Hemingway den Preis an der Statue der Virgen del Cobre *(siehe S. 225)* nieder.

Angelleidenschaft

Hemingway liebte das Meer und war leidenschaftlicher Schwertfisch- und Marlinfischer. Er ging diesem Sport mit viel Enthusiasmus und Mut nach – nicht auf einer Luxusyacht, sondern auf dem kleinen Fischerboot *Pilar*, das im Hafen von Cojímar festmachte. Sein ständiger Begleiter und Freund war der Fischer Gregorio Fuentes, der im Januar 2002 starb.

Ernest Hemingway

Martha Gellhorn

Gregorio Fuentes

In der Marina Hemingway wird jedes Jahr ein Marlin-Angelwettbewerb veranstaltet.

⑩ Finca La Vigía

Calle Vigía y Steinhart, San Francisco de Paula, Havanna. San Francisco de Paula. (7) 691 0809. Di–Sa 10–17, So 10–13 Uhr. (Fotografieren gegen Gebühr).

In San Francisco de Paula am Stadtrand von Havanna liegt das einzige Haus, das Ernest Hemingway jemals außerhalb der USA besessen hat. Hier lebte er in der Zeit zwischen seinen berühmten Reisen fast 20 Jahre lang.

Die Villa wurde 1887 nach einem Plan des katalanischen Architekten Miguel Pascual y Baguer gebaut, Hemingway kaufte sie 1940. Nach dem Selbstmord des Autors wurde hier ein Museum eingerichtet.

Alles in der Villa ist noch ebenso penibel geordnet wie zu Hemingways Lebzeiten: seine Bibliothek mit mehr als 9000 Büchern, Jagdtrophäen seiner Afrikasafaris, persönliche Gegenstände – darunter seine Waffen und die Schreibmaschine – sowie wertvolle Kunstwerke, u. a. ein Keramikteller von Picasso. Zum Schutz der Inneneinrichtung dürfen Besucher die Räume nicht betreten. Man kann lediglich einen Blick durch die geöffneten Fenster werfen.

Zwei etwas eigentümliche Elemente im Garten sind der Tierfriedhof (Hemingway hatte etwa 50 Katzen) und die *Pilar*, Hemingways Fischerboot, das aus Cojímar hierhergebracht wurde und in einem eigens dafür gebauten Pavillon auf dem ehemaligen Tennisplatz gelagert wird. Die *Pilar* war ein komfortables und schnelles Boot aus dunklem Eichenholz. Hemingway liebte es, mit seinem Freund Gregorio Fuentes in diesem Boot über die Wellen zu jagen und zu fischen. Im Zweiten Weltkrieg suchte er damit das Meer nördlich von Kuba nach deutschen U-Booten ab. Diese lauerten in der Gegend, um Schiffe mit Zucker für die Alliierten zu versenken.

Die Finca Vigía ist in tropische Vegetation eingebettet

Umgebung: In der Nähe von Hemingways Villa liegt der Ort **Santa María del Rosario**, der 1732 von Condé Don José Bayona y Chacón auf dem Gelände seiner riesigen Zuckerfabrik gegründet wurde. Die gleichnamige Kirche (die bisweilen auch Catedral de los Campos de Cuba genannt wird) ist ein echtes Juwel, besonders die *Mudéjar*-Decken sind sehenswert. Die Kirche wurde 1760–66 von dem Architekten José Perera gebaut. Die nüchterne Fassade erinnert an spanische Missionsbauten im Westen der USA, während das Innere ungewöhnlich prunkvoll ist. So sieht man hier einen kunstvoll vergoldeten Hochaltar sowie Gemälde, die dem kubanischen Künstler Nicolás de la Escalera zugeschrieben werden.

Das Wohnzimmer in Hemingways Villa ist mit Jagdtrophäen geschmückt

Hotels und Restaurants in Havanna *siehe Seiten 256–258 und 270–272*

⓫ Parque Lenin

Calle 100 y Cortina de la Presa, Arroyo Naranjo, Havanna. (7) 643 1165. Mi–So 10–17 Uhr. **ExpoCuba** (7) 697 4252; Zugauskunft (7) 644 2721. Mi–So 9–17 Uhr. **Parque Zoológico Nacional** (7) 643 8063. Mi–So 9.30–15.15 Uhr.

Eindrucksvolles Leninmonument von Lev Korbel

Auf einer Fläche von 745 Hektar erstreckt sich der Leninpark, 20 Kilometer südlich von Centro Habana. Er wurde in den 1970er Jahren als Park für Kinder und als Erholungsanlage angelegt.

Zur gleichen Zeit entwarf Lev Korbel auf Initiative von Castros Assistentin Celia Sánchez das riesige Ehrenmal für den sowjetischen Führer. Der Bau der Leninstatue, die 1200 Tonnen wiegt und neun Meter hoch ist, wurde 1982 unter der Leitung von Antonio Quintana Simonetti, der auch für den Entwurf des Parks verantwortlich zeichnete, fertiggestellt.

Am bequemsten lernt man den Park mit der Schmalspurbahn kennen, die ihn auf 9,5 Kilometer Länge durchquert und mehrere Haltepunkte anfährt. Die alten Dampfloks wurden früher zum Transport von Zuckerrohr eingesetzt. Aus den offenen Wagen kann man die Anlage bewundern. Fragen Sie vor dem Besuch nach, ob der Zug aktuell fährt.

Der Park mit seinen Palmen, Zedern, Pinien und Araukarien ist sehr beliebt. Er hat auch ein Aquarium, Ställe, Swimmingpools, ein Open-Air-Kino, eine Galerie, ein Café und das Restaurant Las Ruínas. Dieses ist in einem Gebäude aus den 1960er Jahren untergebracht, das um die Ruinen eines Plantagenhauses gebaut wurde.

Umgebung: In der Nähe des Parks liegt Kubas größtes Messezentrum **ExpoCuba**, in dem ganzjährig Messen und Ausstellungen abgehalten werden. Im Herbst findet hier die bekannte Messe Feria Internacional de La Habana statt, in der ein Überblick über Kubas wirtschaftliches und soziopolitisches Leben präsentiert wird.

Vom Parque Lenin ist es nicht mehr weit zum **Parque Zoológico Nacional** (340 ha), in dem Tiere in natürlichen Lebensräumen gehalten werden, teils sogar ohne Käfige. In der nachgestalteten Savannenlandschaft leben u. a. Zebras, Flusspferde, Giraffen, Löwen und Antilopen.

⓬ Jardín Botánico Nacional

Carretera del Rocío km 3, Calabazar, Arroyo Naranjo (Havanna). (7) 697 9364. Mi–So 8–16 Uhr. 1. Jan, 26. Juli, 25. Dez.

In dem riesigen, 600 Hektar großen botanischen Garten, der in einer Wald- und Felderlandschaft liegt, gedeihen Pflanzen aus der ganzen Welt.

Der idyllische Japanische Garten ist Teil des Jardín Botánico Nacional

Hotels und Restaurants in Havanna *siehe Seiten 256–258 und 270–272*

Die Gärten dienen nicht nur als öffentliche Grünanlage, sondern auch für wissenschaftliche Untersuchungen. Die Anlage ist in geografische Zonen unterteilt – Kuba, Amerika, Afrika, Asien und Ozeanien. Im karibischen Bereich wachsen mehr als 7000 Blütenpflanzen, die Hälfte davon gibt es nur in Kuba. Eine Besonderheit in diesem botanischen Garten ist der Bosque Arcaico (Urwald), dessen Pflanzen aus längst vergangenen geologischen Epochen nachgezüchtet wurden, so z. B. die *Palma corcho*, eine urzeitliche Palmenart, die nur noch in der Gegend um Pinar del Río zu finden ist. Im Palmenhaus wachsen Bäume aus allen tropischen Breiten.

Ein Muss ist der Kakteengarten, der interessanteste Bereich ist allerdings der Jardín Japonés, der Japanische Garten mit künstlichen Wasserfällen und einem Teich mit Pavillon. Der Garten wurde 1989 von der asiatischen Gemeinschaft Kubas gestiftet. Auch den Orchideengarten mit seinen vielfältigen Arten sollte man nicht verpassen.

Kirche Santuario de San Lázaro bei El Rincón

⓭ Santuario Nacional de San Lázaro

Calzada de San Antonio, km 23, El Rincón, Santiago de las Vegas (Havanna). (7) 683 2396. tägl. 7–17 Uhr. Mi, Fr 10 Uhr, So 9 Uhr. Feiertag des hl. Lazarus, 17. Dez.

Diese Kirche ist dem heiligen Lazarus, Schutzpatron der Kranken, geweiht und liegt in dem kleinen Ort El Rincón außerhalb von Santiago de las Vegas neben einem ehemaligen Leprakrankenhaus, das heute eine dermatologische Klinik ist. In der afrokubanischen Religion entspricht Lazarus dem Gott Babalú Ayé. Beide Heilige werden in der volkstümlichen Ikonografie als alte, in Lumpen gekleidete und von Wunden übersäte Männer dargestellt. Die Hautkrankheit des afrikanischen Heiligen soll eine Strafe Olofis, des Vaters aller Götter *(siehe S. 26)*, für dessen ehebrecherische und zügellose Vergangenheit sein.

Am 17. Dezember ist die kleine Kirche Ziel von Tausenden Gläubigen, die zum Teil den Weg von Havanna zur Kirche auf Knien kriechend hinter sich bringen. Vor dem Hochaltar oder vor dem Bild des Lazarus an einem Seitenaltar zünden sie Kerzen an, legen Blumen nieder oder stiften Votivgaben.

Das Wasser aus dem Brunnen rechts des Santuario de San Lázaro soll heilende Kräfte besitzen.

Altar des heiligen Lazarus mit Blumengaben von Gläubigen

Italo Calvino und Kuba

Der Ort Santiago de las Vegas hat nicht nur die Kirche San Lázaro zu bieten, sondern ist auch der Geburtsort des italienischen Schriftstellers Italo Calvino (1923–1985). Sein Vater Mario, ein angesehener Agronom, wurde 1918 zum Direktor der Estación Experimental de Santiago de las Vegas berufen. Diese wissenschaftliche Versuchsanstalt, in der 100 Akademiker und 63 Büroangestellte arbeiteten, umfasste eine Fläche von 50 Hektar. Bei seiner Arbeit in Kuba entwickelte Mario Calvino genetische Verbesserungen beim Zuckerrohr und führte neue Pflanzen ein, z. B. Kürbisse und Salatpflanzen. Außerdem widmete er sich dem Anbau von Tabak, Mais und Sorghum. Seine Frau Eva schrieb Artikel über Emanzipation, die bei kubanischen Frauen Interesse an einer fundierten Ausbildung wecken sollten.

Als die Calvinos nach Italien zurückkehrten, nahmen sie auch Mango-, Avocado-, Flamboyant-, Cherimoya- und Zuckerrohrsamen mit, die sie in San Remo kultivierten. Im Jahr 1964 wurde Italo Calvino, Autor von Werken wie *Wenn ein Reisender in einer Winternacht*, Jurymitglied für den Preis Casa de las Américas *(siehe S. 104)*, weshalb er Kuba besuchte und zu seinem Geburtsort zurückkehrte. Bei dieser Gelegenheit traf er Che Guevara.

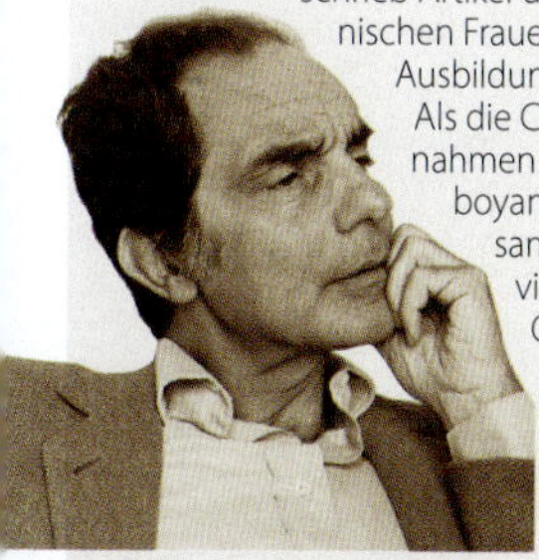

Der Autor Italo Calvino wurde in Kuba geboren

Stadtplan

Der Übersichtsplan auf dieser Seite zeigt die Teile Havannas, die vom Stadtplan abgedeckt werden. Alle Kartenangaben von Havanna beziehen sich auf den folgenden Stadtplan. Adressangaben werden nach dem kubanischen System genannt, sodass sie auch von Einheimischen verstanden werden, falls Sie Hilfe benötigen. Auf den Straßennamen (und evtl. die Hausnummer) folgen entweder »e/« *(entre*, »zwischen«) und die Namen zweier Straßen, zwischen denen die Adresse liegt, oder »esq.« *(esquina*, »Ecke«) und der Name der Straße, die die gesuchte Straße kreuzt. Die Nennung der Querstraße ist wichtig, weil sich viele der Straßen in Havanna über beträchtliche Distanzen erstrecken.

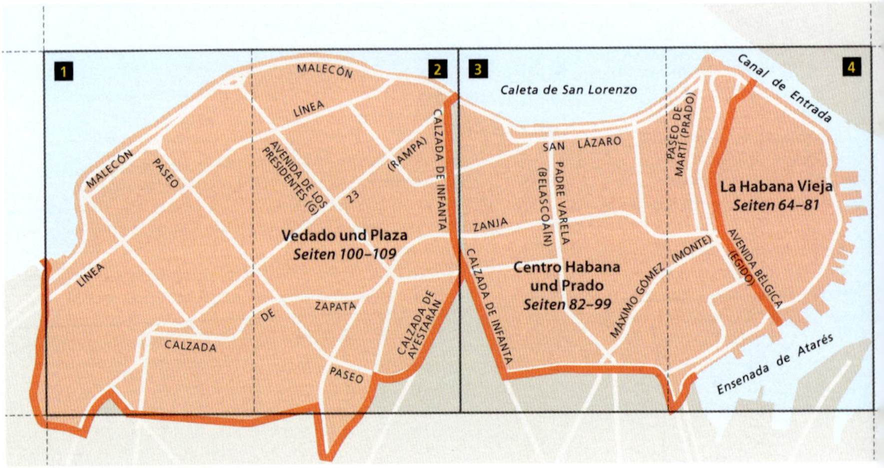

0 Meter 700

Maßstab der Karten

0 Meter 300

Kubanische Straßennamen

Da nach der Revolution Straßennamen geändert wurden, haben viele neben dem offiziellen noch einen inoffiziellen Namen, der meist geläufiger ist. In diesem Fall wird in diesem Buch der »Gebrauchsname« in Klammern hinter dem offiziellen Namen angegeben. In Vedado sind die Straßen in etwa 100 Meter lange Blocks oder *cuadras* unterteilt. Dieses Schachbrettmuster erleichtert die Orientierung. Die Straßen, die parallel zum Ufer laufen, haben ungerade Zahlen, die Querstraßen haben Buchstaben (A bis P) oder gerade Zahlen. Auf den Straßenschildern an Kreuzungen sind in der Regel die entsprechenden Koordinaten angegeben.

Straßenschild in La Habana Vieja

Legende

- Wichtige Sehenswürdigkeit
- Sehenswürdigkeit
- Anderes Gebäude
- Information
- Krankenhaus
- Polizei
- Kirche
- Busbahnhof
- Bahnhof
- Fähre

Kartenregister

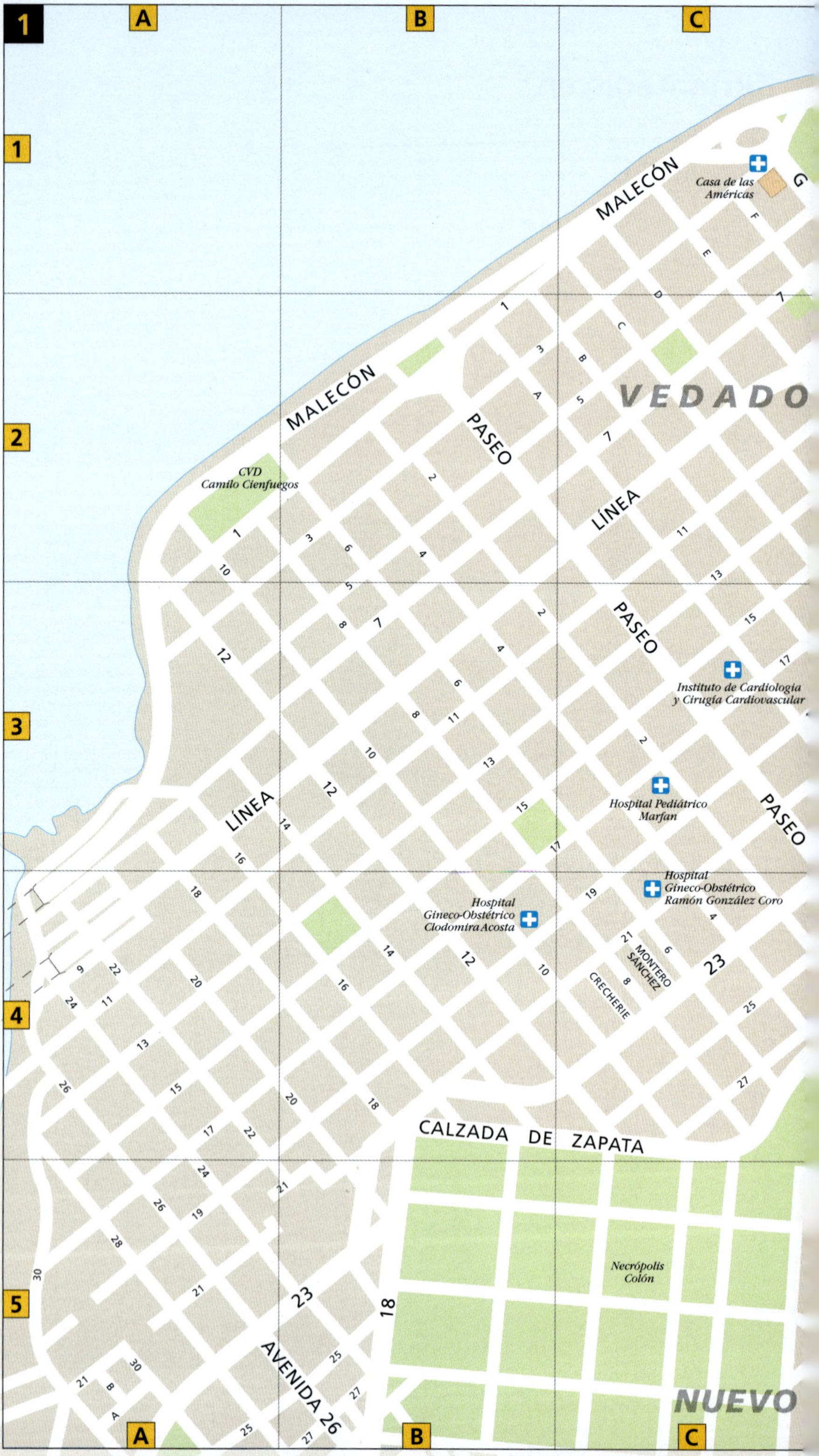
1
MALECÓN
Casa de las Américas
VEDADO
PASEO
LÍNEA
CVD Camilo Cienfuegos
Instituto de Cardiología y Cirugía Cardiovascular
Hospital Pediátrico Marfan
Hospital Gineco-Obstétrico Ramón González Coro
Hospital Gineco-Obstétrico Clodomira Acosta
MONTERO SÁNCHEZ
CRECHERIE
CALZADA DE ZAPATA
Necrópolis Colón
AVENIDA 26
NUEVO

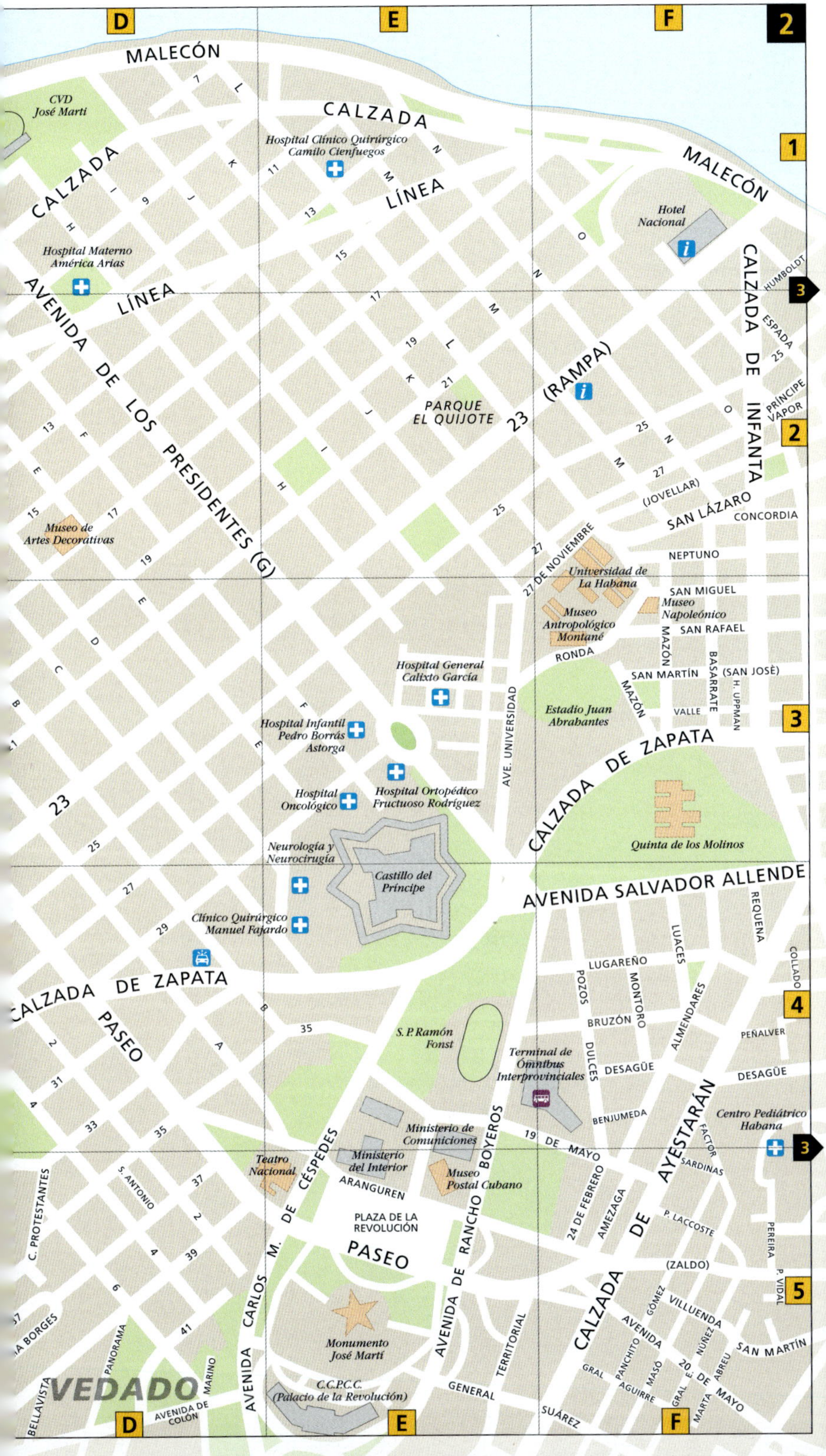
D
E
F
2
1
2
3
4
5
3
3
MALECÓN
CALZADA
CALZADA
LÍNEA
LÍNEA
MALECÓN
CVD
José Martí
Hospital Clínico Quirúrgico
Camilo Cienfuegos
Hotel
Nacional
Hospital Materno
América Arias
AVENIDA DE LOS PRESIDENTES (G)
CALZADA DE INFANTA
HUMBOLDT
ESPADA
PRÍNCIPE
VAPOR
23 (RAMPA)
PARQUE
EL QUIJOTE
(JOVELLAR)
SAN LÁZARO
CONCORDIA
NEPTUNO
SAN MIGUEL
SAN RAFAEL
SAN MARTÍN
(SAN JOSÈ)
VALLE
MAZÓN
BASARRATE
H. UPPMAN
Museo de
Artes Decorativas
27 DE NOVIEMBRE
Universidad de
La Habana
Museo
Napoleónico
Museo
Antropológico
Montané
RONDA
Hospital General
Calixto García
Estadio Juan
Abrabantes
AVE. UNIVERSIDAD
Hospital Infantil
Pedro Borrás
Astorga
Hospital Ortopédico
Fructuoso Rodríguez
Hospital
Oncológico
CALZADA DE ZAPATA
Quinta de los Molinos
Neurología y
Neurocirugía
Castillo del
Príncipe
AVENIDA SALVADOR ALLENDE
REQUENA
Clínico Quirúrgico
Manuel Fajardo
LUACES
LUGAREÑO
POZOS
MONTORO
COLLADO
CALZADA DE ZAPATA
PASEO
BRUZÓN
ALMENDARES
PEÑALVER
S. P. Ramón
Fonst
Terminal de
Ómnibus
Interprovinciales
DULCES
DESAGÜE
DESAGÜE
BENJUMEDA
Centro Pediátrico
Habana
Ministerio de
Comunicaciones
19 DE MAYO
CALZADA DE AYESTARÁN
FACTOR
SARDINAS
Teatro
Nacional
Ministerio
del Interior
Museo
Postal Cubano
AVENIDA DE RANCHO BOYEROS
S. ANTONIO
C. PROTESTANTES
ARANGUREN
24 DE FEBRERO
AMEZAGA
P. LACCOSTE
AVENIDA CARLOS M. DE CÉSPEDES
PLAZA DE LA
REVOLUCIÓN
PASEO
PEREIRA
(ZALDO)
P. VIDAL
GÓMEZ
VILLUENDA
CALZADA
AVENIDA
SAN MARTÍN
Monumento
José Martí
TERRITORIAL
GRAL
PANCHITO
AGUIRRE
MASÓ
NÚÑEZ
ABREU
20 DE MAYO
GRAL. E.
MARTA
BORGES
PANORAMA
MARINO
VEDADO
BELLAVISTA
AVENIDA DE
COLÓN
C.C.P.C.C.
(Palacio de la Revolución)
GENERAL
SUÁREZ

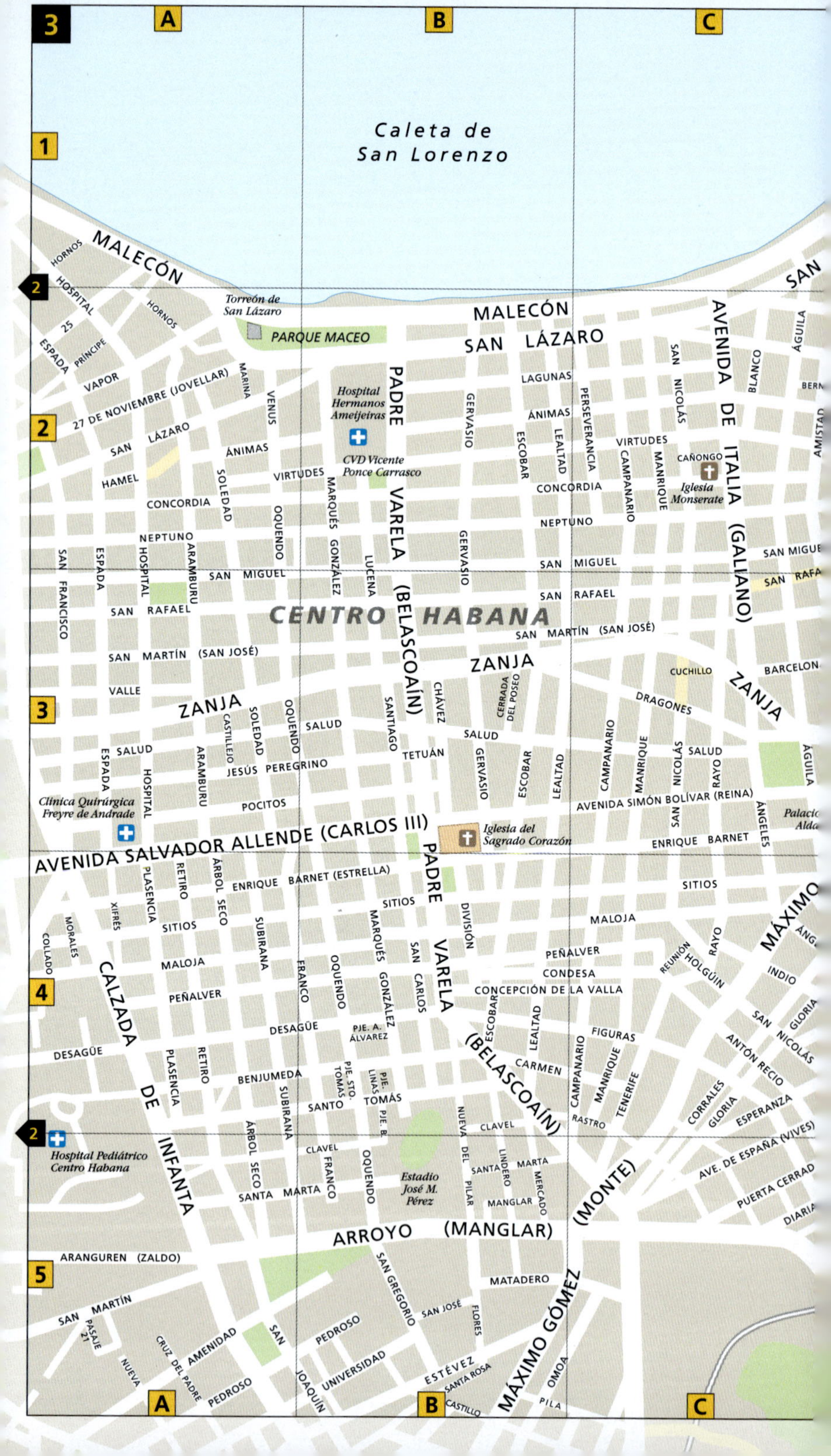
3
A
B
C
1
2
3
4
5
Caleta de San Lorenzo
MALECÓN
Torreón de San Lázaro
PARQUE MACEO
SAN LÁZARO
HORNOS
HOSPITAL
25
ESPADA
PRÍNCIPE
VAPOR
27 DE NOVIEMBRE (JOVELLAR)
MARINA
VENUS
Hospital Hermanos Ameijeiras
CVD Vicente Ponce Carrasco
PADRE VARELA (BELASCOAÍN)
GERVASIO
LAGUNAS
ÁNIMAS
ESCOBAR
LEALTAD
PERSEVERANCIA
VIRTUDES
CAMPANARIO
MANRIQUE
SAN NICOLÁS
CAÑONGO
Iglesia Monserrate
AVENIDA DE ITALIA (GALIANO)
BLANCO
ÁGUILA
AMISTAD
HAMEL
CONCORDIA
SOLEDAD
OQUENDO
MARQUÉS GONZÁLEZ
LUCENA
NEPTUNO
ARAMBURU
SAN MIGUEL
SAN RAFAEL
SAN FRANCISCO
CENTRO HABANA
SAN MARTÍN (SAN JOSÉ)
VALLE
ZANJA
CHÁVEZ
CERRADA DEL POSEO
CUCHILLO
BARCELONA
DRAGONES
CASTILLEJO
SALUD
SANTIAGO
TETUÁN
JESÚS PEREGRINO
POCITOS
RAYO
AVENIDA SIMÓN BOLÍVAR (REINA)
ÁNGELES
Palacio Aldama
Clínica Quirúrgica Freyre de Andrade
Iglesia del Sagrado Corazón
AVENIDA SALVADOR ALLENDE (CARLOS III)
ENRIQUE BARNET (ESTRELLA)
ENRIQUE BARNET
PLASENCIA
RETIRO
ÁRBOL SECO
XIFRÉS
MORALES
COLLADO
SITIOS
SUBIRANA
DIVISIÓN
MALOJA
FRANCO
SAN CARLOS
PEÑALVER
CONDESA
REUNIÓN
HOLGUÍN
MÁXIMO GÓMEZ
INDIO
CONCEPCIÓN DE LA VALLA
CALZADA DE INFANTA
DESAGÜE
PJE. A. ÁLVAREZ
FIGURAS
GLORIA
ANTÓN RECIO
CARMEN
TENERIFE
BENJUMEDA
PJE. STO. TOMÁS
PJE. LINAS
SANTO TOMÁS
PJE. B.
CORRALES
ESPERANZA
RASTRO
CLAVEL
NUEVA DEL PILAR
SANTA MARTA
LINDERO
MERCADO
AVE. DE ESPAÑA (VIVES)
Hospital Pediátrico Centro Habana
Estadio José M. Pérez
MANGLAR
PUERTA CERRADA
DIARIA
(MONTE)
ARROYO (MANGLAR)
ARANGUREN (ZALDO)
SAN GREGORIO
MATADERO
SAN JOSÉ
FLORES
PASAJE 21
CRUZ DEL PADRE
AMENIDAD
SAN JOAQUÍN
PEDROSO
UNIVERSIDAD
NUEVA
ESTÉVEZ
SANTA ROSA
CASTILLO
OMOA
PILA

4
D
E
F
1
2
3
4
5
LA HABANA DEL ESTE
Fortaleza de San Carlos de La Cabaña
CASABLANCA
Carretera de los Cocos
Casablanca
Castillo de San Salvador de la Punta
Canal de Entrada
Avenida del Puerto
Malecón
Lázaro
Paseo de Martí (Prado)
Cárcel
Genios
Morro
Refugio
Colón
Consulado
Trocadero
Industria
Ánimas
Virtudes
Neptuno
Museo Nacional de la Música
Peña Pobre
Tacón
Cuarteles
Chacón
Museo de la Revolución
Zulueta
Avenida de las Misiones (Monserrate)
Iglesia Ángel Custodio
Seminario de San Carlos y San Ambrosio
Castillo de la Real Fuerza
Catedral
Cuba
Tejadillo
Plaza de la Catedral
Mercaderes
La Bodeguita del Medio
Plaza de Armas
N. López
El Templete
Museo Nacional de Bellas Artes
Empedrado
Museo de Arte Colonial
Palacio de los Capitanes Generales
Barillo
Justiz
Progreso
O'Reilly
San Ignacio
Iglesia y Convento de Santa Teresa
Casa de la Obra Pía
Oficios
Baratillo
Obispo
Edificio Bacardí
Compostela
Habana
Aguiar
Obrapía
Casa de África
Hotel Saratoga
Parque Central
Villegas
Aguacate
Lamparilla
Plaza de San Francisco
Iglesia y Convento de San Francisco
Gran Teatro de La Habana
Amargura
Centro Asturiano
Bernaza
Iglesia del Cristo
LA HABANA VIEJA
Plaza Vieja
Churruca
Brasil (Teniente Rey)
Muralla
Museo del Ron
Fundación Havana Club
Sol
Regla
Cristo
Capitolio
Santa Clara
Inquisidor
Dragones
Avenida Bélgica (Egido)
Luz
Porvenir
Convento de Santa Clara
Parque de la Fraternidad
Agramonte
Iglesia y Convento de Belén
Iglesia del Espíritu Santo
(San Pedro)
Gómez (Monte)
Corrales
Cárdenas
Economía
Curazao
Acosta
Jesús
María
Factoría
Aponte
Cienfuegos
Merced
Damas
Iglesia de la Merced
Suárez
Picota
Iglesia S. Francisco de Paula
Gloria
Apodaca
(Someruelos)
Misión
Conde
Bayona
Leonor Pérez (Paula)
Revillagigedo
Arsenal
Casa Natal de José Martí
San Isidro
Estación Central de Ferrocarriles
Ave. del Puerto
Esperanza
Florida
Ave. de España (Vives)
Cerrada
Puerta
Diaria
Águila
Talla Piedra
Bahía de La Habana
Desamparado
Ensenada de Atarés

Unterhaltung

Kubas lebensprühende, vergnügungssüchtige Hauptstadt bietet Unterhaltung für alle Geschmäcker und Altersstufen. Theater, Kinos und Konzertsäle sind das ganze Jahr über geöffnet. Die jährlich stattfindenden Ballett-, Film- und Jazzfestivals sind zum Teil hochkarätig besetzt und ziehen Fans aus aller Welt an. Hier gibt es auch die größten und besten Clubs des Landes, in denen von Salsa und Jazz bis Bolero und Hip-Hop sämtliche Musikstile geboten werden. Die hiesigen Cabarets sind Weltklasse. Getanzt wird bis zum Morgengrauen. Wer es ruhiger mag, besucht die Casas de la Trova oder eine Casa de la Cultura. Die Barszene erlebt derzeit eine Blüte, neben Traditionslokalen aus der Zeit vor der Revolution etablieren sich junge, schicke Locations, die vom politischen Tauwetter profitieren.

Das Orquestra Sinfónica Nacional bei einem Konzert in Havanna

Information

Broschüren mit vielfältigen Informationen erhält man in allen Flughäfen, Hotels und Reisebüros. In der 14-täglich erscheinenden Zeitung *Cartelera* und im stets aktuellen Online-Magazin *Cuba Absolutely* (www.cubaabsolutely.com) sind die Adressen der Clubs und anderer Veranstaltungsorte sowie Details zu den Shows aufgeführt. Die Tageszeitung *Granma* berichtet über Großveranstaltungen, die donnerstags ab 22.05 Uhr auch auf Cubavisión (Kanal 6) gezeigt werden. Radio Taíno (93,3 FM) sendet in Spanisch und Englisch.

Die Underground-Szene tobt sich in der Ecke Calle 23/Calle L (rund ums Cine Yara) mit Spontanpartys und -shows aus. Infos zu allen Casas de la Música findet man unter http://promociones.egrem.co.cu

Tickets

Wer nicht stundenlang an der Abendkasse anstehen will, kann Karten für Großveranstaltungen und Festivals auch im Vorverkauf am Veranstaltungsort selbst sowie über **Paradiso: Promotora de Turismo Cultural** oder in den Touristikagenturen der größeren Hotels erwerben.

In den Hotels bekommt man auch Karten für die Shows im Nachtclub Tropicana und im Cabaret Parisien. Karten für kleinere Veranstaltungen sind jedoch nur an der jeweiligen Abendkasse erhältlich.

Theater

Theater hat in Havanna Tradition, obgleich die kulturelle Vielfalt aufgrund der politischen Verhältnisse stark beschnitten wurde. Das alle zwei Jahre stattfindende Festival Internacional del Teatro bietet sowohl Mainstream als auch Experimentelles. Einige Truppen, wie El Público, haben ihre eigene Spielstätte. Die wichtigsten Theater der Stadt liegen großteils im Bezirk Vedado, und die Aufführungen finden ausschließlich in spanischer Sprache statt.

Im Teatro Nacional de Cuba *(siehe S. 106)* gastieren Ensembles aus aller Welt. Auch im großen **Teatro Karl Marx** treten renommierte Schauspieler auf. Das **Teatro Hubert de Blanck** ist auf zeitgenössische Dramatik spezialisiert, vielfältiger ist das Programm im **Teatro Mella** und im renovierten **Teatro José Martí**. **Teatro Trianón** und **Teatro El Sótano** haben sich dem experimentellen Theater verschrieben. Das **Café Teatro Brecht** zeigt alternative Stücke.

Die kubanische Komödie besteht oft aus Situationskomik. Die besten Spielstätten sind **Casa de la Comedia** (nur am Wochenende) und Café Teatro Brecht.

Klassische Musik und Oper

Die beiden wichtigsten Konzertsäle in der kubanischen Hauptstadt sind das **Teatro Amadeo Roldán**, Heimat des Orquestra Sinfónica Nacional, und das Gran Teatro de La

Die eindrucksvolle Fassade des Gran Teatro de La Habana

Habana *(siehe S. 86f)* mit exzellenter Akustik, in dem unter anderem Opern aufgeführt werden.

Die schöne, für ihre Akustik gerühmte Basílica de San Francisco de Asís *(siehe S. 78)* dient als Aufführungsort für Chor- und Kammermusik. Die Agrupación Anfitriona de Música Antigua ›Ars Longa‹ veranstaltet immer wieder Renaissance- und Barockkonzerte in der **Iglesia de San Francisco de Paula**.

Ballett

Klassischer Tanz ist sehr populär in Kuba, dank des von der Primaballerina Alicia Alonso gegründeten **Ballet Nacional de Cuba**, das das alle zwei Jahre stattfindende Tanzfestival *(siehe S. 40)* organisiert. Auftrittsort ist das Gran Teatro de La Habana *(siehe S. 86f)*. Man sollte allerdings darauf gefasst sein, dass die Musik (in der Regel) vom Band kommt. Auch im **Teatro Mella** finden gelegentlich Aufführungen statt.

La Zorra y el Cuervo – ein beliebter und stets überfüllter Jazz-Keller

Folklore und traditionelle Musik

Traditionelle kubanische Musik deckt eine große Bandbreite an Stilen ab, darunter Rumba, *guaguancó*, *son*, *danzón*, Bolero und *punto guajiro (siehe S. 34f)*.

Zu den besten Darbietungen afroamerikanischer Musik zählen die des **Conjunto Folklórico Nacional**, das jeden Samstag Open-Air-Rumbas veranstaltet und Einheimischen wie Ausländern Tanzunterricht erteilt. Ähnliche Veranstaltungen finden sonntags in der **Asociación Cultural Yoruba de Cuba**

Straßenauftritt einer traditionellen *Son*-Band

und im beliebten **Rumba del Callejón de Hamel** in Centro Habana statt.

Im **Cabaret Nacional** steht donnerstags Rumba auf dem Programm.

Hip-Hop, Rock und Jazz

Hip-Hop ist in Kuba sehr populär. Im August findet in Centro ein Festival statt, mit Live-Auftritten im **La Madriguera** im Botanischen Garten.

Rock- und Pop-Stars treten im Teatro Karl Marx auf. Gerockt und getanzt wird auch im Salón Rosado de la Tropical in Playa. Der **Río Club** war unter dem Namen Johnny Club in den 1970er Jahren der berühmteste Rock-Club Havannas.

Kubas führende Jazz-Musiker sind weltweit bekannt. Die Bühnen des jährlich stattfindenden Jazzfestivals sind über die ganze Stadt verteilt. Zu den besten Clubs zählt **La Zorra y el Cuervo**, eine stets volle, verräucherte Kellerbar. Kubas Spitzenmusiker wie Chucho Valdés treten im geräumigen **Jazz Café** und im **Café Jazz Miramar** auf.

Weitere Bühnen sind **El Sauce** (von Salsa bis Indie-Rock) und die Bar des **Centro Asturiano** (vor allem Folklore). Einer der neuesten Trend-Clubs ist die **Fábrica de Arte Cubano** in Vedado.

Clubs und Discos

Salsa spielt in den Discos und Clubs die Hauptrolle. Havannas heißester Club heißt **Casa de la Música** und ist in Centro Habana wie auch in Miramar vertreten – erst nach Mitternacht geht's hier richtig los. Für die jeden Donnerstag und Sonntag veranstalteten Salsanächte unter freiem Himmel bekannt ist der **1830 Club**, außerdem **La Gruta** in La Rampa. Im **Café Cantante** im Teatro Nacional finden freitagnachmittags preiswerte Salsa-Sessions statt, abends treten Bands auf. Die schickste Salsa-Location ist der **Salón Turquino** ganz oben im Hotel Tryp Habana Libre: Wie in vielen kubanischen Clubs bieten sich Einheimische gegenüber ausländischen Besuchern als potenzielle Partner bzw. Begleiter an – selbstverständlich gegen Übernahme des Eintrittspreises.

Das **Café Concierto Gato Tuerto** ist Heimat des kubanisch-nordamerikanischen Stilmixes *feeling*. Man sollte sich früh einfinden, da der Platz begrenzt ist. Fans des Bolero versammeln sich im **Dos Gardenias**.

Live-Musik in einem der zahlreichen Clubs Havannas

Cabaret

Die kubanischen *cabarets espectáculos* haben Tradition und sind berühmt für ihre mit Pailletten und Federn extravagant – und spärlich – bekleideten Tänzerinnen. Die erstklassigen Musikdarbietungen reichen von Salsa bis hin zu traditionellem Bolero.

Das berühmteste Cabaret ist das Tropicana *(siehe S. 113)* mit mehr als 200 Künstlern – teuer, aber spektakulär, mit grandiosen Choreografien, fantastischen Kostümen und legendären Tänzern. Das **Cabaret Parisien** ist das bedeutendste Hotel-Cabaret, die besten kleineren Shows bieten das **Cabaret Salón Rojo** und das **Cabaret Copa Room**.

Bars

Havannas einst so farbige Barszene ist heute zu einer Erinnerung verblasst, zeigt aber derzeit Anzeichen einer neuen Blüte. Erstklassige Bars findet man in den meisten besseren Hotels (für Ausländer).

Zwei Bars, die schon Ernest Hemingway besuchte, zählen noch heute zu den schillerndsten Havannas. In der **Bodeguita del Medio** *(siehe S. 69)*, berühmt für ihre *mojitos*, treten Liedermacher auf. Daiquirís genießt man im Fin-de-Siècle-Ambiente des **El Floridita** *(siehe S. 76)*. Beliebt sind auch das **Madrigal**, Hanvannas erste Privatbar, die Nachtbar des Tocororo *(siehe S. 272)*, **El Cocinero**, **Espacios** und Fábrica de Arte Cubano.

Ein Barkeeper mixt einen der berühmten Daiquirís des Floridita

Tänzerinnen im Tropicana, Havannas berühmtestem Cabaret

In Vedado mixt die **Bar Vista del Golfo** im Hotel Nacional seit Jahrzehnten Cocktails.

Leckere Cocktails genießt man auch im **La Torre** im Edificio Focsa, dazu gibt es eine tolle Aussicht über die Stadt.

Kino

Das Kino blüht in Havanna. Jedes Jahr im Dezember findet das international bedeutende Festival Internacional del Nuevo Cine Latinoamericano statt. Organisiert wird es vom **Instituto Cubano del Arte e Industria Cinematográficos** (ICAIC), das über die »siebte Kunst« in Kuba *(siehe S. 33)* wacht und auch das **Cine Charles Chaplin** betreibt.

Die meisten großen Kinos liegen im Bezirk Vedado. Das wichtigste ist das **Cine Yara**. Das **Cine Riviera** zeigt vorwiegend Hollywood-Actionfilme, das **Cine La Rampa** kubanische und lateinamerikanische Werke. Am größten ist das Multiplex **Cine Payret** in Habana Vieja. Am Wochenende gibt es Mitternachtsvorführungen.

Kulturzentren

Informationen über die Kultur Kubas bieten Bibliothek, Buchladen und Kunstgalerie der Casa de las Américas *(siehe S. 104)*, die auch Literatur- und Lyrikfestivals organisiert. Hochkarätige Veranstaltungen finden zudem in der (dem kubanischen Schriftsteller gewidmeten) **Fundación Alejo Carpentier** statt sowie in der auf afrokubanische Studien spezialisierten **Fundación Fernando Ortíz**. Die **Asociación Cultural Yoruba** mit Bibliothek, Kunstausstellungen und Vorträgen ist aus Afrika stammenden Religionen gewidmet.

Eines der aktivsten Zentren ist die Schriftsteller- und Künstlergewerkschaft **UNEAC**: Im Bohemientreff El Hurón Azul finden regelmäßig Musik- und Literaturveranstaltungen statt.

Kulturelle Touren

Wochenendangebote sind über Paradiso: Promotora de Turismo Cultural *(siehe Tickets)* buchbar. Der Preis umfasst die Unterkunft in einem Vier-Sterne-Hotel, Mittag- und Abendessen in typisch kubanischen Restaurants, Transport, Führungen, Eintritt in Museen und Theater, Treffen mit kubanischen Künstlern sowie Besuche von Bildungseinrichtungen.

Aché Habana organisiert eine Tour durch Regla und Guanabacoa mit den Schwerpunkten Religion und Kultur. *Dancing the Cuban Style* beinhaltet unter anderem auch Salsa-Unterricht.

Kinder

Obwohl der Staat gut für Kinder sorgt, sind Unterhaltungsangebote für Kids rar. Das Acuario Nacional *(siehe S. 113)* zeigt Delfinshows. Eselsritte bietet der **Parque Luz Caballero** in Habana Vieja, im Parque Lenin *(siehe S. 120)* und im **Parque Metropolitano de La Habana** werden Puppenspiele gezeigt. Kindertheater und Puppenspiel gibt's im **Teatro Guiñol**.

Beliebte Anziehungspunkte für Familien sind außerdem das **Planetario** und das Puppentheater **El Arca**.

Auf einen Blick

Tickets

Paradiso: Promotora de Turismo Cultural
Avenida 5 y Calle 82.
(7) 832 6928.

Theater

Café Teatro Brecht
Calle 13, esq. I. **Stadtplan** 2 D2. (7) 832 9359.

Casa de la Comedia
Calle Jústiz 7, esq. Baratillo. **Stadtplan** 4 F2.
(7) 863 9282.

Teatro Hubert de Blanck
Calzada 657, e/ Calles A y B. **Stadtplan** 1 C2.
(7) 830 1011.

Teatro José Martí
Zulueta, esq. Dragones. **Stadtplan** 3 D3.
(7) 866 7152.

Teatro Karl Marx
Avenida 1ra, e/ 8 y 10.
(7) 203 0801.

Teatro Mella
Línea 657, e/ A y B. **Stadtplan** 1 C2. (7) 830 4987.

Teatro El Sótano
Calle K, e/ 25 y 27. **Stadtplan** 2 E2. (7) 832 0630.

Teatro Trianón
Línea 706, e/ Paseo y A. **Stadtplan** 1 C2.
(7) 830 9648.

Klassische Musik und Oper

Iglesia de San Francisco de Paula
Avenida del Puerto, esq. Leonor Pérez. **Stadtplan** 4 E4. (7) 860 4210.

Teatro Amadeo Roldán
Calzada y D. **Stadtplan** 1 C2. (7) 832 4521.

Ballett

Ballet Nacional de Cuba
Calzada 510, e/ D y E. **Stadtplan** 1 C2.
(7) 835 2945.

Folklore, traditionelle Musik

Asociación Cultural Yoruba de Cuba
Prado 615, e/ Dragones y Monte. **Stadtplan** 4 D3.
(7) 863 5953.

Cabaret Nacional
Calle San Rafael e/ Paseo de Martí. **Stadtplan** 3 A3.
(7) 863 2361.

Conjunto Folklórico Nacional
Calle 4 103, e/ Calzada y 5ta. **Stadtplan** 1 B2.
(7) 830 3939.

Rumba del Callejón de Hamel
Callejón de Hamel, e/ Aramburo y Hospital. **Stadtplan** 3 A2.
(7) 878 1661.

Hip-Hop, Rock und Jazz

Café Jazz Miramar
Avenida 5, esq. 94.
(7) 203 7676.

Centro Asturiano
Prado 309, esq. Virtudes. **Stadtplan** 3 A2.
(7) 864 1447.

Fábrica de Arte Cubano
Calle 26, esq. 11. **Stadtplan** 1 A4. (7) 838 2260.

Jazz Café
Avenida 1ra, esq. Paseo. **Stadtplan** 1 B2.
(7) 838 3556.

La Madriguera
Calle Jesús Peregrino, e/ Infanta y Final. **Stadtplan** 2 F4. (7) 879 8175.

Río Club (Johnny)
Calle A, e/ 3ra y 5ta, Miramar. (7) 209 3389.

Salón Rosado de la Tropical
Avenida 41, esq. 46, Playa.
(7) 203 5322.

El Sauce
Avenida 9 No. 12015, e/ 120 y 130, Playa.
(7) 204 7114.

La Zorra y el Cuervo
Calle 23, e/ N y O. **Stadtplan** 2 F2. (7) 833 2402.

Clubs und Discos

1830 Club
Malecón y Túnel, Vedado.
(7) 838 3090.

Café Cantante
Paseo, esq. 39. **Stadtplan** 3 D5. (7) 878 4275.

Café Concierto Gato Tuerto
Calle O 14, e/ 17 y 19. **Stadtplan** 2 F1.
(7) 838 2629.

Casa de la Música
Galiano, e/ Concordia y Neptuno. (7) 862 4165.
Avenida 35, esq. 20. **Stadtplan** 3 C2.
(7) 204 0447.

Dos Gardenias
Complejo Dos Gardenias, Calle 7 y 26, Playa.

La Gruta
Calle 23, No. 111, esq. O, Vedado. **Stadtplan** 2 F2.

Salón Turquino
Calle L, e/ 23 y 25. **Stadtplan** 2 F2. (7) 834 6100.

Cabaret

Cabaret Copa Room
Paseo y Malecón. **Stadtplan** 1 B2. (7) 836 4051.

Cabaret Parisien
Calle O, esq. 21. **Stadtplan** 2 F1. (7) 836 3663.

Cabaret Salón Rojo
Calle 21, e/ N y O. **Stadtplan** 2 F1. (7) 833 3747.

Bars

Bar Vista del Golfo
Calle O, esq. 21. **Stadtplan** 2 F1. (7) 836 3564.

El Cocinero
Calle 26, esq. 11. **Stadtplan** 1 A4.
(7) 832 2355.

Espacios
Calle 10 No. 513, e/ 5 y 7.
(7) 202 2921.

El Floridita
Obispo, esq. Monserrate. **Stadtplan** 4 D2.
(7) 866 8856.

Madrigal
Calle 17, No. 809 (altos), e/ 2 y 4, Vedado.
(7) 831 2433.

La Torre
Calle M, esq. 17, Vedado.
(7) 832 7306.

Kino

Cine Charles Chaplin
Calle 23 1155, e/ 10 y 12. **Stadtplan** 1 C4.
(7) 831 1101.

Cine Payret
Paseo de Martí 503, esq. San José. **Stadtplan** 4 D3.
(7) 863 3163.

Cine La Rampa
Calle 23 111, e/ N y O. **Stadtplan** 2 F2.
(7) 878 6146.

Cine Riviera
Calles 23, e/ H y G. **Stadtplan** 2 E3. (7) 830 9564.

Cine Yara
Calle 23 y Calle L. **Stadtplan** 2 E2. (7) 832 9430.

ICAIC
Calle 23 1155, e/ 10 y 12. **Stadtplan** 1 C4.
(7) 831 1101.

Kulturzentren

Asociación Cultural Yoruba
Paseo de Martí 615. **Stadtplan** 4 D3.
(7) 863 5953.

Fundación Alejo Carpentier
Empedrado 215. **Stadtplan** 4 E2. (7) 861 3667.

Fundación Fernando Ortíz
Calle 27 160, esq. L. **Stadtplan** 2 F2. (7) 832 4334.

UNEAC
Calle 17 351, esq. H. **Stadtplan** 2 D2.
(7) 832 4551.

Kinder

El Arca
Avenida del Puerto y Obrapía. **Stadtplan** 4 D5.
(7) 864 8953.

Parque Luz Caballero
Avenida del Puerto y Chacón, La Habana Vieja. Avenida 47, Miramar. **Stadtplan** 4 E1.

Parque Metropolitano de La Habana
Avenida 47, Miramar.

Planetario
Plaza Vieja. **Stadtplan** 4 E3.
(7) 864 9165.

Teatro Guiñol
Calle M, e/ 17 y 19. **Stadtplan** 2 E1.
(7) 832 6262.

DIE REGIONEN KUBAS

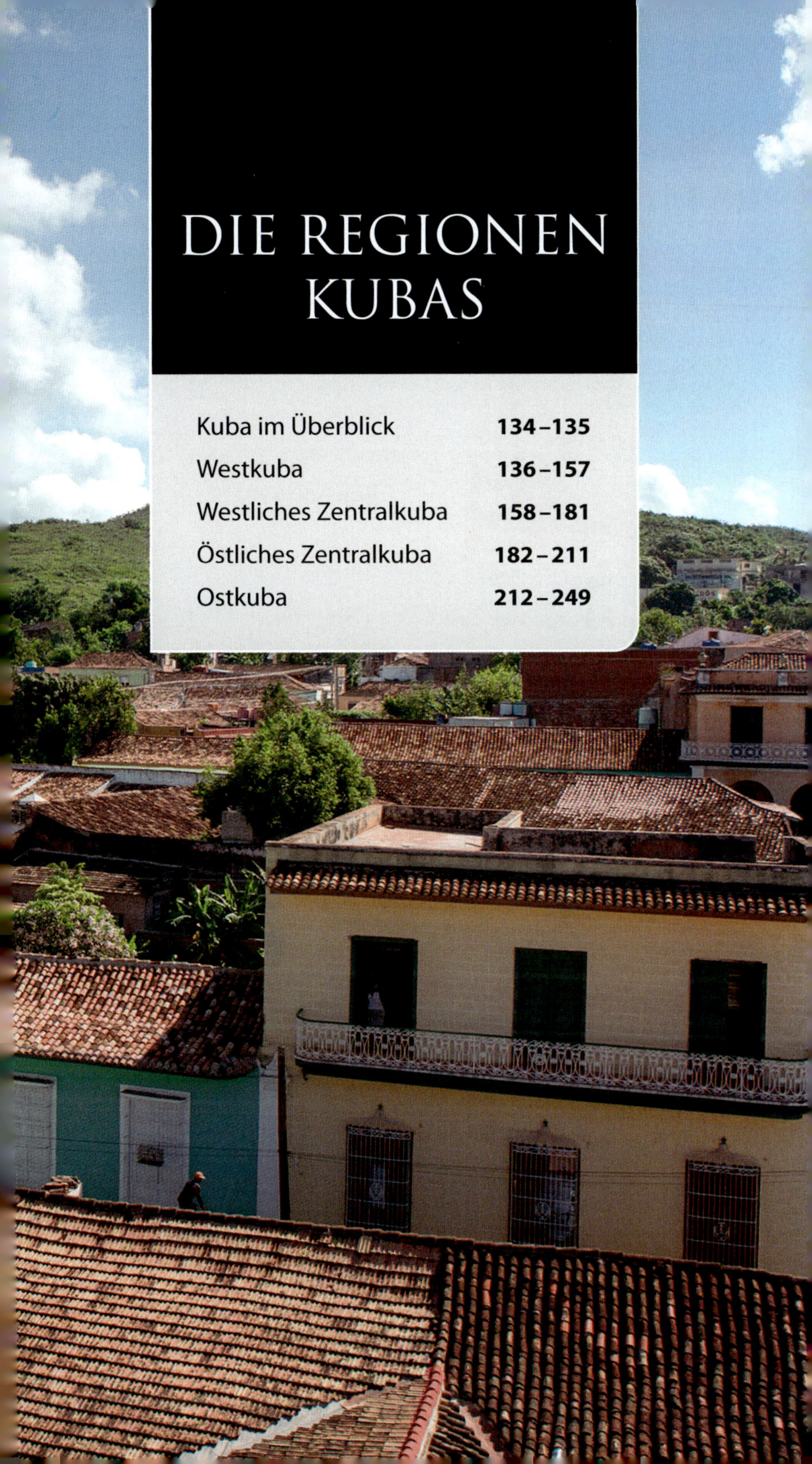

Kuba im Überblick

Die fantastischen Palmenstrände Kubas wie in Varadero und auf dem Cayo Largo sind berühmt, und das zu Recht. Aber auch das Landesinnere hat eine Menge zu bieten, es reicht von Gebirgslandschaften über Marschland bis hin zu Süßwasserlagunen. In den Ortschaften gibt es Interessantes zu entdecken, oft ist die schöne Architektur sehr gut erhalten. Kuba hat im Prinzip zwei Hauptstädte. Havanna ist eine monumentale, maritime, moderne Kolonialstadt mit europäischem Flair. Die zweite, Santiago, verkörpert die karibische Seele Kubas. Dieser Reiseführer unterteilt die Insel in fünf Regionen: Havanna, Westkuba, westliches und östliches Zentralkuba sowie Ostkuba. Die Seiten der einzelnen Regionen sind jeweils mit der hier dargestellten Farbe gekennzeichnet.

Varadero *(siehe S. 166f)* ist bekannt für sein klares Wasser und ein beliebter Urlaubsort mit Sportanlagen und Parks wie dem Parque Josone.

Das Valle de Viñales *(siehe S. 146f)* bietet mit seinen einzigartigen Felsnasen *(mogotes)* und zahlreichen Höhlenformationen spektakuläre Landschaften. Die beeindruckendste Höhle ist die Cueva de Santo Tomás.

Trinidad *(siehe S. 186–194)* ist bekannt für seine erstklassig erhaltene Kolonialarchitektur. Der pastellfarbene Turm der früheren Iglesia de San Francisco ist das Wahrzeichen der Stadt.

Cayo Largo del Sur *(siehe S. 156f)*, eine kleine Insel mit karibischen Traumstränden, ist ein wahres Ferienparadies.

◄ **Alte Kolonialhäuser in der Altstadt von Trinidad *(siehe S. 186–194)***

Cayo Coco ist ein Naturreservat für Flamingos im Archipel Jardines del Rey *(siehe S. 202f)*. Die Küsten sind überwiegend Marschland mit Mangrovensümpfen.

Camagüey *(siehe S. 204–207)* im östlichen Teil Zentralkubas hat zahlreiche gut erhaltene Kolonialbauten, Innenhöfe, schöne Straßen und Plätze wie hier die Plaza San Juan de Dios.

Baracoa *(siehe S. 246f)*, die abgelegene, östlichste Stadt Kubas, weist als einzige noch Spuren der Ureinwohner auf. In der Nähe der Stadt befinden sich Überreste des Regenwalds, der die gesamte Insel bedeckte, als Kolumbus zum ersten Mal in Kuba an Land ging.

Santiago de Cuba *(siehe S. 226–235)* liegt in einer Bucht und ist eine faszinierende Stadt, deren Zentrum um die Catedral de la Asunción angesiedelt ist. Jeden Sommer findet in Santiago der lebhafteste Karneval Kubas statt, an dem alle Einwohner teilnehmen.

Westkuba

Pinar del Río · Isla de la Juventud · Cayo Largo del Sur

Die westlichste Region der kubanischen Hauptinsel ist durch bewirtschaftete Felder und teilweise atemberaubende Landschaften gekennzeichnet. Hauptanziehungspunkt ist das Viñales-Tal, in dem ungewöhnliche Kalkstein-Felsnasen (sogenannte *mogotes*) aus üppigen Tabakfeldern ragen. Vor der Küste laden verstreute kleine Inseln mit weißen Stränden zum Verweilen ein.

Glaubt man den Einwohnern von Santiago, sind die Provinzen Pinar del Río und Artemisa die »friedfertigsten« Teile Kubas. In diesen ländlichen Regionen wohnen weiße Bauern, die sich nie besonders kampfeslustig zeigten, wenngleich Westkuba im späten 19. Jahrhundert Schauplatz mehrerer Schlachten gegen die Spanier war und sich 1958 hier eine revolutionäre Front bildete.

Dieser Teil Kubas wurde im 16. und 17. Jahrhundert von Europäern, vornehmlich von den Kanaren, kolonialisiert. Pinar konzentrierte sich von jeher darauf, den nach eigenen Angaben besten Tabak der Welt herzustellen. Tabakfelder reihen sich entlang den Hängen der Sierra del Rosario und der Sierra de los Órganos, die knapp 600 Meter über dem Meeresspiegel liegen – zu niedrig, um als Berge zu gelten, aber gleichwohl hoch genug, um für atemberaubende Landschaften zu sorgen. Palmen und Kiefern wechseln sich ab, hier und da wachsen Orchideen. Zudem kann man in dieser Gegend hervorragend wandern. Die Sierra del Rosario ist mittlerweile zusammen mit der Halbinsel Guanahacabibes weiter westlich Biosphärenreservat der UNESCO. In beiden Gebieten wird stark auf umweltbewussten Ökotourismus geachtet.

Ganz anders Cayo Largo, eine lang gezogene Insel mit schönen Stränden und zahlreichen Hotels. Sie ist Teil des Archipiélago de los Canarreos im Karibischen Meer, das sich aus 350 *cayos* zusammensetzt. Abgesehen von Cayo Largo und dem geschichtsträchtigen Taucherparadies Isla de la Juventud (Insel der Jugend), sind alle Inseln unbewohnt.

Kilometerlange weiße Strände und wunderbar klares Wasser an der Playa Tortuga, Cayo Largo

◀ Typisches Bauernhaus im Schatten eines *mogote* im Valle de Viñales ***(siehe S. 146f)***

Überblick: Westkuba

Die außergewöhnliche Ruhe und das angenehme Klima von Westkuba eignen sich hervorragend zum Entspannen. Man hat Gelegenheit zum Wandern, Reiten oder Besichtigen der Provinzhauptstadt Pinar del Río. Vor der Nordküste locken Korallenstrände. Etwas mühsamer ist der Weg in das entlegene María La Gorda, das sich mehr und mehr zum Tauchzentrum entwickelt. Die Isla de la Juventud bietet faszinierende Tauchreviere und Höhlenmalereien. Außerdem kann man das Gefängnis besichtigen, in dem Fidel Castro einst inhaftiert war. Die Hotels und *casas particulares* im Valle de Viñales eignen sich gut als Ausgangspunkt für die Erkundung Westkubas.

Blick auf eine Straße in Pinar del Río, der »Stadt der Kapitelle«

Bauern mit ihren typischen Ochsenkarren vor einem *mogote*

Um den Archipel Los Canarreos trifft man auf ganze Schwärme tropischer Fische

In Westkuba unterwegs

Die Autobahn *(autopista)* verbindet Havanna mit Artemisa und Pinar del Río (ca. 2 Std.). Entlang der Nordküste verläuft eine malerischere Nebenstraße. Von Pinar aus führt eine Straße südwestlich nach Guanahacabibes. Von Havanna aus werden Tagestouren angeboten, die Soroa, Pinar und Viñales, nicht aber die Strände einschließen. Viazul-Busse *(siehe S. 303)* fahren von Havanna nach Pinar del Río und Viñales. Auf die Isla de la Juventud und Cayo Largo gelangen Sie am besten mit dem Flugzeug von Havanna aus (40 Min.). Oder Sie fahren mit dem Katamaran ab Batabanó (2 Std.). Organisierte Ausflüge auf die beiden Inseln werden von Havanna und anderen größeren Städten aus angeboten.

Weitere Zeichenerklärungen *siehe hintere Umschlagklappe*

Sehenswürdigkeiten auf einen Blick

1. Soroa
2. Sierra del Rosario
3. Cayo Levisa
4. Parque La Güira
5. Maspotón
6. Vuelta Abajo
7. *Pinar del Río S. 144f*
8. Viñales
9. *Valle de Viñales S. 146f*
10. María La Gorda
11. Guanahacabibes-Reservat
12. *Isla de la Juventud S. 152–155*
13. *Cayo Largo del Sur S. 156f*

❶ Soroa

Candelaria (Artemisa). **Straßenkarte** A2. 🚍 Candelaria. ℹ Hotel Soroa, (48) 523 556.

Die Straße von Havanna nach Soroa führt durch ländliches Gebiet mit Feldern und kleinen Dörfern. Soroa selbst liegt 250 Meter über dem Meeresspiegel mitten im Regenwald. Der Ort wurde nach den baskischen Brüdern Lorenzo und Antonio Soroa Muñagorri benannt, die 1856 mehrere Kaffeeplantagen aufkauften und bald das ganze Gebiet besaßen. Eines der Landgüter, die Finca Angerona, war im 19. Jahrhundert Schauplatz der legendären Liebesgeschichte zwischen dem Deutschfranzosen Cornelius Souchay, der den Hof 1813 errichtete, und der Haitianerin Ursula Lambert. Heute ist Soroa Kleinstadt und Ferienort mit Hotel (Villa Soroa) und vielen Attraktionen. Beliebtestes Fotomotiv ist der **Saltón**, ein spektakulärer Wasserfall am Manantiales. Der Fluss ist von Villa Soroa aus in zehn Minuten zu Fuß erreichbar. Hauptanziehungspunkt ist aber der zum Nationaldenkmal erklärte Orchideengarten **Orquideario** mit einer der größten Orchideensammlungen der Welt: Auf 35 000 Hektar wachsen über 700 Arten, von denen 250 endemisch sind. Der Park, den auch Hemingway gern besuchte, wurde 1943 von dem von den Kanaren stammenden Rechtsanwalt Tomás Felipe Camacho angelegt. Zum Gedenken an seine Tochter, die mit 20 Jahren bei der Geburt ihres Kindes gestorben war, ließ er Orchideen aus aller Welt hierherbringen. Etwas außerhalb liegt das **Castillo de las Nubes**, ein burgähnliches Gebäude, das 1940 für den Landbesitzer Antonio Arturo Sánchez Bustamante erbaut wurde. Das Castillo ist heute ein Restaurant mit Blick über die Sierra del Rosario.

Blume im Orchideengarten von Soroa

Orquideario de Soroa
Carretera de Soroa, km 8. ☎ (48) 523 871. 🕒 tägl. 8.30–16.30 Uhr.

Erfrischendes Bad unter dem Wasserfall bei Soroa

❷ Sierra del Rosario

Artemisa. **Straßenkarte** A2. ℹ Las Terrazas, (48) 578 700.

Das 25 000 Hektar große, beinahe unberührte Stück Kuba wurde von der UNESCO zum Biosphärenreservat erklärt. Durch die dicht bewachsene Sierra del Rosario und ihre Wälder fließt der Fluss San Juan mit kleinen Wasserfällen. Die Fauna ist vielfältig: 90 Vogelarten und viele verschiedene

Die Strände der Nordküste

Von Havanna aus gelangt man alternativ auch über eine kleinere Straße in die Gegend um Pinar. Sie führt entlang der Küste am Fuß der Bergkette Guaniguanico. Die landschaftlich reizvolle Fahrt von der Hauptstadt nach Viñales dauert rund fünf Stunden. Von der Nordküste aus ist es auch möglich, einige der kleinen Inseln des Archipiélago de los Colorados und ihre schönen Strände zu besuchen. Die Einheimischen leben hier hauptsächlich von der Fischerei, doch die Inseln haben mittlerweile den Tourismus als Einnahmequelle entdeckt. Wegen der teilweise rauen See und der etwas dürftigen Infrastruktur kommen eher Wassersportler als reine Strandurlauber her.

Cayo Jutías ist noch weitgehend unberührt und wird mehr von Kubanern als von Urlaubern besucht. Die Insel ist eine Oase der Ruhe mit weißem Sand und Lebensraum für zahlreiche Vogelarten.

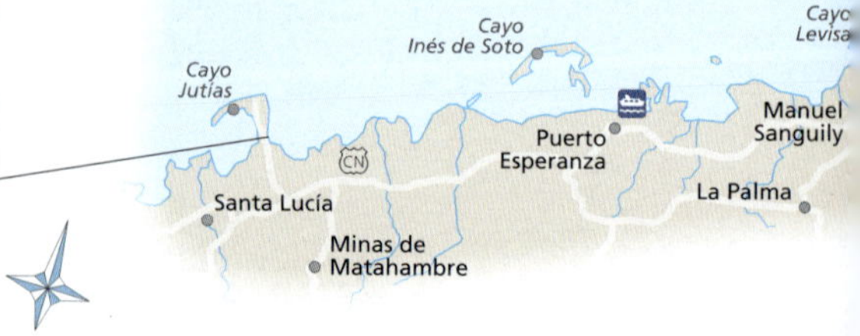

Rund drei Kilometer von Santa Lucía mit seinen Hotels und Verkehrsverbindungen entfernt führt ein Damm vom Festland auf den Cayo Jutías.

0 Kilometer 15

Reptilien und Amphibien sind hier zu Hause. Es gibt wunderschöne, von Blumen gesäumte Wanderwege. (Die nötige Wandererlaubnis erhält man im Büro des Schutzgebietes.)

Die meisten Bauern in der Sierra leben in Kommunen, die 1968 im Zug eines Regierungsprogramms gebildet wurden. Am bekanntesten ist **Las Terrazas**, deren Name von den kiefernbewachsenen Terrassen abgeleitet wird, die typisch für die Gegend sind. Die etwa 1000 Einwohner leben überwiegend von der Holzwirtschaft und vom Ökotourismus, der seit dem Bau des Hotels Moka *(siehe S. 258)* zugenommen hat. Das Hotel ist ein guter Ausgangspunkt für Wanderungen in dem Reservat, die alle einfach zu bewältigen sind und nicht länger als zwei Stunden dauern. Interessant ist auch die restaurierte französische Kaffeeplantage von Buena Vista (19. Jh.) mit Restaurant.

Zum Beobachten der reichen Vogelwelt wandern Sie am besten den Fluss San Juan entlang bis zur Cañada del Infierno, einem schattigen Teich, an dem einheimische Vögel wie etwa der *Zunzún*-Kolibri, der *tocororo* und die *cartacuba (siehe S. 24f)* leben.

Gut zugänglicher Kiefernwald bei Las Terrazas

Künstlicher Teich im Herzen der bäuerlichen Kommune Las Terrazas

❸ Cayo Levisa

Pinar del Río. **Straßenkarte** A2. von Palma Rubia (1 Std.), Abfahrt 9, 10 Uhr, Rückfahrt 17, 18 Uhr. **Ausflüge von Pinar del Río** Havanatur, Calle Osmani Arenado, esq. Martí, (48) 778 494.

Die kleine Insel mit ihren weißen Sandstränden, dem vorgelagerten Korallenriff und den Mangroven hat sich bei Urlaubern zum absoluten Favoriten des Archipels Los Colorados entwickelt. Hier ist der einzige Cayo mit guten Tauchmöglichkeiten. Die Insel ist Lebensraum vieler Vogelarten und Fische, insbesondere des Marlins (Fächerfisch).

Cayo Levisa, die bekannteste Insel des Archipels, besteht aus einem einfachen Touristenort, drei Kilometer herrlichem Strand und einem Korallenriff mit guten Tauchmöglichkeiten.

Cayo Paraíso, das »Paradies«, war Schauplatz für Hemingways *Inseln im Strom*.

Marina Hemingway, 20 Kilometer vom Zentrum Havannas entfernt, ist ein berühmter Urlaubsort, der bekannt ist für seinen jährlichen Marlin-Angelwettbewerb zu Ehren von Ernest Hemingway mit Teilnehmern aus aller Welt.

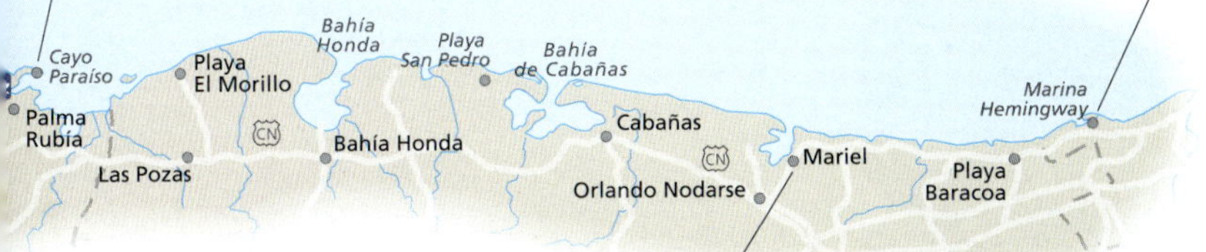

Mariel ist die Stelle, von der aus die *marielitos* 1980 auf selbst gebauten Booten nach Florida flohen *(siehe S. 57)*, und heute ein großer Containerhafen.

❹ Parque La Güira

San Diego de Los Baños (Pinar del Río). **Straßenkarte** A2. 3000. Cueva de los Portales. tägl.

Don Manuel Cortina (1880–1970), der Kuba 1959 verlassen musste, war einer der Ersten, die nach Castros Revolution enteignet wurden. In seinem ehemaligen Landsitz findet man noch heute einen großen Park mit den Ruinen eines mittelalterlich anmutenden Wohnhauses und mit einem englischen Garten, in dem ein kleiner chinesischer Tempel mit mythologischen Figuren wie Sphinxen und Satyrn steht.

Etwa fünf Kilometer östlich des Güira-Parks liegt **San Diego de los Baños**, ein ruhiges Dorf an den Hängen der Sierra de los Quemados, das sich seine koloniale Atmosphäre bewahrt hat. Es ist von jeher ein großes Urlauber- und Therapiezentrum. Seine Schwefelquellen sind gut gegen Rheuma und Hautkrankheiten. Das Wasser kann auch von einer Quelle auf einem Hügel gleich vor dem Ort bezogen werden.

Die im 19. Jahrhundert entdeckte Höhle **Cueva de los Portales** gehörte gleichfalls zum Besitz von Don Manuel Cortina und wurde 1987 als Monumento Nacional de los Cubanos ausgewiesen. Sie wurde im frühen 16. Jahrhundert von Ureinwohnern als Versteck vor den Massakern der Spanier genutzt. Während der Kubakrise diente sie Che Guevara als Hauptquartier. Einige seiner persönlichen Gegenstände und Andenken sind hier ausgestellt.

Eingang zur Cueva de los Portales

Der Parque La Güira ist voller hübscher Gärten

❺ Maspotón

Los Palacios (Pinar del Río). **Straßenkarte** A3. Ecotur, (48) 796 120.

Unter den vielen Jagdrevieren Kubas ist Maspotón mit seinen drei Lagunen und 61 Unterständen das bekannteste. Neben den endemischen Vögeln gibt es hier auch viele Zugvögel, die vor der Kälte Nordamerikas fliehen, Wildvögel sowie Enten, Schnepfen, Fasane und wilde Perlhühner.

Jagen und Fischen in Maspotón unterliegen festen Regeln. Jagdsaison ist von Oktober bis März. Jäger dürfen pro Streifzug maximal 40 Vögel schießen. Jeder Tag schließt zwei Streifzüge ein. Das Jagdhaus verleiht alles, was man für eine Jagd auf dem Pferd benötigt, und stellt zudem Führer.

Nach Maspotón gelangt man von Pinar del Río aus über eine unbefestigte Straße (25 Kilometer).

Ecotur bietet ein weiteres Jagdgebiet mit noch besseren Bedingungen in Punta de Palma an. Jäger können im bequemen Rancho La Guabina übernachten, das nur rund zehn Kilometer von Punta del Río entfernt liegt.

❻ Vuelta Abajo

Pinar del Río. **Straßenkarte** A3.

In dem Gebiet zwischen Pinar del Río, San Juan y Martínez und San Luis wächst hochwertiger Tabak, was mit verschiedenen Faktoren zusammenhängt. Die Sierra del Rosario schützt die Pflanzen vor starken Regenfällen. Die rote Erde, in der die Tabakpflanzen gedeihen, wird gut entwässert und ist stickstoffhaltig – beste Bedingungen also. Nachdem die einstigen Landbesitzer Kuba 1959 verlassen hatten, versuchten sie vergeblich, in Nicaragua, Honduras, Santo Domingo und den USA dasselbe Ergebnis zu erzielen.

Banderole von Hoyo de Monterrey

Auf dem Weg nach San Juan y Martínez kann man die Hoyo-de-Monterrey-Plantagen besichtigen. Hier werden die Pflanzen mit Tüchern vor der Sonne geschützt, um die Tabakblätter weich zu halten. Auch sieht man *ranchos*, Lagerschuppen ohne Fenster, in denen die Blätter getrocknet werden.

Hotels und Restaurants in Westkuba *siehe Seiten 258f und 272f*

Kubanischer Tabak

Die Tabakpflanze *(Nicotiana tabacum)* hat kleine, runde goldene Samen. Die hochwertigen kubanischen Samen sind weltweit gefragt. Die Pflanze erreicht ihre volle Reife November bis Februar. Wie die Zigarrenherstellung *(siehe S. 36f)* basiert auch der Tabakanbau auf langer Überlieferung. Tabakpflanzen benötigen sorgsame Pflege. Es gibt zwei Arten: Die *Corojos* werden in Gewächshäusern angebaut. Sie haben die besten Blätter und werden als Deckblätter der Zigarren verwendet. Die *Criollos* wachsen im Freien und liefern die restlichen Blätter.

***Criollo*-Blätter** werden in drei Kategorien eingeteilt: *ligero*, *seco* und *volado*. Erstere sind die besten, aromatischsten. Sie absorbieren am meisten Sonne und werden erst geerntet, wenn sie ganz reif sind.

Treibhausanbau ist eine Form der experimentellen Hydrokultur, bei der die Samen im Vergleich zum herkömmlichen Anbau zehn Tage früher keimen.

Tabakernte

Die Tabakernte ist ein heikles und aufwendiges Unterfangen. Die Blätter werden zu Bündeln geschnürt, auf Stangen gehängt und dann in Trockenschuppen transportiert. Die Ernte der Corojo-Pflanze durchläuft diverse Stadien in Intervallen von mehreren Tagen.

Das Trocknen dauert 45–60 Tage. Die Blätter hängen an Stangen in *casas del tabaco* (Lagerschuppen) und wechseln langsam die Farbe von Hellgrün zu Braun.

Die Befeuchtung ist ein wichtiger Vorgang nach dem Trocknen, damit die Blätter nicht spröde werden und austrocknen. Danach werden die Blätterbündel zum Abtropfen aufgehängt.

Mit der Einführung des Tabakmonopols im Jahr 1717 zwangen die Kolonialbehörden die Bauern, ihren Tabak nach Spanien zu verkaufen. Obwohl die kubanische Regierung privaten Tabakbauern heute sieben Hektar Land zugesteht, ist der Staat noch immer alleiniger Zigarrenhersteller und -händler.

❼ Pinar del Río

Straßenkarte A3. 195 000. Infotur, Hotel Vueltabajo, Calle Martí 103, (48) 728 616; Cubanacán, Calle Martí 109, esq. Colón, (48) 750 178. von Havanna.

Bei der Gründung der kubanischen Provinzen wurde der Ort Nueva Filipina in Pinar umbenannt, da in der unmittelbaren Umgebung an den Ufern des Guamá Pinien wuchsen. Ganz in der Nähe führte General Antonio Maceo 1896/97 mehrere Schlachten an, die entscheidend für den Sieg der Kubaner im dritten Befreiungskrieg waren.

Zwar gibt es hier heute keine Pinien mehr, doch die saubere Luft und das koloniale Flair von Pinar del Río sind geblieben. Der Ort war lange Zeit Zentrum für den Anbau und die industrielle Herstellung von Tabak. An historischen Bauten fallen in dieser kleinen, ruhigen Stadt die zahlreichen Säulen auf, ob korinthisch oder ionisch, einfach oder verziert. Nicht umsonst ist Pinar del Río als »Stadt der Kapitelle« bekannt.

Verziertes Kapitell

Die bedeutendsten Bauwerke stehen in den Arkaden der Hauptstraße Calle Martí (oder Real). Im Laden der Kulturstiftung an der Ecke zur Calle Rosario werden einheimisches Kunsthandwerk und Kunstrepliken verkauft. Am Abend finden in der **Casa de la Cultura** (Haus-Nr. 125) Vorstellungen und Konzerte mit traditioneller Musik wie *punto guajiro* (*guajiro* ist das kubanische Wort für *Bauer*) statt, was sich vom Spanischen ableitet und eine Art Improvisationstanz ist. In der Calle Colón (Haus-Nr. 172, 174 und 176) stehen drei ungewöhnliche, von Rogelio Pérez Cubillas entworfene Gebäude.

Eines der drei Häuser im Kirchenstil in der Calle Colón

Palacio Guasch

Calle Martí 202, esq. Comandante Pinares.
Museum (48) 753 087. Mo–Sa 9–18, So 9–13 Uhr. 1. Jan, 1. Mai, 26. Juli, 10. Okt, 25. Dez.

Das extravagante Gebäude verbindet maurische Bogen, gotische Türme und barocke Elemente. Erbaut wurde es 1909 im Auftrag eines weit gereisten Physikers, der in seinem Wohnsitz die Architekturstile, die ihn am meisten beeindruckten, vereinen wollte. 1979 wurde das Haus in ein Museo de Ciencias Naturales (naturwissenschaftliches Museum) umgewandelt und nach Tranquilino Sandalio de Nodas benannt, einem bekannten Landvermesser der Region. Das Museum illustriert die na-

Zentrum von Pinar del Río

① Palacio de Guasch (Museo de Ciencias Naturales)
② Museo Provincial de Historia
③ Teatro Milanés
④ Fábrica de Guayabita Casa Garay
⑤ Catedral de San Rosendro
⑥ Fábrica de Tabacos Francisco Donatién

0 Meter 400

Zeichenerklärung
siehe hintere Umschlagklappe

Hotels und Restaurants in Westkuba *siehe Seiten 258f und 272f*

Ausgefallene Fassade des Palacio de Guasch in Pinar del Río

turwissenschaftliche und geologische Geschichte von Pinar. Gezeigt werden präparierte Vögel, Schmetterlinge und andere Tiere (u.a. der Kolibri *zunzún* und ein über vier Meter langes Krokodil) sowie seltene Pflanzen. Im Innenhof stehen Skulpturen prähistorischer Tiere.

Museo Provincial de Historia

Calle Martí 58 e/ Colón y Isabel Rubio. (48) 754 300. Mo 12–16.30, Di–Sa 8.30–22, So 9–13 Uhr. 1. Jan, 1. Mai, 26. Juli, 10. Okt, 25. Dez.

Das Museum zeigt die Geschichte der Provinz von der präkolumbischen Zeit bis heute, u.a. eine Waffensammlung aus dem 19. Jahrhundert, Kolonialmöbel oder Gemälde einheimischer Künstler, so auch eine Landschaft von Domingo Ramos und Andenken an den Musiker Enrique Jorrín, Vater des Cha-Cha-Cha.

Teatro Milanés

Calle Martí y Colón. (48) 753 871.

Das Theater, ein klassizistisches Juwel und der Stolz der Stadt, ist nach dem romantischen Lyriker José Jacinto Milanés benannt. Das ursprüngliche Theater Lope de Vega, das 1845 eröffnet wurde, kaufte 1880 Félix del Pino Díaz auf, der es grundlegend renovierte und dem Teatro Sauto in Matanzas *(siehe S. 162)* nachempfand. 1898 wurde es in Teatro Milanés umbenannt.

Der einfache, aber funktionale Bau hat einen rechteckigen Grundriss, eine gerade Fassade und einen Portikus mit hohen Säulen. Der opulente, dreistöckige, u-förmige Zuschauersaal bietet etwa 500 Besuchern Platz.

Fábrica de Guayabita Casa Garay

Calle Isabel Rubio 189, e/ Ceferino Fernández y Frank País. (48) 752 966. Mo–Sa 8–16.30, So 8–12.30 Uhr. 1. Jan, 1. Mai, 26. Juli, 10. Okt, 25. Dez.

Die Casa Garay stellt seit 1892 nach einem alten Rezept den Likör Guayabita del Pinar her. Dabei wird Brandy vom Zucker der *guayaba* (Guave) destilliert, die in dieser Gegend wächst.

Am Ende der Besichtigung kann der Besucher die süßen und trockenen Arten dieses beliebten Getränks probieren.

Fábrica de Tabacos Francisco Donatién

Antonio Maceo 157. (48) 773 069. Mo–Fr 9–16 Uhr. 1. Jan, 1. Mai, 26. Juli, 10. Okt, 25. Dez.

In der kleinen Zigarrenfabrik in einem ehemaligen Gefängnis aus dem 19. Jahrhundert, in der auch *torcedores*, Zigarrenroller, ausgebildet werden, können Sie zusehen, wie etwa 70 Arbeiter Trinidad-Zigarren herstellen. Für diese und andere Zigarren gibt es auch ein Ladengeschäft.

8 Viñales

Pinar del Río. **Straßenkarte** A3. 27 000.

Der Name Viñales leitet sich von einem Weinberg ab, der von einem Siedler von den Kanarischen Inseln hier angepflanzt wurde.

Der 1607 gegründete Ort, der von jeher auf Landwirtschaft ausgerichtet war, steht als Beispiel einer vorbildlich erhaltenen Kolonialsiedlung unter staatlichem Schutz. Die Hauptstraße, die nach Salvador Cisneros Betancourt, einem Patrioten des 19. Jahrhunderts und einem der Unterzeichner der Verfassung von 1869, benannt ist, zieren viele Kolonialhäuser mit ihren charakteristischen Arkaden.

Auf dem Hauptplatz, dem **Parque Martí**, stehen die Iglesia del Sagrado Corazón de Jesús (1888) und die ehemalige Colonia Española (diplomatische Zentrale des spanischen Adels). In Letzterer ist heute die Casa de la Cultura untergebracht.

Die **Casa de Don Tomás** wurde 1887/88 für einen Reedereivertreter nach einem Entwurf des spanischen Architekten Roger Reville erbaut.

Lohnenswert ist auch die Teilname an einer Führung durch den **Botanischen Garten** mit seinen vielen Obstbäumen.

Casa de Don Tomás

Salvador Cisnero, e/ Adela Azcuz y Carratera a Pinar del Río. (48) 796 300.

Die Hauptstraße von Viñales säumen einstöckige Gebäude mit Portikus

❾ Valle de Viñales

Einzigartige Landschaften prägen das Bild des Viñales-Tals. Die charakteristischen *mogotes*, gigantische Kalkformationen, die an Zuckerhüte erinnern, wachen über Korn- und Tabakfelder, rote Erde, majestätische Königspalmen und Bauernhäuser mit Dächern aus Palmblättern. Die Legende besagt, dass sich einst spanische Segler der Küste näherten. Die *mogotes*, die sie durch den Nebel nur unscharf erkennen konnten, erinnerten sie an Kirchenorgeln. Daher trägt die Hügelkette dieser Gegend den Namen Sierra de los Órganos *(órgano* ist das spanische Wort für Orgel).

Eine *casa de tabaco* vor einem *mogote*

Mural de la Prehistoria
Der kubanische Maler Leovigildo González, Schüler des mexikanischen Künstlers Diego Rivera, malte 1959–62 auf die Felswand eines *mogote* die Evolutionsgeschichte von den Ammoniten bis zum *Homo sapiens* und nutzte dabei Felsspalten für Licht- und Farbeffekte. Alle zwei bis drei Jahre werden die Farben erneuert.

Legende
- △ Gipfel
- Befestigte Straße
- Pfad
- Fluss
- Unterirdischer Fluss

Gran Caverna de Santo Tomás
Dies ist das größte Höhlensystem Lateinamerikas. Die Gran Caverna mit ihren 46 Kilometer Stollen und auf bis zu acht Ebenen miteinander verbundenen Grotten ist ein Eldorado für Höhlenforscher. Im 19. Jahrhundert feierten die Bauern in der Cueva del Salón gelegentlich Feste.

Hotels und Restaurants in Westkuba *siehe Seiten 258f und 272f*

Cueva del Indio
Diese 1920 entdeckte Höhle liegt im Valle de San Vicente. Die Führung erfolgt anfangs zu Fuß durch beleuchtete Tunnel und anschließend rund einen halben Kilometer per Motorboot auf dem unterirdischen Río San Vicente.

Infobox

Information
Viñales (Pinar del Río).
Straßenkarte A3. 27 000.
Cubanacán Viajes, Salvador Cisneros 63b, Plaza Viñales, (48) 796 393; Infotur, Salvador Cisneros 63b, (48) 796 263.
Ausflüge, Höhlenbesichtigungen Centro de Visitantes, Carretera a Viñales, (48) 793 157.

Anfahrt
Salvador Cisneros 63, (48) 793 195; Verbindungen nach Havanna, Cienfuegos, Pinar del Río, Trinidad und Varadero.

Palenque de los Cimarrones
Tief in der Cueva de San Miguel liegt eine spektakuläre Höhle, die einst entflohenen afrikanischen Sklaven *(cimarrones)* als Versteck diente. Heute befinden sich dort ein kleines Museum und ein nettes Restaurant.

Struktur eines Mogote

Die *mogotes* zählen zu den ältesten Felsen Kubas und sind Überreste eines ehemaligen Kalksteinplateaus. Im Lauf von Millionen von Jahren höhlten unterirdische Wasserwege den Kalkstein aus. Dabei entstanden große Höhlen, deren Decken später einstürzten. Nur die harten Kalksteinsäulen, die heutigen *mogotes*, blieben stehen. *Mogotes* haben meist eine dünne Erdschicht, doch in der Sierra de los Órganos sind sie dicht bewachsen. Einige endemische Pflanzen haben sich an die Bedingungen angepasst, etwa die Bergpalme *Bombacopsis cubensis* und die seltene Korkpalme *Microcycas calocoma*.

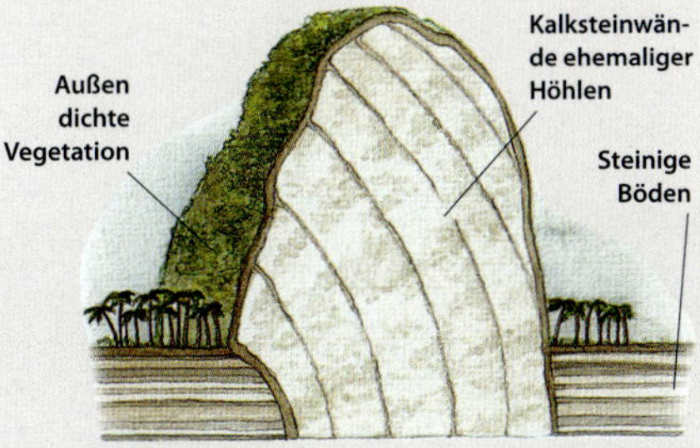

Außerdem

① **Die Sierrita de San Vicente** ist berühmt für ihre heißen Quellen.

② **Viñales** ist mit seiner kolonialen Atmosphäre *(siehe S. 145)* eine sympathische Kleinstadt.

Vom Steg in María La Gorda bringen Boote Urlauber zu den Tauchrevieren

⑩ María La Gorda

Pinar del Río. Hotel María La Gorda Diving Centre, La Bajada, (48) 778 131, 778 077.

Der bekannteste Badeort des Südwestens verdankt seinen Namen einer traurigen Sage, derzufolge einst ein molliges *(gorda)* Mädchen namens María von Piraten verschleppt und dann hier zurückgelassen wurde. Um überleben zu können, war sie gezwungen, sich für die vorbeifahrenden Seeräuber zu prostituieren. Der Ort trägt noch heute ihren Namen.

Die außergewöhnliche Schönheit der Korallenriffe, die Meeresschildkröten, Riffhaie und seltenen Fischen Lebensraum bieten, macht diesen acht Kilometer langen Küstenstreifen mit weißem Sand und klarem Wasser zu einem tropischen Aquarium. Die Riffe liegen nahe am Ufer und sind gut erreichbar. Schon beim Schnorcheln sieht man Korallen und Fische.

Vom Steg gegenüber des Tauchcenters fährt ein Boot Taucher zweimal täglich zu den Tauchrevieren. Besonders interessant: das Tal der Schwarzen Korallen, eine über 100 Meter lange Korallenwand, und der Salón de María, eine 18 Meter tiefe Meereshöhle, in der seltene Fischarten leben.

Im Reservat sieht man auch die Papageienart *cotorra*

Cabo Corrientes am südlichen Ende des Guanahacabibes-Reservats

⑪ Guanahacabibes-Reservat

Pinar del Río. Estación Ecológica, La Bajada, (48) 750 366.

Die Halbinsel Guanahacabibes, benannt nach einem präkolumbischen Stamm, ist ein 100 Kilometer langer und bis 34 Kilometer breiter Landstrich.

Im Jahr 1985 erklärte ihn die UNESCO zum Biosphärenreservat, um Flora und Fauna zu schützen. Daher besteht nur ein beschränkter Zugang zum Innenbereich in der Nähe von La Bajada. Genehmigungen erteilen die Parkranger an der Station La Bajada. Der Park kann dann mit einem einheimischen Führer zu Fuß oder mit Fahrzeugen besichtigt werden.

Der Mischwald umfasst rund 600 Pflanzenarten und viele Tiere, darunter Hirsche, Rehe, Wildschweine, Reptilien und *jutías*, Nagetiere, die in Bäumen leben und dem Opossum ähneln. An Vögeln sieht man Spechte, Papageien, Kolibris, *cartacubas* sowie *tocororos* *(siehe S. 24)*.

Cabo San Antonio, die Westspitze Kubas, erkennt man am 34 Meter hohen Roncalli-Leuchtturm, der im Jahr 1849 von dem gleichnamigen spanischen Gouverneur erbaut wurde.

◀ Tabakernte im Valle de Viñales *(siehe S. 146f)*

Tauchen im Karibischen Meer

Die Korallenriffe des Karibischen Meeres zählen zu den schönsten überhaupt. Die Formationen liegen in maximal 15 Metern Tiefe bei einer mittleren Wassertemperatur von 23 °C (Tiefsttemperatur 18 °C). Die faszinierendsten Tauchgebiete liegen bei María La Gorda, dem Archipiélago de los Canarreos, der Playa Santa Lucía und den Jardines de la Reina. Professionelle Tauchschulen *(centros de buceo)* bieten Ausflüge zu den Riffen an. Tauchsafaris gibt es in den Jardines de la Reina und vor der Isla de la Juventud. In manchen Gebieten sieht man auch schon beim Schnorcheln die bunte Vielfalt tropischer Fische und Korallen *(siehe S. 285)*.

Die Federgorgonie verdankt ihren Namen ihrer Ähnlichkeit mit einer Feder.

Weichkorallen entstehen aus einem Evolutionsprozess, in dem das harte Skelett eine elastische Struktur annimmt.

Der Barsch mit seiner unverwechselbaren Färbung zählt zusammen mit dem Königinnen-Drückerfisch und dem *Pomacanthus paru* (Französischer Kaiserfisch) zu den verbreitetsten Fischen der Karibik. Weitverbreitet sind auch der silberne Tarpon und der Barrakuda mit seinen scharfen Zähnen. Haie sind eher selten.

Schwamm

Der Palettendoktor ist bei Geburt hellgelb und wird später blau.

Koralle

Meeresboden

Korallenriffe sind ein komplexes Ökosystem. Am Meeresgrund des Karibischen Meeres gibt es unzählige Korallenarten, Meeresschwämme und Gorgonien sowie tropische Fische, Meeresschildkröten und Schalentiere.

Die **Hirnkoralle** ist eine der zahlreichen Korallen in der Karibik. Dazu zählen auch die Schwarze Koralle, die stabähnliche Drahtkoralle und die flache Elchgeweihkoralle.

Röhrenschwämme sind unterschiedlich groß und werden maximal zwei Meter hoch. Wenn man sie zusammendrückt oder darauftritt, sondern sie einen violetten Farbstoff ab, der tagelang Flecken auf der Haut hinterlässt.

Fächergorgonien *(Gorgonia ventalina)* sind in der Karibik weitverbreitet. So kann man auch erstaunlich große Exemplare entdecken.

⓬ Isla de la Juventud

Alexander von Humboldt *(siehe S. 189)* nannte sie eine verlassene Insel, Robert Louis Stevenson war sie Vorbild für *Die Schatzinsel*, der Diktator Batista wollte sie zu einem Paradies für reiche Amerikaner machen, Fidel Castro bevölkerte sie mit jungen Leuten und änderte ihren Namen in Isla de la Juventud (Insel der Jugend). Mit 2200 Quadratkilometern Fläche und 86 000 Einwohnern ist sie die größte Insel des Archipiélago de los Canarreos. Sie wird vergleichsweise selten von Urlaubern besucht, doch es gibt einige interessante Sehenswürdigkeiten und hervorragende Tauchmöglichkeiten.

Nuestra Señora de los Dolores in Nueva Gerona

Nueva Gerona

Die Hauptstadt der Insel ist eine beschauliche Kleinstadt, umgeben von Hügeln, in deren Steinbrüchen vielfarbiger Marmor abgebaut wird. Nueva Gerona wurde 1830 von spanischen Siedlern an den Ufern des Flusses Las Casas gegründet. Sie kamen zusammen mit ihren Sklaven aus unabhängig gewordenen Ländern des amerikanischen Kontinents hierher.

Der Ort ist schachbrettartig aufgebaut, und der moderne Stadtrand wird kontinuierlich erweitert. Guter Ausgangspunkt für eine Besichtigung von Nueva Gerona ist die **Calle 39**, die charmante Hauptstraße mit ihren bunten Arkaden. Hier befinden sich Kino, Theater, Apotheke (die immer geöffnet ist), Post, Krankenhaus, Bank, Casa de la Cultura sowie Bars und Restaurants. Die Straße endet am Parque Central, Nueva Geronas Hauptplatz mit der **Iglesia de Nuestra Señora de los Dolores**. Die Kirche, die ursprünglich 1853 im klassizistischen Stil erbaut worden war, wurde 1926 von einem Wirbelsturm völlig zerstört und drei Jahre später im Kolonialstil wiederaufgebaut.

Auf der Südseite des Parque Central ist heute im ehemaligen Rathaus das **Museo Municipal** (Stadtmuseum) untergebracht, das zahlreiche Gegenstände und Dokumente zu Piraten und Freibeutern sowie Fotos und Andenken an die Revolution präsentiert. Die **Casa Natal Jesús Montané** ist dem Kampf gegen die Batista-Diktatur gewidmet.

Das **Museo de Ciencias Naturales** beleuchtet die geologische und naturwissenschaftliche Geschichte der Insel. Es beherbergt auch ein großartiges Planetarium, das weltweit einzige, von dem man den Nordstern und das Kreuz des Südens sehen kann.

Einige Kilometer außerhalb der Stadt liegt der **Amerikanische Friedhof**. Um 1900 meldeten die USA Besitzansprüche auf die Insel an, von denen sie 1925 zurücktraten. Ecotur organisiert auf Anfrage Ausflüge zu dem entlegenen Friedhof.

Pittoresker Fischerhafen von Nueva Gerona

Hotels und Restaurants in Westkuba *siehe Seiten 258f und 272f*

Infobox

Information
Gemeinde mit Sonderstatus.
86 000.
Ecotur, (46) 327 101.

Anfahrt
Rafael Cabrera Mustelier, Carretera La Fé, km 5, (46) 322 300. täglich Katamaranfahrten von Batabanó aus (2–3 Std., *siehe S. 302)*, Informationen unter (46) 324 415 oder (46) 396 206.

Legende
- Autobahn
- Hauptstraße
- Nebenstraße
- Unbefestigte Straße

Museo Municipal de Nueva Gerona

Calle 30, e/ 37 y Martí. (46) 323 791. Di–Fr 9–17 Uhr, Sa 9–16 Uhr, So 8–12 Uhr. (Fotografieren gegen Gebühr).

Museo de Ciencias Naturales

Calle 41, esq. 54, No. 4625. (46) 323 143. Di–Sa 8–17 Uhr, So 8–12 Uhr. (Fotografieren gegen Gebühr).

Bummel unter den Arkaden der Calle 39 in Nueva Gerona

Die monumentale Fassade des Gefängnisses Presidio Modelo

Presidio Modelo

4 km südöstlich von Nueva Gerona, Reparto Delio Chacón. (46) 325 112. Mo–Sa 8–16, So 8–12 Uhr. (Fotografieren gegen Gebühr).

An der Straße von der Hauptstadt zur Playa Bibijagua, einem beliebten Stand mit schwarzem Sand, steht das berühmteste Gefängnis Kubas. Es wurde unter Gerardo Machado *(siehe S. 50)* nach dem Vorbild des Gefängnisses von Joliet in Illinois (USA) erbaut und 1967 in ein Museum umgewandelt. In den vier mehrstöckigen, runden Zementblocks befinden sich winzige Zellen. In der Mitte jedes Blocks stand ein Wachhaus, von dem aus die Wächter die Gefangenen im Blick hatten. Wächter und Gefangene kamen nie miteinander in Kontakt. Die Wächter drehten ihre Runden in unterirdischen Gängen und bewachten so die Gefangenen über sich.

In dieses Presidio wurden die Anstifter des Sturms auf die Moncada-Kaserne in Santiago, allen voran Fidel Castro, im Oktober 1953 eingeliefert. Sie kamen erst eineinhalb Jahre später, im Mai 1955, wieder frei. Am Eingang des ersten Rundblocks befindet sich die Zelle 3859, in der Castro trotz Isolationshaft die revolutionäre Bewegung neu organisierte und auch sein legendäres Verteidigungsplädoyer *Die Geschichte wird mich freisprechen (siehe S. 51)* verfasste.

Zeichenerklärung *siehe hintere Umschlagklappe*

Überblick: Isla de la Juventud

Auf der Isla de la Juventud gibt es – im Gegensatz zu anderen Inseln des Archipiélago de los Canarreos – keine großen Luxushotels. Demzufolge findet man hier eine typisch kubanische Atmosphäre, der Tourismus geht mit anderen Aktivitäten Hand in Hand. Die Insel ist schon länger bewohnt, nicht wie andere *cayos*, die erst seit kurzer Zeit bebaut werden, und kann auf eine fünf Jahrhunderte alte Geschichte zurückblicken. Die Hauptstadt und ihre Umgebung sind ein guter Ausgangspunkt für einen Besuch, der dann weiter zur Südküste führen kann. Das wichtigste Hotel liegt im Südwesten. An der Ostspitze faszinieren Höhlenmalereien vom Volk der Siboney.

Casa Museo Finca El Abra
Carretera Siguanea km 1,5 (5 km südwestlich von Nueva Gerona). 5219 3054. Di – Sa 9 – 17, So 9 – 12 Uhr. (Fotografieren gegen Gebühr).

Am Rand der Sierra de las Casas steht eine elegante Villa, in der 1870 der junge José Martí neun Wochen lang festgehalten wurde, bevor er wegen seiner separatistischen Ansichten nach Spanien abgeschoben wurde. Ein Teil des Gebäudes ist heute ein Museum, das das Leben des Nationalhelden auf der Insel dokumentiert. Die restliche Villa ist noch von den Nachkommen des ersten Besitzers bewohnt.

Punta Francés
Hotel Colony (46) 398 181. zum Centro Internacional de Buceo vom Hotel Colony tägl. 9 Uhr, Rückfahrt gegen 16.30 oder 17 Uhr.

Die 56 Tauchreviere zwischen Cabo Francés und Punta Pedernales liegen am Ende eines Riffs, das anfangs nur 20 bis 25 Meter tief ist und dann Hunderte von Metern steil abfällt. In dieser Steilwand halten sich besonders viele Fische auf, die nahe bei den Tauchern schwimmen. Während oberhalb des Riffs auch Anfänger tauchen können, ist das Riff selbst schwieriger und nur für erfahrene Taucher geeignet.

Zu den faszinierendsten Tauchrevieren zählen das bei La Pared de Coral Negro mit unzähligen Schwarzen Korallen und Schwämmen mit bis zu 35 Metern Durchmesser, El Reino del Sahara für herrliche Flachwassertauchgänge, El Mirador für Steilwandtauchgänge zu Schwämmen und großen *madrepores* und El Arco de los Sábalos, das Gebiet des Tarpons. Am Cayo Los Indios können Sie schon in einer Tiefe von zehn bis zwölf Metern wracktauchen.

Das Hotel Colony liegt inmitten tropischer Vegetation

Korallenformationen am Meeresgrund

Das **Hotel Colony** *(siehe S. 258)* ist Anziehungspunkt für alle Taucher auf der Isla de la Juventud. Vom Hotel aus überblickt man die Playa Roja, einen langen, palmengesäumten Strand. Das Meer ist grün und klar, mit sandigem Grund, der oft von Teppichen der Wasserpflanze *Thalassia testudinum* überzogen ist.

Schild des Hotels Colony

Morgens werden die Gäste in Kleinbussen vom Hotel zum Tauchzentrum **Centro Internacional de Buceo** gefahren, wo man jegliche Ausrüstung ausleihen kann (es ist empfehlenswert, einen 3-mm-Nassanzug und eine Sauerstoffflasche mitzubringen). Anschließend werden die Taucher mit Booten zu den Tauchgebieten gebracht. Mittagessen gibt es am Steg unweit des Strands von Cabo Francés.

Schön sind auch die Bootsausflüge vom Hotel Colony zur Punta Francés, besser bekannt als Costa de los Piratas. Die Teilnehmer können schnorcheln, eine Höhle französischer Piraten erkunden und Krokodile beim Brüten beobachten.

Im Osten des Hotels Colony erstreckt sich ein Gebiet namens **La Cañada**. Ecotur *(siehe S. 153)* organisiert Wanderungen durch Pinien-, Palmen- und Mangowälder. Am Bachlauf »Jacuzzi der Götter« kann man sich erfrischen. Im gemütlichen Haus der Parkaufseher erwartet Sie zuletzt bei gegrilltem Lamm und heißem Kaffee Erholung.

Hotels und Restaurants in Westkuba *siehe Seiten 258f und 272f*

Traumstrand Punta del Este: weißer Sand und kristallklares Wasser

Cocodrilo

86 km südöstlich von Nueva Gerona.
Ecotur, (46) 327 101.

Das Fischerdorf wurde Anfang des 20. Jahrhunderts von einer aus der britischen Kolonie der Cayman-Inseln emigrierten Gemeinde gegründet. So ist auch heute noch für einige wenige Einwohner Englisch die Muttersprache. Die Siedler führten einen jamaikanischen Rundtanz ein, aus dem hier *sucu sucu* wurde, der bei den Einheimischen sehr beliebt ist.

Criadero Cocodrilo

Ecotur, (46) 327 101.

Die Aufzuchtstation dient dem Schutz des gefährdeten kubanischen Krokodils. Ursprünglich sollten die Tiere wieder ausgewildert werden. Die durch Kreuzung entstandenen amerikanisch-kubanischen Tiere bedrohen aber die einzigartige heimische Art, weshalb sie hier isoliert lebt.

Die präkolumbischen Malereien in den Cuevas de Punta del Este stellen einen Kalender dar

Cuevas de Punta del Este

59 km südöstlich von Nueva Gerona.
Ecotur, (46) 327 101 (Erlaubnis zur Besichtigung erforderlich: ecotur@iju.mintur.tur.cu).

Die Punta del Este, die Südostspitze der Insel, hat einen weißen Sandstrand. Noch berühmter ist sie allerdings für ihre sieben Höhlen, die 1910 von einem französischen Schiffbrüchigen entdeckt wurden, der darin Zuflucht fand. An den Höhlenwänden sind 235 Malereien der Siboney-Indianer zu sehen.

Die Felsmalereien in der größten Höhle – eine Reihe von roten und schwarzen konzentrischen Kreisen, durchzogen von in Richtung Osten zeigenden Pfeilen – stellen wahrscheinlich einen Sonnenkalender dar. Wegen ihrer Komplexität nannte der kubanische Ethnologe Fernando Ortíz die Malereien 1925 die »Sixtinische Kapelle der Karibik«. Vorsicht: Die Höhlen sind voller Mücken.

Geschichte der Insel

Der Korsar Sir Francis Drake

Die Taíno und Siboney wussten von der Isla de la Juventud *(siehe S. 43)* schon lange, bevor Kolumbus sie 1494 auf seiner zweiten Reise »entdeckte«. Die spanische Krone vergab die Insel an Viehzüchter, überließ sie in Wirklichkeit aber den Piraten. Aufgrund des flachen Wassers konnten schwere spanische Galeonen im Gegensatz zu den kleineren Piratenschiffen nicht auf der Insel anlegen.

So diente die Insel sagenumwobenen Figuren wie Francis Drake, Henry Morgan, Oliver Esquemeling und Jacques de Sores als Versteck für ihre »spanische« Beute. Nach der Gründung von Nueva Gerona (1828) war die Isla de la Juventud bis Mitte des 20. Jahrhunderts eine Gefängnisinsel für kubanische Nationalisten, darunter José Martí.

Der Bau des Presidio Modelo begann 1926. 1953 machte Batista die Insel zu einer freien Zone, in der Geldwäsche betrieben werden konnte. Der Diktator wollte sie auch in ein Ferienparadies für reiche Amerikaner umwandeln, doch diese Pläne scheiterten. In der Silvesternacht 1958, als Castros *barbudos* in Havanna einfielen, übernahmen Soldaten der Rebellenarmee während der Eröffnungszeremonie des Hotels Colony die Insel und verhafteten die Mafiosi im Hotel. Infolge eines schweren Wirbelsturms 1966 beschloss die kubanische Regierung, neue Zitrushaine auf der Insel anzulegen, die von Studenten aus Kuba und der ganzen Welt gepflegt werden sollten. Diese Idee war ein so durchschlagender Erfolg, dass die Bevölkerung der Insel innerhalb von zehn Jahren von 10 000 auf 80 000 anstieg.

Alte Landkarte der Isla de la Juventud aus dem Stadtmuseum von Nueva Gerona

⓭ Cayo Largo del Sur

Diese Insel ist ein perfektes Urlaubsziel für alle, die Sonne, Meer und Sand lieben. Sie ist 25 Kilometer lang und 37,5 Quadratkilometer groß. Das Klima ist moderat, es regnet sehr wenig, die Temperaturen liegen bei 24 °C im Winter und unter 30 °C im Sommer. Die Küste ist flach, der Sand weiß und fein wie Zucker und das Meer klar und ruhig. Die Insel eignet sich gut zum Tauchen und für andere sportliche Aktivitäten wie Angeln, Segeln, Tennis und Surfen. Und wenn Sie nicht so gern schwimmen, können Sie auch kilometerlange Spaziergänge im flachen Wasser unternehmen. Es gibt keine Ortschaften bis auf einige Urlaubsorte mit komfortablen Hotels und Restaurants, Bars, Discos und Swimmingpools.

Blick auf die Playa Tortuga

★ Playa Sirena
An diesem zwei Kilometer langen Strand ist das Meer vor Winden geschützt und daher das ganze Jahr über ruhig.

Außerdem

① **Playa Lindamar**, ein fünf Kilometer langer, durch weiße Felsen geschützter Strand, bietet zahlreiche Hotels und Bademöglichkeiten.

② **Playa Paraíso** ist sehr abgeschieden, sodass FKK-Möglichkeit besteht.

③ **Combinado** ist ein öffentliches Meeresbiologiezentrum.

④ **Marina Cayo Largo** ist der Ausgangspunkt für Bootsfahrten zu verschiedenen Tauchgebieten. Im flachen Wasser gibt es Korallengärten mit bunten Fischen und ein 30 Kilometer langes Riff mit Schwarzen Korallen. In den Wassersportzentren kann man sich Angelausrüstung ausleihen.

⑤ **Playa Blanca** ist mit 7,5 Kilometern der längste Strand der Insel. Ein Felsvorsprung trennt ihn von Playa Lindamar.

⑥ **Playa Los Pinos**

Feriendörfer
Exklusive Ferienanlagen mit Bungalows und Hütten für Familien konzentrieren sich an der Südwestküste.

Hotels und Restaurants in Westkuba *siehe Seiten 258f und 272f*

★ Playa Tortuga
Dieser Strand im Osten der Insel ist ideal für Naturliebhaber: Er ist Brutstätte für Meeresschildkröten und Naturreservat für die Untergattung der Chaelonidae, die auch im Combinado aufgezogen werden.

Infobox

Information
Archipiélago de los Canarreos (Isla de la Juventud).
Straßenkarte B3. 500.
Cubatur, (45) 248 258; Havanatur, (45) 248 215.
Ausflüge von Marina Cayo Largo: Abfahrt morgens, Rückkehr bei Sonnenuntergang.

Anfahrt
Vilo Acuña, (45) 248 141.

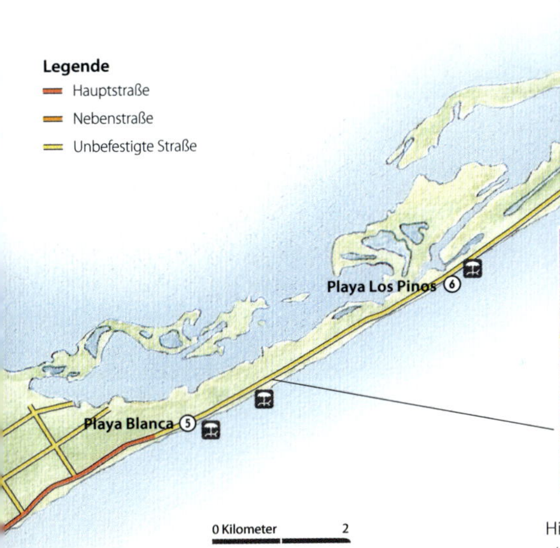

★ Playa Los Cocos
Hier spenden Kokosnusspalmen Schatten, und das flache Wasser ist ideal für Kinder. Die nahe gelegenen Korallenriffe und Schiffswracks sind beliebt bei Tauchern.

Leguan auf dem Cayo Iguana

Abstecher auf die Nebeninseln

Die nahe gelegenen kleinen *cayos* sind Naturparadiese. Cayo Rico, eine Insel mit smaragdgrünem Wasser und feinen Sandstränden, ist nur wenige Bootsminuten entfernt. Auf dem faszinierenden Meeresgrund, der von Glasbodenbooten aus beobachtet werden kann, leben viele Hummer und Weichtiere. Das Tauchparadies Cayo Rosario ist bekannt für den Artenreichtum seiner Fische, während auf Cayo Iguana, gleich vor der Westspitze von Cayo Largo, nur die harmlosen Leguane leben, die bis zu einen Meter lang werden können. Der zerklüftete Cayo Pájaro bietet vielen Seevögeln Lebensraum. Der Cayo Cantiles ist bekannt für Blumen, Vögel, Fische sowie mehrere Affenarten.

Zeichenerklärung *siehe hintere Umschlagklappe*

Westliches Zentralkuba

Matanzas · Cienfuegos · Villa Clara

Die westlichen Provinzen Zentralkubas sind das ländliche Herz der Insel mit bewirtschafteten Feldern und sanfter Landschaft bis hin zur Sierra del Escambray. Abgesehen vom berühmten Ferienort Varadero, sind die Hauptanziehungspunkte dieser Region die zwei lebhaften Orte Santa Clara und Cienfuegos, die Natur auf der Halbinsel Zapata und die Berge von Escambray.

Als der spanische Seefahrer Sebastián Ocampo 1509 um Kuba steuerte, erblickte er eine Bucht an der nördlichen Atlantikküste, die vom indigenen Volk der Siboney bewohnt war. Ihr Land wurde quasi unmittelbar eingezogen und Siedlern von den Kanarischen Inseln zugesprochen. Die Siboney wehrten sich so heftig gegen diese Ungerechtigkeit, dass sie ein Massaker *(matanza)* an den Spaniern verübten. Im Gedenken daran erhielt die Stadt Matanzas, die im 17. Jahrhundert in dieser Bucht erbaut wurde, ihren Namen.

Eine weitere Bucht sichtete Kolumbus im Jahr 1494 an der Südküste. Das dort lebende indigene Volk der Jagua wurde später ausgerottet, doch erst 1819 gründeten katholische Siedler aus den ehemaligen französischen Kolonien Haiti und Louisiana Cienfuegos. Ihnen wurde das Gebiet nicht zuletzt deshalb zugesprochen, um einen ethnischen Ausgleich zur hohen Zahl hierher verschleppter afrikanischer Sklaven zu schaffen.

Von Mitte des 16. Jahrhunderts bis Mitte des 18. Jahrhunderts wurden beide Küstenregionen regelmäßig von schweren Piraterien heimgesucht. Aus dieser Zeit stammen die heute noch sichtbaren Redouten, Zitadellen und Burgen. 1689 beschlossen 20 Familien aus Remedios, ins Landesinnere zu ziehen, um vor Seeräubern in Sicherheit zu sein. Auf diese Weise entstand Santa Clara, die heutige Hauptstadt der Provinz Villa Clara. Sie war auch Schauplatz der Heldentaten von Che Guevara und seinen *barbudos*. Am 28.12.1958 fand dort der letzte, entscheidende Kampf der Revolution statt *(siehe S. 52f)*, nach dem Batista das Land verließ.

Wunderschönes Holzhaus auf der Halbinsel Punta Gorda, Cienfuegos

◀ **Varadero *(siehe S. 166f)* steht in den Katalogen der meisten internationalen Reiseveranstalter**

Überblick: Westliches Zentralkuba

Dieser Teil Kubas wartet mit außergewöhnlichen Anziehungspunkten auf: den Stränden von Varadero – den vielleicht schönsten und mit Sicherheit den am besten ausgestatteten Kubas – und dem Sumpf *(ciénaga)* von Zapata, einem Naturreservat mit guten Möglichkeiten zur Vogelbeobachtung. Santa Clara ist ein Muss für alle, die sich für Che Guevara interessieren. Als Route bietet sich an, in Matanzas und Varadero zu starten und dann weiter nach Cienfuegos, eventuell über die Península de Zapata, zu fahren. Von dort aus ist es ein Katzensprung nach Santa Clara und weiter nach Remedios.

Luftaufnahme des Cayo Libertad vor der Küste von Varadero

Rekonstruktion eines Indianerdorfes in Guamá mit Bronzestatuen von Rita Longa

Im westlichen Zentralkuba unterwegs

Durch die westlichen Provinzen Zentralkubas können Sie auf der Carretera Central fahren, was zwar langsamer, aber reizvoller ist als die Autobahn (Autopista Nacional), die Havanna mit Santa Clara verbindet. Die Eisenbahnlinie von Havanna nach Santiago führt über Matanzas und Santa Clara, die von Havanna nach Trinidad über Cienfuegos. Es gibt auch täglich Flüge von Havanna nach Cienfuegos, Varadero und Santa Clara. Viazul-Busse befahren die wichtigsten Routen in der Region. Organisierte Ausflüge führen meist in eine Provinz oder mehrere Städte und umfassen auch Besuche von Parks.

Weitere Zeichenerklärungen *siehe hintere Umschlagklappe*

Sehenswürdigkeiten auf einen Blick

1. *Matanzas S. 162f*
2. Valle de Yumurí
3. Cuevas de Bellamar
4. *Varadero S. 166f*
5. Cárdenas
6. *Península de Zapata S. 168–171*
7. *Cienfuegos S. 172–175*
8. *Jardín Botánico Soledad S. 176f*
9. *Santa Clara S. 178–180*
10. Sierra del Escambray
11. Remedios

Arkaden des Prado mit korinthischen Säulen in Cienfuegos

Iglesia de San Juan Bautista, die Kathedrale von Remedios

Großes Schild an der Grenze zur Provinz Villa Clara

Legende

- Autobahn
- Hauptstraße
- Nebenstraße
- Regionalgrenze
- Eisenbahn
- Gipfel

❶ Matanzas

Matanzas liegt an einer großen Bucht und ist Hauptstadt der gleichnamigen Provinz. In der Industriestadt ist einer der weltweit größten Hafen für Zuckerexporte angesiedelt. Aufgrund seiner vielen Brücken über die Flüsse Yumurí und San Juan, über die man vom historischen Zentrum zu den einzelnen Stadtvierteln und den beiden Vororten Versalles und Pueblo Nuevo gelangt, nannte man Matanzas auch »Kreolisches Venedig«, ein ebenso stolzer Vergleich wie »Athen Kubas«. Die Beinamen gehen auf das 19. Jahrhundert zurück, als das künstlerische und kulturelle Leben der Stadt zeitweilig sogar Havanna in den Schatten stellte.

Teatro Sauto in Matanzas mit seiner beeindruckenden Holzverkleidung

Überblick: Matanzas

Die Straßen von Matanzas haben offiziell Nummern, doch werden ihre kolonialen Namen im Alltag noch verwendet.

Guter Ausgangspunkt für eine mehrstündige Besichtigung des historischen Zentrums ist die **Plaza de la Vigía**. Auf dem Platz steht die Statue eines unbekannten Soldaten aus den Befreiungskriegen, eingerahmt von einigen der eindrucksvollsten Sehenswürdigkeiten der Stadt: dem klassizistischen Feuerwehrhaus (1898), dem Justizpalast (1826), dem Museo Provincial, dem Teatro Sauto und den Ediciones Vigía.

Museo Provincial

Calle Milanés, e/ Magdalena y Ayllon. (45) 243 464. wegen Renovierung bis voraussichtlich 2016; aktuelle Infos tel. erfragen.

Das Museum ist im zweistöckigen Palacio del Junco untergebracht, einem hellblauen Gebäude mit Portikus, das 1838 für die Familie Junco erbaut wurde. Ausgestellt werden Unterlagen und Objekte zur Geschichte der Provinz. Besonders interessant: die Kolonialzeit mit vielen Dokumenten über die Sklaverei und die Zuckerproduktion, des Weiteren Kopien von *Aurora*, dem kubanischen Wochenblatt aus dem 19. Jahrhundert.

Teatro Sauto

Calle Magdalena, e/ Medio y Milanés. (45) 242 721. wegen Renovierung bis voraussichtlich 2016; aktuelle Infos tel. erfragen.

Dieses Theater, der Stolz der Stadt, wurde vom italienischen Architekten Daniele Dell'Aglio entworfen, ebenso wie die Kirche San Pedro im Stadtteil Versalles. Es wurde am 6. April 1863 eröffnet und nach dem Provinzgouverneur benannt, der den Bau finanziert hatte: Esteban. Später wurde es in Teatro Sauto umbenannt, in Anlehnung an den einheimischen Apotheker Ambrosio de la Concepción Sauto, einen begeisterten Theaterbesucher. Er war berühmt dafür, Königin Isabella II von Spanien mit einer Creme von einem Hautleiden befreit zu haben.

Das Theater ist ein solider klassizistischer Bau mit verschiedenen Statuen aus Carrara-Marmor im griechischen Stil und hat viele Fresken, die sich an die Renaissance anlehnen und vom Architekten Dell'Aglio selbst angefertigt wurden. Der u-förmige Zuschauersaal ist fast vollständig mit Holz verkleidet.

Dank seiner außergewöhnlichen Akustik fanden in dem vielseitigen Theater die verschiedensten Aufführungen statt. Es traten sowohl große kubanische Künstler des 19. und 20. Jahrhunderts auf als auch Weltstars wie die Schauspielerin Sarah Bernhardt (1887 in *Camille*), die Balletttänzerin Anna Pawlova und der Gitarrist Andrés Segovia.

Der Danzón

Im 19. Jahrhundert wurden zwei Komponisten, José White und Miguel Failde, in Matanzas, dem damaligen kulturellen Zentrum Kubas, geboren. 1879 komponierte Letzterer *Las Alturas de Simpson*, was einen neuen Tanzstil einführte: den Danzón. Diese karibisch-kreolische Abwandlung europäischer Volkstänze war daraufhin rund 50 Jahre lang der beliebteste Tanz der Insel. Er wird heute noch in der Casa Amigos del Danzón, dem Geburtshaus von Miguel Failde und heutigen Museum, getanzt.

So wurde früher der Danzón getanzt

Bücher werden bei Ediciones Vigía noch von Hand gebunden

Ediciones Vigía

Calle Magdalena 1, Plaza de la Vigía. (45) 244 845, (45) 260 917. Mo–Fr 8.30–16 Uhr. 1. Jan, 1. Mai, 26. Juli, 10. Okt, 25. Dez.

Die Bücher des Verlagshauses werden alle in Handarbeit mit Spezialpapier hergestellt (vervielfältigt, bemalt und gebunden). Besucher können bei den verschiedenen Stadien der Produktion zusehen sowie Bücher und Zeitschriften erwerben.

Parque Libertad

Die Einkaufsstraße Calle Milanés führt zu einem weiteren Platz, dem Parque Libertad, auf dem im 19. Jahrhundert Paraden abgehalten wurden. Erbaut wurde er auf dem Grund eines Yacayo-Dorfs. Interessante Gebäude umgeben die in der Mitte des Platzes stehende Statue von José Martí: Der Liceo Artístico y Literario wurde 1860 errichtet, das Casino Español stammt vom Anfang des 20. Jahrhunderts, der Palacio del Gobierno, die **Catedral de San Carlos** aus dem 17. Jahrhundert (im 19. Jahrhundert größtenteils umgebaut) und schließlich das Museo Farmacéutico de Matanzas neben dem Hotel El Louvre.

Museo Farmacéutico de Matanzas

Calle Milanés 4951, e/ Santa Teresa y Ayuntamiento. (45) 243 179. Mo–Sa 10–17, So 10–16 Uhr.

Dieses schöne Beispiel für eine Apotheke aus dem 19. Jahrhundert am Parque Libertad wurde am 1. Januar 1882 von Ernesto Triolet und Juan Fermín de Figueroa eröffnet und ist seit 1964 ein Museum.

In den Regalen stehen original französische, handbemalte oder aus den USA importierte Porzellanbehälter und eine große Zahl an Fläschchen mit Kräutern, Sirups und Elixieren. Des Weiteren bietet das Museum eine Sammlung von drei Millionen alten Etiketten, Mörsern und Destillierapparaten sowie Werbeplakate über die wundersamen Heilkräfte der Arzneien des Dr. Triolet.

Der Laden dient auch als Büro für wissenschaftliche Informationen mit über einer Million Originalformularen und seltenen Büchern zu den Themen Botanik, Medizin, Chemie und Arzneimittel in verschiedenen Sprachen.

Infobox

Information
Matanzas. **Straßenkarte** B2. 155 000. Havanatur, Calle Jovellanos, e/n Medio y Río, (45) 253 856.

Anfahrt
Carretera a Varadero, (45) 247 015. Ave. 8 y 5, (45) 292 409. Calzada de Esteban, (45) 291 473.

Hölzerne Regale im Museo Farmacéutico de Matanzas

Zentrum von Matanzas

1. Plaza de la Vigía
2. Museo Provincial
3. Teatro Sauto
4. Ediciones Vigía
5. Catedral de San Carlos
6. Museo Farmacéutico de Matanzas
7. Parque Libertad
8. Puente Concordia

Zeichenerklärung *siehe hintere Umschlagklappe*

Die Bacunayagua-Brücke führt in 110 Metern Höhe über den Fluss Yumurí

❷ Valle de Yumurí

Matanzas. **Straßenkarte** B2.

Die Bacunayagua-Brücke sieben Kilometer westlich von Matanzas ist mit 110 Metern die höchste Brücke Kubas. Sie wurde Anfang der 1960er Jahre über den Fluss Yumurí gebaut. Beim Überqueren hat man eine schöne Aussicht über das Tal, das über eine parallel zum Fluss verlaufende Straße erreichbar ist.

Das hügelige Gebiet mit vielen Königspalmen ist bekannt für seine Kliniken und Zentren für die Behandlung von Asthma und Bluthochdruck. Vom Monserrat-Hügel aus, auf dem die Kirche Nuestra Señora de Monserrat steht, hat man einen fantastischen Blick auf die Bucht von Matanzas. Es gibt mehrere Theorien zur Entstehung des Namens »Yumurí«. Die einen sagen, er stamme von den Wehklagen der von den Spaniern massakrierten Indianer. Eine andere Version geht aus einem Brief der schwedischen Schriftstellerin Fredrika Bremer aus dem ausgehenden 19. Jahrhundert hervor. Demnach begingen die Siboney-Indianer, um der Sklaverei zu entrinnen, Selbstmord, indem sie sich in den Fluss stürzten und *»Yo morí«* (»Ich bin gestorben«) schrien.

Riesige Kalksteinformation in den Cuevas de Bellamar

Der Hershey-Zug

Der im Jahr 1916 eingeweihte erste Streckenabschnitt der Eisenbahnlinie Hershey verband die Zuckerfabrik Hershey mit dem Dorf Canasí, beide an der Küste im Westen von Matanzas gelegen. Das elektrische System war eines der ersten in Kuba. 1924 gab es 38 Züge, von denen aber nur vier die volle Distanz zwischen Havanna und Matanzas zurücklegten. Heute verbindet der Hershey-Zug auf einer landschaftlich reizvollen Strecke mit mehreren Zwischenstopps Casablanca *(siehe S. 115)* mit Matanzas *(siehe S. 162f)*.

Der kleine Hershey-Zug

❸ Cuevas de Bellamar

Carretera de las Cuevas de Bellamar, Matanzas. **Straßenkarte** B2.
(45) 253 538. tägl.

Die faszinierenden Bellamar-Höhlen wurden im Jahr 1861 zufällig von einem Sklaven entdeckt, der das Gebiet nach Wasser absuchte. Sie liegen nur fünf Kilometer westlich von Matanzas.

Bis heute sind erst drei Kilometer dieses riesigen Höhlensystems erforscht, Speläologen rechnen mit vielen weiteren Überraschungen. Mit einem Führer kann man sich auf einer Länge von 1,5 Kilometern in die Höhle hineinwagen. In diesem Abschnitt befinden sich Höhlen und Stollen, die mit faszinierenden Kristallgebilden aufwarten. Die Temperatur liegt dank der durchlässigen Höhlenwände konstant bei 26 °C. Diese eindrucksvolle Tour (täglich möglich) führt den Besucher 26 Meter unter den Meeresspiegel, wo er auf 26 Millionen Jahre alte Fossilien stößt. Zertifizierte Speläologen haben Zutritt zu einer 50 Meter unter dem Meeresspiegel liegenden Höhle.

In Varadero können in größeren Hotels Führungen in die Höhlen gebucht werden.

❹ Varadero

Siehe S. 166f.

❺ Cárdenas

Matanzas. **Straßenkarte** B–C 2. 145 000.

Bei der Ankunft in Cárdenas, 50 Kilometer östlich von Matanzas und 18 Kilometer südlich von Varadero, hat man das Gefühl, in eine andere Zeit versetzt worden zu sein. Das liegt hauptsächlich an den vielen Einspännern, die während des Período Especial *(siehe S. 57)* sehr beliebt waren und noch heute dutzendweise durch die Straßen fahren.

Der symmetrisch angelegte Ort wurde 1828 unter dem Namen San Juan de Dios de Cárdenas gegründet. Im 19. Jahrhundert erlebte er dank der Zuckerindustrie eine Blütezeit. Heute finden die Einwohner, abgesehen von einer Rumfabrik nahe dem Hafen, nur noch in der Landwirtschaft oder in Varaderos Tourismusindustrie Arbeit.

Geradlinige Fassade des Dominica-Gebäudes in Cárdenas

Auf dem Parque Colón, einem der beiden Hauptplätze von Cárdenas, steht die erste Statue von Christoph Kolumbus in Kuba. Sie wurde 1862 von Gertrudis Gómez de Avellaneda, der spanisch-kubanischen Autorin aus dem 19. Jahrhundert *(siehe S. 32)*, eingeweiht.

Neben der Iglesia de la Inmaculada Concepción (1846) steht das **Dominica**-Gebäude. 1850, als es noch Sitz des spanischen Gouverneurs in Kuba war, hissten hier kubanische Nationalisten unter der Führung von Narciso López erstmals die kubanische Flagge.

Cárdenas, die Stadt der Pferdekutschen

Auf dem zweiten großen Platz, dem Parque Echevarría, steht ein klassizistisches Gebäude (1862), ein ehemaliges Gefängnis. 1900 wurde es zum **Museo Municipal Oscar María de Rojas**, was es zum ältesten Stadtmuseum Kubas macht. Ausgestellt werden Münzen, Waffen, Muscheln, Mineralien, Schmetterlinge und ausgestopfte Tiere.

Zudem ist Cárdenas berühmt als Geburtsort von José Antonio Echevarría (1932–1957), dem Rebellen, der der Studentenvereinigung vorstand. Er führte eine Kampagne gegen Batista und wurde von der Polizei ermordet. Im seinem Geburtshaus wurde ihm zu Ehren ein sehenswertes Museum eingerichtet. Das **Museo a la Batalla de Ideas** widmet sich Elián González, dessen Auswanderung in die USA 1999 zu politischen Auseinandersetzungen zwischen Kuba und den USA führte.

Museo Municipal Oscar María de Rojas
Calzada 4, e/ Jenez y Vives. (45) 522 417. Di–Sa 9–18, So 9–13 Uhr. (Fotografieren gegen Gebühr).

Museo Casa Natal de José Antonio Echevarría
Calle Jenez, e/ Coronel Verdugo y Calzada. (45) 524 145. Di–Sa 9–18, So 9–13 Uhr. 1. Jan, 1. Mai, 26. Juli, 25. Dez.

Museo a la Batalla de Ideas
Calle Vives, e/ Coronel Verdugo e Industria. (45) 521 056. Di–Sa 9–17, So 9–13 Uhr.

❹ Varadero

Kubas Top-Ferienort auf der 19 Kilometer langen Península de Hicacos ist über eine Zugbrücke mit dem Festland verbunden. Als Ende des 19. Jahrhunderts einige Familien aus Cárdenas Land auf der Halbinsel erwarben und sich Sommerresidenzen an der Nordküste bauten, kam der Strand von Varadero für Reiche in Mode. Nach der Machtübernahme durch Castro 1959 wurde das Gebiet für alle geöffnet. Heute ist Varadero besonders beliebt bei Europäern und Kanadiern, die die weißen Sandstrände, das klare blaue Wasser und die guten Einrichtungen schätzen.

Palmen am See des Parque Retiro Josone

Überblick: Varadero
Die Halbinsel, die man auch gut per Fahrrad, Mofa, Auto oder Pferdekutsche entdecken kann, ist eine Aneinanderreihung von Hotels, Restaurants, Feriendörfern, Bars, Discos, Läden und Boutiquen, Campingplätzen und Sportzentren. Überall wachsen Bougainvilleen, Flamboyants und Kokosnusspalmen.

Der Teil der Hauptstraße, der entlang der Nordküste der Halbinsel führt, heißt Avenida Primera (1ra), der östliche Teil Avenida Las Américas. Hier befinden sich die führenden Luxushotels, die großen Yachtclubs und ein Golfplatz. Die Schnellstraße Autopista del Sur verläuft entlang der Südküste.

Historisches Zentrum
Die Altstadt von Varadero, die über keine nennenswerten historischen Bauwerke verfügt, befindet sich rund um die Iglesia de Santa Elvira aus den 1930er Jahren und den **Parque de 8000 Taquillas** in der Avenida 1ra zwischen Calle 44 und 46. Das älteste erwähnenswerte Hotel ist das Hotel Internacional aus den 1950er Jahren im Westen der Insel. Es verfügt über ein Casino und einen Swimmingpool.

Parque Retiro Josone
Avenida Primera y Calle 56.
(45) 667 228. tägl.
Inmitten von Bäumen, tropischen Blumen und Pflanzen findet man Restaurants und einen kleinen See mit vielen Vögeln, an dem Ruderboote gemietet werden können. Der Park wurde 1942 von José Iturrioz, dem Besitzer der Rumfabrik Arrechabala vor Cárdenas, eingerichtet. Der Name ist eine Kombination aus der ersten Silbe seines Vornamens *José* und dem seiner Frau *Onelia*. Der Park ist beliebt bei Kindern, die u. a. an einer Bootsfahrt teilnehmen können.

Museo Municipal
Calle 57 y Playa. (45) 613 189.
Di–So 10–19 Uhr. (Fotografieren gegen Gebühr).
Das Stadtmuseum erzählt von der Geschichte Varaderos sowohl als Stadt als auch als Touristenzentrum. Es zeigt zudem eine Sammlung indianischer Werkzeuge. Besonders interessant ist das Gebäude, in dem es untergebracht ist.

Das blau-weiße Holzhaus mit Ziegeldach ist typisch für den architektonischen Stil, der aus den USA eingeführt wurde und in Varadero und anderen Teilen der Karibik Anfang des 20. Jahrhunderts in Mode war.

Der ursprüngliche Besitzer, der Architekt Leopoldo Abreu, schuf fantastische Gärten, die die Museumsbesucher noch heute bestaunen können. Eine Seite des Museums zeigt zum Meer, und vom Balkon aus hat man einen schönen Blick auf den Strand und die Küste.

Varadero

Legende
- Autobahn (Autopista del Sur)
- Hauptstraße
- Nebenstraße

Hotels und Restaurants im westlichen Zentralkuba *siehe Seiten 259f und 273f*

Strandabschnitt in Varadero

Infobox

Information
Matanzas. **Straßenkarte** B2.
27 000. Infotur, Calle 13 y Ave. 1, (45) 662 966.

Anfahrt
(45) 247 015. Autopista del Sur y 36, (45) 614 886.

Restaurante Las Américas (Mansión Xanadú)

Avenida Las Américas, km 8,5. (45) 667 388. mittags und abends.

Zwischen 1920 und 1950 kaufte der amerikanische Millionär Alfred Irénée Dupont de Nemours den Erben der spanischen Landbesitzer den Großteil der Halbinsel Hicacos ab. Zu jener Zeit standen dort nur ein paar Villen und ein Hotel. Dupont teilte das Gebiet in Parzellen für Kubaner und Amerikaner ein, die innerhalb weniger Jahre Varadero in ein Zentrum für Glücksspiel und Prostitution verwandelten.

Dupont ritt weiter auf seiner Erfolgswelle und beauftragte die beiden kubanischen Architekten Govantes und Cabarrocas, die schon das Capitolio in Havanna entworfen hatten *(siehe S. 86f)*, eine Villa auf das felsige Kap San Bernardino, den höchsten Punkt Varaderos, zu bauen. Für dieses luxuriöse, vierstöckige Gebäude, das 1929 fertiggestellt und Mansión Xanadú genannt wurde, wurden italienischer Marmor und Edelhölzer verarbeitet. Das Dach wurde mit Keramikziegeln gegen die Hitze isoliert. Um das Haus herum lag ein riesiger Garten mit seltenen Pflanzen, eine Leguanfarm und ein Golfplatz. Der Bau kostete insgesamt 338 000 US-Dollar, eine für die damalige Zeit mehr als stolze Summe.

Nach der Revolution 1959 floh Dupont aus Kuba und überließ die Villa der kubanischen Regierung, die sie 1963 in »Las Américas«, das eleganteste Restaurant Varaderos, umwandelte. Es ist auf französische Küche spezialisiert, kann aber auch ohne Restaurantbesuch besichtigt werden. Im Speisesaal stehen noch immer die Originalmöbel. Die Bar im obersten Geschoss bietet eine gute Auswahl an Drinks und Zigarren. Sie ist zudem ein wunderbarer Ort, den Sonnenuntergang zu genießen. Es gibt einen 18-Loch-Golfplatz. Auf frühzeitige Anfrage können Golfspieler hier auch übernachten.

Punta Hicacos

Wenn Sie sich für unberührte Naturlandschaften interessieren, sollten Sie den faszinierendsten Teil von Varadero keinesfalls versäumen: Das Gebiet bei der Punta Hicacos wurde mittlerweile als Naturreservat ausgewiesen. Hier gibt es mehrere Höhlen zu besichtigen, darunter die Cueva de Ambrosio mit präkolumbischen Wandmalereien, daneben eine Lagune (Laguna de Mangón) und abgeschiedene Strände.

Die Halbinsel ist auch ein gutes Tauchgebiet mit insgesamt 23 Tauchrevieren.

Ehemalige Mansión Xanadú, heute Bar und Restaurant, mit ihrem grünen Dach

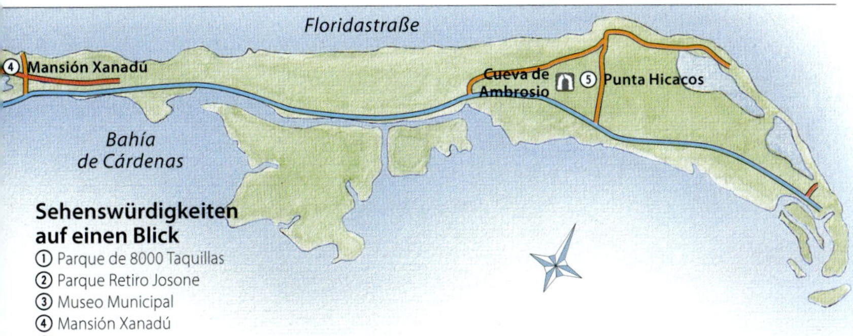

Sehenswürdigkeiten auf einen Blick

① Parque de 8000 Taquillas
② Parque Retiro Josone
③ Museo Municipal
④ Mansión Xanadú
⑤ Punta Hicacos

Zeichenerklärung *siehe hintere Umschlagklappe*

❻ Península de Zapata

Die Halbinsel ist nach dem Grundbesitzer benannt, dem das Land 1636 von der spanischen Krone zugesprochen wurde. Sie gehört zu den am dünnsten besiedelten Gebieten Kubas und besteht hauptsächlich aus einem großen Sumpfgebiet. In der Vergangenheit verdienten die Einwohner ihren Lebensunterhalt überwiegend durch Abbau und Handel mit Torf. Zapata zählt zu den größten Wildreservaten der Karibik, in dem zahlreiche Vögel und Tiere leben. Das Gebiet um die Laguna del Tesoro wurde zum Nationalpark erklärt, dem Gran Parque Natural de Montemar. Die karibische Küste mit ihren Sandstränden zieht Taucher und Schnorchler an.

Ein für karibische Küstenregionen typischer Mangrovensumpf

Legende
- Hauptstraße
- Nebenstraße

Fauna des Zapata-Sumpfs

In diesem Sumpf leben rund 150 Vogelarten, darunter der *zunzuncito (siehe S. 25)*, der Kuba-Kauz, die Kuba-Ralle, eine seltene Art des Blesshuhns, Teichhühner, Papageien und Reiher sowie der Nationalvogel, der Trogón *(siehe S. 24)*. An der Küste sieht man Seekühe. (Sie werden hier über vier Meter lang und wiegen rund 600 Kilogramm.) Die Strände und Straßen werden im Frühjahr von Krabben bevölkert, die zur Paarung an Land kommen.

Das heimische Krokodil *(Cocodrilo rhombifer)* ist seit den 1960er Jahren geschützt.

Der Kuba-Kauz *(Glaucidium siju)* ist ein kleiner, nachtaktiver Raubvogel.

Der graue Reiher ernährt sich vorwiegend von kleinen Fischen und Amphibien.

Der *zunzuncito* *(Mellisuga helenae)* ist bunt (Männchen) bzw. schwarzgrün (Weibchen).

Außerdem

① **Die Laguna de las Salinas** ist von November bis Mai Heimat für viele Arten von Zugvögeln.

② **Corral de Santo Tomás** ist Zuflucht und Beobachtungspunkt für Zugvögel. Er kann nur mit einem Führer betreten werden. (Fragen Sie im Büro des Nationalparks nach.)

③ **Die Cueva de los Peces** ist ein 70 Meter tiefes natürliches Becken *(cenote)*, das an einer Verwerfung liegt. Es ist ideal zum Tauchen und Schnorcheln.

④ **Caleta Buena**, eine schöne Bucht acht Kilometer von der Playa Girón entfernt, eignet sich hervorragend zum Tauchen.

Ingenio Australia
Während des Schweinebucht-Konflikts 1961 war diese Zuckerfabrik Hauptquartier der kubanischen Armee. Heute ist sie das Museo de la Comandancia.

Infobox

Information
Matanzas. **Straßenkarte** B2.
9000. Cubanacán, Jagüey Grande, (45) 913 224; Büro des Nationalparks, (45) 987 249.

Anfahrt
von Boca de Guamá nach Guamá.

★ Guamá
In Guamá, einem Ferienort, der sich auf zehn Inseln in der Laguna del Tesoro verteilt, steht auch das *Aldea Taína*, die Rekonstruktion eines typischen präkolumbischen Dorfes.

★ Playa Larga
Mit seinem Strand, einem Hotel *(siehe S. 260)* und zahlreichen *casas particulares* ist Playa Larga eine gute Ausgangsbasis für die Erkundung des Sumpfs.

★ Playa Girón
Dieser Strand erlangte weltweite Berühmtheit als Schauplatz der Schlacht zwischen Castros Männern und der konterrevolutionären Armee vom 17. bis 19. April 1961.

Zeichenerklärung *siehe hintere Umschlagklappe*

Überblick: Península de Zapata

Manguanay-Skulptur der kubanischen Künstlerin Rita Longa

Die Halbinsel Zapata ist ein klassisches Beispiel für unberührte Natur und üppige tropische Vegetation. Hier stoßen Wanderer auf Lianen, Mangroven und Sumpfpflanzen, Besucher liegen in einer Hängematte im Schatten von Palmen, beobachten bunte Vögel, gehen fischen oder fahren Ruderboot auf der Laguna del Tesoro. Der ruhige Gran Parque Natural de Montemar ist mehr etwas für Liebhaber der Wildnis und der unberührten Natur als für Abenteurer. In jedem Fall hat der Besucher von der Wildnis nichts zu fürchten – es gibt auf der Halbinsel keine Raubtiere oder giftigen Schlangen.

Boca de Guamá

Vom Norden aus kommen Sie zuerst durch Jagüey Grande (mit den größten Zitrushainen Kubas) und Ingenio Australia *(siehe S. 169)* und erreichen dann Boca de Guamá. Hier weist ein malerischer *ranchón*, heute ein Restaurant, darauf hin, dass Sie sich dem **Criadero de Cocodrilos**, der Krokodilfarm, nähern. Die Krokodile können von einem Aussichtspunkt aus beobachtet und fotografiert werden.

Die Krokodilfarm, die 1962 gegründet wurde, um 16 bedrohte Reptilienarten zu retten, ist die größte Kubas. Hier leben heute rund 4000 Tiere je nach Größe, Alter und Gattung in getrennten Becken.

Criadero de Cocodrilos
(45) 915 662. tägl.

Guamá

Dieses ungewöhnliche Feriendorf in der Laguna del Tesoro (Schatzlagune) verteilt sich auf rund 16 Quadratkilometer und ist nach einem Taíno-Krieger benannt, der den spanischen Konquistadoren bis zu seiner Ermordung 1533 Widerstand leistete.

Die 18 Hütten stehen auf mehreren kleinen Inseln in der Lagune. Sie sind aus Palmenholz und mit Palmenblättern gedeckt. Zwar sind sie einfach gebaut, aber modern ausgestattet und haben sogar Klimaanlage. Bei einem Aufenthalt sollten Sie sich gut gegen Moskitos schützen. Die Hütten sind Pfahlbauten und über Hängebrücken oder per Kanu zu erreichen. Auch in das Feriendorf selbst gelangt man nur mit einem Boot. Die Fahrt von Boca de Guamá aus dauert etwa 20 Minuten und führt durch einen Kanal mit dicht bewachsenem Ufer zur Lagune.

Das Resort verfügt über ein Restaurant, eine Bar und ein kleines Museum, das Muestras Aborígenes, in dem Funde aus der Zeit der Taíno ausgestellt sind, die im Gebiet um die Laguna del Tesoro entdeckt wurden. Interessant ist auch die Rekonstruktion des Taíno-Dorfs Aldea Taína, das auf einer der Laguneninseln steht. Dazu zählen vier *bohíos*, typisch indianische Erdhütten, ein *caney* (ein größerer Rundbau) und 25 lebensgroße Skulpturen der bekannten kubanischen Künstlerin Rita Longa. Die Figuren formen den *batey aborigen*, den Indianerplatz, und stellen die wenigen Menschen nach, die in dem Dorf lebten: ein junges Mädchen namens Dayamí, den Krokodiljäger Abey, Cajimo, den Jäger des Nagetiers *jutía (siehe S. 150)*, Manguanay, die Mutter, die ihrer Familie *casabe* (Maniok) kocht, Yaima, ein kleines Mädchen, das gerade spielt, sowie die Schlüsselfigur Guamá, den tapferen Taíno-Krieger.

Eine der 18 Pfahlhütten in der Laguna del Tesoro

Hotels und Restaurants im westlichen Zentralkuba *siehe Seiten 259f und 273f*

Playa Larga

Am Ende der Schweinebucht liegt einer der besseren Strände dieses Küstenabschnitts, der zumeist bis zum Ufer hinunter dicht bewachsen ist. Das vorgelagerte Korallenriff ist ein fantastisches Tauchrevier. Der öffentliche Bereich von Playa Larga ist beliebt bei Kubanern und bietet auch ausländischen Urlaubern vielfältige Outdoor-Aktivitäten.

In der Nähe des Parkplatzes erinnert ein Denkmal an die Landung der Anti-Castro-Truppen 1961. Die Straße zur Playa Girón ist gesäumt von Gedenksteinen zu Ehren der kubanischen Opfer, die in der drei Tage dauernden Schlacht fielen.

Nordöstlich der Playa Larga liegen ein ornithologisches Reservat und das Centro Internacional de Aves (Internationales Vogelzentrum).

Die Cueva de los Peces *(siehe S. 168)* ist ideal zum Tauchen

Playa Girón

Dieser Strand wurde im 17. Jahrhundert nach dem französischen Piraten Gilbert Girón benannt, der hier Zuflucht fand. Drei Jahrhunderte später wurde er 1961 zum Schauplatz der erfolglosen, von den Amerikanern gestützten Invasion. Auf einem großen Schild am Eingang zum Strand steht: »Hier erlitt der nordamerikanische Imperialismus seine erste große Niederlage.«

Der Strand eignet sich hervorragend zum Fischen und Tauchen und ist auf Urlauber eingestellt.

Lassen Sie sich nicht das **Museo Girón** entgehen, das die Invasion in Fotos, Dokumenten, Waffen, einem Panzer und Flugzeugwracks aus der letzten Schlacht darstellt und während der Invasion gedrehte Filme zeigt.

Playa Girón, der östlichste Sandstrand in der Schweinebucht

Museo Girón
Playa Girón, Península de Zapata.
(45) 984 122. tägl. 8–17 Uhr.
(Fotografieren gegen Gebühr).

Invasion in der Schweinebucht

Die lang gezogene Schweinebucht *(Bahía de Cochinos)* wurde 1961 weltbekannt. Am 14. April, zum Höhepunkt des Kalten Krieges, lief eine Gruppe von 1400 Exilkubanern, die mit der Zustimmung des Präsidenten der Vereinigten Staaten, John F. Kennedy, von der CIA ausgebildet worden waren, auf sechs Schiffen aus Nicaragua aus. Am nächsten Tag griffen sechs amerikanische B-26-Bomber die drei Militärstützpunkte Kubas an. Es gab sieben Tote und 53 Verletzte.

Am 16. April ging die Gruppe von Konterrevolutionären an den größten Stränden, Playa Larga und Playa Girón, an Land. Dort stießen sie jedoch auf kubanische Kämpfer, die von Fidel Castro persönlich angeführt wurden. Sie waren gut auf die Schlacht vorbereitet und hatten den Rückhalt der kubanischen Bevölkerung. Der Kampf dauerte nur drei Tage und endete mit der schnellen Niederlage der Angreifer. Um eine internationale Krise zu verhindern, die wegen der sowjetischen Unterstützung Kubas schwerwiegende Konsequenzen hätte haben können, zogen die USA plötzlich ihre Flugzeuge ab und überließen die Angreifer an Land – viele davon waren Söldner – ihrem Schicksal. Diese wurden verhaftet und sofort verurteilt. Nach 20 Monaten Haft durften sie gegen Medizin, Nahrungsmittel und Krankenhausausstattungen in die USA zurückkehren.

Freigelassene Geiseln bei ihrer Rückkehr aus Kuba

7 Cienfuegos

Cienfuegos, Hauptstadt der gleichnamigen Provinz und Welterbestätte der UNESCO, ist eine maritime Stadt mit gut erhaltenem historischem Zentrum und einer der schönsten Buchten der Karibik, weshalb die Stadt in der Kolonialzeit »Perle des Südens« genannt wurde. Als Kolumbus die Insel 1494 entdeckte, war sie noch vom indigenen Volk der Jagua bewohnt. Um die Bucht vor Piraten zu schützen, erbauten die Spanier 1745 hier ein Fort. Die erste Stadt wurde 1819 gegründet und im Jahr 1829 nach dem damaligen kubanischen Gouverneur José Cienfuegos benannt.

»Kilometer null«, Parque José Martí

Parque José Martí

Der »Kilometer null«, Mittelpunkt von Cienfuegos, befindet sich in der Mitte des Parque José Martí, des ehemaligen Paradeplatzes Plaza de Armas. Der große rechteckige Platz (200 x 100 Meter) wurde wegen seiner Gebäude und deren historischer Bedeutung zum Nationaldenkmal erklärt. Hier wurde die Gründung der Stadt in einer glanzvollen Zeremonie unter einem Hibiskusbaum gefeiert. Dieser diente als Markierung für die ersten 25 Blocks, die in der Stadt gebaut wurden.

Löwen auf einem Marmorpodest säumen ein 1906 aufgestelltes Denkmal für José Martí. In der Calle Bouyón steht der einzige Triumphbogen Kubas, der 1902 vom örtlichen Arbeiterverband in Auftrag gegeben wurde, um die Ausrufung der Republik Kuba zu manifestieren. Eine Seite des Platzes wird vom **Antiguo Ayuntamiento** eingenommen. Das Gebäude ist heute Sitz der Provinzregierung.

Teatro Tomás Terry

Ave. 56 No. 2703 y Calle 27. (43) 513 361. tägl. (Fotografieren gegen Gebühr).

Dieses Theater wurde von 1886 bis 1889 erbaut, um dem letzten Willen von Tomás Terry Adams zu entsprechen, einem skrupellosen Fabrikbesitzer, der mit Sklavenhandel zu Reichtum gekommen war und dann Major wurde. Zu Beginn des 20. Jahrhunderts traten hier auch Weltstars wie Enrico Caruso und Sarah Bernhardt auf. Entworfen wurde es von Lino Sánchez Mármol als Theater im italienischen Stil, mit einem beeindruckenden, u-förmigen Zuschauersaal auf drei Ebenen und einem riesigen Fresko von Camilo Salaya, einem philippinisch-spanischen Maler, der Ende des 19. Jahrhunderts nach Kuba umsiedelte. Die wohlproportionierte Fassade hat fünf Bogen und Eingänge. Die byzantinischen Mosaiken im oberen Bereich stammen aus den Salvati-Ateliers in Venedig und stellen Musen dar.

Links vom Theater steht das Colegio de San Lorenzo, eine Stiftung von Nicolás Jacinto Acea, der bedürftigen Kindern der Stadt die Möglichkeit zur Ausbildung geben wollte.

Catedral de la Purísima Concepción

Ave. 56 No. 2902 y Calle 29. (43) 525 297. Mo–Fr 7–12, Sa 8–12, So 8–10 Uhr. Mo–Fr 7.15, Sa 8, So 9 Uhr.

Die 1833–1869 erbaute Kathedrale zählt zu den bedeutendsten Gebäuden am Hauptplatz. Auffallend ist ihre klassizistische Fassade mit zwei unterschiedlich hohen Glockentürmen. Die Buntglasfenster aus Frankreich, die die zwölf Apostel darstellen, werden derzeit restauriert und sind deshalb nicht zu sehen.

Museo Provincial

Ave. 54 No. 2702, esq. Calle 27. (43) 519 722. Di–Sa 10–18, So 9–13 Uhr. 1. Jan, 1. Mai, 26. Juli, 25. Dez. (Fotografieren gegen Gebühr).

Das Provinzmuseum befindet sich im ehemaligen Casino Español, einem kirchenähnlichen Gebäude, das 1896 eröffnet wurde. Die Einrichtung in Bronze und Marmor mit Kristall- und Porzellansammlungen zeugt vom Geschmack und Wohlstand der Einwohner im 19. Jahrhundert.

Die mit Mosaiken dekorierte Fassade des Teatro Tomás Terry

Hotels und Restaurants im westlichen Zentralkuba *siehe Seiten 259f und 273f*

Der Palacio Ferrer mit seiner unverwechselbaren blauen Kuppel

Palacio Ferrer

Ave. 54, esq. Calle 25. (43) 516 584. bei Kulturveranstaltungen.

Der Palast, in dem heute die Casa Provincial de la Cultura untergebracht ist, wurde Anfang des 20. Jahrhunderts vom Zuckermagnaten José Ferrer Sirés erbaut. Der italienische Star-Tenor Enrico Caruso soll während seines Gastspiels im Teatro Tomás Terry *(siehe S. 172)* hier gewohnt haben. Das Gebäude steht am Westende des Platzes und ist der eigentümlichste Bau vor Ort. Es hat eine Kuppel mit blauen Mosaiken. Eine filigrane Wendeltreppe führt nach oben.

Museo Histórico Naval Nacional

Ave. 60 y Calle 21, Cayo Loco. (43) 516 617. Di–Sa 10–18, So 9.45–13 Uhr.

Nordöstlich des Parque José Martí, auf der Halbinsel Cayo Loco, befindet sich das größte Schifffahrtsmuseum Kubas mit einer Reihe von bedeutenden Dokumenten zum Aufstand vom 5. September 1957 gegen Batista und einer interessanten Ausstellung über die Geschichte der kubanischen Marine.

Paseo del Prado

Die 1922 angelegte, belebteste Straße der Stadt ist bekannt für elegante, gut erhaltene Gebäude und Denkmäler zu Ehren einheimischer Persönlichkeiten. Sie führt durch die Altstadt und geht Richtung Süden bis Punta Gorda.

Infobox

Information

Straßenkarte C3. 170 000.
Infotur, Ave. 56 No. 3117 altos, e/ 31 y 33, (43) 514 653; Cubatur, Ave. 56, e/ 31 y 3, (43) 551 242.
Fernandina de Jagua (22. Apr).

Anfahrt

Ave. 58 y Calle 4, (43) 525 495.
Calle 49, e/ Ave. 56 y 58, (43) 518 114.

Paseo del Prado, Hauptstraße der Altstadt von Cienfuegos

Zentrum von Cienfuegos

1. Parque José Martí
2. Teatro Tomás Terry
3. Catedral de la Purísima Concepción
4. Antiguo Ayuntamiento
5. Museo Provincial
6. Palacio Ferrer
7. Museo Histórico Naval Nacional
8. Paseo del Prado

Zeichenerklärung *siehe hintere Umschlagklappe*

Überblick: Cienfuegos

Die Nähe zum Meer ist immer stärker spürbar, je weiter man von der Altstadt von Cienfuegos in Richtung der Stadtviertel Reina und Punta Gorda geht, zwei engen, fast vollständig von Wasser umgebenen Landstrichen. Am eindrucksvollsten ist es jedoch am Eingang zur Bucht mit der Festung Castillo de Jagua und dem Fischerhafen Perché. Südöstlich von Cienfuegos befindet sich einer der schönsten botanischen Gärten Lateinamerikas.

Holzhäuser von Punta Gorda

Punta Gorda

An der Südspitze der Bucht von Cienfuegos liegt Punta Gorda, Anfang des 20. Jahrhunderts ein aristokratisches Stadtviertel. Von dort hat man einen schönen Blick über die Bucht. Bei einem Spaziergang entlang der Küste sieht man viele Jugendstilvillen. An der Spitze der Halbinsel stehen typische Holzhäuser in hellen Farben. Sie wurden den vorgefertigten »Ballonrahmen«-Häusern der USA nachempfunden, die Anfang des 20. Jahrhunderts in Mode waren.

Palacio de Valle

Calle 37, e/ Ave. 0 y 2, Punta Gorda. (43) 551 003, ext 830. tägl. 10–22 Uhr.

Bauherr des 1913–17 errichteten Palacio de Valle war der Zuckerhändler Acisclo del Valle Blanco, damals einer der reichsten Männer Kubas. Das zweistöckige Gebäude, heute ein Restaurant, weist neogotische, venezianische und maurische Architekturelemente auf und zeigt starke Einflüsse des Stils der Paläste von Granada und Sevilla. Die Fassade hat drei unterschiedliche Türme, die Macht, Religion und Liebe symbolisieren. Die Terrasse ist öffentlich zugänglich und bietet eine tolle Bar, in der regelmäßig mitreißende Live-Musik gespielt wird.

Interieur des Palacio de Valle mit neomaurischer Dekoration

Cementerio Monumental Tomás de Acea

Ave. 5 de Septiembre. (43) 525 257. tägl. 8–16 Uhr.

Der beeindruckende Monumentalfriedhof im Osten von Cienfuegos vereint verschiedene Stilrichtungen und wurde als Garten mit Pfaden und Obstbäumen konzipiert. Der Eingang ist eine Replik des Parthenon in Athen.

Palacio de Valle, den Batista in ein Casino umwandelte und der heute ein Restaurant und eine Bar beherbergt

Hotels und Restaurants im westlichen Zentralkuba *siehe Seiten 259f und 273f*

Cementerio General La Reina

Ave. 50 y Calle 7, Reina. tägl.

Der klassizistische Stadtfriedhof La Reina befindet sich am Westende der Stadt. Er wurde in den 1830er Jahren angelegt und mittlerweile zu einem Nationaldenkmal erklärt. Hier steht unter anderem auch die berühmte Grabstatue *La Bella Durmiente* (»Schlafende Schönheit«).

Statue der Schlafenden Schönheit auf dem Friedhof La Reina in Cienfuegos

Castillo de Jagua

Poblado Castillo de Jagua. (43) 965 402. Di–Sa 9–17, So 9–13 Uhr. (Fotografieren gegen Gebühr).

Das Castillo de Jagua wurde von Bruno Caballero entworfen und unter der Leitung von José Tantete erbaut. Die Zitadelle sollte die Region vor jamaikanischen Piraten beschützen und war im 18. Jahrhundert die drittgrößte Festung Kubas und die einzige in ganz Zentralkuba. Der Burggraben und die Zugbrücke sind noch intakt.

Die Legende besagt, dass die Zitadelle von einer geheimnisvollen Dame in blauen Gewändern bewohnt war, die jede Nacht durch die Räume und Flure wandelte und die Wächter erschreckte. Eines Morgens soll ein Wächter aufgefunden worden sein, der völlig verstört ein Stück blauen Stoffs in den Händen hielt. Der Unglückselige erholte sich nie und landete im Irrenhaus.

Am Fuß des Castillo liegt das Fischerdorf **Perché** mit hübschen Holzhäusern, die in starkem Kontrast zu dem majestätischen Militärbau stehen.

Zum Castillo gelangen Sie am besten mit einer Fähre vom Hotel Pasacaballos (29 km südlich von Cienfuegos), über den Kai in Cienfuegos oder mit dem Boot von Punta Gorda.

Umgebung: Die Provinz Cienfuegos ist interessant für Ökotouristen. Neben der Heilquelle **Ciego Montero** nördlich der Hauptstadt sind auch **El Nicho** im Südosten – berühmt für die Wasserfälle – und das Naturschutzgebiet Aguacate sehenswert.

Hauptanziehungspunkt ist das **Valle de Yaguanabo** im Süden. Durch dieses Tal fließt der gleichnamige Fluss mit kleinen Wasserfällen und klaren Süßwasserbecken. An einem der Berge, auf dem auch Wildschweine, Rehe, Hirsche und Opossums leben, geht es in die **Cueva de Martín Infierno**. Diese Höhle ist seit 1990 Nationaldenkmal, da dort einer der größten Stalagmiten der Welt (67 m hoch) und weitere seltene mineralogische Vorkommen wie Mondmilch und Flores de Yeso zu sehen sind.

Rund 20 Kilometer südlich von Cienfuegos liegt die **Playa Rancho Luna** mit goldenem Sand. Hierher kommen sowohl Einheimische als auch Urlauber gern.

Benny Moré

Der besondere Stolz von Cienfuegos ist Maximiliano Bartolomé Moré, besser bekannt als Benny Moré, der am 24. August 1919 im nahe gelegenen Santa Isabel de las Lajas geboren wurde. Moré inspirierte viele Generationen nicht nur von Kubanern mit seiner weichen, einzigartigen Stimme, mit der er eine Vielzahl von Musikgenres abdeckte. Aus diesem Grund wurde er auch *el bárbaro del ritmo* (Rhythmusbarbar) genannt. Benny Moré war Autodidakt und sang schon in jungen Jahren in berühmten Orchestern wie dem der Matamoros-Brüder und Pérez Prado *(siehe S. 34)*. Der Künstler verstarb Anfang der 1960er Jahre. Eine Zeit lang gedachte seiner Cienfuegos – eine Stadt mit großer musikalischer Tradition und Wiege des Cha-Cha-Cha – mit dem Internationalen Benny Moré Festival. Der Cabildo Congo de Lajas in seiner Heimatstadt veranstaltet Konzerte mit afrokubanischen Volksliedern und -tänzen.

Der kubanische Sänger Benny Moré

❽ Cienfuegos: Jardín Botánico Soledad

Edwin Atkins, Besitzer der Zuckerfabrik Soledad 15 Kilometer von Cienfuegos entfernt, wandelte 1901 vier Hektar seines Areals in ein Zuckerrohr-Forschungszentrum um und bepflanzte den Garten mit tropischen Pflanzen. 1919 wurde der Grund von der Universität Harvard aufgekauft, die ein Botanisches Institut für Zuckerrohr und die tropische Flora gründete. Der Botanische Garten steht seit 1961 unter der Leitung der kubanischen Regierung und zählt mit einer Fläche von 94 Hektar und über 1400 Pflanzenarten, darunter 195 Palmen, zu den größten Lateinamerikas. Abgesehen von den endemischen Pflanzen, stehen dort auch riesige Bambusbäume. Bei Führungen wird der Garten teils zu Fuß, teils mit dem Auto erkundet.

Heilpflanzen
Heimische Pflanzen mit Heilwirkung wie Aloe vera werden in diesem Areal gezogen.

Außerdem

① Geschützter Wald

② Waldpflanzen

③ Gemüsepflanzen

④ Labor

⑤ Kasse, Bibliothek

★ Banyan
Von den über 50 Feigenbäumen im Botanischen Garten ist der beeindruckendste der riesige *Ficus benghalensis* (bengalische Feige oder Banyan), ein Luftwurzler mit über 20 Meter Umfang. Wurzeln, Stämme und Zweige bilden eine schier undurchdringbare Mauer.

Kakteen
Im Glashaus wachsen viele Kakteenarten. Sie sind alle recht jung, da sie erst nach den Schäden durch Hurrikan Lilly 1996 angepflanzt wurden.

Infobox

Information
Calle Real 136, Pepito Tey, Cienfuegos. **Straßenkarte** C3.
(43) 545 115.
tägl. 8.30–16 Uhr.

Wasserlilien
Der Teich in der Nähe des Glashauses wird völlig von Seerosen bedeckt. Sie sind hellrosa, weiß, dunkellila, blau oder gelb und geben so ein farbenfrohes Bild ab.

Mimose
Die Mimose mit ihren geteilten Blättern ist eine wunderschöne Zierpflanze.

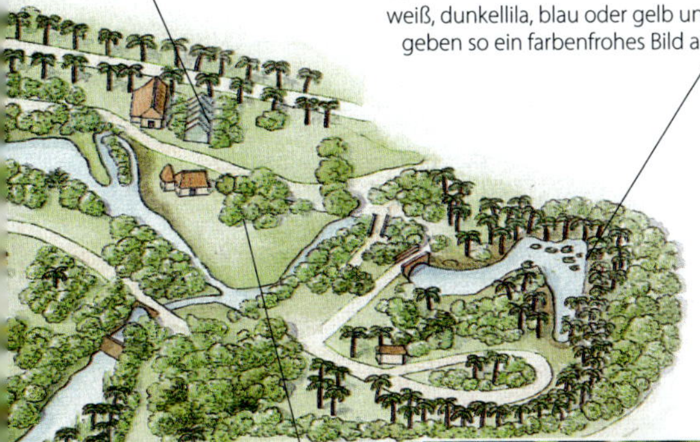

⑨ Santa Clara

Siehe S. 178–180.

⑩ Sierra del Escambray

Villa Clara, Sancti Spíritus, Cienfuegos. **Straßenkarte** C3. Hotel los Helechos, (42) 540 330; Centro de Información de Reservas de Topes de Collantes, (42) 540 117.

Die Sierra del Escambray mit einer durchschnittlichen Höhe von 700 Metern über dem Meeresspiegel erstreckt sich weit über den südlichen Teil von Zentralkuba und geht dabei durch drei Provinzen: Villa Clara, Cienfuegos und Sancti Spíritus *(siehe S. 195)*. Im Herzen der Bergkette liegt das Naturreservat **El Nicho**. Seine umfangreiche Bergfauna und -flora ist von großem wissenschaftlichen und ökologischen Wert. Am **Pico San Juan**, dem höchsten Berg der Sierra (1156 m), wachsen Nadelbäume und Flechten sowie Kaffeepflanzen.

Ein steiler Weg führt von der Nordseite der Berge hinauf zum **Embalse Hanabanilla**, einem künstlichen See, über dem ein Hotel thront. Der Río-Negro-Pfad, der um den gleichnamigen Wasserfall verläuft, führt zu einem Aussichtspunkt mit Blick über den See.

In La Macagua steht die 1968 gegründete Schauspielschule **Comunidad Teatral del Escambray**. Mitglieder des Theaters von Havanna probten hier, bevor sie auf landesweite Tournee gingen.

Palmen

Für viele Kubaner symbolisieren Palmen die Macht der Götter. Auf der Insel wachsen viele Arten davon: die Königspalme *(Roystonea regia)*, der Nationalbaum, die Flaschenpalme *(Colpothrinax wrightii)*, genannt *barrigona* (»Schwangere«), da der Stamm in der Mitte dicker wird, die Sabal-Palme, deren farnartige Blätter zum Dachdecken verwendet werden, die einheimische Coccothrinax *(C. crinita)* mit ihren unverwechselbaren Blättern und die Korkpalme.

Königspalme

Flaschenpalme

Coccothrinax-Palme

❾ Santa Clara

Santa Clara wurde am 15. Juli 1689 von einer Gruppe Einwohner aus Remedios gegründet *(siehe S. 181)*, die von der Küste weggezogen waren, um den Piratenübergriffen zu entkommen. Santa Clara war viele Jahrhunderte Hauptstadt der Provinz Las Villas, zu der die heutigen Provinzen Cienfuegos, Sancti Spíritus und Villa Clara gehörten. Ein historisches Ereignis machte Santa Clara berühmt: 1958 fand hier der letzte Kampf der Guerilleros unter Führung von Che Guevara statt, mit dem das Ende der Batista-Diktatur eingeläutet wurde. Santa Clara, bekannt als »Stadt der heroischen Guerilleros«, hat viel zu bieten.

Santa Claras hübscher Hauptplatz, der Parque Leoncio Vidal

Parque Leoncio Vidal

Im Herzen der Stadt liegt dieser bezaubernde Platz, der mit seinen gepflegten Blumenbeeten, schmiedeeisernen Bänken und Straßenlaternen noch die Originalatmosphäre von 1925 beibehalten hat.

Der Obelisk wurde von der reichen Erbin Martha Abreu de Estévez in Gedenken an die beiden Priester Juan de Conyedo und Hurtado de Mendoza gestiftet. Sie finanzierte auch weitere Bauten, so das Teatro de la Caridad, die erste öffentliche Badeanstalt der Stadt, das Observatorium, das Elektrizitätswerk, ein Krankenhaus sowie ein Feuerwehrhaus.

Auf dem Platz steht eine Büste von Leoncio Vidal, einem Oberst der nationalen Befreiungsarmee, der 1896 im Kampf fiel, sowie ein Brunnen und eine Skulptur mit dem Titel *Niño de la Bota* (Kind in Stiefeln), die vom New Yorker Kunsthandel J. L. Mott aufgekauft wurde. Bis 1894 durften Schwarze den Platz nicht betreten, sondern nur bestimmte Gehsteige benutzen.

Teatro de la Caridad

Parque Vidal 3. (42) 205 548.

Dieses nach Entwürfen des Ingenieurs Herminio Leiva y Aguilera im Auftrag der Erbin Martha Abreu de Estévez erbaute Theater wurde 1885 eröffnet und vor Kurzem renoviert. Das Gebäude bot noch viel mehr als Theater: einen Barbier, einen Ballsaal, eine Spielhalle, ein Café und ein Restaurant. So sollte Geld gesammelt werden, das für die Armen der Stadt gedacht war (daher sein Name »Theater der Wohltätigkeit«).

Antike Vase in einer Halle des Museo de Artes Decorativas

Im Teatro de la Caridad trat schon Enrico Caruso auf

Das Gebäude hat eine gerade, einfache Fassade, die ganz im Gegensatz steht zum verzierten Interieur mit seinen zahlreichen Kandelabern und Wandgemälden und einer Bühne mit allen technischen Raffinessen und drapierten Vorhängen. Der Zuschauersaal selbst hat drei Ränge mit schmiedeeisernen Balkonen und Klappsitze im Parkett, was damals in Kuba eine absolute Neuheit war.

Besonders schön sind die Deckenfresken des spanisch-philippinischen Malers Camilo Salaya, die Allegorien über Genie, Geschichte und Ruhm darstellen.

Museo de Artes Decorativas

Calle Martha Abreu, esq. Luis Estévez (42) 205 368. Di–Do 9–18, Fr–So 9–20 Uhr.

Das Museo de Artes Decorativas in einem Gebäude aus dem Jahr 1810 ist in jedem Fall einen Besuch wert. Es stellt Möbel aus dem 17., 18., 19. und 20. Jahrhundert sowie Mobiliar und Gemälde aus dem Besitz der damals einflussreichsten Familien der Stadt aus. Besonders elegant und reizvoll sind die Stiftungen der kubanischen Lyrikerin Dulce María Loynaz *(siehe S. 33)*, darunter zwei Gefäße aus Sèvres-Porzellan, die größten ihrer Art in Kuba.

Das Tren-Blindado-Denkmal, ein Kunstwerk von José Delarra

Infobox

Information
Villa Clara. **Straßenkarte** C3. 240 000. Infotur, Calle Cuba 68, e/ E. Machado und Maestra Nicolosa, (42) 227 557.

Anfahrt
Luis Estévez 323. Carretera Central, km 2,5.

Tren-Blindado-Denkmal

Carretera Camajuaní, Kreuzung mit Eisenbahnlinie. (42) 202 758.
Mo–Sa 9–17 Uhr.

Am 28. Dezember 1958 gelang es Che Guevara mithilfe von nur 300 Männern, die Stadt zu erobern, die von 3000 Soldaten Batistas vehement verteidigt wurde. Am darauffolgenden Tag sorgte Che Guevara für einen weiteren schweren Rückschlag des Diktators, indem er einen Militärzug zum Entgleisen brachte, der 408 Soldaten und diverse Waffen in den Osten Kubas bringen sollte, um die Rebellen aufzuhalten. Der kubanische Bildhauer José Delarra gedachte dieses Ereignisses, indem er an seinem Schauplatz – im nordöstlichen Teil von Santa Clara, auf der Linie nach Remedios – ein Monumentalmuseum schuf. Hier wird der Ablauf der Ereignisse nachgestellt. Dafür wurden Originalelemente wie vier Waggons des Militärzugs, militärische Pläne und Karten, Fotografien und Waffen verwendet. Ebenfalls ausgestellt ist der D-6-Bulldozer, mit dem die Guerilleros die Gleise entfernten und die Entgleisung verursachten. Die Episode endete damit, dass sich Batistas Männer ergaben.

Parque Tudury

Auf dem auch Parque El Carmen genannten Platz vor der klassizistischen Kirche Iglesia de Nuestra Señora del Carmen (1756) steht ein Denkmal in Erinnerung an die Gründung der Stadt Santa Clara. Es wurde 1951 um einen Tamarindenbaum herum errichtet, dort, wo am 15. Juli 1689 die erste Messe in der neuen Stadt abgehalten wurde. Das Denkmal besteht aus 18 Säulen, in die die Namen der ersten Familien eingraviert sind, die in Santa Clara lebten.

Zentrum von Santa Clara

1. Parque Leoncio Vidal
2. Teatro de la Caridad
3. Museo de Artes Decorativas
4. Tren-Blindado-Denkmal
5. Parque Tudury

Zeichenerklärung siehe hintere Umschlagklappe

Skulpturenkomplex zu Ehren von Che Guevara in Santa Clara

Conjunto Escultórico Comandante Ernesto Che Guevara

Avenida de los Desfiles, Santa Clara. (42) 205 878. Di–So 9.30–18.30 Uhr. im Denkmal, im Museum und am Grab.

Das Monument auf der Plaza de la Revolución wurde anlässlich des 30. Jahrestags der Schlacht von Santa Clara erbaut. Es wurde vom Architekten Jorge Cao Campos und dem Bildhauer José Delarra entworfen und am 28. Dezember 1988 enthüllt.

Der Komplex umfasst ein Museum, das Denkmal für Che Guevara und sein Grab. Dominiert wird das Denkmal von einer Bronzestatue von Che mit eingegipstem Arm (er hatte ihn sich in der entscheidenden Schlacht um Santa Clara gebrochen). Ein Flachrelief zeigt Kampfszenen, einem weiteren Steinblock sind Zitate Ches aus seinem Abschiedsbrief vor seinem Aufbruch nach Bolivien eingraviert.

Unter dem Denkmal befindet sich das Museum, ein Entwurf von Blanca Hernández Guivernau, in dem persönliche Gegenstände Ches, Fotos sowie eine Chronologie seines Lebens ausgestellt sind. Hier wird seine Ideologie besonders deutlich. Zu den persönlichen Gegenständen gehören sein Pistolenhalfter, seine Uniform, seine Mütze und das Telefon, das er während der Kampagne benutzte.

Der jüngste Bau auf dem Platz ist das Mausoleum mit den sterblichen Überresten Che Guevaras und 38 weiterer Kameraden, die 30 Jahre nach ihrem Tod in Bolivien gefunden und 1997 nach Kuba überführt wurden. Das Grab ist einer Höhle nachempfunden, hat Nischen für die Ossuarien und eine Ewige Flamme in der Mitte, die von Fidel Castro entzündet wurde. Täglich strömen viele Kubaner hierher, um ihrem Helden die Ehre zu erweisen.

Ausschnitt aus dem Flachrelief auf dem Che-Guevara-Denkmal

Ernesto Che Guevara

Fotograf Alberto Korda mit seinem berühmten Porträt Che Guevaras

Als Ernesto Guevara de la Serna am 9. Oktober 1967 in Bolivien auf Befehl des CIA getötet wurde, war er erst 39 Jahre alt. Im Sommer 1997 – als Kuba den 30. Todestag des *guerrillero heroico* beging – wurde sein Leichnam nach Kuba überführt. Che war einer von nur zwei Ausländern in der Geschichte Kubas (der andere ist der dominikanische General Máximo Gómez), die zu kubanischen Staatsbürgern »durch Geburt« erklärt wurden. Als sein Sarg zur Musik der *Suite de las Américas* aus dem Flugzeug heruntergelassen wurde, wurde jedem, vor allem den jungen Kubanern, klar, dass Che Guevara wirklich existiert hatte. Er war nicht nur eine Legende, sondern Realität für Millionen, die seine Weltanschauung teilten. Weiteres Zeugnis sind seine Kinder, seine Witwe Aleida March, all diejenigen, die mit ihm in der Sierra Maestra und im Kongo gekämpft hatten, und auch Alberto Granado, mit dem Che seine ersten Reisen durch Lateinamerika unternommen hatte und der nach der Revolution auf Einladung seines Freundes hin nach Kuba übersiedelte. Trotz seines Asthmas hatte Che einen eisernen Willen. Er war Idealist, Perfektionist, Schöngeist und Altruist – ein Mann der Tat, der Sport und Bücher liebte, über das Leben sinnierte und schrieb. So führte er auch bis zu seinem Tod Tagebuch.

Iglesia de San Juan Bautista, die Kathedrale von Remedios

⓫ Remedios

Villa Clara. **Straßenkarte** C3. 16 500. Infotur, Calle Pi y Margall, (42) 397 227. Parrandas (24. Dez).

Bei ihrer Gründung im Jahr 1515 durch Vasco Porcallo de Figueroa hieß die Stadt Santa Cruz de la Sabana. Sie wurde nach einem Brand 1578 in San Juan de los Remedios del Cayo umbenannt.

Der ruhige Ort hat einen kleinen, gut erhaltenen historischen Stadtkern aus der Kolonialzeit in der Gegend um die Plaza Martí. An dem Platz steht die Stadtkathedrale Iglesia de San Juan Bautista, eine der bedeutendsten Kirchen Kubas. Im 20. Jahrhundert ließ sie der reiche Landbesitzer Eutimio Falla Bonet restaurieren. Dabei wurde der ursprüngliche barocke Glanz wiederhergestellt, ohne jedoch den klassizistischen Glockenturm zu verändern. Sehr schön sind der Barockaltar und die Deckenmalerei.

Im **Museo Alejandro García Caturla** sind Musikinstrumente, Fotos und persönliche Gegenstände dieses talentierten Musikers aus dem 20. Jahrhundert ausgestellt. Alejandro García Caturla (1906–1940) war Komponist, Pianist, Saxofonist, Perkussionist, Violinist und Sänger. Zudem war er ein Journalist und Kunstkritiker.

Auf dem Platz stehen drei weitere schöne Gebäude: das frühere Casino Español, heute Casa de la Cultura, das Café El Louvre (1866) sowie das Hotel Mascotte, wo es im Jahr 1899 zu dem bedeutenden Treffen zwischen Generalissimo Máximo Gómez und einer US-Delegation kam.

Am berühmtesten ist Remedios aber wegen des Festivals Parrandas, das im **Museo de las Parrandas Remedianas** dokumentiert wird. Hier werden die Parrandas in Fotografien, Musikinstrumenten, Kostümen, Sketchen, Wagen und *trabajos de plaza* – geschmückten Holzkonstruktionen – zum Leben erweckt.

Museo Alejandro García Caturla
Calle Camilo Cienfuegos 5.
(42) 396 851. Di–Sa 8–17 Uhr, So 9–12 Uhr.

Museo de las Parrandas Remedianas
Calle Máximo Gómez 71, esq. Andrés del Río. (42) 396 818.
Di–Sa 8–12, 13.30–17 Uhr, So 9–12 Uhr. 1. Jan, 1. Mai, 26. Juli, 25. Dez.

Umgebung: Östlich von Remedios liegt die Insel Cayo Santa María, die man über den 48 Kilometer langen Damm El Pedraplén erreicht. Die Hotels befinden sich an Sandstränden an der Nordküste, zudem gibt es ein Delfinarium, eine Bowlinganlage und ein Einkaufszentrum. Im Süden erstrecken sich Sumpfgebiete.

Plaza Martí, der ruhige Hauptplatz von Remedios

Parrandas

Belebter Platz auf einem Druck aus dem 19. Jahrhundert

1829 hatte der Gemeindepfarrer Francisco Virgil de Quiñones den Einfall, einige Jungen mit Blechtrommeln durch den Ort zu schicken, um die Kirchengemeinde dazu zu bewegen, in der Adventszeit (16.–24. Dezember) mehr an den Nachtmetten teilzunehmen.

Im Lauf der Zeit entwickelte sich das eigentümliche Konzert zum wahren Festival mit Musik, Tänzen, Umzügen und riesigen Holzvehikeln *(trabajos de plaza)*. Das Fest ist eine Art Mischung aus Karneval und dem italienischen Palio. Im Mittelpunkt steht dabei der Wettkampf zwischen den zwei Stadtvierteln San Salvador und Carmen.

Die Parrandas beginnen am 4. Dezember mit Konzerten auf Schlaginstrumenten und enden an Heiligabend mit einem rauschenden Fest. Die beiden *trabajos de plaza*, einer pro Viertel, die während des Jahres gebaut werden, bleiben bei den Feiern auf der Plaza Martí stehen. Um 21 Uhr werden sie beleuchtet und zeigen ihr historisches, politisches, wissenschaftliches oder architektonisches Thema. Feuerwerke begleiten den Einzug der Wagen *(carrozas)*, der nie vor 3 Uhr morgens stattfindet.

Was die Parrandas mit ihren Liedern, Polkas und Rumbas so sympathisch macht, ist die Tatsache, dass Einwohner aller Altersgruppen daran teilnehmen.

Östliches Zentralkuba

Sancti Spíritus · Ciego de Ávila · Camagüey · Las Tunas

Das Gebiet im Herzen der Insel hat zwei Facetten. Zum einen den kolonialen Teil mit spanischen Zügen in der Architektur und den Bräuchen, was sich am meisten in Trinidad und dem labyrinthartigen Camagüey widerspiegelt. Das zweite Merkmal ist die unberührte Natur mit den vorgelagerten *cayos*, die erst vor Kurzem für den Fremdenverkehr entdeckt wurden.

Trinidad, Camagüey und Sancti Spíritus, die Kulturmetropolen dieser Gegend, waren drei von sieben Städten, die im 16. Jahrhundert von einer kleinen Gruppe Spanier unter der Führung von Diego Velázquez *(siehe S. 43 und 230)* gegründet wurden. Das 17. und 18. Jahrhundert war geprägt von der Bedrohung Kubas durch die Engländer und von Piratenangriffen wie dem von Henry Morgan in Camagüey (damals Puerto Príncipe) im Jahr 1666. Zu dieser Zeit hatte Trinidad die politische und militärische Rechtsprechung über ganz Zentralkuba inne, ein Gebiet, dessen Wirtschaft ausschließlich auf Zuckerrohranbau bzw. dem Handel mit Rohrzucker basierte.

Als in der zweiten Hälfte des 19. Jahrhunderts neue Technologien aufkamen, stürzte dies die Region aufgrund mangelnder Qualifikation der Arbeiter in eine Krise. Es kam immer häufiger zu gewaltsamen Sklavenaufständen – der erste ereignete sich im Jahr 1616 in Camagüey –, außerdem wurde die Konkurrenz aus Cienfuegos immer größer. Ende des 19. Jahrhunderts verließen die Großgrundbesitzer die Städte, in denen ihre Villen standen. Mit der Zeit verkauften sie ihre Zuckerfabriken an Amerikaner, die sie in immer größeren Firmen zusammenschlossen. Camagüey konzentrierte sich auf Viehzucht, Trinidad auf Kunsthandwerk und Zigarrenherstellung. Erst 1919 wurde eine Eisenbahnlinie nach Trinidad und in den 1950er Jahren eine Straße nach Cienfuegos und Sancti Spíritus gelegt. Durch die Isolation konnte aber der koloniale Charme der historischen Zentren von Trinidad und Sancti Spíritus überdauern.

Luftaufnahme des Damms, der Cayo Coco mit dem Festland verbindet

◀ **Blick auf die Topes de Collantes *(siehe S. 195)* wenige Kilometer nördlich von Trinidad**

Überblick: Östliches Zentralkuba

Kulturell gesehen, ist in diesem Gebiet Trinidad am interessantesten. Diese Kleinstadt hat auch einen schönen Strand in der Nähe und ist ein guter Ausgangspunkt für lohnenswerte Ausflüge in die Sierra del Escambray oder in das Valle de los Ingenios. Das koloniale Sancti Spíritus zieht verhältnismäßig wenige Besucher an, während Camagüey sowohl wegen seiner Kolonialarchitektur als auch seiner Authentizität fasziniert. Die Atlantikküste in der Provinz Ciego de Ávila eignet sich gut zum Wassersport, besonders bei Cayo Coco und Guillermo.

Playa Prohibida mit Sanddünen auf Cayo Coco

Salto del Caburní bei Topes de Collantes, zwischen Felsen und roter Erde

Weitere Zeichenerklärungen *siehe hintere Umschlagklappe*

Eines der zahlreichen Kolonialhäuser um den ruhigen Platz San Juan de Dios in Camagüey

Sehenswürdigkeiten auf einen Blick

Tour

Im östlichen Zentralkuba unterwegs

In jeder Provinz gibt es mindestens einen Inlandsflughafen. Straßen und Eisenbahn führen nach Osten. Von Trinidad fährt ein romantischer Dampfzug ins Valle de los Ingenios, allerdings verkehrt er unregelmäßig. Nach Cayo Coco gelangt man per Flugzeug oder mit dem Auto über den Damm. Die Jardines de la Reina erreicht man nur per Boot. Am wenigsten erschlossen ist die Sierra del Escambray *(siehe S. 177)*, auch wenn organisierte Ausflüge bei Topes de Collantes anhalten.

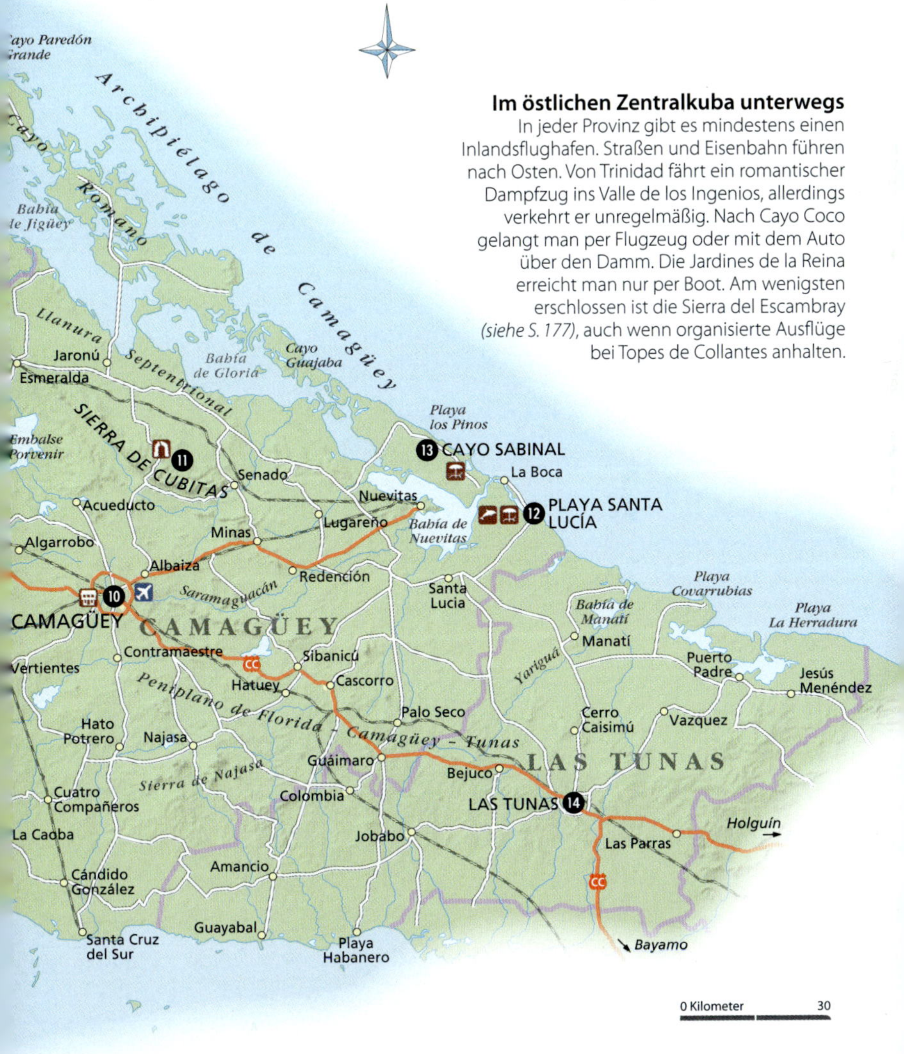

❶ Trinidad

Trinidad wurde 1514 von Diego Velázquez gegründet und 1988 von der UNESCO zum Welterbe erklärt. Kopfsteinpflaster und pastellfarbene Häuser vermitteln den Eindruck, die Zeit sei seit der Kolonialzeit stehen geblieben. Vom 17. bis 19. Jahrhundert war die Stadt Zentrum für Zucker- und Sklavenhandel. Die Gebäude um die Plaza Mayor, das Herz Trinidads, zeugen vom Reichtum der damaligen Landbesitzer. Von Mitte des 19. bis Mitte des 20. Jahrhunderts schützte eine lange Zeit der Isolation die Stadt vor Neubauten, sodass sie ihr ursprüngliches Bild weitgehend erhalten hat. Die Altstadt wurde sorgfältig restauriert, was sich auch in Details wie Straßenlaternen widerspiegelt.

★ Palacio Brunet
Dieses Haus ist heute das Museo Romántico mit Möbeln und Gegenständen der damals reichsten Familien Trinidads *(siehe S. 189)*.

★ Iglesia y Convento de San Francisco
Das Kloster beherbergt das Museo de la Lucha contra Bandidos. Vom Glockenturm, dem Wahrzeichen der Stadt, hat man eine schöne Aussicht. Die Glocke stammt aus dem Jahr 1853 *(siehe S. 193)*.

Canchánchara
Diese typische *casa de infusiones* in einem Gebäude aus dem 18. Jahrhundert ist bekannt für ihren gleichnamigen Cocktail aus Aguardiente, Limone, Wasser und Honig. Hier gibt es auch Live-Musik.

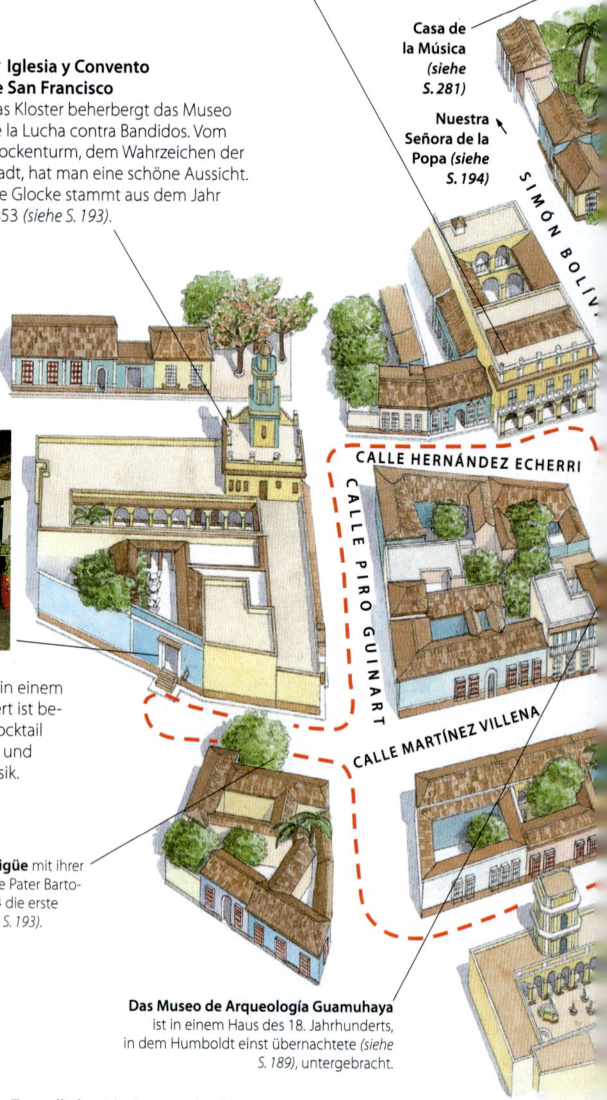

Casa de la Música *(siehe S. 281)*

Nuestra Señora de la Popa *(siehe S. 194)*

Auf der Plazuela del Jigüe mit ihrer Akazie *(jigüe)* zelebrierte Pater Bartolomé de Las Casas 1514 die erste Messe in Trinidad *(siehe S. 193)*.

Das Museo de Arqueología Guamuhaya ist in einem Haus des 18. Jahrhunderts, in dem Humboldt einst übernachtete *(siehe S. 189)*, untergebracht.

Legende
— Routenempfehlung

Iglesia Parroquial de la Santísima Trinidad
Die Dreifaltigkeitskirche wurde Ende des 19. Jahrhunderts an der Stelle einer alten Kirche errichtet, die bei einem Sturm zerstört worden war. Beeindruckend ist der geschnitzte Holzaltar mit Intarsien *(siehe S. 188)*.

Infobox

Information
Sancti Spíritus. **Straßenkarte** C3. 75 000. Cubatur, Calle Antonio Maceo, esq. Francisco Javier Zerquera, (41) 996 314; Infotur, Calle Gustavo Izquierdo, (41) 998 258. tägl.

Anfahrt
Calle Piro Guinart 224, e/ Maceo e Izquierdo, (41) 994 448. Ave. Simón Bolívar 422, (41) 993 348.

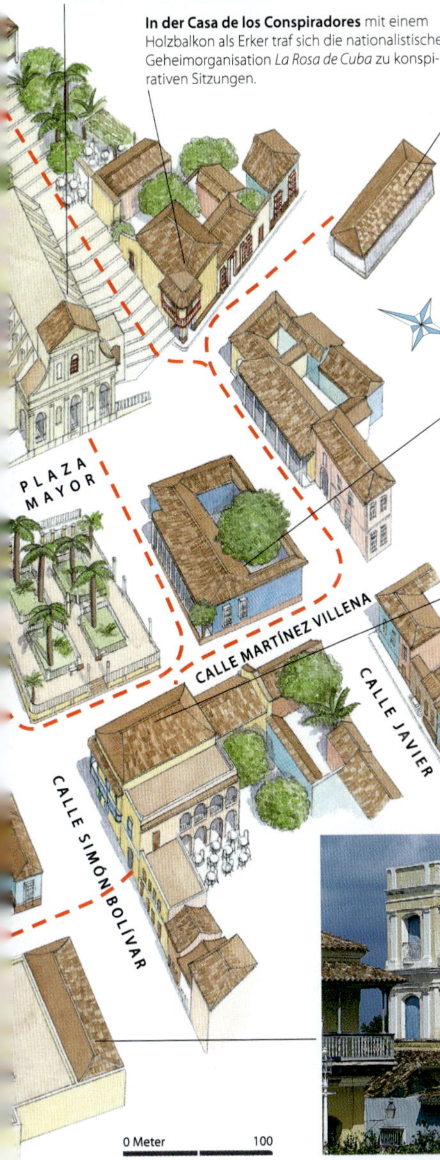

In der Casa de los Conspiradores mit einem Holzbalkon als Erker traf sich die nationalistische Geheimorganisation *La Rosa de Cuba* zu konspirativen Sitzungen.

La Casa de la Trova, ein quirliger Club mit Live-Musik *(siehe S. 282)*, steht gegenüber vom Palenque de los Congos Reales, ebenfalls ein Tanz- und Musikclub *(siehe S. 280)*.

Museo de Arquitectura Colonial
Dieses Museum über die Kolonialarchitektur Trinidads ist in der schön restaurierten Casa de los Sánchez Iznaga untergebracht *(siehe S. 188)*.

Universal Benito Ortiz Galería de Arte
Das Haus ist ein schönes Beispiel für die Architektur des 19. Jahrhunderts. Es beherbergt eine Kunstgalerie mit Werken einheimischer Künstler sowie Kunsthandwerk *(siehe S. 188)*.

Casa de la Cultura ***(siehe S. 193)***

★ Palacio Cantero
Das klassizistische Kleinod wurde Anfang des 19. Jahrhunderts erbaut und ist heute das Museo Histórico Municipal, das die Geschichte der Region erzählt. Der Turm bietet einen schönen Blick auf die Altstadt *(siehe S. 193)*.

Trinidad: Plaza Mayor

Die Museen und Gebäude, die Trinidads Hauptplatz säumen, verleihen der Stadt historisches Gewicht und vermitteln das Gefühl einer Zeitreise in vergangene Tage. Es lohnt sich, mindestens einen halben Tag für einen Streifzug durch die Innenstadt einzuplanen. Es locken Museen, Märkte und schattige Parkbänke. Die Bar neben der Kathedrale lädt zum Verweilen ein.

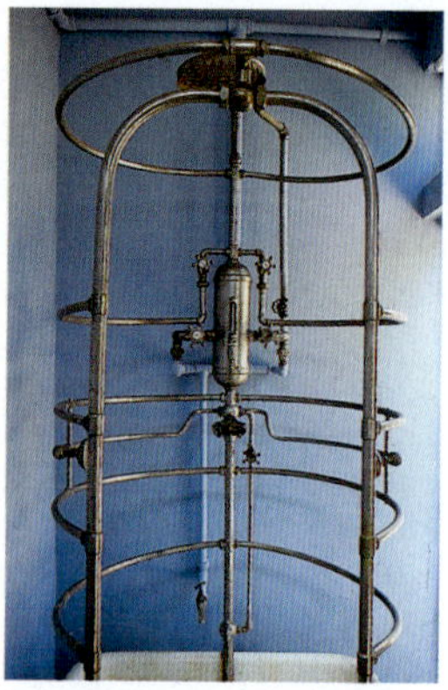

Dusche aus dem 19. Jahrhundert, Museo de Arquitectura Colonial

Iglesia Parroquial de la Santísima Trinidad

Plaza Mayor. Mo–Sa 10.30–13 Uhr.

Die 1892 fertiggestellte Kirche steht am höchsten Punkt der abfallenden Plaza Mayor. Sie hat vier Seitenschiffe und einen schönen gotischen Altar mit einem Gemälde des kubanischen Künstlers Antonio Herr auf der Rückwand.

Die eigentliche Attraktion der Kirche ist eine in Spanien gefertigte Holzstatue aus dem 18. Jahrhundert, der *Señor de la Vera Cruz*, mit der eine interessante Geschichte verknüpft ist. Die Skulptur, die für eine Kirche in Vera Cruz in Mexiko bestimmt war, verließ im Jahr 1731 den Hafen von Barcelona, doch dreimal wurde das Schiff von starken Winden in den Hafen von Casilda, sechs Kilometer von Trinidad entfernt, getrieben. Bei den Vorbereitungen, in einem vierten Anlauf auf Mexiko zuzusteuern, beschloss der Kapitän, auf einen Teil der Fracht zu verzichten. Dazu gehörte auch die Kiste mit der Christusstatue. Die Einheimischen werteten den Verbleib des Heiligtums als untrügliches Zeichen Gottes. Seit diesem Tag wird der *Señor de la Vera Cruz* verehrt.

Der Statue ist auch die alljährliche Gründonnerstagsprozession gewidmet, die nach ihrer Aussetzung 1959 im Jahr 1997 wiederaufgenommen wurde.

Señor de la Vera Cruz (1731) in einer der Kapellen in der Santísima Trinidad

Museo de Arquitectura Colonial

Calle Ripalda 83, e/ Hernández Echerri y Martínez Villena, Plaza Mayor. (41) 993 208. Mo–Sa, jeden 2. So 9–17 Uhr. (Fotografieren gegen Gebühr).

Die Front des Hauses der Familie Sánchez Iznaga aus dem 18. Jahrhundert, das heute das Museum für Kolonialarchitektur beherbergt, hat einen hübschen Portikus mit Säulen, schmiedeeiserner Balustrade und Holzbalken. Ursprünglich bestand das Gebäude aus zwei separaten Häusern, die beide dem Zuckermagnaten Saturnino Sánchez Iznaga gehörten. Sie wurden im 19. Jahrhundert miteinander verbunden.

Das Museum, das einzige seiner Art in Kuba, illustriert die Architekturstile Trinidads und erläutert die Bautechniken der Kolonialzeit. Es zeigt eine Sammlung verschiedener Schlösser, Türen, Scharniere, Fenster und Gitter sowie Wandteile und Ziegel. In einem der Badezimmer, das zum Innenhof zeigt, steht eine Dusche aus dem 19. Jahrhundert mit einem komplizierten Rohrwerk für warmes und kaltes Wasser.

Türklopfer, Museo de Arquitectura Colonial

Universal Benito Ortiz Galería de Arte

Calle Rubén Martínez Villena y Bolívar, Plaza Mayor. (41) 994 432. Mo–Sa 9–17 Uhr.

Dieses wunderschöne Haus mit langem Holzbalkon im Stil der Kolonialbauten in Habana Vieja erinnert an das Goldene Zeitalter der Stadt. Es wurde im Jahr 1809 für den ehemaligen Sklavenhändler und späteren Bürgermeister von Trinidad, Ortiz de Zúñiga, erbaut. Aktuell befindet sich hier eine Kunstgalerie.

Im Erdgeschoss sind Gemälde zeitgenössischer kubanischer Künstler wie Antonio Herr, Juan Oliva, Benito Ortiz, Antonio Zerquera und David Gutiérrez ausgestellt, die man auch kaufen kann. Interessant am Gebäude selbst sind die Fresken, das großartige Treppenhaus und im oberen Saal eine mit Figuren verzierte Decke. Vom Balkon aus hat man einen schönen Blick auf den Platz.

Hotels und Restaurants im östlichen Zentralkuba *siehe Seiten 261f und 274f*

Palacio Brunet aus dem frühen 19. Jahrhundert, heute Sitz des Museo Romántico

Museo de Arqueología Guamuhaya

Calle Simón Bolívar 457, e/ Fernando Hernández Echerri y Rubén Martínez Villena, Plaza Mayor. (41) 993 420. tägl. 9–17 Uhr. 1. Jan, 1. Mai, 26. Juli, 25. Dez. (Fotografieren gegen Gebühr).

Das Gebäude, in dem sich heute das Archäologische Museum befindet, wurde im 18. Jahrhundert erbaut und im 19. Jahrhundert von Antonio Padrón gekauft, der einen Portikus mit Backsteinsäulen und ionischen Kapitellen hinzufügte.

Die Guamuhaya-Sammlung (indianischer Name für die Gebirgsgegend Escambray) umfasst präkolumbische archäologische Funde, Gegenstände aus der Zeit der spanischen Eroberung und der Sklaverei in Kuba sowie ausgestopfte Tiere (u. a. den *manjuari*, eine uralte Fischart, die noch immer in den Zapata-Sümpfen lebt).

Im Hof steht eine Büste des großen Naturforschers Alexander von Humboldt, der 1801 auf seiner Reise in die Neue Welt Gast bei Padrón war.

Alexander von Humboldt

Humboldt in Kuba

Der berühmte deutsche Naturforscher Alexander von Humboldt (1769–1859), Vater der modernen Geografie, unternahm zwei Reisen nach Kuba (1800/01 und 1804), die in einem Museum in der Calle Oficios 252 in Havanna dokumentiert sind. Das folgende Buch, *Politisches Essay über die Insel Kuba*, in dem er Kuba abwertend als »Land des Zuckers und der Sklaven« bezeichnete und sich für die Abschaffung der Sklaverei aussprach, wurde in Kuba bald verboten.

Palacio Brunet (Museo Romántico)

Calle Hernández Echerri 52, esq. Simón Bolívar, Plaza Mayor. (41) 994 363. Di–Sa, jeden 2. So 9–17 Uhr. (Fotografieren gegen Gebühr).

Der Palacio wurde 1812 als Residenz der wohlhabenden Borrell-Familie erbaut und ist heute das Museo Romántico. Die Dekoration des Hauses passt gut zu den Ausstellungsstücken, von denen die meisten Nicolás Brunet y Muñoz, dem Schwiegersohn des Erbauers Santiago Borrell, gehörten. Dieser hatte seine Tochter mit dem einflussreichen Grafen verheiratet.

Die 14 Räume des Museums zeigen alle auf die Hofarkade mit ihrer eleganten Balustrade. Das geräumige Wohnzimmer hat einen Boden aus Carrara-Marmor, eine Kassettendecke, klassizistische Dekoration, Möbel aus Edelhölzern, Sèvres-Vasen und böhmisches Kristall. Zu sehen sind auch englische Spucknäpfe, die darauf hinweisen, dass die adeligen Landbesitzer des 19. Jahrhunderts eine Schwäche für Zigarren hatten. Nicht versäumen sollten Sie auch die schönen Fenster im Esszimmer, das Schlafzimmer der Gräfin mit einem Bronzebaldachin über dem Bett sowie die Küche mit handbemalten Tonfliesen.

Eines der eleganten Fresken im Palacio Brunet

Häuser Trinidads

Von den vielen alten Kolonialhäusern, die sich in der Altstadt von Trinidad zusammendrängen, werden die meisten noch von den Nachkommen alteingesessener Familien bewohnt. Die ältesten, einstöckigen Gebäude haben zwei Korridore und ein parallel zur Straße verlaufendes Portal sowie einen Hinterhof. Ende des 18. Jahrhunderts kam ein weiterer Korridor hinzu. Im 19. Jahrhundert bildeten die Häuser ein Quadrat um einen offenen Innenhof. Die Häuser Trinidads haben im Allgemeinen weder Vestibül noch Portikus. Der Eingang besteht aus einem großzügigen Wohnzimmer, das über eine Arkade oder eine *mampara*, eine Doppeltür, ins Esszimmer führt.

Barrotes, kleine gedrechselte Holzsäulen, sind typisch für Fenster aus dem 18. Jahrhundert.

Rotes Ziegeldach

Holzstreben

Holzbalken stützen die zwei- oder vierfachen Dachschrägen. Die Dächer sind mit Tonziegeln gedeckt. Im Inneren sieht man häufig Kassettendecken im *Mudéjar*-Stil.

Trinidads Fassaden

Die typische Fassade in Trinidad hat eine breite Haupttür, in die eine oder mehrere kleinere Türen eingelassen sind. Die Fenster liegen nur knapp über dem Boden und sind fast so hoch wie die Tür. Statt Gläsern haben sie dicke Holzgitter. Dieses Haus steht auf der Plaza Mayor neben der Universal Benito Ortiz Galería de Arte.

Schmiedeeiserne Ornamente

Holzgitter

Die Eisengitter aus dem 19. Jahrhundert ersetzten die *barrotes* aus Holz. Sie haben meist oben und unten einfache Verzierungen.

Die charakteristischen Bogenfenster haben strahlenförmige Latten anstelle von *Mediopunto*-Fenstern. Diese lassen zwar Luft, aber keine Sonnenstrahlen durch.

Die hölzerne Eingangstür zieren bisweilen Stuckmotive: Gussformen und flache Pilaster bzw. Halbpfeiler, entweder mit einfachen toskanischen Kapitellen oder mit halbrunden, nach oben gerichteten Abschlüssen.

◀ **Schmucke Fassade eines Hauses aus der Kolonialzeit in Trinidads Altstadt**

Trinidad: Rund um die Plaza Mayor

Ein Spaziergang in den Straßen um die Plaza Mayor ist ein faszinierendes Erlebnis. Beachten Sie dabei die Details eines Fensters, eines winzigen Balkons, das unregelmäßige Kopfsteinpflaster oder die als Poller verwendeten Kanonen. In der Altstadt gibt es kaum Verkehr. Abends werden die Häuser in das rote Licht des Sonnenuntergangs getaucht und die Straßen mit Musik erfüllt: Es gibt täglich Konzerte in der Casa de la Trova *(siehe S. 187)* und der Casa de la Música *(siehe S. 186)*.

Eingangshalle im Palacio Cantero mit Fresken und Böden aus italienischem Marmor

Casa de la Cultura Julio Cuevas Díaz

Calle Zerquera 406. (41) 994 308.
tägl. 8–22 Uhr.

Tagsüber nutzen Künstler das geräumige Vestibül, um ihre Bilder auszustellen und zu verkaufen. (Einigen dient es auch als Atelier.) Abends werden im Hinterhof Aufführungen veranstaltet, von Theater über Tanz und Konzerte bis hin zu Vorstellungen für Kinder.

Palacio Cantero (Museo Histórico Municipal)

Calle Bolívar 423. (41) 994 460.
Mo–Do, jeden 2. Sa 9–17 Uhr.
(Fotografieren gegen Gebühr).

Dieses Anwesen, das einst Don Borrell y Padrón gehörte, kaufte 1841 María de Monserrate Fernández, die Witwe eines reichen Zuckerbarons. Ein Jahr später heiratete sie den Grundbesitzer Cantero, benannte das Anwesen um und verwandelte es in eine neoklassizistische Residenz. Heute beherbergt das Gebäude das Museo Histórico Municipal.

Von der großen Eingangshalle mit ihren Freskenbogen und dem Boden aus italienischem Marmor führt der Weg in das Esszimmer, die Küche, den Hof und den Personalbereich.

Die Geschichte Trinidads wird hier mit verschiedensten Exponaten illustriert: die Familie Cantero, Piraterie, die Plantagen im Valle de los Ingenios, Sklavenhandel und Befreiungskriege. Oben auf dem Turm gibt es eine Aussichtsplattform.

Plazuela del Jigüe

Dieser ruhige kleine Platz mit Schatten spendenden Akazien kann auf eine bewegte Geschichte zurückblicken *(siehe S. 186)*. Das Restaurant El Jigüe befindet sich in einem hübschen Gebäude mit Portikus und bemalten Fliesen.

Kopfsteinpflaster *(chinas pelonas)* aus Flusssteinen

Iglesia y Convento de San Francisco

Calle Hernández Echerri, esq. Guinart.
Museo de la Lucha contra Bandidos
(41) 994 121. tägl. 9–17 Uhr.

Diese elegante Kirche wurde 1813 von Franziskanermönchen erbaut. Sie wurde ihnen aber 1848 entzogen und zur Gemeindekirche erklärt. 1895 wandelten die Behörden das Kloster in eine Garnison für die spanische Armee um. 1922 wurden das Kloster und ein Teil der Kirche aufgrund des desolaten Zustands abgerissen. Nur der Glockenturm blieb erhalten, zusammen mit Nebengebäuden, in denen bis 1984 eine Schule untergebracht war. Danach wurde hier das **Museo de la Lucha contra Bandidos** eingerichtet. Es dokumentiert (u. a. im Kreuzgang des ehemaligen Klosters) anhand von Unterlagen, Fotografien und Ausstellungsstücken den Kampf gegen die Konterrevolutionäre, die nach 1959 in die Sierra del Escambray geflohen waren. Unter den Exponaten befinden sich ein Boot und Waffen.

Glockenturm der Iglesia y Convento de San Francisco

Trinidad: Abstecher

Auch abseits des Zentrums von Trinidad gibt es viel zu entdecken. Nicht verpassen sollten Sie den Parque Céspedes, wo Einheimische, Jung und Alt, abends zusammenkommen und zur Live-Musik tanzen, oder östlich die zu jeder Tageszeit belebte Plaza Santa Ana. Vom Hügel nördlich der Plaza Mayor aus hat man einen atemberaubenden Blick ins Tal, besonders bei Sonnenuntergang.

Restaurant an der Plaza Santa Ana mit Tischen im Freien

Der Cabildo de San Antonio mit Votivgaben und sakralen Trommeln

Ermita de Nuestra Señora de la Candelaria de la Popa

Diese kleine Kirche aus dem 18. Jahrhundert steht auf einem Hügel nördlich des Zentrums und ist über eine enge, steile Straße mit der Plaza Mayor verbunden. Der Glockenturm mit seinen drei Bogen kam 1812 hinzu, als die Kirche von einem Wirbelsturm beschädigt worden war. Das Anwesen wird zu dem Luxushotel Pansea umgestaltet, dessen Eröffnung 2016 erfolgen soll.

Plaza Santa Ana

Dieser Platz im Ostteil der Stadt ist nicht weit von der Plaza Mayor entfernt und wird von der Iglesia de Santa Ana aus dem 18. Jahrhundert dominiert. 1812 wurde sie zum Teil neu gebaut. Neben der nun baufälligen Kirche steht ein Flamboyant. Der Platz ist nicht nur wegen des Kulturzentrums ein Treffpunkt. Auch Kinder spielen hier gerne Ball.

Cabildo de los Congos Reales de San Antonio

Calle Isidro Armenteros 168.

Im malerischen Arbeiterviertel El Calvario (Las Tres Cruces) im Norden von Trinidad steht der Cabildo de los Congos Reales, eine im Jahr 1859 zu Ehren afrokubanischer Götter errichtete Kultstätte.

Im 19. Jahrhundert entstanden in vielen Städten Kubas die *cabildos*, Kulturzentren ethnischer Gruppen, die das spirituelle und musikalische Erbe der Sklaven bewahren wollten. Der Cabildo in Trinidad ist Oggún gewidmet, einem Kriegsgott, der im katholischen Glauben dem hl. Antonius von Padua entspricht. Es ist für Anhänger der Glaubensrichtung Palo Monte *(siehe S. 27)* bestimmt.

Umgebung: Auf einer Anhöhe einen Kilometer nordöstlich des Zentrums wurde das **Museo Espeleológico** in einer 3700 Quadratmeter großen Höhle eingerichtet. Es kann mit Führer bis zur Höhle Salón de las Perlas besichtigt werden. Die Legende besagt, dass ein Indianermädchen namens Cacubu hier Zuflucht fand und starb, nachdem es dem spanischen Konquistadoren Porcallo de Figueroa entkommen war. Zu sehen sind auch Karstfossilien.

Glockenturm der Iglesia de Santa Ana

❷ Tour: Topes de Collantes

Die unverfälschte Landschaft der Sierra del Escambray *(siehe S. 177)*, in der Pinien, Eukalyptus- und andere Laubbäume wachsen, ist äußerst reizvoll und lässt sich am besten auf einer Wanderung von Topes de Collantes aus entdecken, das 30 Fahrminuten nördlich von Trinidad liegt. Die Karte unten schlägt zwei ausgeschilderte Wanderrouten vor. Route A ist eine Wanderung mit durchschnittlichem Schwierigkeitsgrad, die durch den Regenwald bis zu den Caburní-Fällen führt. Route B ist länger, aber weniger anstrengend und schließt auch einen Umweg zur Höhle Batata ein.

Routeninfos

Start: Topes de Collantes.
i Reservierungsbüro Gaviota, (42) 540 180.
Länge: Route A: 3,5 km; Route B: 4,5 km.
Rasten: Parque Codina.

④ **Hacienda Codina**
Die Hacienda Codina hat Orchideen- und Bambusgärten, einen Teich mit Schlammbädern und eine schöne Aussicht. Die Route führt rund einen Kilometer an Heilpflanzen vorbei.

⑤ **La Batata**
Durch diese Höhle fließt ein unterirdischer Fluss mit natürlichen Seen und einer Temperatur von maximal 20 °C.

Legende
Hauptstraße
Pfad
Route A
Route B

0 Kilometer 1

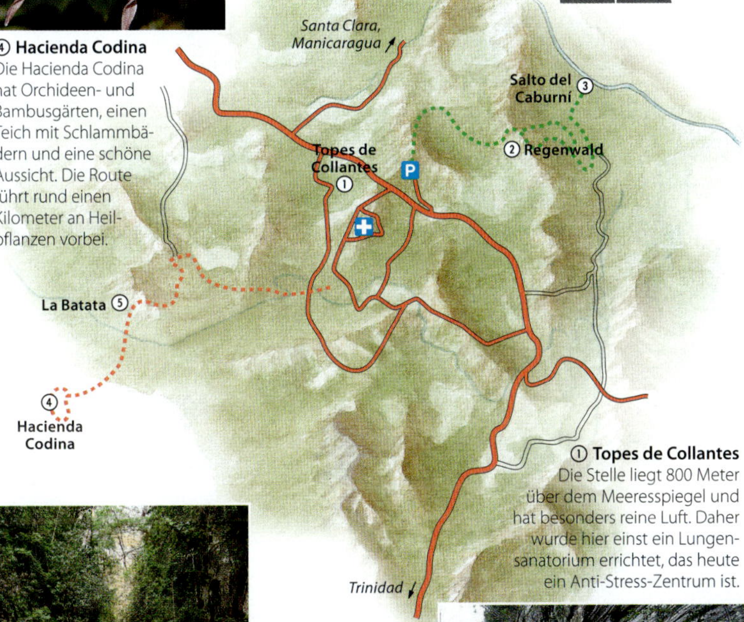

① **Topes de Collantes**
Die Stelle liegt 800 Meter über dem Meeresspiegel und hat besonders reine Luft. Daher wurde hier einst ein Lungensanatorium errichtet, das heute ein Anti-Stress-Zentrum ist.

③ **Salto del Caburní**
Nach einer zweistündigen Wanderung kommt man zu einem Kliff mit einem steilen Wasserfall, der über die Felsen in einen See hinabbraust. Man kann hier auch sehr gut baden.

② **Regenwald**
Der Pfad zum Salto del Caburní führt durch unberührten Regenwald mit interessanten Felsformationen.

Abgelegener Strand La Boca im Schatten von Flamboyants

Auf der gegenüberliegenden Seite der Halbinsel, quer über die Bucht, liegt sechs Kilometer von Trinidad entfernt der Hafen von **Casilda**, an dem Hernán Cortés 1519 die Truppen anheuerte, die dann zur Eroberung Mexikos aufbrachen.

Casilda war einst dank des Zuckerhandels ein wichtiger und belebter Hafen. Seine Bedeutung nahm mit der Zeit aber immer mehr ab. Heute ist er vor allem Durchgangsstation auf dem Weg zu den nahe gelegenen Stränden.

❸ Península Ancón

Straßenkarte C3.

Rund zehn Kilometer südlich von Trinidad liegt eines der Küstengebiete Kubas, die sich als erste dem Tourismus öffneten: die Halbinsel Ancón, auf die seit 1980 Urlauber kommen. Der feine weiße Sand und das türkisfarbene, aber nicht so klare Wasser wie an der Nordküste machen aus diesem Kap ein kleines Ferienidyll mit Hotels, Bars, Restaurants und Wassersportclubs. Im Gegensatz zu Varadero wird Ancón auch sehr gern von Einheimischen besucht. Die meisten Kubaner sieht man an dem sechs Kilometer von Trinidad entfernten Strand **La Boca** an der Landenge der Halbinsel, besonders an warmen Sonntagen und im Sommer.

An der **Playa Ancón** mit fünf Kilometer Sandstrand im Südteil der Halbinsel gibt es komfortable Hotels und eine Tauchschule. Am Strand beim Hotel Ancón können Sie Schnorcheltouren zu Korallenriffen buchen.

Zum Tauchen sollten Sie zum acht Kilometer vor der Küste gelegenen **Cayo Blanco** fahren. An der Westküste dieser kleinen Koralleninsel mit weißen Sandstränden liegt das größte Korallenriff Kubas. An den Felsenküsten bei **María Aguilar** gibt es Stellen, an denen man schon beim Schnorcheln viele tropische Fische entdeckt.

Wie in Varadero *(siehe S. 166f)* können Fahrräder ausgeliehen werden, auf denen Sie die Halbinsel Ancón erkunden können.

Glocke des Iznaga-Glockenturms

❹ Valle de los Ingenios

Straßenkarte C3. 🚌 🚌 **Ausflüge** von Trinidad. ℹ am Bahnhof, (41) 993 348; Cubatur, Calle Antonio Maceo, esq. Francisco J. Zerquera, (41) 996 314.

Wenn Sie von Trinidad aus nordöstlich die Straße nach Sancti Spíritus entlangfahren, erwarten Sie fruchtbare Ebenen mit den grünen Hügeln der Sierra del Escambray im Hintergrund. Nur zwölf Kilometer trennen Trinidad vom Valle de los Ingenios, das seinen Namen den Zuckermühlen *(ingenios, siehe S. 46f)* verdankt, die hier Anfang des 19. Jahrhunderts entstanden. Heute

Valle de los Ingenios vom Mirador de la Loma aus gesehen: grüne Zuckerrohrfelder am Fuß der Sierra

Der Turm der ehemaligen Iznaga-Plantage bietet eine gute Aussicht

bilden Zuckerrohrfelder einen grünen Teppich, der nur von großen Königspalmen unterbrochen wird.

Das Tal hat eine lange Geschichte. Die Ruinen zeugen noch von der Zeit, als die Zuckerindustrie auf ihrem Höhepunkt war. Die Gebäude vermitteln Besuchern einen Einblick in die soziale Struktur, die auf den Plantagen herrschte. Das ganze Gebiet mit einer Fläche von 419 Quadratkilometern umfasst über 56 *ingenios* und ist heute Welterbe der UNESCO.

Es bietet sich an, eine Fahrt mit dem Zug zu unternehmen, der in Trinidad startet und durch das gesamte Tal führt. Er hält auch am beeindruckenden Anwesen **Manaca Iznaga**, wo in den 1840er Jahren 350 Sklaven lebten. Das Haus des Landbesitzers steht noch und ist heute Bar und Restaurant. Außerdem sieht man immer noch die *barracones* (Sklavenhütten) und einen monumentalen siebenstöckigen Turm von 45 Metern Höhe. Die Stockwerke sind alle unterschiedlich: die ersten drei sind quadratisch, die oberen vier achteckig. Der Turm wurde 1830 von Alejo Iznaga erbaut, um seine Dominanz gegenüber seinem Rivalen, dem eigenen Bruder Pedro, ebenfalls Großgrundbesitzer und Zuckerfabrikant, zu manifestieren. Gleichzeitig diente der Turm der Überwachung der Sklaven. An seine Spitze gelangt man über Holztreppen. Von dort aus bietet sich ein schöner Blick über die Umgebung. Am Fuß des Turms befindet sich die Glocke, die einst die Arbeitszeiten auf der Plantage einläutete.

Eine der Stellen, die nur per Auto zugänglich sind, ist der **Mirador de la Loma del Puerto** (6 km östlich von Trinidad auf der Straße nach Sancti Spíritus). Der Aussichtspunkt 192 Meter über dem Meeresspiegel bietet einen berauschenden Blick über das Tal. Es gibt dort auch ein Café, wo man im Freien sitzen und einen *guarapo* (Zuckerrohrsaft) zu sich nehmen kann.

Ebenfalls an der Straße nach Sancti Spíritus liegt südlich des Dorfs Caracusey die restaurierte Hazienda **Guáimaro** von 1859. Ihr Besitzer José Mariano Borrell y Lemus beauftragte den italienischen Maler Daniele dell'Aglio, der auch im Teatro Sauto in Matanzas arbeitete, mit der Ausschmückung der Wände des Anwesens.

Zuckerproduktion in Kuba

Zuckerrohr *(Saccharum officinarum)*, das 1512 von spanischen Siedlern auf die Insel gebracht wurde, war jahrhundertelang Basis der kubanischen Wirtschaft. Die Zuckerextraktion vollzieht sich in mehreren Phasen: Das Zuckerrohr wird gewaschen, anschließend werden die Stiele in Mühlen gepresst. So wird der Saft *(guarapo)* aus der faserigen Masse *(bagassa)*, die als Treibstoff und Viehfutter verwendet wird, extrahiert. Der Saft wird chemisch behandelt, gefiltert und dann zum Verdampfen gebracht. Das Ergebnis ist ein Konzentrat aus dunklem Sirup, der erhitzt wird. So entsteht Saccharose. Die Sirupmasse kommt in eine Zentrifuge. Aus dem Zuckerrohr werden auch Nebenprodukte gewonnen, wie Melasse, die noch 50 Prozent Zucker enthält und Basisstoff für die Rumproduktion ist *(siehe S. 79)*.

Reifes Zuckerrohr wird bis zu fünf Meter hoch bei einem Durchmesser von maximal sechs Zentimetern. Ist es einmal geschnitten, treibt die Pflanze erneut und reift innerhalb eines Jahres heran. Neu gepflanztes Zuckerrohr aus 30 bis 40 Zentimeter langen Schnitten wird in elf bis 18 Monaten reif.

***Zafra* (Ernte)** ist von Dezember bis Juni. Vor Beginn der Ernte werden die Zuckerrohrfelder angezündet, um die Außenblätter zu entfernen, die ein Ernten unmöglich machen. Im Flachland wird maschinell geerntet, in den Bergen noch mit der Machete.

Der Transport muss schnell ablaufen, damit die Saccharose in der Hitze nicht schlecht wird. Daher wurde Ende des 19. Jahrhunderts eigens eine Eisenbahnlinie gebaut, die von den Feldern zu den Plantagen führte. Einige Züge sind noch in Betrieb.

5 Sancti Spíritus

Diego Velázquez gründete 1514 die Stadt Sancti Spíritus am Flussbett des Tuinucú. Acht Jahre später wurde sie an die jetzige Stelle beim Fluss Yayabo verlegt, wo sie von fruchtbarer Landschaft umgeben ist. Im Jahr 1586 verbrannten bei einem von britischen Piraten gelegten Feuer alle Gründungsdokumente. Als politisches, wirtschaftliches und militärisches Zentrum der Gegend wurde Sancti Spíritus im 17. und 18. Jahrhundert mit eleganten Villen verschönert. Trotz seines Status als Nationaldenkmal sieht man nur wenige Besucher in dem schönen kolonialen Stadtzentrum.

Yayabo-Brücke

Das mittelalterliche Aussehen und die großen Terrakottabogen machen diese Brücke von 1825 einzigartig, weshalb sie unter Denkmalschutz steht. Einer Sage zufolge sollen die Arbeiter den Zement mit Ziegenmilch vermischt haben, um die Brücke stabiler zu machen.

Die Yayabo-Brücke ist ein wichtiger Teil des Straßennetzes von Sancti Spíritus, da sie den einzigen Zugang von Trinidad in die Stadt bietet.

Überblick: Sancti Spíritus

Die Innenstadt kann zu Fuß in ein paar Stunden erkundet werden. Es macht Spaß, die ansprechend restaurierten Straßen entlangzulaufen (viele sind nur für Fußgänger) und sich die bunten Kolonialhäuser mit den schmiedeeisernen Balkonen anzusehen. Der schönste Weg ins Zentrum führt von Süden aus über die hübsche Brücke von 1831 über den Fluss Yayabo. Die ruhigen Gassen, die von der Brücke in die Stadtmitte abgehen, sind die ältesten Straßen von Sancti Spíritus. Sie haben unregelmäßiges Kopfsteinpflaster und werden von einstöckigen Häusern mit Schindeldächern gesäumt.

In der Calle Máximo Gómez, die zum Hauptplatz Parque Serafín Sánchez führt, stehen Denkmäler, Museen und einige Anwesen aus dem 18. und 19. Jahrhundert, so auch das 1876 erbaute und 1980 restaurierte hellblaue **Teatro Principal**. Außerdem sieht man eine Villa aus dem 19. Jahrhundert, heute die Bar **Pensamiento**, die **Casa de la Trova**, die **Mesón de la Plaza**, eine Bar mit Restaurant, und die Placita, ein Platz mit der Statue von Dr. Rudesindo Antonio García Rijo, einem bekannten Bürger der Stadt.

Die Yayabo-Brücke führt in das koloniale Zentrum der Stadt

Museo de Arte Colonial

Calle Plácido 74. Tel. (41) 325 455. Di–Do 9.30–17, Fr 14–22, Sa 9.30–12, 20–22, So 8–12 Uhr. (Fotografieren gegen Gebühr).

Dieses Gebäude mit einem Hof aus dem 18. Jahrhundert gehörte einst der Familie Iznaga *(siehe S. 197)*. Heute ist es ein Museum für Porzellan, Mobiliar und Gemälde.

Restaurierte Kolonialhäuser mit ihren unterschiedlichen Farben in einer Gasse nahe dem Yayabo

Innenraum der Parroquial Mayor während einer Messe

Parroquial Mayor del Espíritu Santo

Calle Agramonte Oeste 58.
(41) 324 855. Di–Sa 9–11, So 8–11 Uhr. Di, Do 8, Mi, Fr 17, So 10 Uhr.

Mit einer Spende des Bürgermeisters Don Ignacio de Valdivia wurde 1680 die steinerne Kirche über der ursprünglich aus Holz erbauten Kirche aus dem 16. Jahrhundert errichtet, die von Piraten zerstört worden war. Sie ist eine der ältesten Kirchen Kubas. Das einfache, solide Gebäude erinnert an die Kirchen Andalusiens und hat heute noch seine originale, schön gearbeitete Holzdecke. Der dreistöckige Glockenturm kam im 18. Jahrhundert hinzu und die Kapelle Cristo de la Humildad y la Paciencia mit ihrer beeindruckenden Halbkuppel im 19. Jahrhundert.

Parque Serafín Sánchez

Im Herzen der Stadt, umgeben von klassizistischen Gebäuden, liegt ein ruhiger Platz mit Bäumen und einer *glorieta* (Laube). Der Parque ist ein Nationaldenkmal und Serafín Sánchez gewidmet, einem Lokalhelden der Befreiungskriege, dessen Haus in der nahen Calle de Céspedes besichtigt werden kann. Abends ist der Platz ein beliebter Treffpunkt.

Die bemerkenswertesten Gebäude rund um den Park sind das **Centro de Patrimonio** mit breiten Buntglasfenstern und Sevilla-Mosaiken, die große **Biblioteca** und das **Hotel Perla de Cuba**, das Anfang des 20. Jahrhunderts eines der exklusivsten Hotels Kubas war. Das **Hotel Plaza**, in dessen Bar sich gern die Einheimischen tummeln, ist Teil eines Kolonialgebäudes.

Infobox

Information
Sancti Spíritus. **Straßenkarte** C3.
140 000. Cubatur, Calle Máximo Gómez 7, (41) 328 518.

Anfahrt
Carretera Central, km 2.
Avenída Jesús Menéndez.

Umgebung: Naturliebhaber finden acht Kilometer östlich von Sancti Spíritus in Richtung Ciego de Ávila den fischreichen Stausee **Presa Zaza**. Vom Hotel Zaza aus kann man zu Seerundfahrten aufbrechen, während sich die Ufer hervorragend zum Beobachten von Vögeln eignen. Presa Zaza ist Kubas größter künstlicher See, der allerdings seit einigen Jahren durch sinkenden Wasserstand ernstlich bedroht ist.

Der Parque Serafín Sánchez ist abends beliebter Treffpunkt bei Jung und Alt

Zentrum von Sancti Spíritus

1. Yayabo-Brücke
2. Teatro Principal
3. Museo de Arte Colonial
4. Parroquial Mayor del Espíritu Santo
5. Casa de la Trova
6. Parque Serafín Sánchez
7. Biblioteca
8. Hotel Perla de Cuba
9. Hotel Plaza

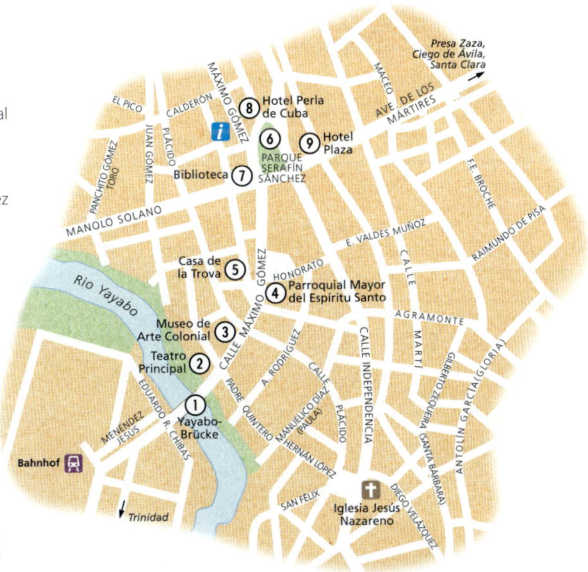

0 Meter 300

Zeichenerklärung *siehe hintere Umschlagklappe*

Der Parque Martí in Ciego de Ávila mit einem Denkmal von José Martí

6 Ciego de Ávila

Straßenkarte D3. 145 000. Infotur, Calle Honorato del Castillo, esq. Libertad, (33) 209 109.

Bei der Gründung von Ciego de Ávila 1538 durch den Konquistadoren Jácome de Ávila bestand der Ort nur aus einem Bauernhof in einem Wald, einem *ciego*. Eine richtige Stadt wurde erst 1840 daraus. Heute ist sie eher ländlich geprägt, mit zweistöckigen Häusern, klassizistischen Säulen und Einspännern auf den Straßen. Die wenigen Besucher, die hier vorbeikommen, sind auf dem Weg zu den *cayos* im Archipel Jardines del Rey.

Bei einem Zwischenstopp sollten Sie sich das **Teatro Principal** (1927) und das **Museo Histórico Provincial** ansehen. Das Museum zeigt in vier Räumen Dokumente und Fotografien zur Geschichte der Provinz, insbesondere der Geschichte von La Trocha. Diese Verteidigungslinie wurde im 19. Jahrhundert errichtet, um die kubanischen Nationalisten *(mambises)* aufzuhalten. Die Spanier teilten damit die Insel von Morón nördlich von Ciego de Ávila bis Júcaro an der Karibikküste. Einige Türme der Linie, die in einem Abstand von einem Kilometer lagen, stehen noch vor der Stadt und können besichtigt werden.

Eine der Redouten von La Trocha

Der kosmopolitische Charakter der Stadt hat auch zur Folge, dass hier ländliche Feste spanischen Ursprungs *(parrandas)*, ähnlich denen in Remedios *(siehe S. 181)*, stattfinden wie auch Merengue-Tanzaufführungen, insbesondere in dem Stadtteil, in dem Jamaikaner und Haitianer leben.

Ciego de Ávila hat auch eine Fahrradschule für Kinder der Insel. Während des Dreikönigsfestes ist der Ort Ausgangspunkt für die einen Monat dauernde Vuelta, ein Radrennen ähnlich der Tour de France.

Der Hahn von Morón

»Pass auf, dass du nicht endest wie der Hahn von Morón, der Federn und Kamm verlor.« Diese Redewendung geht auf das 16. Jahrhundert zurück, als der Gouverneur des andalusischen Dorfs Morón de la Frontera, der die Bauern herumkommandierte und den man wegen seiner Überheblichkeit und Dreistigkeit *gallo* (»Hahn«) nannte, von wütenden Bürgern ausgeraubt und verjagt wurde. Das Ereignis wurde über die Stadtgrenzen hinaus bekannt, und in Gedenken daran stellte man die Statue eines gerupften Hahns an der Hauptstraße auf. Als eine Gruppe Andalusier im 18. Jahrhundert nach Kuba auswanderte, gründete sie eine Stadt mit dem Namen Morón und stellte auch hier eine solche Statue am Ortseingang auf. Sie wurde 1959 abgenommen und 1981 durch eine neue Bronzestatue ersetzt. Täglich um 6 Uhr und 18 Uhr ertönt hier das Krähen eines Hahns vom Tonband.

Bronzestatue (1981) des legendären Hahns von Morón

7 Morón

Ciego de Ávila. **Straßenkarte** D3. 67 000. Cubanacán, Hotel Morón, Ave. de Tarafa, (33) 504 720. Hahn von Morón (Ende Juni).

Morón liegt an der Straße, die nördlich von Ciego de Ávila wegführt. (Beide Orte stehen in Rivalität zueinander.) Die Straße wurde 1896 von *mambises* besetzt, nachdem es diesen gelungen war, die spanische Verteidigungslinie zu durchbrechen.

Morón wurde 1869 gegründet und hat ein kleines, gut erhaltenes koloniales Zentrum. Im **Museo Municipal** befinden sich über 600 archäologische Funde, die in den 1940er Jah-

Straße in Morón mit pastellfarbenen Häusern und Arkaden

Isla Turiguanó, das ungewöhnliche »Holländische Dorf« bei Morón

ren in der Nähe entdeckt wurden. Dazu zählt auch eine kleine Statue, das Idolillo de Barro.

Museo Municipal
Calle Martí 374, e/ Antuña y Cervantes. (33) 504 501. Di–Sa 9–17, So 8–12 Uhr. 1. Jan, 1. Mai, 26. Juli, 25. Dez.

Umgebung: Nördlich von Morón liegen zwei Süßwasserlagunen: die **Laguna Redonda**, die ihren Namen der runden Form verdankt und für ihre vielen Forellen bekannt ist, und die »Milchlagune« **Laguna de la Leche**, die aufgrund der Kalksteinablagerungen im Wasser weiß schimmert. Sie ist mit einer Fläche von 67 Quadratkilometern das größte Brackgewässer Kubas und Heimat vieler Hechte, Karpfen, Reiher und Flamingos.

Nördlich der Laguna de la Leche liegt die Halbinsel **Isla Turiguanó**, auf der inmitten von Weideland ein Dorf mit holländischen Häusern steht. Auch die Tiere sind holländischen Ursprungs, sie wurden von Celia Sánchez *(siehe S. 55)* importiert.

Florencia, rund 20 Kilometer westlich von Morón, ist Ausgangspunkt für Wanderer in die **Sierra de Jatibonico**. Die Bergkette kann auch mit dem Pferd erkundet werden, entlang der Route, auf der Camilo Cienfuegos im Jahr 1958 vordrang *(siehe S. 52)*.

Auf dem Canal Viejo de Bahamas wird gefischt. Außerdem gibt es hier zwei Jagdreviere: das Coto de Caza de Morón und das Coto de Caza Aguachales de Fala.

❽ Jardines del Rey

Ciego de Ávila, Camagüey.
Straßenkarte D3.

Nördlich der Provinz Ciego de Ávila liegen im Atlantischen Ozean die Archipele Camagüey und Sabana, die zusammen als »Jardines del Rey« bekannt sind und rund 400 kleine Inseln umfassen, die fast alle unbewohnt sind. Sie wurden 1522 vom Konquistadoren Diego Velázquez entdeckt, der so fasziniert von ihnen war, dass er sie nach dem König *(rey)* Carlos V benannte. Sie dienten später als Piratenversteck und nach der offiziellen Abschaffung der Sklaverei als heimliche Anlegestelle für Sklaventransporte. Über den 17 Kilometer langen, 1988 erbauten Damm vom Festland auf den Archipel gelangen Besucher bequem zu den schönen Stränden, Korallenriffen und Feriendörfern, die sich momentan auf **Cayo Coco** und **Cayo Guillermo** *(siehe S. 202f)* konzentrieren. Besucher müssen auf dem Damm eine Mautstelle passieren.

Leuchtturm auf dem Cayo Paredón Grande

Der **Cayo Paredón Grande** ist mit einer Länge von sechs Kilometern die drittgrößte Insel der Jardines. Obgleich es dort keine Hotels gibt, lohnt sich ein Besuch der Strände, an Korallenriffen lässt sich gut tauchen. Man hat auch einen schönen Blick auf den schwarz-gelben Leuchtturm Diego Velázquez, den chinesische Einwanderer 1859 erbauten.

Cayo Romano ist ein natürlicher Teil des Archipels, gehört aber offiziell zur Provinz Camagüey. An der Küste leben Seekühe.

Unberührter weißer Sandstrand von Cayo Paredón Grande, Jardines del Rey

9 Cayo Coco

Mit 22 Kilometern weißen Sandstränden und einer Fläche von 370 Quadratkilometern mit unzähligen Mangroven und Kokospalmen ist Cayo Coco ein bedeutendes Naturreservat für Seevögel. In den Lagunengegenden in Küstennähe kann man zahlreiche Flamingos beobachten. Der Name der Insel leitet sich von einer seltenen Vogelart ab, die hier lebt: dem weißen Ibis, der von den Kubanern nur »coco« genannt wird. Auf der ruhigen Insel entstanden Einrichtungen für Urlauber stets unter ökologischen Maßgaben. Die schönen, feinsandigen Strände fallen flach in warmes, türkisfarbenes Wasser ab. So ist Cayo Coco besonders für Familien mit Kindern geeignet, aber auch beliebt bei Tauchern und Wassersportlern, denen moderne Anlagen geboten werden.

★ Playa Pilar
Der nach Ernest Hemingways Yacht benannte Strand befindet sich an der Westspitze von Cayo Guillermo.

Cayo Guillermo
Auf dieser über einen Damm mit Cayo Coco verbundenen Insel (13 Quadratkilometer) wachsen Mangroven, Palmen, Mahagonibäume, Wacholder- und Mastixsträucher. Die Playa Pilar hat bis zu 16 Meter hohe Dünen.

Legende
- Hauptstraße
- Nebenstraße

Pedraplén
Dieser Damm, ein bautechnisches Meisterwerk, verbindet die Inseln mit dem Festland. Bei Umweltschützern stieß er auf Missfallen, da er Ebbe und Flut beeinflussen und das Ökosystem der Bucht gefährden könnte.

Infobox

Information
Ciego de Ávila. **Straßenkarte** D3.

Anfahrt
Cayo Coco, (33) 309 165.
Infotur, Aeropuerto Jardines del Rey, Cayo Coco, (33) 309 109.
Marina Marlin, Cayo Guillermo (33) 301 737.

★ Playa Los Flamencos
Dieser knapp drei Kilometer lange Strand gilt wegen seines klaren Wassers und feinen Sands als einer der besten der Insel. Das flache Wasser ist sogar 200 Meter vom Ufer entfernt nur knietief.

Centro de Investigaciones de Ecosistemas Costeras
Das Forschungszentrum untersucht die Auswirkungen des Tourismus auf die Ökosysteme dieser Region. Es kann besichtigt werden und stellt die hier vorkommenden Vogelarten vor. Hier im Bild der sogenannte Rosa Löffler.

Palmenpracht
Die Palme *Coccothrinax litoralis* kommt auf Cayo Coco besonders häufig vor.

Außerdem

① **Die Duna de la Loma del Puerto** ist ein natürlicher Aussichtspunkt, der über einen Pfad durch tropische Vegetation erreichbar ist.

② **Playa Prohibida**, umgeben von bis zu 14 Meter hohen Sanddünen, ist ein besonders ruhiger, abgeschiedener Strand.

③ **Sitio la Güira**, ein reizendes Dorf, ist Ausgangspunkt für Reitausflüge und bietet Kindern viel Unterhaltung.

④ **Cayo Paredón Grande**
(siehe S. 201)

Zeichenerklärung *siehe hintere Umschlagklappe*

⑩ Camagüey

Camagüey, das 2008 zum UNESCO-Welterbe erklärt wurde, liegt inmitten von Weideland. Die kulturell aktive Stadt wird wegen ihrer Traditionen, ihres Patriotismus und ihrer »klassischen« Architektur auch »die Legendäre« genannt. Im Zentrum stehen noch Kolonialhäuser. Bei ihrer Gründung in der Bucht von Nuevitas an der Nordküste hieß die Stadt Nuestra Señora de Santa María del Puerto Príncipe. Sie wurde ins Landesinnere verlegt, um Piratenangriffen und den Aufständen der indigenen Volksgruppen, die zunächst erbitterten Widerstand leisteten, zu entgegehen. Die charakteristischen verwinkelten Straßen von Camagüey sollten ebenfalls vor Plünderungen schützen.

Beispiel für die »klassische« Architektur des 19. Jahrhunderts in Camagüey

Parque Ignacio Agramonte mit Reiterstatue und Kathedrale

Der Glockenturm von 1777 stürzte bereits ein Jahr später ein. Seither durchlebte die Kathedrale mehrere Wiederaufbauphasen. Ihr heutiges Aussehen geht auf das Jahr 1864 zurück.

Die monumentale Fassade der Kathedrale wird von einem Giebeldreieck überspannt. Den sechsstöckigen Turm krönt eine riesige Christusstatue.

Parque Ignacio Agramonte

Die ehemalige Plaza de Armas wird von einer Reiterstatue des kubanischen Unabhängigkeitshelden Agramonte beherrscht. Sie stammt von Salvatore Boemi und wurde 1912 von der Ehefrau Agramontes, Amalia Simoni, eingeweiht. An den vier Ecken des Platzes stehen Königspalmen, die in Gedenken an eine Gruppe von Nationalisten gepflanzt wurden, die hier am 24. Februar 1851 exekutiert wurden. Wie so oft in den Befreiungskriegen stellten Palmen symbolische Denkmäler für die Rebellen dar, da die Spanier die Errichtung echter Denkmäler niemals gestattet hätten.

Interessante Gebäude an diesem Platz sind der Palacio Collado (1942), die Bar El Cambio (1909), das Café de la Ciudad, die **Casa de la Trova Patricio Ballagas**, die Biblioteca Julio Antonio Mella und die Kathedrale. Der Platz ist mit seinen Bänken, die im Schatten von Palmen stehen, ein beliebter Treffpunkt bei den Einwohnern von Camagüey. Untertags versammeln sich hier die älteren Leute, um dem Treiben zuzusehen, am Abend trifft man eher die Jugend an.

Der Platz ist auch bei Besuchern beliebt, die hier die berühmten *tinajones* von Nahem sehen können.

Catedral de Nuestra Señora de la Candelaria

Calle Cisneros 168, Parque Agramonte. ☎ (32) 294 965. Mo–Fr 14.30–18 (Mi auch 8–11.45 Uhr), Sa 14.30–16, So 8–11.45 Uhr. ✝ Mo–Fr 17, So 9 Uhr.

Camagüeys Kathedrale (1735) wurde von Manuel Saldaña entworfen und ist der Schutzpatronin der Stadt gewidmet.

Zentrum von Camagüey

Zeichenerklärung
siehe hintere Umschlagklappe

Hof der Casa Agramonte, in dem auch Konzerte stattfinden

Casa Natal de Ignacio Agramonte

Calle Ignacio Agramonte 459, e/ Independencia y Cisneros. (32) 297 116. Di–Sa 9–16.30, So 9–12 Uhr. 1. Mai. (Fotografieren gegen Gebühr).

Bei der Plaza de los Trabajadores, wo ein Kapokbaum die Mitte der Altstadt markiert, steht das Geburtshaus von Ignacio Agramonte. Der Lokalheld fiel 1873 im Alter von 31 Jahren auf dem Schlachtfeld. Das zweistöckige Haus stammt von 1750 und hat einen schönen Innenhof mit *tinajones*.

Das Museum zeigt Dokumente aus dem Befreiungskrieg, persönliche Gegenstände Agramontes, so einen Revolver von 1851, und Mobiliar wie das Piano seiner Frau Amalia Simoni. Sie galt als eine der reichsten, liebenswertesten und tugendhaftesten Frauen der Stadt.

Ein paar Schritte weiter, in der Calle Hermanos Agüero 58, steht die **Casa Natal Nicolás Guillén** *(siehe S. 32)*, das Geburtshaus dieses gefeierten kubanischen Lyrikers.

Schild am Geburtshaus von Nicolás Guillén

Infobox

Information
Camagüey. **Straßenkarte** D3. 330 000. Infotur, Calle Ignacio Agramonte 426, (32) 256 794. Jornadas de la Cultura Camagüeyana (erste Februarhälfte), Karneval (23.–29. Juni).

Anfahrt
Ignacio Agramonte, (32) 261 010. Ave. Avellaneda y Finlay, (32) 292 633. Carretera Central, km 3, (32) 270 396.

Iglesia de la Merced

Plaza de los Trabajadores 4. (32) 292 783. Mo–Fr 8–11, 16–17.30, Sa 8–11, So 8–10, 17–19 Uhr. Mo–Fr 17, Sa 7, So 9, 18 Uhr.

Die ursprüngliche Iglesia de la Merced wurde 1601 erbaut, 1748–1756 neu errichtet und hat heute eine barocke Fassade mit Glockenturm in der Mitte. Innen sind jugendstilartige Wandmalereien zu sehen. Am berühmtesten ist das Heilige Grab mit dem Christusbild von Juan Benítez Alfonso. Es setzt sich aus 23 000 von Manuel Agüero gesammelten Silbermünzen zusammen, der nach dem Tod seiner Frau 1726 Mönch wurde und sich der Restaurierung der Kirche verschrieb.

Teatro Principal

Calle Padre Valencia 64. (32) 293 048.

Das Theater von 1850 wurde 1926 nach einem Brand wieder aufgebaut. Es ist Wiege des berühmten Balletts von Camagüey, einem der führenden Tanzensembles Lateinamerikas *(siehe S. 280)*.

Tinajones

Diese Wahrzeichen der Stadt sind überall zu sehen – in Parks, Gärten und besonders in den Höfen der Kolonialhäuser. *Tinajones* sind Tonkrüge, die bis zu zwei Meter groß sein können. Sie wurden Anfang des 18. Jahrhunderts von katalonischen Einwanderern eingeführt und dienen dem Auffangen und Frischhalten von Regenwasser. Der Ton kommt aus der Sierra de Cubitas.

***Tinajon* auf dem Hauptplatz**

Überblick: Camagüey

Die weitläufige Altstadt aus dem 16. Jahrhundert gleicht mit ihren verwinkelten Durchgängen, Sackgassen, Gabelungen und Plätzen einem Labyrinth und ist eine Herausforderung für den Orientierungssinn. Das Zentrum umfasst nahezu ausschließlich zweistöckige Häuser mit Arkaden und großen Fenstern mit Holzgittern. Jedes Gebäude hat einen Innenhof. Es gibt zahlreiche alte Kirchen, von denen die meisten gut erhalten sind und deren Glockentürme über die roten Ziegeldächer der Kolonialhäuser ragen. Wie auch in Trinidad ist die sehr gut erhaltene Architektur die Folge einer geografischen Isolation.

Cinco Esquinas (Fünf Ecken), eine der verwirrendsten Kreuzungen der Stadt

Weitere Sehenswürdigkeiten

Viele interessante Sehenswürdigkeiten sind nur wenige Meter vom Parque Ignacio Agramonte entfernt.

Die Calle Martí verläuft westlich des Platzes zur Plazuela de la Bedoya, einem hübschen Kolonialplatz mit vielen Statuen. Hier steht ein altes Ursulinenkloster sowie die **Iglesia del Carmen**. Obwohl sie erst 1825 fertiggestellt wurde, hat sie einen ausgeprägten barocken Charakter.

Autorin Gertrudis Gómez de Avellaneda

Die Calle Cristo führt zur Plazuela del Cristo, die von der Iglesia del Santo Cristo del Buen Viaje und dem Cementerio General (1814), dem ältesten Friedhof Kubas, beherrscht wird. Wieder zurück Richtung Parque Agramonte kommt man an die Kreuzung **Cinco Esquinas** am Anfang der Calle Raúl Lamar, ein Beispiel für die komplizierte Straßenführung in der Stadt.

Eine weitere Route führt entlang der Calle República, die die gesamte Stadt von Norden bis Süden durchzieht. Am nördlichen Ende hinter der Eisenbahnlinie steht das **Museo Provincial Ignacio Agramonte** *(siehe S. 207)*. Weiter südlich führt die Route beim Hotel Colón ostwärts über die Calle Avellaneda. An der Nr. 22 steht das Geburtshaus der bedeutenden kubanischen Schriftstellerin und Sklavereigegnerin Gertrudis Gómez de Avellaneda.

In der **Iglesia de Nuestra Señora de la Soledad** (1776) in der Calle República fanden Taufe und Hochzeit von Ignacio Agramonte statt. Die Fassade mit Pilastern und Stuckformen ist typisch für die frühe kubanische Barockarchitektur. In der Kirche sind die schmuckvoll bemalten Bogen und Säulen sowie die *Alfarje*-Holzdecke besonders sehenswert.

Am südlichen Ende der Straße gelangt man zur Calle Martí, auf der es zurück zum Parque Agramonte geht.

Plaza San Juan de Dios

Der Platz wird auch Plaza del Padre Olallo genannt. Der Barmherzige Bruder José Olallo Valdés (1820–1899), der sein Leben der Pflege der Kranken des Städtischen Krankenhauses widmete, wurde 2008 seliggesprochen.

Heute ist die Plaza San Juan de Dios ein beschaulicher, malerischer Platz mit hübscher Kolonialarchitektur. Hier stehen pastellfarbene Gebäude aus dem 18. Jahrhundert, von denen zwei heute Restaurants sind. Eine Seite der Plaza wird von einem großen Gebäudekomplex eingenommen, mit einer Kirche und einem alten Krankenhaus, in dem heute

Iglesia del Carmen an der Plaza del Carmen

Hotels und Restaurants im östlichen Zentralkuba *siehe Seiten 261f und 274f*

die Dirección Provincial de Patrimonio und die Oficina del Historiador de la Ciudad, eine Körperschaft für das kulturelle Erbe der Provinz, untergebracht sind. Der Bau des Gebäudes begann im Jahr 1728.

Die kleine reizende **Iglesia de San Juan de Dios** gehört zu den interessantesten Kirchen von Camagüey. Böden, Decke, Holzchor und insbesondere der Hochaltar mit der Heiligen Dreifaltigkeit und einer anthropomorphen Darstellung des Heiligen Geistes sind noch erhalten. Die Fassade ist einfach und streng symmetrisch.

Das einstige **Krankenhaus** war im 20. Jahrhundert ein Militärkrankenhaus, dann eine Ausbildungsstätte für Lehrer, Unterkunft für Flutopfer, ein Zentrum für Kinder aus sozial schwierigen Verhältnissen und zuletzt das Instituto Tecnológico de la Salud (Technologisches Institut für Gesundheit). Der Grundriss mit zwei Innenhöfen im *Mudéjar*-Stil wurde barocken Klöstern nachempfunden. Die schlichten Außenwände stehen im Kontrast zu den eleganten Fenstergittern und Holzbalustraden in den Galerien.

Iglesia y Hospital de San Juan de Dios
Plaza San Juan de Dios. Mo–Sa 7–11, 14.30–16 Uhr. 1. Jan, 1. Mai, 26. Juli, 25. Dez.

Einer der Kreuzgänge im ehemaligen Krankenhaus San Juan de Dios

Museo Provincial Ignacio Agramonte
Avenida de los Mártires 2, esq. Ignacio Sánchez. (32) 282 425. Mo–Do, Sa 9–17, Fr 9–20, So 9–12 Uhr. (Fotografieren gegen Gebühr).

Hochaltar der Heiligen Dreifaltigkeit

Das einzige Militärgebäude der Stadt war das Hauptquartier der Kavallerie der spanischen Armee im 19. Jahrhundert. 1905 wurde daraus ein Hotel, seit 1948 ist hier ein Museum für Geschichte, Naturgeschichte und Kunst untergebracht. Die Kunstsammlung wird nur vom Museo de Bellas Artes in Havanna übertroffen und umfasst drei Gemälde von Fidelio Ponce (1895–1949). Das Museum verfügt über eine exzellente Buchsammlung, darunter sind auch Manuskripte des kanarischen Schriftstellers Silvestre de Balboa, des Autors von *Espejo de Paciencia* (1608), das als erstes literarisches Werk Kubas gilt *(siehe S. 32)*.

Parque Casino Campestre
Der Parque Casino, durch den der Hatibonico fließt, ist der größte Stadtpark Kubas. Er wurde früher für Landwirtschaftsmessen genutzt. Ein öffentlicher Park ist er seit dem 19. Jahrhundert. Abgesehen von den Statuen einheimischer Persönlichkeiten, steht dort auch ein Denkmal der spanischen Piloten Barberán und Collar, denen am 10. Juni 1933 ein historischer Transatlantikflug von Sevilla nach Camagüey in 19 Stunden und 11 Minuten gelang.

Umgebung: Die Ebenen nördlich von Camagüey sind Weideland. Die ehemalige Ranch **Rancho King** hat ein Restaurant mit Gästezimmern und bietet Reitausflüge und Rodeos an. Sie liegt 16 Kilometer nördlich von Santa Lucía.

Plaza San Juan de Dios mit ihrer gut erhaltenen Kolonialarchitektur

Diese Landstraße nördlich von Camagüey führt in die Sierra de Cubitas

⓫ Sierra de Cubitas

Camagüey. **Straßenkarte** D3.

Die Bergkette ca. 40 Kilometer nördlich von Camagüey ist mit über 300 Pflanzenarten das größte einheimische Reservat für Flora und Fauna. Allerdings gibt es in der Gegend kaum touristische Infrastruktur.

Hauptanziehungspunkte sind Höhlen wie Hoyo de Bonet, die größte Karstvertiefung Kubas, und die Grotten Pichardo und María Teresa, in denen Höhlenmalereien entdeckt wurden. Zertifizierte Speläologen können auch die Cueva de Rolando besichtigen, eine 132 Meter lange Höhle mit einem unterirdischen Fluss, dessen Grund bis heute unerforscht ist.

Im benachbarten Valle del Río Máximo befindet sich der **Paso de los Paredones**, eine lange, tiefe Schlucht, in der sich durch Erosion Becken gebildet haben, von denen manche bis zu 100 Meter tief und einen Kilometer lang sind. Die üppige Vegetation lässt nur wenige Stunden am Tag Sonnenlicht durch und ist Heimat für viele endemische Vögel *(tocororo* und *cartacuba; siehe S. 24f)*, Zugvögel, Nagetiere und ungefährliche Reptilien.

⓬ Playa Santa Lucía

Camagüey. **Straßenkarte** D3.
i Cubatur, Ave. Turística, Playa Santa Lucía, (32) 336 291 oder (32) 365 303.

Der bekannteste Strandabschnitt der Provinz lockt mit 21 Kilometern feinem weißem Sand und türkisfarbenem Wasser. Die großen, nur drei Kilometer vom Ufer entfernten Korallenriffe sind ein Paradies für Taucher *(siehe S. 285)*. Die Riffe schützen die Küsten vor den Strömungen des Canal Viejo de Bahamas und sorgen für unbeschwerte Badefreuden und Wassersportaktivitäten. Entlang dem Riff gibt es über 30 Tauchreviere, zu denen einen die internationalen Tauchschulen bringen. Shark's Point mit Wracks von Piratenschiffen und spanischen Galeonen ist ein eher romantischer Tauchplatz. Abenteuerlustige können im Februar/März bzw. von Juli bis September eine besondere Haiart, den *Carcharinus leucas* (Bullenhai), beobachten, der hier sogar aus der Nähe betrachtet werden kann.

In der Bucht von Nuevitas, sechs Kilometer westlich von Santa Lucía und nahe dem Dorf La Boca, liegt die **Playa Los Cocos**. Dieser hübsche, unberührte Strand hat feinen weißen Sand und klares Wasser und ist ein Muss für alle Besucher von Santa Lucía.

Cayo Sabinal ist per Auto oder Katamaran erreichbar

⓭ Cayo Sabinal

Camagüey. **Straßenkarte** D3.

Diese Insel steht zusammen mit Cayo Romano und Cayo Guajaba unter Naturschutz. Hier leben Hirsche, Rehe sowie die größte Flamingokolonie Kubas. Außerdem ist sie Nistplatz für Meeresschildkröten. Cayo Sabinal ist über einen Damm von der Playa Santa

Steg an der Playa Santa Lucía, von dem die Boote zu den Korallenriffen ablegen

◀ **Die unberührte Playa Los Cocos unweit der Playa Santa Lucía *(siehe oben)***

Lucía aus erreichbar. Die Insel war zuerst Heimat eines indigenen Volks, später von Piraten und spanischen Matrosen. Heute kommt man vor allem wegen der schönen Strände Playa Bonita, Playa Los Pinos und Playa Brava auf den Cayo. Der Leuchtturm Colón stammt aus dem Jahr 1894. Südlich von Cayo Sabinal befindet sich die Bucht von Nuevitas, wo Camagüey ursprünglich lag. Die drei kleinen Inseln in der Bucht, **Los Ballenatos**, werden sehr oft bei Bootsausflügen angesteuert.

⓮ Las Tunas

Las Tunas. **Straßenkarte** E3. 198 000. Hotel Las Tunas, Ave. 2 de Diciembre, (31) 345 014; Ecotur, (31) 372 073. Jornada Nacional Cucalambeana (Ende Juni).

Bis 1975 war Las Tunas nur eine von vielen Städten der ehemaligen Provincia de Oriente. Mit der Verwaltungsreform wurde sie zur Hauptstadt einer autonomen Provinz. Gegründet wurde der Ort an der Stelle, wo vormals zwei Dörfer von Ureinwohnern standen, die Anfang des 16. Jahrhunderts vom Konquistadoren Alonso de Ojeda zerstört worden waren. Erst drei Jahrhunderte später begann die Stadt sich zu entwickeln und wurde langsam zu einer Grenzstadt zwischen Zentral- und Ostkuba und zu einem obligatorischen Durchgangspunkt für Reisende nach Santiago. Die Altstadt hat zwar einige Kolonialbauten, aber keine nennenswerten Monumente. Dafür gibt es hier einige Künstlerateliers.

Das **Museo Histórico Provincial** im Rathaus präsentiert archäologische Funde und Dokumente zur Geschichte der Provinz. Das **Memorial a los Mártires de Barbados** gedenkt eines terroristischen Akts gegen Kuba im Jahr 1976: In einem kubanischen Flugzeug auf dem Weg nach Havanna explodierte eine Bombe und tötete 73 Passagiere und die gesamte Crew.

Jedes Jahr erwacht Las Tunas anlässlich der **Jornada Nacional Cucalambeana** zum Leben. Sie ist dem einheimischen Bauern und Poeten Juan Cristóbal Nápoles Fajardo gewidmet, auch als El Cucalambé bekannt. An dem Volksfest mit Musik nehmen einheimische Künstler und ausländische Dozenten teil.

Umgebung: Bei Las Tunas erinnert vieles an die Befreiungskriege. Darunter sind das **Fuerte de la Loma**, heute Nationaldenkmal, das von den Spaniern gebaut wurde, um die Mambí aufzuhalten, und **Puerto Padre**, Schauplatz bedeutender Schlachten im Verlauf des Zehnjährigen Kriegs (1868–78).

Der beste Strand ist **Playa Covarrubias** bei Puerto Padre an der Atlantikküste.

Rathaus von Las Tunas

Ein Taucher greift nach einem Barrakuda

⓯ Jardines de la Reina

Ciego de Ávila, Camagüey. **Straßenkarte** D4. Júcaro, Embarcadero Avalon. Avalon, Júcaro, 7204 7422.

Dieser Archipel im Karibischen Meer wurde von Christoph Kolumbus entdeckt und zu Ehren der Königin *(reina)* Isabel de Castile Jardines de la Reina genannt. Das Areal gehört zu den größten Naturschutzgebieten in Kuba. Die Inseln sind mit dem Boot von Júcaro aus erreichbar.

Die vielen unberührten *cayos*, Mangroven und Palmen bieten Platz für eine reiche Fauna mit Krokodilen, Schildkröten, Leguanen und tropischen Vögeln. Das Korallenriff erstreckt sie über die gesamte Länge des Archipels von 200 Kilometern und macht ihn zu einem einmaligen Paradies für Taucher.

In der Nähe von Cayo Anclita, nur 100 Meter von der Küste entfernt, gibt es das schwimmende Hotel La Tortuga für Fischer, Taucher und Fotografen. Im Wasser wimmelt es hier nur so von Fischen, darunter Zackenbarsche, Schnapper, Barrakudas und Haie. Tagesausflüge und Unterkünfte können über Avalon gebucht werden.

Ostkuba

Granma · Holguín · Santiago de Cuba · Guantánamo

Kubaner nennen den Ostteil der Insel auch »Oriente«, was ihm einen Hauch von Exotik verleiht. Die Landschaft nahe Haiti und anderen karibischen Inseln ist ausgesprochen abwechslungsreich: majestätische Berge, herrliche Strände und karge Wüstengebiete. Die Städte sind sehr geschichtsträchtig, besonders Santiago de Cuba, wo auch einer der berühmtesten Karnevals Lateinamerikas stattfindet.

Vom 17. bis zum 19. Jahrhundert wurden Tausende Sklaven aus Schwarzafrika nach Kuba gebracht. Diese Männer und Frauen waren die Vorfahren der multiethnischen Gesellschaft, die heute das Gesicht Ostkubas prägt – ein Schmelztiegel aus Menschen afrikanischer, spanischer, französischer und chinesischer Abstammung. Und auch ihre Religionen mischten sich: Europäische (katholische) und afrikanische Riten sind heute teils untrennbar miteinander verwoben.

Die Gegend steckt voller Gegensätze. Einerseits gilt El Oriente als Oase der Ruhe und Entspannung, andererseits als Wiege großer Musiker, die in ihren Liedern Temperament und Leidenschaft vereinen. Letztendlich sind die Ostkubaner für ihre rebellische Mentalität berühmt. Ein bekanntes Beispiel ist der indianische Häuptling Hatuey, der im 16. Jahrhundert wegen seines Widerstands gegen die Spanier auf dem Scheiterhaufen verbrannt wurde. Im 19. Jahrhundert führten Ostkubaner die Unabhängigkeitskriege an. Bürger von Bayamo zogen es sogar vor, ihre Stadt niederzubrennen, anstatt sie dem Feind zu überlassen. Und im 20. Jahrhundert starteten die *rebeldes* (von denen viele, einschließlich Fidel Castro, aus Ostkuba stammten) den Kampf gegen das Regime Batistas.

Und dennoch wissen die Menschen Ostkubas das Leben zu genießen: Sie lieben Musik und Tanz, und der Karneval, den sie alljährlich in Santiago de Cuba auf die Beine stellen, steht demjenigen des großen Bruders in Rio de Janeiro in nichts nach.

An der Costa Sur östlich von Guantánamo, der einzigen ariden Zone Kubas, gedeihen Kakteen

◀ Basílica del Cobre, Hüterin der verehrten schwarzen Madonna Virgen de la Caridad *(siehe S. 225)*

Überblick: Ostkuba

Der klassische Ausgangspunkt für eine Tour durch Ostkuba ist die geschichtsträchtige Stadt Santiago de Cuba mit ihren Gebäuden aus der Kolonialzeit und vielen Erinnerungen an die Revolution. Im Westen erhebt sich die majestätische Sierra Maestra, die im Guerillakrieg der 1950er Jahre eine entscheidende Rolle spielte. Am besten erreicht man sie aus dem Norden, von der Region um Bayamo. Im Osten bietet der Parque Baconao Freizeitaktivitäten für Familien, in Guantánamo (bekannt wegen der US-Marinebasis) und in Baracoa, Kubas ältester Stadt, kommen Abenteuerlustige auf ihre Kosten. Die Provinz Holguín weiter nördlich hat herrliche Strände und Kubas interessanteste archäologische Stätte zu bieten.

Kleine Inseln in der Bahía de Naranjo

Legende

- Autobahn
- Hauptstraße
- Nebenstraße
- Panoramastraße
- Eisenbahn
- Staatsgrenze
- Regionalgrenze
- Gipfel

Straßenmusikanten unterhalten die Passanten im Parque Céspedes, Santiago de Cuba

Weitere Zeichenerklärungen *siehe hintere Umschlagklappe*

Sehenswürdigkeiten auf einen Blick

1. *Holguín S. 216f*
2. Gibara
3. Bahía de Bariay
4. Guardalavaca
5. Chorro de Maíta
6. Banes
7. Mayarí
8. Cayo Saetía
9. Bayamo
10. Manzanillo
11. Gran Parque Nacional Sierra Maestra
12. Basílica del Cobre
13. *Santiago de Cuba S. 226–235*
14. *Castillo del Morro S. 236f*
15. *Parque Baconao S. 238–241*
16. Guantánamo
17. Costa Sur
18. La Farola
19. *Baracoa S. 246f*
20. El Yunque
21. Río Toa
22. Parque Nacional Alejandro de Humboldt
23. Boca de Yumurí

Tour

⓫ *Nach Santiago über Cabo Cruz S. 222f*

***Azulejos*-Dekoration in der Colonia Española in Manzanillo**

In Ostkuba unterwegs

Auch wenn die meisten Sehenswürdigkeiten außerhalb Santiagos per Bus oder Taxi erreichbar sind, empfiehlt es sich doch, ein Auto zu mieten. Einige der Fahrtstrecken zählen zu den malerischsten in Kuba, besonders die Fahrt nach Baracoa über »La Farola« *(siehe S. 243)*. Auch mit dem Flugzeug lassen sich die großen Städte im Osten erreichen. Darüber hinaus starten in Santiago oder in den Ferienanlagen in der Region Holguín (besonders in Guardalavaca) organisierte Touren. Diese können über Reiseagenturen gebucht werden.

Klassizistisches Gebäude im Zentrum von Baracoa

❶ Holguín

Das aufgrund seiner vielen begrünten Plätze auch »Parkstadt« genannte Holguín ist eine moderne Stadt, die im Schachbrettmuster zwischen den Hügeln Cerro de Mayabe und Loma de la Cruz angelegt wurde. Die Einwohner Holguíns haben sich aktiv an den Unabhängigkeitskriegen beteiligt und die Stadt 1872 unter der Führung von General Calixto García von den Spaniern befreit. Sein Geburtshaus ist nun ein Museum, der Platz in der Stadtmitte wurde nach ihm benannt und mit seiner Statue geschmückt.

Überblick: Holguín

Die Calle Maceo und die Calle Manduley – zwei parallele Straßen mit Geschäften, Hotels, Bars und Clubs – kreuzen drei Plätze: **Parque San José**, **Parque Calixto García** und **Parque Peralta**. Auf dem quirligen Parque García befinden sich die wichtigsten Sehenswürdigkeiten der Stadt, darunter die **Casa Natal de Calixto García**.

La Periquera (Museo Provincial de Holguín)

Calle Frexes 198, e/ Libertad y Maceo. (24) 463 395. Di–Sa 9–16.30, So 8.30–12 Uhr. 1. Jan, 1. Mai, 26. Juli, 10. Okt, 25. Dez. (Fotografieren gegen Gebühr).

Dieses große klassizistische Gebäude mit seinem Innenhof liegt am Parque Calixto García. Es wurde 1860 als Residenz für einen spanischen Händler gebaut. Beim Ausbruch des Zehnjährigen Krieges 1868 *(siehe S. 48)* wurde das Gebäude von der spanischen Armee besetzt und als Kaserne genutzt. So erklärt sich der Spitzname des Gebäudes: *La Periquera* heißt übersetzt »Papageienkäfig«, eine Anspielung auf die bunten Uniformen der spanischen Armee.

Heute ist hier das Museo Provincial de Holguín untergebracht, das in fünf Räumen die Geschichte der kulturellen Entwicklung der Stadt erläutert. Zudem werden archäologische Funde der Siedlungen der Taíno-Indianer gezeigt, die hier vom 8. bis ins 15. Jahrhundert lebten. Das berühmteste Stück in der Sammlung ist die Hacha de Holguín, eine Steinaxt in der Form eines menschlichen Körpers. Sie wurde in den Hügeln um Holguín gefunden und zum Symbol der Stadt.

Hacha de Holguín

Museo de Historia Natural Carlos de la Torre

Calle Maceo 129, e/ Martí y Luz Caballero. (24) 423 935. Di–Sa 9–12, 12.30–17, So 9–12 Uhr. (Fotografieren gegen Gebühr).

Das naturkundliche Museum der Stadt ist in einem hell gestrichenen Gebäude mit schmuckem Eingang und allgegenwärtigen spanischen Fliesen untergebracht. In der durchaus interessanten Sammlung von Vögeln und Muscheln finden sich *Polymita*-Schnecken von den Stränden Baracoas *(siehe S. 249)* sowie ein 50 Millionen Jahre altes Fischfossil aus der Sierra Maestra.

In der Catedral de San Isidoro

Catedral de San Isidoro

Calle Manduley, e/ Luz Caballero y Aricochea, Parque Peralta. (24) 422 107. Mo–Fr 7–12, 15–17, 19.30–21.30 Uhr. tägl.

Die Kirche wurde 1720 dort erbaut, wo die erste Messe anlässlich der Stadtgründung gefeiert wurde: am Parque Peralta, der wegen seines früheren Blumenmarkts auch Parque de Flores genannt wird. Zur Kathedrale wurde die Kirche erst 1979 geweiht.

Im Inneren der Kirche steht eine Kopie der Virgen de Caridad, deren Vorlage in der Basílica del Cobre bei Santiago de Cuba *(siehe S. 225)* aufbewahrt wird. Am 4. April gibt es Feiern zu Ehren der Jungfrau.

Plaza de la Marqueta

Der Platz südwestlich des Parque Calixto García wirkt ein wenig heruntergekommen. Er wird von bemalten Totempfählen gesäumt. Das hiesige Marktgebäude ist ebenfalls baufällig, beherbergt aber ein nettes Café, in dem man bei einem kühlen Bier rasten kann. Die Gegend soll durch bauliche Maßnahmen künftig wieder attraktiver werden.

Parque Calixto García mit La Periquera, im Hintergrund die Loma de la Cruz

Panoramablick über Holguín vom Gipfel der Loma de la Cruz

Infobox

Information

Holguín. **Straßenkarte** E4.
345 000. Infotur, Calle Libertad, esq. Martí, (24) 425 013.
Romerías de Mayo (2.–8. Mai).

Anfahrt

13 km südlich.
Calle V Pita , (24) 468 559.
Carretera Central y Independencia, (24) 422 111.

Plaza de la Revolución

Östlich des Stadtzentrums, hinter dem Hotel Pernik, liegt der Platz mit einem Denkmal für die Helden der kubanischen Unabhängigkeit und dem Mausoleum von Calixto García. Hier finden politische Kundgebungen und Volksfeste statt.

Loma de la Cruz

Vom Gipfel der Loma de la Cruz (Kreuzhügel) sieht man weit über die Stadt. Die Ingenieure, die Holguín gründeten, entwarfen von hier ihre Stadtpläne, aber erst viel später (1927–50) wurden die 458 Stufen zur Spitze des Hügels angelegt. Jedes Jahr am 3. Mai steigen die Bewohner von Holguín diese Stufen empor, um das spanische Fest Romerías de Mayo zu begehen. Der höchste Punkt der Loma, drei Kilometer nordwestlich des Parque Calixto García, ist durch einen Aussichtsturm und ein Kreuz markiert, das 1790 von dem Mönch Antonio de Alegría aufgestellt wurde.

Umgebung: Auf dem Cerro de Mayabe, zehn Kilometer südöstlich des Stadtzentrums, liegt der Aussichtspunkt **Mirador de Mayabe**. Von hier überblickt man das ganze Tal, in der Ferne liegt Holguín. Hier gibt es auch eine *aldea campesina*, ein Feriendorf mit einfachen Unterkünften, Restaurant und Freilichtmuseum. In diesem wird das Leben kubanischer Farmer illustriert. Zu sehen sind auch mehrere Beispiele eines *bohío real*, eines typischen Landhauses mit blättergedecktem Dach und gestampftem Lehmboden, einem Hühnerstall und einem großen Hof, in dem Wasserkrüge stehen.

Einfache *bohíos reales* im Feriendorf außerhalb von Holguín

Zentrum von Holguín

1. Parque Calixto García
2. La Periquera
3. Casa de la Trova
4. Museo de Historia Natural Carlos de la Torre
5. Parque Peralta
6. Catedral de San Isidoro
7. Casa Natal de Calixto García
8. Parque San José
9. Plaza de la Marqueta

Zeichenerklärung *siehe hintere Umschlagklappe*

Blick auf die hübsche Küstenstadt Gibara mit ihrem Zentrum im Kolonialstil

❷ Gibara

Holguín. **Straßenkarte** E3. 72 000.

Südlich der Bucht, die Kolumbus Río de Mares (Fluss der Meere) nannte, liegt das malerische Gibara, das vor allem für sein Höhlennetz am Stadtrand bekannt ist. Im 19. Jahrhundert war Gibara Haupthafen an der Nordküste der Provinz Oriente. Hier findet man auch die besten Beispiele kolonialer Architektur.

An der Uferstraße mit Blick auf den Fischerhafen stehen eine Statue von Kolumbus, der zum Horizont blickt, und eine restaurierte Garnison. Von hier führen enge Straßen auf den Hauptplatz mit der **Iglesia de San Fulgencio** (1854) und einem alten Theater.

Das **Museo de Artes Decorativas** (Museum für dekorative Kunst) ist in einer Villa aus dem 19. Jahrhundert untergebracht. Nach dem verheerenden Hurrikan von 2008 musste das Museum geschlossen werden. Die Renovierungsarbeiten dauern leider noch an.

Rund zwei Kilometer vom Stadtzentrum entfernt weisen die von Fledermäusen bewohnten **Cavernas de Panaderos** zahlreiche Piktogramme auf. Höhlentauchen und -erkundungen sind mit heimischem Führer möglich.

Museo de Artes Decorativas
Calle Independencia 19. (24) 844 687. wegen Renovierung. (Fotografieren gegen Gebühr).

Cavernas de Panaderos
Oficina de Monumentos Técnicos, Calle Sartorio 7. (24) 845 107.

Fassade der Iglesia de San Fulgencio in Gibara

❸ Bahía de Bariay

Holguín. **Straßenkarte** E3.

Östlich von Gibara liegt die Bucht mit einer kleinen Landzunge, dem Cayo de Bariay. Die meisten Historiker sind sich einig, dass Kolumbus 1492 zuerst hier anlegte. Mit den vielen Blüten und Früchten muss ihm der Cayo paradiesisch erschienen sein. Am 500. Jahrestag seiner Ankunft 1992 wurde hier zum Gedenken an die Taíno-Indianer die Statue *Encuentro* (»Treffen«) errichtet. Mit dem Auto erreicht man den Cayo nur schwer, aber von Guardalavaca *(siehe S. 219)* gibt es Bootstouren. Östlich des Cayo de Bariay liegt der schöne Strand **Playa Don Lino**.

Kolumbus in Kuba

Nachdem Kolumbus am 28. Oktober 1492 zum ersten Mal kubanischen Boden betreten hatte, schrieb er in sein Logbuch: »Einen schöneren Ort habe ich nie gesehen. An den Flussufern sah ich mir unbekannte Bäume mit den unterschiedlichsten Blüten und Früchten, und in ihren Ästen zwitscherten Vögel. Es gab auch viele Palmen. Als ich das Schiff verließ, ging ich auf zwei Fischerhütten zu. Doch als mich die Eingeborenen zu Gesicht bekamen, erschraken sie und flüchteten. Zurück im Boot fuhr ich ein Stück flussaufwärts. Der Anblick dieser Blumengärten und grünen Wälder, das Zwitschern der Vögel erfüllten mich mit so großer Freude, dass ich mich nicht losreißen konnte und weiterfuhr. Dies ist das schönste Land, das menschliche Augen je erblickten.«

Christoph Kolumbus, der Entdecker der Neuen Welt

❹ Guardalavaca

Holguín. **Straßenkarte** F3.

Die Strände von Guardalavaca, die Mitte der 1980er Jahre in eine Ferienanlage umgestaltet wurden, zählen zu den beliebtesten Urlaubszielen Kubas. Obwohl das Gebiet nur 58 Kilometer südwestlich von Holguín liegt, hat man das Gefühl, auf einem abgelegenen Landstrich zu sein.

Der vier Kilometer lange, halbmondförmige Strand ist von üppiger Vegetation umgeben und wird an beiden Enden durch Felsen begrenzt. Der Sand ist fein, das Wasser kristallklar, und nicht weit vom Ufer liegt ein Korallenriff. Hinter dem Strand gibt es eine moderne Ferienanlage.

Der Name »Guardalavaca« (Pass auf die Kuh auf) stammt von dem spanischen Wort für den Kuhreiher *(siehe S. 24)*, einen hier sehr häufig anzutreffenden Vogel.

Westlich des Strandes liegt die **Bahía de Naranjo**, ein Naturschutzgebiet, das 32 Kilometer Küstenlinie und 1000 Hektar Wald mit dicht bewachsenen Karsthügeln umfasst. In der Bucht liegen drei Inseln. Auf einer davon, dem Cayo Naranjo, werden Seelöwen- und Delfinshows gezeigt. Zudem werden hier Bootsausflüge, Tauch- und Angeltouren organisiert.

Skelette in der Nekropole von Chorro de Maíta

❺ Chorro de Maíta

Cerro de Yaguajay, Banes (Holguín). **Straßenkarte** F4. ☎ (24) 430 201. ◯ Mo–Sa 9–17, So 9–13 Uhr. (Fotografieren gegen Gebühr).

An der Küste, fünf Kilometer südlich von Guardalavaca, liegt Chorro de Maíta, die größte Totenstadt hier lebender Indianer in den Antillen. In dieser archäologischen Grabungsstätte wurden 108 Skelette, mehrere Tongegenstände, Knochenamulette, Grabbeigaben und verzierte Muscheln gefunden. All diese Gegenstände können von einem Plankenweg sehr gut besichtigt werden.

Auf der anderen Straßenseite liegt eine *aldea taína*, ein nachgebautes präkolumbisches Dorf. Der Besuch ist lehrreich und unterhaltsam zugleich, man kann z. B. die Nahrung der Ureinwohner kosten. Vor den Hütten stehen lebensgroße Statuen der Indianer.

❻ Banes

Holguín. **Straßenkarte** F4.

Dieses Städtchen liegt 32 Kilometer südwestlich von Holguín inmitten einer großen Ausgrabungsstätte. Tatsächlich stammt ein Drittel aller archäologischen Funde in Kuba aus der Provinz Holguín. In Banes lohnt sich ein Besuch im **Museo Indocubano Bani**, Kubas wichtigstem archäologischem Museum außerhalb Havannas. Hier werden über 1000 Funde gezeigt, darunter Äxte, Terrakottavasen, Feuersteinmesser und eine vier Zentimeter große Frauenfigur aus Gold, der Ídolo de Oro. Sie wurde in der Nähe von Banes gefunden und stammt aus dem 13. Jahrhundert.

Ídolo de Oro, Museo Indocubano Bani

Museo Indocubano Bani
Calle General Barrero 305, e/ Martí y Céspedes. ☎ (24) 802 487. ◯ tägl. (So nur vorm.). (Fotografieren gegen Gebühr).

Kristallklares Wasser am Strand von Guardalavaca, dem »Varadero Ostkubas«

Die Buchten von Cayo Saetía sind wegen ihrer Sandstrände berühmt

7 Mayarí

Holguín. **Straßenkarte** F4.
100 000.

Die Stadt Mayarí, 100 Kilometer südöstlich von Holguín, wurde 1757 gegründet und ist so neben Gibara *(siehe S. 218)* die älteste Stadt der Provinz.

In der Nähe sind die **Farallones de Seboruco**, Höhlen, in denen man Objekte der Taíno fand. Hier liegt in einem Wald, der sich auf einem Berg bis 1000 Meter Höhe erstreckt, das Ökoresort **Meseta de Pinares de Mayarí**. Südwestlich von Mayarí liegt Fidel Castros Geburtsort Birán. Sein Elternhaus, **Finca Birán**, existiert noch.

Finca Birán
(24) 286 102. Di–Sa 9–15, So 9–12 Uhr (außer bei Regenfällen).

8 Cayo Saetía

Holguín. **Straßenkarte** F4.

An der Mündung der Bucht von Nipe liegt die kleine Insel (42 km²) mit ihren faszinierenden Buchten. Über eine Zugbrücke ist sie mit dem Festland verbunden. Einst war sie ein privates Jagdrevier, durch die Wälder und Weiden streifen neben einheimischen Tierarten noch immer Antilopen und Zebras. Auf den geführten Safaris (zu Pferde oder im Jeep) können die Besucher diese Tiere beobachten und fotografieren. Die wenigen touristischen Angebote auf der Insel stehen nur zahlenden Gästen zur Verfügung. Auf Umweltschutz wird besonderer Wert gelegt. Ein Ausflug per Boot von Guardalavaca hierhier ist herrlich.

9 Bayamo

Granma. **Straßenkarte** E4. 235 000. Saco y Línea, (23) 423 034. Carretera Central y Jesús Rabí, (23) 424 036. Infotur, Plaza del Himno, (23) 423 468.

Nach Baracoa ist Bayamo, 1513 von Diego Velázquez gegründet, die zweitälteste Stadt in Kuba. Bis 1975 zählte sie zur Provinz Oriente, doch nach einer Gebietsreform wurde sie Hauptstadt der neu geschaffenen Provinz Granma. In dieser Gegend wird Vieh- und Weidewirtschaft betrieben, doch Bayamo galt in der Vergangenheit auch als Wiege des Nationalismus und Ausgangspunkt politischer Revolten.

Die Statue von Carlos Manuel de Céspedes in Bayamo

1869 brannten die Einwohner ihre Stadt nieder, um sie nicht in spanische Hände fallen zu lassen. Deshalb ist der Stadtkern relativ modern. Das Leben konzentriert sich um den **Parque Céspedes**, der von der Statue des Plantagenbesitzers und Helden der Unabhängigkeitskriege, Carlos Manuel de Céspedes (1955), dominiert wird. Fast alle wichtigen Gebäude der Stadt sind hier zu finden: die Casa de la Cultura, das Hotel Royaltón, der Poder Popular (Volksversammlung) und das historische Café Pedrito.

Neben dem Hauptplatz liegt die **Plaza del Himno**. Sie wurde nach der kubanischen Nationalhymne *Bayamesa* benannt, die zum ersten Mal am 20. Oktober 1868 hier gespielt wurde. Zum Andenken daran wurde hier eine Bronzestatue aufgestellt, auf deren Tafel der Text und die Noten von Perucho Figueredo eingraviert sind. Seine Büste steht neben der Flagge

Entspannen unter Schatten spendenden Bäumen im Parque Céspedes

Bayamo – »Die Rebellische«

Bayamo hat eine lange Tradition von Aufständen. Schon im 16. Jahrhundert stellten sich die Eingeborenen unter ihrem Häuptling Hatuey den Spaniern entgegen *(siehe S. 223)*. Wenig später tötete ein afrikanischer Sklave den Piraten Gilberto Girón und präsentierte seinen Kopf auf dem Stadtplatz. Dies inspirierte Silvestre de Balboa zu dem Epos *Espejo de Paciencia*, dem ersten bedeutenden Werk der kubanischen Literatur *(siehe S. 32)*. Die dramatischste Ära Bayamos war die Zeit der Unabhängigkeitskriege, bei denen eine Gruppe Nationalisten – Juan Clemente Zenea, Carlos Manuel de Céspedes *(siehe S. 47)*, Pedro Figueredo, José Fornaris und José Joaquín Palma – am 10. Oktober 1868 einen Aufstand gegen die Spanier initiierten. Am 20. Oktober nahmen sie die Stadt ein und erklärten sie zur Hauptstadt der Republik. Als Bayamo am 12. Januar 1869 vor der Rückeroberung durch die kolonialen Truppen stand, zündeten die Bewohner ihre Häuser an. Die kubanische Nationalhymne, *La Bayamesa*, entstand daraus.

Dieses Denkmal ist der Nationalhymne *La Bayamesa* gewidmet

der Nationalisten. An dem kleineren **Parque Maceo Osorio** nördlich der Plaza Céspedes liegt eines der wenigen Häuser aus dem 18. Jahrhundert, die Casa de la Trova Olimpio La O, vor der gern musiziert wird.

Casa Natal de Carlos Manuel de Céspedes

Calle Maceo 57, e/ Marmol y Palma. (23) 423 864. Di–Fr 9–17, Sa 9–14, 20–22, So 10–14 Uhr. (Fotografieren gegen Gebühr).

Das Haus, in dem der bedeutendste Kämpfer des ersten Kriegs gegen Spanien im 19. Jahrhundert im April 1819 geboren wurde, ist ein hübsches zweistöckiges Gebäude an der Plaza Céspedes. Architektonisch ist es der interessanteste Bau der Stadt.

Die Zimmer im Erdgeschoss, die sich auf den Hof hinaus öffnen, beherbergen die wichtigsten Stücke der Céspedes-Sammlung, darunter offizielle Dokumente sowie persönliche Gegenstände, u. a. sein Schwert aus Bronze und Stahl.

Im oberen Stockwerk sind möblierte Räume zu sehen. In einem steht ein Bronzebett mit feinen Perlmuttmedaillons. Über eine Galerie gelangt man in die alte Küche, in der noch der ursprüngliche Keramikofen steht.

Fassade des Geburtshauses von Carlos Manuel de Céspedes

Kirche Parroquial Mayor de San Salvador

Parroquial Mayor de San Salvador

Plaza del Himno, esq. José Joaquín Palma. (23) 422 514. Mo–Fr 9–12, 14.30–17, So 9–22.30 Uhr.

Als die Nationalisten in Bayamo ihre Stadt niederbrannten, um sie nicht den Spaniern überlassen zu müssen, brachten sie die Heiligenbilder in der Kathedrale Parroquial Mayor in Sicherheit. Das Flammenmeer überdauerten lediglich das Taufbecken (in dem Carlos Manuel de Céspedes getauft wurde) und die Capilla de los Dolores, eine Kapelle aus dem Jahr 1740 mit einem Bild der Jungfrau Maria und einem Altarbild aus vergoldetem Holz. Das Altargemälde ist in einem kunstvoll gestalteten Rahmen gefasst, auf dem tropische Motive und Darstellungen heimischer Pflanzen und Tiere zu sehen sind – ein ungewöhnliches, aber für Kuba typisches Element der Kunst des 18. Jahrhunderts.

1916 ließ Bischof Guerra die Erlöserkirche wiederaufbauen. Das ursprüngliche Gebäude war 1613 fertiggestellt worden und wurde im Lauf der Zeit in eine große dreischiffige Kirche mit zwei Chorräumen, neun Altären und einer schmiedeeisernen Kanzel umgebaut.

Die neue Kirche wurde 1919 eingeweiht. Sie ist geschmückt mit einem Bild von Jesus dem Erlöser, das aus der alten Kirche gerettet worden war, einem Marmoraltar, einem patriotischen Gemälde des Dominikaners Luis Desangles, Stuck und Fresken von Esteban Ferrer.

⑩ Manzanillo

Granma. **Straßenkarte** E4. ✈ »Sierra Maestra«, 8 km südlich der Stadt. 🚉 🚌 Bayamo, Camagüey, Havanna, Pilón, Yara.

Die Küstenstadt Manzanillo fügt sich harmonisch in die Bucht von Guacanayabo ein. Sie wurde 1784 als Puerto Real gegründet und hatte ihre Blüte dank Zucker- und Sklavenhandel im 19. Jahrhundert.

Die Erinnerungen an die Taten der Rebellentruppen Fidel Castros in der nahen Sierra Maestra sind hier noch lebendig, ganz besonders die an seine Assistentin Celia Sánchez, die hier eine Nachhut aufstellte. Ein monumentales Denkmal in der Stadt erinnert an sie.

Im Parque Céspedes wurde 1924 ein Musikpavillon für Musikgruppen aus der Stadt eröffnet. Die sogenannte Glorieta Morisca verdankt ihren Namen den arabisch anmutenden Ornamenten von José Martín del Castillo, einem Architekten aus Granada. Zu den anderen Sehenswürdigkeiten der Stadt, die alle um den Parque Céspedes gruppiert sind, gehören die klassizistische Iglesia de la Purísima Concepción aus den 1920er Jahren, das stilvolle Café 1906, das Rathaus aus dem 19. Jahrhundert, in dem heute die Asamblea Municipal del Poder Popular unterge-

In der Glorieta Morisca de Manzanillo werden Konzerte gegeben

⑪ Nach Santiago über Cabo Cruz

Diese faszinierende Tour nach Santiago führt an den Hügeln der Sierra Maestra vorbei. An der Südküste scheint die Straße manchmal fast durch das Meer zu verlaufen. In der Umgebung, die unberührt, zum Teil sogar wild erscheint, verbergen sich einige Orte von historischer Bedeutung. Die Strecke kann an einem Tag bewältigt werden, eine Übernachtung in Marea del Portillo macht sie jedoch entspannter.

① La Demajagua
Auf Céspedes' Anwesen gibt es noch immer Geräte zur Zuckerherstellung wie diese *calderas* für die Melasse.

④ Parque Nacional Desembarco del Granma
Dieser Park zeigt eine üppige Flora, darunter einige außergewöhnliche Orchideen. An mehreren Stellen wird die Wegstrecke der Revolutionäre nach ihrer Ankunft mit der *Granma* nachgezeichnet.

③ Playa Las Coloradas
Hier legten im Dezember 1956 die 82 Rebellen an Bord der *Granma* an *(siehe S. 52)*.

⑤ El Guafe
Die Grabungsstätte zeigt einige präkolumbische Funde in einem Höhlensystem.

bracht ist, und die Colonia Española, ein Clubgebäude spanischer Immigranten von 1935. Es verfügt über einen andalusischen Innenhof und ein Wandgemälde aus bemalten Fliesen, das die Ankunft Kolumbus' in Kuba darstellt.

Umgebung: Zehn Kilometer südlich liegen die Überreste von La Demajagua, dem Anwesen von Carlos Manuel de Céspedes *(siehe S. 47 und 221)*. Am 10. Oktober 1868 ließ er seine Sklaven frei, damit sie mit ihm gegen die Spanier kämpften.

In **Yara**, 24 Kilometer östlich, rief Céspedes die kubanische Unabhängigkeit aus. Hier wurde auch der indianische Held Hatuey auf dem Scheiterhaufen verbrannt. Auf der Plaza Grito de Yara gibt es ein kleines Museum.

Das Opfer von Hatuey

Im Lauf der Jahrhunderte erlangte die Aufopferung Hatueys große patriotische Bedeutung und wurde zum Thema vieler Erzählungen, z. B. *La Luz de Yara* (»Das Licht von Yara«) von Luis Victoriano Betancourt aus dem Jahr 1875. Sie erzählt davon, wie von dem Scheiterhaufen, auf dem Hatuey verbrannt wurde, ein mysteriöses Licht emporstieg, über die Insel wanderte und über den Schlaf der Sklaven wachte, die auf ihre Befreiung warteten. Dieses Licht war die Seele Hatueys. Drei Jahrhunderte später kehrte es zur Todesstätte des Märtyrers zurück, woraufhin alle Palmen in Kuba zitterten, der Himmel aufleuchtete, die Erde bebte und das Licht zu einem Feuer wurde, das die Herzen der Kubaner entflammte: »Es war das Licht von Yara, das Rache nehmen wollte. Es war das Grab Hatueys, das zur Wiege der Unabhängigkeit wurde. Es war der 10. Oktober« – der Beginn des Unabhängigkeitskriegs.

Häuptling Hatuey wurde auf dem Scheiterhaufen verbrannt

② Media Luna
Hier steht das Geburtshaus der Revolutionärin Celia Sánchez *(siehe S. 55)*. Heute ist es ein Museum.

Routeninfos

Start: Manzanillo.
Länge: 350 km.
Rasten: Niquero.
Unterkunft: Hotel Niquero, Niquero *(siehe S. 263)*; Club Amigo Marea del Portillo, Pilón *(siehe S. 263)*; Brisas los Galeones, Sierra Maestra *(siehe S. 263)*.

⑧ Südküste
Die Südküste der Provinz Granma ist gesäumt von malerischen Klippen und Buchten. Die Küstenstraße, die Marea del Portillo und Santiago de Cuba verbindet, ist auf der einen Seite von dicht bewachsenen Bergen, auf der anderen vom glitzernden Meer flankiert.

⑥ Pilón
Diese Zuckerstadt hat einen wichtigen Handelshafen. Hier befindet sich auch das Museo Municipal Celia Sánchez Manduley.

⑦ Marea del Portillo
An dem kleinen, von Felsen umgebenen Meeresarm mit seinem schwarzsandigen Strand liegen einige Hotels. Von hier bieten sich Ausflüge zu Wasser und zu Land an.

Legende
- Routenempfehlung
- Andere Straße
- Pfad

Zeichenerklärung *siehe hintere Umschlagklappe*

⓬ Gran Parque Nacional Sierra Maestra

Granma, Santiago de Cuba. **Straßenkarte** F4. **i** Ecotur, Hotel Sierra Maestra, Bayamo, (23) 487 006 ext. 639; Flora y Fauna, Santo Domingo, 5356 5349; Villa Santo Domingo, (23) 565 568.

Aussicht vom Pico Turquino, dem höchsten Berg Kubas

Der Nationalpark mit einer Fläche von 38 000 Hektar erstreckt sich über die Provinzen Granma und Santiago de Cuba. Hier befinden sich die höchsten Gipfel der Insel, darunter der mit 1974 Metern höchste Berg Pico Turquino. Viele Orte dieser Gegend wurden durch den Guerillakrieg von Fidel Castro und den *barbudos* berühmt.

Ausgangspunkt für die Erkundung der Sierra ist meist **Villa Santo Domingo**, 35 Kilometer südlich der Straße von Bayamo nach Manzanillo. (In Santo Domingo gibt es gute Unterkünfte.)

Von Santo Domingo führt ein fünf Kilometer langer Weg zum Aussichtspunkt **Alto del Naranjo** (950 m). Er lässt sich zu Fuß oder per Geländewagen bewältigen. Mit einer Sondererlaubnis vom Besucherzentrum nördlich von Villa Santo Domingo kann man zu Castros Hauptquartier **Comandancia de la Plata** weitergehen. Dort wurde ein Museum eingerichtet. Man sieht ein kleines Feldlazarett und die Stelle, von der aus Che Guevara seine Radioansprachen hielt. Die Comandancia kann nur zu Fuß erreicht werden, sie liegt einen eineinhalbstündigen Fußweg weiter durch einen hübschen, aber oft nebligen Wald. Die Gegend, die 1980 zum Nationalpark erklärt wurde, hat jedoch nicht nur historische Bedeutung: In dem dichten Waldgebiet gibt es viele einzigartige Orchideenarten und eine reiche Tierwelt. Die Berge der Sierra Maestra eignen sich hervorragend zum Wandern und Bergsteigen. Die Landschaft ist atemberaubend, die Anlagen hingegen sind oft spartanisch.

Der Rotschwanzbussard ist in der Sierra Maestra noch häufig zu sehen

Geführte Wanderungen können im Besucherzentrum organisiert werden. Übernachtungsmöglichkeiten in den Bergen gibt es auf Campingplätzen oder in einfachen Hütten. Große Gebiete der Sierra sind jedoch militärisches Sperrgebiet und dürfen nicht ohne Führer betreten werden.

Momentan wird eine dreitägige geführte Tour durch den Park angeboten. Sie beginnt am Alto del Naranjo und endet in Las Cuevas, einer Kleinstadt am Karibischen Meer.

Man muss kein erfahrener Bergsteiger sein, um die Tour bewältigen zu können, denn die Wege sind mit Leitern, Führungsseilen und in den Stein gehauenen Stufen gut befestigt. Jedoch sollte man über ein gesundes Maß an Fitness und Trittsicherheit verfügen, besonders beim letzten Abstieg vom Pico Turquino.

Wichtig ist vor allem eine gute Ausrüstung: Bergschuhe, dicke Socken, Sonnenhut, T-Shirt, winddichte Jacke und eventuell Zelt und Isomatte sollten keinesfalls fehlen. In der Sierra herrscht eine hohe Luftfeuchtigkeit, es ist oft neblig, und häufig treten Schauer auf.

Die Küste am Südrand der Sierra Maestra ist einzigartig. Die Küstenstraße führt eng am Ufer des Karibischen Meeres entlang und bietet herrliche Aussichten.

Blick über die malerische Küste südlich der Sierra Maestra

⓭ Basílica del Cobre

Santiago de Cuba. **Straßenkarte** F4.
Carretera Central 21, (22) 346 118.
tägl. 6.30–18 Uhr. Mo 10.15, Di–Fr 8, 10.15, Sa 8, So, 8, 10 Uhr.
Prozession (8. Sep).

Das Dorf El Cobre, etwa 20 Kilometer westlich von Santiago de Cuba, war einst wegen seiner Kupferminen *(cobre)* berühmt. Bis 1807 arbeiteten hier viele Sklaven. Heute ist der Ort bekannt, weil hier Kubas berühmteste Kirche, die Basílica de Nuestra Señora de la Caridad del Cobre, steht. Hauptattraktion des Gotteshauses ist die Virgen del Cobre, eine kostbar mit Gold, Diamanten, Smaragden und Rubinen verzierte schwarze Madonnenstatue mit goldenem Heiligenschein. Sie trägt ein Kreuz aus Diamanten und Amethysten und wird in einer Glasvitrine hinter dem Hochaltar aufbewahrt.

Jedes Jahr am 8. September, dem Namenstag der Heiligen, wird sie bei einer Prozession aus der Vitrine genommen. Die Virgen del Cobre wurde 1916 zur Schutzpatronin Kubas ernannt und von Papst Johannes Paul II. 1998 *(siehe S. 68)* gekrönt und gesegnet. Der 400. Jahrestag 2010 wurde landesweit gefeiert.

Die Basílica del Cobre ist von tropischer Vegetation umgeben

Die imposante dreischiffige Kirche wurde 1926 auf dem Hügel Cerro de la Cantera errichtet, der über 254 Stufen mit dem Dorf verbunden ist. Der elegante Glockenturm in der Mitte ist ebenso wie die beiden Seitentürme von einer Kuppel mit rotem Ziegeldach gekrönt.

Das nüchterne Innere der Basilika, die der Virgen del Cobre geweiht ist

Die Basilika ist ein beliebtes Pilgerziel. In der Kapelle Los Milagros werden Tausende Votivgaben der Pilger gezeigt, darunter Bärte von Guerrillakämpfern, die den Krieg in der Sierra überlebten, persönliche Gegenstände von Castros Mutter und Erde aus Angola, wo kubanische Soldaten kämpften. Besucher können sich in ein Gästebuch eintragen.

Virgen del Cobre

Die Statue der Virgen del Cobre

Einer alten Legende zufolge sollen 1606 drei Sklaven, die in den Kupferminen von El Cobre arbeiteten, in der Bucht von Nipe vor der Ostküste Kubas von der Statue einer schwarzen Madonna mit einem Jesuskind in ihren Armen gerettet worden sein. Mit ihrem Boot waren sie in einen Sturm geraten und wären ertrunken, hätte sie nicht die Madonna, deren Bild in den Wellen auftauchte, gerettet. Tatsächlich aber wurde die Statue wohl mit einem Schiff aus der kastilischen Stadt Illescas auf Bitten des Gouverneurs Sánchez de Moya nach Kuba gebracht, der in El Cobre eine spanische Madonna haben wollte. 1611 wurde der Madonna ein Sanktuarium errichtet, und sie wurde bei den Einwohnern, die ihr wundersame Kräfte nachsagten, Objekt der Anbetung. Die Verehrung dieser Madonna war immer sehr stark, selbst bei weniger gläubigen Katholiken.

Die Figur wird in der afrokubanischen Religion mit Oshun *(siehe S. 26)*, der Göttin der Flüsse, Sanftmut, Weiblichkeit und Liebe assoziiert, die als schwarze Frau in gelber Kleidung dargestellt wird. Seit die *Santería*-Religion in Kuba verbreitet ist, sieht man das Bild der Virgin del Cobre in Hausaltären oft neben dem eher profanen Bild der afrikanischen Göttin, in Gebeten und Diskussionen gelten sie als eine Gottheit, auch wenn dies bei genauerem Hinsehen einen Widerspruch darstellt.

Von den *barbudos* dargebrachte Votivgaben

⑭ Santiago de Cuba

Santiago de Cuba ist vielleicht die afrikanischste, die musikalischste und die leidenschaftlichste Stadt Kubas. 1930 verglich der spanische Poet Federico García Lorca sie mit »einer Harfe aus lebenden Ästen, einem Kaiman, einer Tabakpflanze«. Abgesehen von den Autos und einigen modernen Gebäuden, hat sich Santiago seither kaum verändert. Hier verlangsamen die Hitze und die Hügel den Lebensrhythmus. Dennoch ist es eine lebhafte und aufregende Stadt, in der leidenschaftlich gefeiert und getanzt wird, besonders im Karneval im Juli. Stolz sind ihre Bewohner auf ihren Beinamen »Wiege der Revolution«. Nach Havanna ist die zwischen der Sierra Maestra und dem Meer gelegene Stadt die zweitgrößte Kubas.

Restaurierte klassizistische Fassade in der Altstadt

Parque Céspedes

Das Stadtzentrum von Santiago de Cuba breitet sich in einem Gewirr von Gassen und Sträßchen um den einladenden Parque Céspedes aus. Ein Besuch der Altstadt beginnt fast unweigerlich dort. Von hier geht man die **Calle Heredia** entlang, die berühmteste, beliebteste und eleganteste Straße in der Stadt. An jedem Haus kann man untrügliche Zeichen der großen Leidenschaften der Stadt erkennen: Musik, Tanz, Karneval und Poesie. Häufig, und besonders während der wunderbaren Fiesta del Caribe in der ersten Julihälfte, verwandelt sich diese Straße in eine Open-Air-Bühne für Amateurkünstler. Traditionelle *Son*-Musik hört man dagegen im Hof des Patio de Artex im Haus Nr. 304. Das einstige »Cafetín de Virgilio« in Nr. 208 wurde im Jahr 1968 zur Casa de la Trova *(siehe S. 20)*, in der einheimische und aus der Ferne angereiste Bands spielen. An ihren Wänden hängen Fotos großer kubanischer Musiker von gestern und heute, darunter El Guayabero und Compay Segundo.

Calle Heredia, eine der beliebtesten Straßen

Westlich des Parque Céspedes

Der malerische Stadtteil westlich des Parque Céspedes heißt Tivolí. Vom **Balcón de Velázquez**, einem wunderbaren Aussichtspunkt an der Ecke Calle Mariano Corona und Bartolomé Masó, sieht man bis zur Bucht. Der Balcón de Velázquez wurde nach dem spanischen Konquistadoren Diego Velázquez benannt, der Santiago de Cuba im Jahr 1515 gründete.

Hotels und Restaurants in Ostkuba *siehe Seiten 262f und 275*

Zentrum von Santiago de Cuba

① Casa de Diego Velázquez
② Ayuntamiento
③ Hotel Casa Granda
④ Catedral de la Asunción
⑤ Casa de la Trova
⑥ Casa Natal de José María Heredia
⑦ Museo Emilio Bacardí Moreau
⑧ Museo del Carnaval
⑨ Café La Isabélica
⑩ Museo del Ron
⑪ Balcón de Velázquez
⑫ Calle Padre Pico
⑬ Museo de la Lucha Clandestina
⑭ Casa Natal de Antonio Maceo
⑮ Cuartel Moncada
⑯ Parque Histórico Abel Santamaría
⑰ Plaza de Marte

Legende

Im Detail *S. 228f*

0 Meter 200

Infobox

Information
Santiago de Cuba. **Straßenkarte** F4. 515 000. Infotur & Cubatur, Ave. Garzón e/ 3ra y 4ta, (22) 652 560. Festival del Caribe (Anfang Juli), Karneval (Ende Juli).

Anfahrt
7 km südlich der Stadt. Ave. Jesús Menéndez, esq. Echevarría. Ave. de los Libertadores, esq. Yarayó, (22) 628 484.

Calle Padre Pico vom Treppenabsatz gesehen

Im 16. Jahrhundert wurde hier eine kleine Verteidigungsanlage errichtet. Heute sind davon allerdings nur noch Mauerreste zu sehen. Innerhalb des Aussichtsbereichs selbst stehen einige hübsche Bronzetondos (runde Reliefbilder) mit Porträts von Diego Velázquez, Hernán Cortés, Bartolomé de las Casas und dem Indianerhäuptling Guamá.

Südlich des Parque Céspedes

Etwa 100 Meter südlich des Platzes führen die Stufen der **Calle Padre Pico** nach Tivolí, dem buntesten Viertel von Santiago. Hier haben sich im Lauf der Zeit verschiedene ethnische Gruppen niedergelassen: Puerto Ricaner, Jamaikaner, Araber, Dominikaner und Chinesen. Im 18. Jahrhundert siedelten sich hier auch Franzosen aus Haiti an, die Geschäfte, Musikschulen, Theater und Hotels eröffneten.

Östlich des Parque Céspedes

Im Osten des Platzes, an der Ecke Calle Bartolomé Masó und Calle Hartmann (San Félix), ist in einem Gebäude aus dem 19. Jahrhundert das **Museo del Ron** untergebracht. Hier wird die Herstellung von Rum erläutert *(siehe S. 79)* und die Geschichte der Bacardí-Fabrik veranschaulicht. Außerdem sind alte und neue Rumetiketten ausgestellt.

Darüber hinaus lohnt östlich des Parque Céspedes der Parque Dolores einen Besuch. Um den grünen Platz stehen Häuser mit schmiedeeisernen Balkonen. Im Café **La Isabélica** gibt es guten Kaffee.

Gäste im La Isabélica, einem alten, stimmungsvollen Café

Zeichenerklärung *siehe hintere Umschlagklappe*

Im Detail: Parque Céspedes

Die einstige Plaza de Armas in Santiago ist das Herz der Stadt, sowohl geografisch als auch kulturell. An diesen Platz, der zu Ehren des Vaters der kubanischen Republik *(siehe S. 48)* in Parque Céspedes umbenannt wurde, kommen die Kubaner zum Plaudern, Bummeln und Feiern. Zu jeder Tages- und Nachtzeit sitzen Menschen auf den Bänken – Alte, Junge, Frauen, Kinder und Urlauber. Hier bleibt keiner lange alleine. Früher oder später wird man in ein Gespräch oder einen anderen Zeitvertreib verwickelt, denn hier finden ständig Veranstaltungen statt, meist musikalischer Art – teils improvisiert, teils live, teils aufgezeichnet. Der Platz, der 1943 restauriert wurde, besteht aus vier Bereichen und ist von Wegen durchzogen.

Casa de la Trova
Hier spielen jeden Tag Bands.

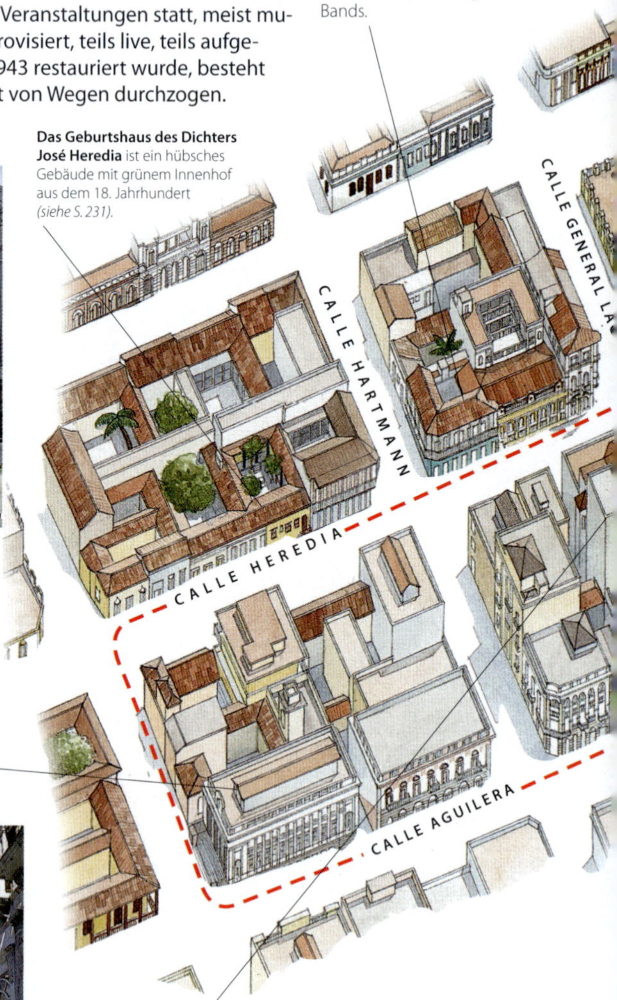

Das Geburtshaus des Dichters José Heredia ist ein hübsches Gebäude mit grünem Innenhof aus dem 18. Jahrhundert *(siehe S. 231).*

★ Museo Emilio Bacardí Moreau
Kubas ältestes Museum befindet sich in einem klassizistischen Bau und bietet ein buntes Sammelsurium an Exponaten: von einer ägyptischen Mumie über Andenken an die Unabhängigkeitskriege bis zu moderner Kunst *(siehe S. 232).*

Hotel Casa Granda
Eines der historischen Hotels Kubas *(siehe S. 263)* wurde 1920 eröffnet. Graham Greene *(siehe S. 91)* beschrieb das Casa Granda in *Unser Mann in Havanna* als Agententreffpunkt.

Legende
— Routenempfehlung

Hotels und Restaurants in Ostkuba *siehe Seiten 262f und 275*

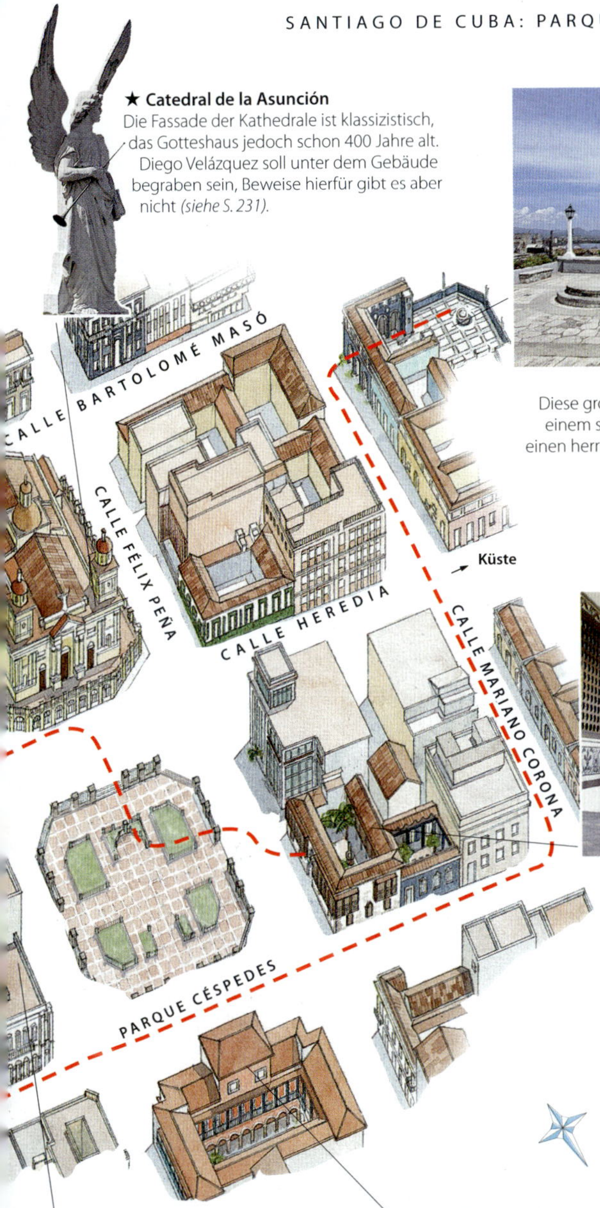

★ Catedral de la Asunción
Die Fassade der Kathedrale ist klassizistisch, das Gotteshaus jedoch schon 400 Jahre alt. Diego Velázquez soll unter dem Gebäude begraben sein, Beweise hierfür gibt es aber nicht *(siehe S. 231)*.

Balcón de Velázquez
Diese große Aussichtsterrasse wurde über einem spanischen Fort erbaut und bietet einen herrlichen Blick über Tivolí, den Hafen und die Bucht von Santiago.

★ Casa de Diego Velázquez
Die Residenz des spanischen Konquistadoren Diego Velázquez aus den Jahren 1516–30 soll das älteste Gebäude in Kuba sein. 1965 und 2013 wurde es restauriert. Seither beherbergt es das Museo Ambiente Histórico Cubano *(siehe S. 230)*.

Die Casa de la Cultura Miguel Matamoros ist ein eklektisches Gebäude (1919), dessen Salón de los Espejos für kulturelle Veranstaltungen genutzt wird.

Ayuntamiento
Der Ayuntamiento (Rathaus) wurde 1950 nach Plänen aus dem 18. Jahrhundert erbaut. Auf dem Balkon dieses Gebäudes hielt Fidel Castro am 1. Januar 1959 seine erste Rede an das kubanische Volk.

Überblick: Parque Céspedes

Der Parque Céspedes ist einer der belebtesten Plätze Kubas. Hier befinden sich Stätten von kultureller und architektonischer Bedeutung. Planen Sie einen halben Tag ein, um die drei wichtigsten Sehenswürdigkeiten rund um den Park zu besichtigen: das Haus von Diego Velázquez, die beeindruckende Kathedrale und die Residenz des Dichters José María Heredia.

Innenhof in der Casa de Diego Velázquez

Stilmöbel aus der Kolonialzeit im Haus von Diego Velázquez

Casa de Diego Velázquez (Museo Ambiente Histórico Cubano)

Calle Félix Peña 612, e/ Heredia y Aguilera. (22) 652 652. Fr 13–17, Sa–Do 9–17 Uhr. (Fotografieren gegen Gebühr).

Dieses Gebäude, das von 1516 bis 1530 als Residenz des Gouverneurs Diego Velázquez erbaut wurde, ist nach Einschätzung des katalanischen Architekten Francesc Prat i Puig, der es 1965 restaurierte, das älteste Haus Kubas. (Diese Behauptung ist aber umstritten, wie auch die Restaurierung.) Unabhängig davon ist die Villa faszinierend.

Im 17. Jahrhundert wurden hier Finanztransaktionen abgewickelt. (Im Erdgeschoss steht noch immer ein Ofen, in dem Gold geschmolzen wurde.) Im 19. Jahrhundert wurde es mit dem Gebäude nebenan verbunden. Die Galerie im ersten Stock ist durch eine Holzverblendung im maurischen Stil verkleidet und schützte die Bewohner so vor unerwünschten Blicken. Ebenfalls im ersten Stock sieht man noch einige der originalen *Alfarje*-Decken. Heute ist in dem Haus das Museo Ambiente Histórico Cubano untergebracht, in dem die Entwicklung der kubanischen Innenarchitektur illustriert wird. Möbel verschiedenster Epochen werden gezeigt, darunter zahlreiche Einrichtungsgegenstände im Kolonialstil. Unter den eher schnörkellosen kreolischen Möbeln aus dem 16. und 17. Jahrhundert befinden sich ein beeindruckender Priesterstuhl und eine schmiedeeiserne Truhe – zwei Paradestücke maurischer Einrichtung.

Im Untergeschoss werden Möbel im »Luis Las Casas«-Stil gezeigt, ein für Kuba typischer Stil, der englische Elemente mit französischem Rokoko-Motiven verbindet. Die Stücke sind fein gearbeitet und üppig geschmückt, oft mit klauenförmigen Beinen. Ein Speisesaal mit Buntglasfenstern und französischen Möbeln zeigt Beispiele für den Stil des 19. Jahrhunderts.

Das einzige Stück im Museum, das an den spanischen Konquistadoren erinnert, ist ein Wandbehang mit dem Familienwappen der Velázquez.

Mudéjar-Haus aus dem 16. Jahrhundert

Der Bereich des Velázquez-Hauses, der dem 16. Jahrhundert gewidmet ist, zeigt Beispiele des *Mudéjar*-Stils, die kubanische Version des maurischen Stils. Viele Stücke sind nicht im Originalzustand erhalten, dennoch steht das Haus wegen seiner Bedeutung unter Denkmalschutz.

Der Innenhof im *Mudéjar*-Stil ist lang und schmal und hat einen zentralen Brunnen.

Holzgitter schützen die Galerie und die Balkone vor Sonne und den Blicken Fremder.

Fresken, sogenannte *cenefas*, schmücken die Wände. Es sind jedoch keine Originale.

Zederndecken *(alfarjes)* mit geometrischen Mustern waren im 16. Jahrhundert beliebt.

Kunstvoll geschnitzter Chor der Catedral de Nuestra Señora de la Asunción

Catedral de Nuestra Señora de la Asunción

Calle Heredia, e/ Lacret y Félix Peña. (22) 628 502. Di–Sa 8.30–12.30, 17–19.30, So 8–10, 17–18.30 Uhr. Di–Fr 6.30, Sa 17, So 9, 18.30 Uhr.

Die 2014 umfassend renovierte Kathedrale von Santiago ist wie eine Basilika angelegt, mit einem Haupt- und vier Seitenschiffen, einer Apsis und einem Vestibül. Die Originalstruktur stammt von 1522, doch im frühen 17. Jahrhundert wurde die Kirche von Piratenüberfällen stark in Mitleidenschaft gezogen, sodass sie 1674 neu aufgebaut werden musste. Beim Erdbeben 1766 erlitt das Gotteshaus erneut schwere Schäden.

Inneres der Kathedralenkuppel

Die heutige Baustruktur von 1818 weist einen bunten Stilmix auf. Verantwortlich hierfür sind die Baumaßnahmen von 1922 unter Carlos Segrera Fernández. Er ließ Glockentürme anbauen, das Innere bemalen und die Fassade umgestalten. Über dem Haupteingang wurde ein Marmorengel platziert, im Inneren stellte man Statuen von Kolumbus und Bartolomé de las Casas auf.

In dem der Kathedrale angeschlossenen **Museo Eclesiástico** sind Fresken des Dominikaners Luis Desangles, liturgische Gegenstände, Statuen und eine Partiturensammlung von Kirchenmusik ausgestellt.

Casa Natal de José María Heredia

Calle Heredia 260, e/ Hartmann (San Félix) y Pío Rosado (Carnicería). (22) 625 350. Mo 9–12, Di–Fr 9–19, So 9–13 Uhr. (Fotografieren gegen Gebühr).

In diesem schlichten, aber eleganten Haus des 18. Jahrhunderts wurde der nationalistische Dichter José María Heredia (1803–1839) geboren. Heredia, besonders wegen seiner Oden an die Natur *(siehe S. 32)* bekannt, ist nicht zu verwechseln mit seinem Cousin, einem französischen Dichter der Parnassien-Gruppe, der auch in Kuba geboren wurde, aber meist in Europa lebte.

Das gut erhaltene Haus enthält Stilmöbel, Holzdecken und Fliesenböden. Vom Eingangsbereich mit der Kassettendecke und der Ahnengalerie an der Wand führt ein großer Bogen zum Innenhof, der von einem Säulengang umgeben ist und mit Holzsäulen, einem Steinbrunnen und üppiger Vegetation geziert ist. In Heredias Schlafzimmer stehen ein Mahagonibett und elegante antike Lampen.

Oft gibt es in den Säulengängen des Museums Dichterlesungen und andere Veranstaltungen. Bei der Fiesta del Caribe (Fiesta del Fuego) werden hier jedes Jahr Literaturseminare und -workshops veranstaltet. Dieses kulturelle Sommerfest zieht ganz Santiago in seinen Bann *(siehe S. 39)*.

Eingangsbereich von Heredias Haus mit Blick auf den Säulengang

Santiago de Cuba: Calle Heredia

Kaum eine Straße in Kuba ist so voller Leben wie die Calle Heredia unterhalb des Parque. Tag und Nacht hört man Gitarren, Maracas, Trommeln und Gesang – nicht nur in der Casa de la Trova oder im Patio de Artex *(siehe S. 226)*, sondern auch im Museo del Carnaval, in dessen Innenhof Konzerte stattfinden. Das nahe gelegene Emilio Museo Bacardí ist der kubanischen Geschichte gewidmet.

***Techos de Santiago de Cuba* von Felipe González, Museo Bacardí**

Museo Emilio Bacardí Moreau

Calle Pío Rosado (Carniceria), esq. Aguilera. (22) 628 402. Mo 13–16.30, Di–Sa 9–16.30, So 9–12.30 Uhr. (Fotografieren gegen Gebühr).

Das älteste Museum in Kuba wurde 1828 gegründet und zeigt viele Exponate von der spanischen Eroberung bis zu den Unabhängigkeitskriegen. Zusammengetragen wurden sie von Emilio Bacardí, dem Sohn des Gründers der berühmten Rumfabrik. Er war überzeugter Patriot und wurde nach der Ausrufung der kubanischen Republik zum Bürgermeister Santiagos ernannt. Er wollte die Entwicklung des kubanischen Nationalismus aus kultureller Sicht darstellen und beauftragte den Architekten Segrera mit dem Entwurf eines Museumsgebäudes.

Die Statue der Libertas im Foyer

Segrera schuf einen eklektischen Bau mit breitem Treppenaufgang und einem Atrium, das von den Statuen der Minerva und Libertas dominiert wird. Im Erdgeschoss befindet sich eine Sammlung der Waffen nationalistischer Helden wie Antonio Maceo, Máximo Gómez und José Martí. Auch Gemälde aus dem 19. Jahrhundert von Felipe López González, Juan Emilio Hernández Giro, José Joaquín Tejada Revilla und Buenaventura Martínez sind zu sehen. Aus dem 20. Jahrhundert werden Werke von Wifredo Lam und René Portocarrero *(siehe S. 30)* gezeigt. Im Untergeschoss befindet sich die archäologische Sammlung mit der einzigen ägyptischen Mumie Kubas.

Museo del Carnaval

Calle Heredia 303, esq. Pío Rosado (Carniceria). (22) 626 955. Di–Sa 9–17, So 9–13 Uhr. (Fotografieren gegen Gebühr).

Dieses hübsche Gebäude aus dem 18. Jahrhundert wurde Mitte des 20. Jahrhunderts in eine Grundschule umgebaut. Später wurde es zu einem Bürogebäude, und schließlich bezog die Karnevalskommission die Räume. Das 1983 eröffnete Museum zeigt in sechs Räumen Fotografien, Chroniken, Banner, Musikinstrumente, Kostüme und Masken und vermittelt so einen guten Einblick in den Carnaval de Santiago. Der Karneval in Santiago unterscheidet sich mit seinen zahlreichen afrikanischen und franko-haitianischen Elementen deutlich von seinem spanischen Vorläufer. Jeden Montag um 16 Uhr spielen traditionelle Musikgruppen wie La Peña Folklórica Raices im Innenhof des Museums, zudem kann man bei Proben der Karnevalsgruppen zusehen.

Karnevalswagen im Museo del Carnaval

Bemalte *tumbadoras (siehe S. 35)* im Museo del Carnaval

Museo de la Lucha Clandestina

Calle Rabí 1, e/ San Carlos y Santa Rita. (22) 624 689. Di–So 9–17 Uhr. (Fotografieren gegen Gebühr).

Das »Museum des heimlichen Kampfes« liegt an einem hübschen Platz im Stadtteil Tivolí, wenige Hundert Meter südwestlich des Parque Céspedes. Hier befand sich von 1951 bis 1956 das Hauptquartier von Batistas Polizei. Am 30. November 1956 wurde es von Revolutionären unter ihrem Anführer Frank País *(siehe S. 54)* niedergebrannt.

In vier Räumen des restaurierten Gebäudes wird der Aktivitäten des Movimiento 26 de Julio gedacht, der von Frank País bis zum 30. Juli 1957 angeführt wurde. An diesem Tag wurde der Rebell von Batistas Polizei ermordet.

Karneval in Santiago de Cuba

Der Karneval in Santiago hat religiöse Ursprünge: Seit dem späten 17. Jahrhundert wurden in Santiago zwischen dem 24. Juni und dem 26. Juli Prozessionen und Feiern zu Ehren des Stadtheiligen, Santiago Apóstolo, abgehalten. Am Ende der Parade durften Mitglieder der *cabildos* – Sklavenverbindungen, die ihre afrikanischen Traditionen pflegten – auf den Straßen zur musikalischen Begleitung von Trommeln, Rasseln und anderen Instrumenten singen. Dies waren die Vorläufer der *comparsas*, die heute die Seele des Karnevals sind: kostümierte Gruppen, die zum Rhythmus der *conga* tanzen und Fahnen, Banner und *farolas* (Papierlaternen) tragen. In der zweiten Julihälfte feiert die ganze Stadt den Karneval, jeder Stadtteil ist mit mindestens einer *comparsa* bei den Paraden vertreten.

In den *focos culturales* treffen sich jeden Abend außer Montag die jungen Leute des Stadtteils und proben die Tänze und Musikstücke, die sie beim Karneval im Juni zeigen möchten.

Paraden ziehen durch die Straßen von Santiago. Einige der *comparsas*, z. B. die des Cabildo Carabalí Izuama *(siehe S. 281)*, gibt es seit dem 19. Jahrhundert.

Die *tumbadoras* werden in der *conga* eingesetzt

Die Musiker jeder Gruppe tragen dieselben Kostüme. Ihnen folgen Menschenmassen, die sich im Rhythmus der Musik bewegen.

Die *bombo*, eine Trommel mit tiefem Klang

Conga

Der typische Karnevalstanz ist die conga, *die ein eigenes Musikgenre darstellt. Die Menschen tanzen in einer Parade, die von Bands angeführt wird, durch die Straßen. Diese spielen z. B. auf Trommeln und der* trompeta china, *die Ende des 19. Jahrhunderts in Kuba eingeführt wurde.*

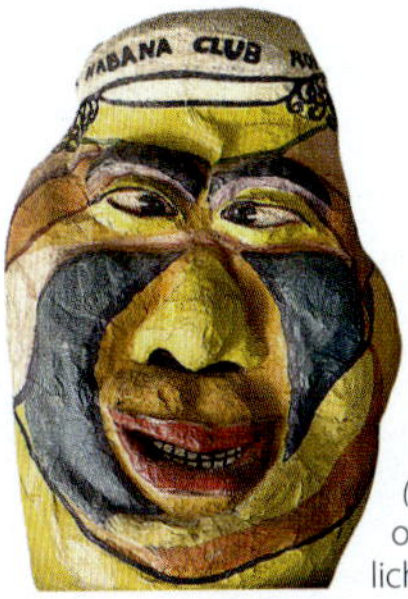

Figuren aus Pappmaschee sind ein wichtiger Teil der Karnevalswagen. Die riesigen bunten Masken *(gigantes)* stellen oft Tiere oder Karikaturen menschlicher Gesichter dar.

Die Darsteller der Show *Tropicana de Santiago* nehmen in ihren üppigen Bühnenkostümen an der Parade teil und zeigen Kostproben aus ihrem Programm.

Santiago de Cuba: Abstecher

Über die Calle Saco (oder »Enramada«), Santiagos wichtigste Verbindungsstraße, ist das alte Stadtzentrum mit dem Hafen verbunden. Sie durchquert ein altes Arbeiterviertel mit Holzhäusern des frühen 20. Jahrhunderts und endet am Paseo Marítimo. Diese Avenida, die während der Kolonialzeit als Uferpromenade für die High Society der Stadt angelegt wurde, lässt noch ihre einstige Schönheit erahnen. Die Pflasterstraße führt bis an den Hafen, in dem Kreuzfahrtschiffe und Yachten vor Anker liegen. Folgt man der Enramada in östlicher Richtung, trifft man auf historische Sehenswürdigkeiten wie die Moncada-Kaserne.

Casa Natal de Antonio Maceo

Calle Los Maceo 207, e/ Corona y Rastro. (22) 623 750. Mo 9–14, Di–Sa 9–17 Uhr. (Fotografieren gegen Gebühr).

Das Haus, in dem am 14. Juni 1845 General Maceo geboren wurde, ist ein bescheidener Ort. Man sieht hier einige persönliche Gegenstände und Fotos Maceos, die z. B. seinen Bruder José oder seine Mutter Mariana Grajales zeigen. Maceo starb am 7. Dezember 1896 in der Nähe von Havanna *(siehe S. 48)*.

Cementerio de Santa Ifigenia

Avenida Crombet. (22) 632 723. tägl. 7–17 Uhr.

Dieser monumentale Friedhof (1868) ist nach der Necrópolis de Colón von Havanna *(siehe S. 108f)* zweitgrößter Friedhof des Landes. Er wurde in der Form eines lateinischen Kreuzes angelegt und in Höfe unterteilt, die nach sozialem Status belegt wurden. Ein Rundgang auf dem Friedhof führt den Besucher durch zwei Jahrhunderte kubanischer Geschichte entlang den Gräbern bedeutender Personen des 19. Jahrhunderts wie José Martí, Carlos Manuel de Céspedes, Emilio Bacardí und der Mutter von Antonio Maceo. Im 20. Jahrhundert wurden viele Revolutionäre des Movimiento 26 de Julio, z. B. Frank País, der 1957 ermordet wurde *(siehe S. 54)*, hier begraben. Die Grabmäler selbst sind faszinierend. Die ältesten am Eingang sind klassizistisch, gefolgt von den eklektischen und später von den modernistischen Gräbern. Martís Mausoleum ist ein Beispiel für die rationalistischen Grabmäler, die ab Mitte des 20. Jahrhunderts angelegt wurden.

Mausoleum von José Martí auf dem Friedhof Santa Ifigenia

Museo 26 de Julio – Cuartel Moncada

Calle General Portuondo (Trinidad), e/ Moncada y Ave. de los Libertadores. (22) 661 157. Mo, So 9–12.30, Di–Sa 9–16.30 Uhr. (Fotografieren gegen Gebühr).

Am 26. Juli 1953, zum Höhepunkt des Karnevals, führte Fidel Castro etwa 100 Rebellen beim Angriff auf die Moncada-Kaserne an *(siehe S. 52)*.

Hätten sie die Moncada, die zweitgrößte Garnison Kubas, eingenommen, wäre ihnen ein riesiges Waffenarsenal in die Hände gefallen, mit dem sie einen Massenaufstand hätten organisieren können. Abel Santamaría sollte das Krankenhaus Saturnino Lora angreifen, Raúl Castro war für den Gerichtshof zuständig. Der Versuch schlug fehl, verhalf den Revolutionären aber zu großer Aufmerksamkeit. Beim Angriff starben acht von ihnen, 55 wurden gefangen genommen, einige von ihnen hingerichtet.

Seit 1959 ist in der Kaserne, die noch immer Einschusslöcher zeigt, die Schule Ciudad Escolar 26 de Julio untergebracht. Ein Teil des Gebäudes beherbergt das Museo 26 de

Eindrucksvolle Fassade der einstigen Moncada-Kaserne

Denkmal General Antonio Maceos auf der Plaza de la Revolución

Julio, das die Geschichte Kubas seit Kolumbus zeigt, wobei dem Guerillakrieg der 1950er Jahre am meisten Augenmerk gewidmet wird. In einem Modell wird der Angriff auf Moncada nachgestellt. Zudem werden persönliche Gegenstände Fidel Castros, seines Bruders Raúl und Che Guevaras aus ihrer Guerillazeit gezeigt.

Museo Abel Santamaría Cuadrado – Parque Histórico Abel Santamaría

Calle General Portuondo (Trinidad), e/ Calle Nueva y Ave. de los Libertadores. (22) 624 119. Mo–Sa 9–17 Uhr. (Fotografieren gegen Gebühr).

Die Moncada-Kaserne, das ehemalige Krankenhaus Saturnino Lora und der Gerichtshof bilden den Parque Histórico Abel Santamaría. Bei dem Überfall von 1953 war das Krankenhaus Ziel einer Rebellengruppe unter der Führung Abel Santamarías, der aber von der Polizei verhaftet und umgebracht wurde.

Heute beherbergen die Krankenhausgebäude ein Museum, in dem das Gerichtsverfahren gegen Fidel Castro und andere Rebellen dokumentiert wird, das nach dem Angriff hier abgehalten wurde.

Neben Fotos, die die angespannte wirtschaftliche und soziale Lage Kubas während der 1950er Jahre aufzeigen, ist das Manuskript von Fidel Castros Selbstverteidigungsrede zu sehen *(siehe S. 153)*.

Plaza de Marte

Östlich der Plaza Dolores liegt der drittgrößte Platz Santiagos (19. Jh.). Er ist von großer historischer Bedeutung, da hier während der Kolonialzeit und unter General Machado Todesstrafen vollstreckt wurden. In der Mitte des Platzes steht eine Säule zur Feier der kubanischen Unabhängigkeit.

Säule auf der Plaza de Marte

Bosque de los Héroes

Östlich des Stadtzentrums, hinter dem unverwechselbaren Hotel Santiago, liegt ein kleiner Hügel, auf dem 1973 ein Denkmal zu Ehren Che Guevaras und seiner Kameraden, die mit ihm in Bolivien starben, errichtet wurde. Ihre Namen wurden hier verewigt.

Plaza de la Revolución

Im Nordosten von Santiago, hinter der Moncada-Kaserne, liegt die Plaza de la Revolución, ein großer, wenig einladender Platz an der Kreuzung dreier Hauptstraßen. Er wird von einem Denkmal des Bildhauers Alberto Lezcay aus den 1990er Jahren überragt, das General Maceo *(siehe S. 48)* auf einem Pferd, umgeben von 23 stilisierten Macheten, darstellt. Die Plaza de la Revolución markiert den Beginn einer modernen Wohngegend, deren Architektur sowjetische Anklänge aufweist.

Vista Alegre

Der Stadtteil Vista Alegre besteht aus eleganten eklektischen Gebäuden der 1920er und 1930er Jahre. Auch zwei wichtige Institutionen haben hier ihren Sitz: das **Centro Cultural Africano Fernando Ortíz**, in dem afrikanische Masken, Statuen und Instrumente gezeigt werden, und die **Casa del Caribe** mit einem historischen Archiv, einer Bibliothek sowie einem Konferenz- und Veranstaltungszentrum *(siehe S. 282)*. Während der Fiesta del Caribe werden hier Riten afrikanisch geprägter Religionen gezeigt.

Denkmal Bosque de los Héroes zu Ehren Che Guevaras

⓯ Castillo del Morro

An der Einfahrt zur Bucht von Santiago, zehn Kilometer südwestlich des Zentrums, steht eine imposante Festung, die 1997 zum UNESCO-Welterbe erklärt wurde. Im Castillo del Morro (auch: Castillo de San Pedro de la Roca) vereinen sich mittelalterliche und moderne Elemente, wobei die klassischen Prinzipien geometrischer Formen und symmetrischer Linien eingehalten werden. Die Festung wurde 1638 von Giovanni Battista Antonelli im Auftrag des Gouverneurs Pedro de la Roca entworfen. Der Bau der Zitadelle dauerte von 1638 bis 1700. 1775 wurde das Castillo in ein Gefängnis umgebaut. Während der Unabhängigkeitskriege 1898, als die Stadt von den USA angegriffen wurde, führte man es wieder seiner ursprünglichen Bestimmung zu. Heute ist hier ein Marine- und Pirateriemuseum untergebracht.

Auch Kanonen wurden zur Verteidigung der Bucht eingesetzt

★ Blick über die Bucht
Von den Brüstungen und Aussichtsplattformen im oberen Bereich der Festung konnten die Wachtposten die ganze Bucht überblicken. Heute genießen Besucher den herrlichen Blick über das Meer.

Außerdem

① **Plataforma de la Punta** *(morrillo oder Vorsprung)*

② **Die Steintreppe** auf der dem Meer zugewandten Seite ist Teil eines unüberdachten Treppensystems zu den oberen Bereichen der Burg.

③ **Unterirdische Gänge** verbinden die Teile der Festung. Dieser führt zum Artilleriebereich.

④ **Artilleriebereich**

⑤ **In den Kasematten** illustrieren Lithografien die Geschichte der Festungen Santiagos.

⑥ **Burggraben**

⑦ **Drei voneinander getrennte Strukturen** auf fünf Ebenen bilden das Skelett der Festung. Diese ungewöhnliche Konstruktion war wegen des unebenen Geländes notwendig.

Hotels und Restaurants in Ostkuba *siehe Seiten 262f und 275*

Dreieckige Lünette
Diese Struktur diente zum Schutz des Burgtors. Ursprünglich stand sie abseits der Burg und wurde erst später in den Hauptkomplex integriert.

Infobox

Information
Santiago de Cuba. Carretera del Morro, km 7,5. **Straßenkarte** F4. (22) 691 569. tägl. 8 – 17 Uhr.

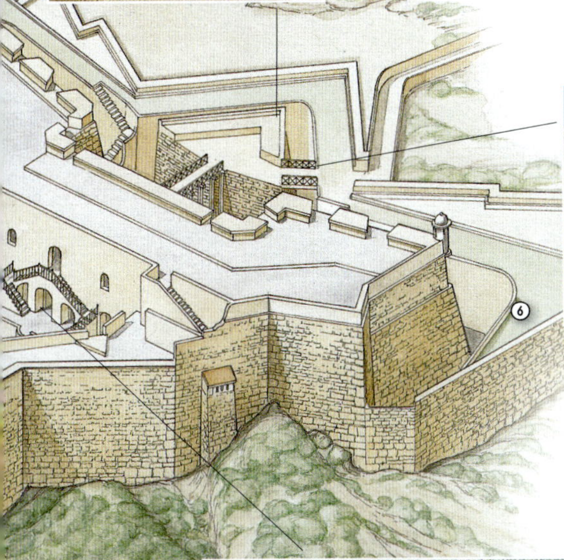

Zugbrücke
Diese Brücke führt über einen trockenen Burggraben, der auf der Innenseite der Festung entlang verläuft. Sie ist gut erhalten, sogar die Originalwinde, mit der die Brücke hochgezogen und niedergelassen wurde, kann man noch sehen.

★ Hauptplatz
Dieser Platz ist das Herz der Festung. Hier wurde der Tagesablauf organisiert. Von ihm aus gelangt man direkt zur Kapelle, den Barracken, der Garnison und den unterirdischen Gängen.

Die Bucht von Santiago

Etwa acht Kilometer südwestlich des Stadtzentrums von Santiago, am Ende der Carretera Turística, liegt die Marina Punta Gorda. Von hier legen Fähren zu der kleinen Insel Cayo Granma in der Mitte der Bucht ab, auf der ein malerisches Fischerdorf mit bunten Häusern liegt. Viele dieser Häuser an den Ausläufern der Insel stehen auf Pfählen oder Pontons. Die Insel ist ein beschauliches Idyll abseits der Besuchermassen. Hier gibt es lediglich ein paar Restaurants und Cafés, dafür aber sehr viel Grün und Ruhe. Wer sich von seiner Besichtigungstour in Santiago erholen möchte, ist hier genau richtig.

Blick auf Cayo Granma von der Carretera Turística

⑯ Parque Baconao

Zwischen dem Karibischen Meer und den östlichen Ausläufern der Sierra Maestra liegt in den Provinzen Santiago und Guantánamo der Parque Baconao, ein UNESCO-Biosphärenreservat. Im größten Freizeitpark Kubas sind auf 80 000 Hektar Berge, Strände, alte Kaffeeplantagen und ungewöhnliche Angebote für Aktivitäten vereint. Er wurde in den 1980er Jahren dank der Unterstützung freiwilliger Helfer erschlossen und angelegt und wird regelmäßig mit neuen Attraktionen ausgestattet. Der Park hat sich von den Verwüstungen des Hurrikans Sandy im Jahr 2012 noch nicht völlig erholt, auch die Übernachtungsmöglichkeiten sind derzeit eingeschränkt.

Gran Piedra
Von der Spitze dieses gigantischen Monolithen (1234 m) sieht man an klaren Tagen bis nach Jamaika und Haiti *(siehe S. 240)*.

Prado de las Esculturas
Dieser Skulpturenpark mit 20 Arbeiten kubanischer und ausländischer Künstler wurde in den 1980er Jahren angelegt. Er wurde 2012 von Hurrikan Sandy verwüstet und ist seither geschlossen.

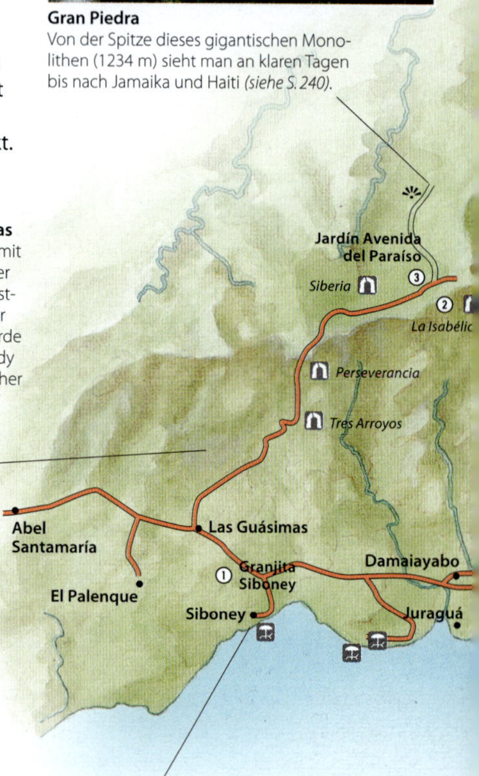

Außerdem

① **Granjita Siboney**, einst Einsatzbasis der kubanischen Revolutionäre, und dient heute als Museum mit Zeugnissen aus jener Zeit *(siehe S. 240)*.

② **Cafetal La Isabélica**, die älteste Kaffeeplantage der Provinz, dient heute als Museum mit kleinem Café *(siehe S. 240f)*.

③ **Jardín Avenida del Paraíso** *(siehe S. 240)*

④ **Exposición Mesoamericana** *(siehe S. 241)*

⑤ **Jardín de Cactus** (Kaktusgarten)

⑥ **Comunidad Artística Verraco** *(siehe S. 241)*

⑦ **Der Meeresboden** zwischen der Playa del Indio und der Playa Larga ist mit Schiffswracks übersät.

⑧ **Museo Nacional del Transporte** *(siehe S. 241)*

Die Playa Siboney ist der Lieblingsstrand der Einheimischen. Er ist über einen Pendelbus mit der zwölf Kilometer entfernten Stadt Santiago verbunden.

Laguna Baconao
Hier kann man Boote für eine Fahrt durch die inmitten von Bergen gelegene Lagune mieten.

Infobox

Information
Santiago de Cuba. **Straßenkarte** F4. **Parktouren** **i** Cubatur, Ave. Garzón, e/ 3ra y 4ta, Santiago de Cuba, (22) 652 560.

Acuario Baconao
Hier lassen sich Haie, Seelöwen und andere Meeresbewohner aus nächster Nähe beobachten. Dreimal täglich finden im Aquarium Delfinshows statt.

Valle de la Prehistoria
Im Kinderpark beeindrucken riesige Dinosaurier, außerdem gibt es ein naturwissenschaftliches Museum.

Legende
Hauptstraße
Pfad

Zeichenerklärung *siehe hintere Umschlagklappe*

Überblick: Parque Baconao

Man kann den Park per Auto oder Taxi an einem Tag erkunden, es stehen aber auch Übernachtungsmöglichkeiten zur Verfügung. Fährt man von Santiago auf der Avenida Raúl Pujol Richtung Osten, trifft man zunächst auf den Parque Zoológico und den Árbol de la Paz (Friedensbaum), unter dem die Spanier 1898 die Kapitulationsurkunde unterzeichneten. Der Parque Baconao liegt vor den Toren der Stadt. Die Attraktionen sind familiengerecht und mit dem Auto gut zu erreichen, auf den Gipfel der Gran Piedra und zu den östlichsten Stränden gelangt man nur zu Fuß.

Blühende Strelitzie im Jardín Avenida del Paraíso

Vom Gipfel der Gran Piedra bieten sich atemberaubende Blicke

Granjita Siboney

Carretera Siboney, km 13,5. (22) 399 168. Mo 9–13, Di–So 9.15–16.45 Uhr. (Fotografieren gegen Gebühr).

An der Straße 16 Kilometer östlich von Santiago liegt die Farm, die Abel Santamaría 1953 als Operationsbasis vor dem Angriff auf die Moncada-Kaserne nutzte. Von hier machten sich die Rebellen am 26. Juli auf den Weg nach Santiago, um die Kaserne zu stürmen. Doch ihr Anschlag wurde vereitelt, und Granjita Siboney selbst wurde später von Batistas Männern gestürmt. Die (nachgemachten) Einschusslöcher an der Tür erinnern an die Gefechte.

Granjita Siboney ist heute ein Museum, in dem Uniformen und Waffen der Rebellen gezeigt werden. Nebenan befindet sich die Galerie Generación del Centenario, in der Gemälde zu Ehren der gefallenen Rebellen sowie Fotos, Dokumente und das Auto, das Castro beim Angriff fuhr, gezeigt werden.

Gran Piedra

Jardín Avenida del Paraíso tägl. 7–18 Uhr.

Fährt man von Granjita Siboney weiter Richtung Westen, gelangt man zu einer Abzweigung, die zur Gran Piedra führt: Diese zwölf Kilometer lange Serpentinenstraße bietet ein spektakuläres Panorama und Blicke über die tiefgrünen Regen- und Bergwälder. Hinter dem **Jardín Avenida del Paraíso** mit seinen wunderschönen Orchideenarten und den Strelitzien (besser bekannt als »Paradiesvogelblumen«) führen 459 Stufen zum Gipfel der Gran Piedra (1234 m über dem Meeresspiegel). Dieser gigantische Monolith liegt über dem Krater eines erloschenen Vulkans.

Am besten unternimmt man diese Wanderung am Morgen, da am Nachmittag oft Nebel aufzieht und den Blick behindert. An klaren Tagen ist die Sicht jedoch einzigartig: Sie reicht von den Bergen bis zur Küste, oft sieht man von hier sogar Haiti.

Cafetal La Isabélica

Carretera de la Gran Piedra, km 14. tägl. 8–17 Uhr.

Um die Gran Piedra gibt es viele alte Kaffeeplantagen, die alle zum UNESCO-Welterbe erklärt wurden. Von den meisten Plantagen sind allerdings nur noch Ruinen übrig, allein der Cafetal La Isabélica, der vom Fuß der

Die Granjita Siboney zeigt die Einschusslöcher von 1953

Gran Piedra leicht über einen Pfad zu erreichen ist, ist erhalten geblieben.

Die Plantage gehörte einst Victor Constantin, einem französischen Grundbesitzer, der im frühen 19. Jahrhundert nach einem Sklavenaufstand in Haiti hierher geflohen war. Mit sich brachte er zahlreiche Sklaven und seine Geliebte Isabel María, nach der er die Plantage benannte.

Das größte Gebäude der Plantage ist das Herrschaftshaus, das nach einem Großbrand rekonstruiert werden musste. Im Erdgeschoss befand sich ein Werkzeuglager, außerdem wohnten hier einige Arbeiter. Im ersten Stock sind ein Schlafzimmer, ein Wohnzimmer, ein Esszimmer sowie

Im Herrenhaus auf dem Cafetal La Isabélica

Reproduktionen präkolumbischer Objekte, Exposición Mesoamericana

ein Arbeitszimmer, die alle im Stil des 18. Jahrhunderts möbliert und dekoriert sind.

Vor dem Haus liegt eine Terrasse, auf der die Kaffeebohnen getrocknet wurden. Die Terrasse ist eigentlich das Dach eines großen Lagerhauses. Nebenan befindet sich der Küchentrakt, alles umgeben von Kaffeepflanzen.

Museo Nacional del Transporte

Carretera de Baconao. tägl. 8–17 Uhr.

In dem Museum sind eine Sammlung von 2500 Modellautos und einige Oldtimer zu sehen – darunter ein Maya Cuba, ein winziger einzylindriger Wagen. Das älteste Auto ist ein Ford Model T aus dem Jahr 1912. Auch Wagen, die einst Fidel Castro und Benny Moré gehörten, werden hier ausgestellt.

Comunidad Artística Verraco

Unweit der kleinen Playa Verraco kann man in diesem Künstlerdorf den Bewohnern bei ihrer kreativen Arbeit zusehen und sie mit dem Kauf eines ihrer Werke auch unterstützen.

Exposición Mesoamericana

Carretera de Baconao. tägl.

In den Höhlen entlang der Straße werden Reproduktionen mittelamerikanischer Kunstwerke aus präkolumbischer Zeit präsentiert.

Ursprünge des Kaffeeanbaus in Kuba

Ende des 18. Jahrhunderts wurden die ersten Kaffeepflanzen in Kuba eingeführt. Zu dieser Zeit hatte sich Kaffee beim europäischen Adel und Großbürgertum bereits als Modegetränk etabliert. Die französischen Kaffeebauern, die im Jahr 1791 vor den Sklavenaufständen aus Haiti nach Kuba geflohen waren, waren sich dessen bewusst. So brachten sie die »neue« Pflanze auf die Insel. Die Hügel um Santiago und die Täler zwischen Baracoa und Guantánamo eigneten sich hervorragend für den Kaffeeanbau, da es hier genügend Wasser und Schatten gab. 1803 gab es 100 000 Kaffeestauden, 1807 hatte sich diese Zahl auf vier Millionen erhöht. Die französischen Kaffeebauern wurden reich und ließen palastartige Herrenhäuser errichten. Da der Kaffeeanbau sehr arbeitsintensiv war und nicht genügend haitianische Arbeitskräfte zur Verfügung standen, erfuhr der Sklavenhandel Anfang des 19. Jahrhunderts einen enormen Aufschwung. Die Zahl der Sklavenarbeiter stieg von 7654 zu Beginn des Jahrhunderts auf 42 000 im Jahr 1820. Diese »Einwanderungswelle« trug zum Wohlstand der Insel bei, war aber der Anfang vom Ende der Grundbesitzer. Denn schon nach kurzer Zeit begannen die Sklaven, sich zu organisieren und gegen ihre völlig menschenunwürdige Lage aufzulehnen *(siehe S. 46)*.

Kaffeepflanzen wachsen im Schatten von Bäumen

⓱ Guantánamo

Guantánamo. **Straßenkarte** F4.
225 000. Infotur, Calle Galixto García, e/ Crombet y Emilio Giró, (21) 351 993.

Gäbe es nicht die US-Marinebasis und das berühmte Lied *Guantanamera* (»Mädchen aus Guantánamo«), wäre diese Stadt wahrscheinlich nur Kubanern und Musikexperten ein Begriff. Die Stadt ist wegen des *changuí* bekannt, einer Variation der *Son*-Musik, die in den Kaffeeplantagen der Berge entstand und durch den Musiker Elio Revé berühmt wurde.

Guantanamera wurde von Joseíto Fernández in den 1940er Jahren eher aus Spaß geschrieben. Er widmete das Lied einem stolzen Mädchen, das seine Komplimente ignorierte. Später wurden einige »literarische« Zeilen aus *Versos Sencillos* von José Martí auf die Musik umgeschrieben.

Die Stadt Guantánamo wurde 1796 als »Auffanglager« für die aus Haiti fliehenden Franzosen gegründet. Im 19. Jahrhundert entwickelte sie sich rasant und wurde zur Hauptstadt einer Provinz der Gegensätze zwischen Kakteenwüsten und grünen Bergen. Guantánamo hat nur wenige Sehenswürdigkeiten zu bieten. Die Innenstadt besteht hauptsächlich aus dem Parque Martí, der von der Kirche **Parroquial de Santa Catalina de Riccis** (1863) dominiert wird. Gegenüber der Kirche steht eine Statue von General Pedro A. Pérez von 1928.

In der Calle Pedro A. Pérez steht eines der beeindruckendsten Gebäude der Stadt, der **Palacio de Salcines**. Er wurde 1919 nach Plänen von José Leticio Salcines errichtet. Die schöne Fassade des eklektischen Baus weist viele Gesimse und Säulen auf. Die klassizistische Kuppel des Palacio krönt eine Statue von La Fama – in der griechischen Mythologie der Götterbote – von Américo J. Chini. Im Palacio ist das **Museo de Artes Decorativas** untergebracht. Es zeigt antike Möbel und Kunstgegenstände.

In einem ehemaligen Gefängnis, einem Gebäude im Kolonialstil, befindet sich heute das kleine **Museo Provincial de Guantánamo**. Einer der Räume widmet sich der Teilnahme eines kubanischen Astronauten an der sowjetischen Raumflugmission von 1980.

Die Plaza de la Revolución in Guantánamo ist eine der größten und auch kargsten ihrer Art in Kuba. Das kitschige Hotel Guantánamo aus den 1960er Jahren dominiert die weitläufige Plaza Mariana Garajales, in deren Mitte das *Monumento a los Héroes* an Kubas Kämpfer für die Unabhängigkeit, darunter Frank País, erinnert.

Kirche Parroquial de Santa Catalina de Riccis auf dem Parque Martí

Joseíto Fernández, Komponist des Klassikers *Guantanamera*

Museo de Artes Decorativas

Calle Pedro A. Pérez 804, e/ Prado y Aguilera. wegen Renovierung.

Museo Provincial de Guantánamo

Plaza Martí, esq. Prado. (21) 325 872. Mo–Fr 8–12, 14.30–16.30, Sa 8–12 Uhr. 1. Jan, 1. Mai, 26. Juli, 10. Okt, 25. Dez. (Fotografieren gegen Gebühr).

Umgebung: Etwa 20 Kilometer östlich von Guantánamo auf der Straße zu dem Kaffeeanbaugebiet Lomas de Yateras liegt ein ungewöhnliches Freiluftmuseum, das **Museo Zoológico de Piedra**. Gegründet wurde es von Angel Iñigo (1935–2014), einem Bauern und Bildhauer. Seit 1978 hatte er etwa 40 steinerne Tierfiguren geschaffen, die man im Park ansehen kann.

23 Kilometer südlich von Guantánamo und nur ein Stückchen nördlich der Militärbasis lieht der kleine Hafen **Caimanera**. Früher konnte man von einem *mirador* auf einem Hügel an der Straße nach Baracoa einen Blick auf die US-Marinebasis werfen – der Zugang ist nun gesperrt. Caimanera befindet sich in militärischem Sperrgebiet und ist nur mit Sondererlaubnis zugänglich. Die Erlaubnis ist relativ leicht zu erhalten und ermöglicht auch einen Besuch des Hotels Caimanera *(siehe S. 262)*, in dem man mit Genehmigung auch übernachten kann. Von hier kann man per hauseigenem Teleskop die Militärbasis einsehen, zudem gibt es ein kleines interessantes Museum. Die Erlaubnis erhält man beim kubanischen Innenministerium, am besten wendet man sich hierzu an Izlazul im Hotel Guantánamo, Tel. (21) 381 015.

Museo Zoológico de Piedra

Boquerón de Yateras. Mo–Sa 8–17, So 8–12 Uhr. 1. Jan, 1. Mai, 26. Juli, 10. Okt, 25. Dez.

Hotels und Restaurants in Ostkuba *siehe Seiten 262f und 275*

⓲ Costa Sur

Guantánamo. **Straßenkarte** F4.

Östlich von Guantánamo liegt der kargste Landstrich Kubas. Das Klima ist hier aufgrund der heißen Winde wüstenähnlich. In dieser für Kuba einzigartigen Gegend wachsen hauptsächlich Kakteen und Sukkulenten. Die Küstenstraße schlängelt sich zwischen den Bergen und dem Meer entlang und bietet spektakuläre Blicke. An der Felsenküste gibt es einige Buchten mit Kieselstränden, an denen man viele Muscheln und *Polymita-picta*-Schnecken *(siehe S. 249)* findet.

⓳ La Farola

Guantánamo. **Straßenkarte** F4.

In Cajobabo – einer kleinen Stadt an der Südküste, an der José Martí und Máximo Gómez 1895 anlegten, um den Krieg gegen Spanien zu führen – beginnt La Farola, eine herrliche, 49 Kilometer lange Straße, die sich über die Berge nach Baracoa windet. Je weiter man sich von der Küste entfernt, desto üppiger wird die Vegetation.

Bis 1959 konnte man Cajobabo nur per Schiff erreichen. Um die Stadt mit dem Rest der Insel zu verbinden, errichteten Ingenieure in den 1960er Jahren aus Steinen der Sierra del Purial eine Art »Luftstraße«. Die Straße bekam den Namen *farola* (»Laterne«), da einige Abschnitte wie ein Lichtstrahl in der Luft erscheinen. Die Straße gilt als eine der größten technischen Errungenschaften des modernen Kuba.

Von der Straße und den in regelmäßigen Abständen eingerichteten Aussichtspunkten bieten sich atemberaubende Blicke auf die Gipfel der Sierra Maestra, über Regen- und Pinienwälder, Bananenplantagen, Flüsse, Wasserfälle und majestätische Palmen. An einigen Stellen scheint die üppige Vegetation die Straße geradezu zu verschlingen. Am Straßenrand verkaufen Einheimische Getränke und Obst.

US-amerikanische Marinebasis

1903 zwangen die USA Kuba, das Platt-Amendment zu unterzeichnen, das der US-Marine das Recht gewährte, in der Bucht von Guantánamo eine Marinebasis zu errichten. Kuba verpachtete den USA das Gebiet für einen Mindestzeitraum von 99 Jahren. Die Situation verschärfte sich im Kalten Krieg dramatisch, die Existenz der Basis führte wiederholt zu Konflikten. Seit Ende der 1950er Jahre hat Kuba die USA mehrfach zur Rückgabe des Gebiets aufgefordert – bisher erfolglos. Die Basis ist von einem 28 Kilometer langen Grenzzaun mit Türmen und Minenfeldern umgeben. Heute ist Guantánamo Bay als Gefangenenlager für in Afghanistan festgenommene Taliban- und Al-Qaida-Kämpfer bekannt. Als eine seiner ersten Amtshandlungen als neuer US-Präsident hat Barack Obama im Januar 2009 ein Dekret zur Schließung des Gefangenenlagers innerhalb eines Jahres unterschrieben. Allerdings sind noch heute weit über Hundert Menschen in dem Lager inhaftiert.

An der Grenze zur US-Marinebasis

Blick von einem der Aussichtspunkte an der Straße La Farola

⑳ Baracoa

Die älteste Stadt Kubas liegt an der östlichsten Landzunge der Insel. In der Sprache Arauaca, die von den Ureinwohnern des Gebiets gesprochen wurde, heißt *baracoa* »Gegenwart des Meeres«. Nuestra Señora de la Asunción de Baracoa wurde am 15. August 1511 in einer Bucht gegründet, die 20 Jahre zuvor von Kolumbus entdeckt worden war. Baracoa wurde sofort zur politischen und religiösen Hauptstadt Kubas. Diesen Status verlor sie jedoch schon 1515, als Stadtgründer Diego Velázquez seinen Wohnsitz nach Santiago verlegte und so die wirtschaftliche und soziale Isolierung Baracoas einleitete.

Das Cruz de la Parra soll Kolumbus nach Kuba gebracht haben

Das Straßenbild Baracoas ist von üppiger Vegetation geprägt

Überblick: Baracoa
»Baracoa heißt Natur«, so der Slogan der Stadt, und das zu Recht: Die Stadt, die von Wald auf der einen und Wasser auf der anderen Seite begrenzt wird, lebt seit 400 Jahren vom Fischfang, dem Anbau von Kakao, Kokosnüssen und Bananen sowie von der Holzwirtschaft. Auch wenn die Isolierung Probleme mit sich brachte, hat sie doch bewirkt, dass die Einwohner ihre Tradition und das Ökosystem bewahren konnten.

Der historische Stadtkern ist nicht im Kolonialstil erbaut, sondern weist einen bunten Stilmix auf, zum Teil mit klassizistischen und französischen Elementen. Überall wuchert üppige Vegetation, teilweise hat sie sich schon in die Holzhäuser vorgearbeitet.

Den besten Blick hat man vom **Castillo de Seboruco**, in dem heute das Hotel El Castillo *(siehe S. 262)* residiert. Von hier überblickt man die Bucht, die im Westen vom Berg El Yunque *(siehe S. 248)* überragt wird.

Parque Independencia
Auf dem Platz, der von der Kathedrale überragt wird, steht die Büste des Indianerhäuptlings Hatuey *(siehe S. 223)*. Daneben liegen die **Casa de la Trova**, der **Fondo de Bienes Culturales**, auf dem örtliche Künstler und Handwerker ausstellen, sowie die **Casa de la Cultura**, ein eklektisches Gebäude mit kolonialen Elementen, in dem Veranstaltungen abgehalten werden.
In der **Casa del Chocolate** (Nr. 123 Calle Maceo) gibt es heiße Schokolade aus dem berühmten Baracoa-Kakao.

Catedral de Nuestra Señora de la Asunción
Calle Maceo 152. ☎ (21) 643 352.
◯ Mo–Sa 8–11, 16–20, So 7–11 Uhr.
✝ Di, Mi 7.30, Do, Fr 17.30, Sa 20, So 9 Uhr.

Die Kathedrale wurde 1512 gebaut und 1833 sowie 2012 umfassend restauriert. Sie birgt das berühmte Cruz de la Parra, ein Holzkreuz, das das älteste christliche Symbol in der Neuen Welt sein soll.

Eine Legende besagt, dass Kolumbus das Kreuz bei seiner ersten Amerikareise nach Kuba brachte und am 1. Dezember 1492 dort niederlegte, wo später Baracoa gegründet wurde. Angeblich verschwand es danach und tauchte später unter einem Weinstock *(parra)* im Garten eines Siedlers wieder auf – daher der Name. Die Ecken des Kreuzes schützen heute Metallbeschläge, da Gläubige früher Splitter aus dem Holz des Kreuzes zogen und sie als Reliquien verehrten.

Forscher datierten das Kreuz auf ein Alter von ca. 500 Jahren. Der Nachweis, dass es aus kubanischem Holz gefertigt wurde, widerlegt die Legende bzgl. Kolumbus.

Ein für Baracoa typisches einstöckiges Holzhaus

◀ **Blick vom Castillo de Seboruco auf die Bucht von Baracoa, mit dem Berg El Yanque im Hintergrund**

Fuerte Matachín (Museo Municipal)

Calle Martí y Malecón. (21) 642 122. Mo–Sa 8–12, 14–18, So 8–12 Uhr. (Fotografieren gegen Gebühr).

Das Museum gewährt Einblicke in die Historie der Region. Es ist in einer Festung aus der Kolonialzeit untergebracht. Diese war als Verteidigung gegen Piraten errichtet worden, die damals besonders aktiv waren.

Die Ausstellung beginnt mit Funden aus der präkolumbischen Zeit, an die sich Dokumente, Karten, Gemälde und Drucke aus der Zeit der spanischen Herrschaft anschließen. Sie illustrieren u.a. die Geschichte der Piraten, Sklaven und Plantagen. Im naturhistorischen Bereich sieht man auch Exemplare der *Polymita*-Schnecke *(siehe S. 249)*.

Das Museum ist zugleich ein historisches und geografisches Forschungszentrum, das die regionale Kultur fördert. An den Burgwällen steht noch immer eine zum Meer gerichtete Batterie von Kanonen.

Kolumbus-Statue im Garten des Museo Municipal

El Malecón

Diese Uferstraße verbindet die beiden Forts aus dem 19. Jahrhundert: Fuerte Matachín im Osten und **Fuerte de la Punta** im Westen. Letzteres ist heute ein Restaurant. Der Malecón lädt ein zum Bummeln und Spazierengehen. Samstagvormittags findet hier ein bunter Lebensmittelmarkt statt, abends wird die Straße für die *noche baracoesa* (Nacht von Baracoa) geschmückt, ein Volksfest, bei dem viel gegessen, getrunken und getanzt wird.

Hotel La Rusa

Auf halber Strecke des Malecón liegt das Hotel La Rusa, das einst der russischen Prinzessin Magdalena Rowenskaja gehörte, die nach der Oktoberrevolution 1917 mit ihrem Mann aus Russland geflohen war. Sie ließ sich in Baracoa nieder, wo sie ein Restaurant eröffnete und Gesangsunterricht gab. Später schloss sie sich dem Movimiento 26 de Julio an und unterhielt Castro, Che Guevara und andere Revolutionäre.

Infobox

Information

Guantánamo. **Straßenkarte** F4. 81 000. Cubatur, Calle Maceo 149, esq. Pelayo Cuervo, (21) 645 306; Ecotur, Hotel 1511, Calle Ciro Frías, esq. Rubert López, (21) 642 478; Infotur, Calle Maceo 129-A, (21) 641 781. So.

Anfahrt

4 km westlich der Stadt, (21) 645 376. Ave. Los Mártires, esq. Martí, (21) 643 880.

Das Hotelfoyer zeigt Fotos und persönliche Gegenstände dieser exzentrischen Person, die später mit dem Werk *Le Sacre du Printemps* von Alejo Carpentier *(siehe S. 33)* unsterblich gemacht wurde.

Renovierte Fassade des Hotels La Rusa

Zentrum von Baracoa

1. Castillo de Seboruco
2. Catedral de Nuestra Señora de la Asunción
3. Casa de la Cultura
4. Casa de la Trova
5. Fuerte de la Punta
6. Hotel La Rusa
7. Fuerte Matachín (Museo Municipal)
8. Casa del Chocolate

Zeichenerklärung
siehe hintere Umschlagklappe

Hotels und Restaurants in Ostkuba *siehe Seiten 262f und 275*

Der Berg El Yunque überragt die Bucht von Baracoa

㉑ El Yunque

Guantánamo. **Straßenkarte** F4.
i Ecotur, Calle Ciro Frías, Baracoa, (21) 642 478.

El Yunque, ein 575 Meter hoher Kalksteinfelsen, der mit üppiger Vegetation bewachsen ist, galt den indiginen Taíno als heilig. Später diente er den Seeleuten vor der Küste von Baracoa als Orientierungspunkt. Wegen seiner charakteristischen Form nannten ihn die Spanier »El Yunque« (Amboss). Diese Form führte aber auch zu dem Missverständnis, Kolumbus hätte diesen Felsen gemeint, als er einst einen »eckigen Berg, der wie eine Insel aussieht« beschrieb. Tatsächlich bezog er sich auf einen ähnlichen Felsen auf Bariay bei Gibara *(siehe S. 218)*.

An den Hängen des Berges, der von der UNESCO zum Biosphärenreservat erklärt wurde, gedeihen seltene Pflanzen, darunter zwei fleischfressende sowie *Podocarpus*, eine der ältesten Pflanzenarten der Welt, und die endemische Palmenart *Coccothrinax yunquensis*.

Zudem leben am El Yunque einige bedrohte Vogelarten, z. B. der *Carpintero real (Campeophilus principalis)* und der *Caguarero*-Falke *(Chondrohierax wilsonii)*, sowie die kleinste Amphibie der Welt, *Sminthillus limbatus*, die nur wenige Millimeter lang ist, und weitere urtümliche Spezies wie der *Almiquí (Solenodon cubanus)*, ein rattenähnliches Säugetier.

㉒ Río Toa

Straßenkarte F4.

Das Tal, durch das sich der Río Toa, der größte Fluss Kubas, schlängelt, wurde zum Naturschutzgebiet **Parque Natural Río Toa** erklärt. Hier sollen künftig Bungalows und Campingplätze nach umweltfreundlichen Kriterien entstehen.

Die Einheimischen benutzen noch immer ein altertümliches Gefährt, um sich flussaufwärts zu bewegen – die *cayuca*, ein Kanu der Taíno. Vom Fluss aus können Besucher auch den Gipfel des majestätischen Pico Galán (974 m) und die imposanten Wasserfälle bestaunen, die von steilen Klippen herab in den Fluss stürzen. Auskünfte über Ausflüge erhält man in Baracoa.

Mit dem Ruderboot flussaufwärts

Umgebung: Nordwestlich von Baracoa, 21 Kilometer hinter der Mündung des Río Toa, liegt die **Playa Maguaná**, der

Playa Maguaná, einer der paradiesischen Strände bei Baracoa

Hotels und Restaurants in Ostkuba *siehe Seiten 262f und 275*

Der Río Miel fließt durch die dichten Tropenwälder zwischen Baracoa und Boca de Yumurí

schönste Strand der Gegend. Sein Taíno-Name leitet sich von der archäologischen Ausgrabungsstätte in der Nähe ab. Nur rund 500 Meter vor der Küste liegt ein artenreiches Korallenriff. Das Meer ist in diesem Bereich oft sehr unruhig.

Versteckt zwischen Kokosnusspalmen liegt ein modernes Feriendorf, in dem Villen gemietet werden können. Trotz allem ist die Natur hier noch unberührt.

㉓ Parque Nacional Alejandro de Humboldt

Straßenkarte F4.

Der gebirgige Regenwald liegt 56 Kilometer nördlich von Baracoa. Er ist Kubas artenreichster Park und UNESCO-Welterbe. Den nach dem deutschen Naturforscher Alexander von Humboldt (1769–1859) benannten Park bevölkern zahlreiche Vögel, Schlangen, Skorpione, Frösche und der seltene Kubanische Schlitzrüssler *(Solenodon cubanus)*, ein kleines Säugetier. In der Bahía de Taco im Nordosten des Parks lebt eine kleine Gruppe Seekühe. Das Ecotur-Büro in Baracoa *(siehe S. 247)* organisiert Bootsausflüge in der Bucht.

㉔ Boca de Yumurí

Straßenkarte F4.

Boca de Yumurí, ein Dorf 30 Kilometer östlich von Baracoa, wurde nach dem Fluss Yumurí benannt, der hier ins Meer mündet. Das Dorf besteht aus *bohíos* – traditionellen palmengedeckten Hütten. Seine Bewohner leben vom Fischfang und von den Bootstouren auf dem Fluss, die sie Besuchern anbieten. Außerdem verkaufen sie *Polymita*-Schneckenhäuser. Auf der anderen Flussseite liegt ein zauberhafter Strand. Lohnenswert ist auch eine Bootsfahrt flussaufwärts, wo der Fluss durch einen 180 Meter tiefen Canyon führt.

Auch die Tierwelt am Río Yumurí hat einiges zu bieten, denn hier leben zahlreiche tropische Vogelarten, darunter *zunzúns*, *tocororos* und *cartacubas (siehe S. 24f)*.

Polymitas

Bunte *Polymita*-Schnecken

Eine endemische Weichtierart in der Gegend um Baracoa ist die *Polymita*, eine Schnecke mit buntem Haus. Je nach Farbe unterscheidet man zwischen sechs Spezies: *P. picta*, *P. muscarum*, *P. sulphurosa*, *P. versicolor*, *P. venusta* und *P. brocheri*. Sie alle leben auf Pflanzen und ernähren sich von Pilzen und Flechten. So tragen sie zum gesunden Wachstum der Pflanzen, besonders der Kaffeestauden, bei. *Polymita*-Schnecken sind aufgrund ihrer auffallenden Streifenfärbung, die sich von der grünen Vegetation abhebt, leicht zu erkennen. Einer der vielen Sagen zufolge sollen sie ihre Farbe von einem jungen Indianer bekommen haben, der keine Perlen oder Juwelen für seine Geliebte hatte. Er bemalte ein Schneckenhaus mit dem Gelb der Sonne, dem Grün der Wälder, dem Rot der Blumen und dem Weiß der Gischt. Als er das Blau des Himmels verwenden wollte, war es aber schon später Abend. So begnügte er sich mit dem Schwarz der Nacht. Heute ist diese Schnecke vom Aussterben bedroht. Es ist zwar nicht illegal, *Polymita* zu sammeln, aus Gründen des Artenschutzes sollte man sie jedoch in der freien Natur lassen.

ZU GAST IN KUBA

Hotels

Seit Kuba 1980 seine Grenzen für Besucher öffnete, hat der Staat viel Geld in den Aufbau einer funktionierenden Infrastruktur investiert, um mit dem Wachstum im Fremdenverkehr Schritt halten zu können. Viele der historischen Hotels wurden restauriert und auf internationalen Standard gebracht. Heute stehen Urlaubern Unterkünfte verschiedenster Kategorien zur Verfügung – von modernen Luxushotels mit Pools und vielen Sportanlagen über Stadthotels im Kolonialstil bis hin zu All-inclusive-Anlagen auf kleinen, ansonsten unbewohnten Inseln. Die günstigsten Hotels sind nach wie vor eher spartanisch und meist unter dem gewohnten westlichen Standard. Kubaner dürfen auch private Zimmer oder Wohnungen vermieten, die als *casas particulares* bekannt sind – ein reizvolles Angebot, das von ausländischen Urlaubern gerne genutzt wird.

Geräumige Lobby des Iberostar Grand Hotel Trinidad ***(siehe S. 262)***

Hotelketten

Die meisten Urlauber besuchen Kuba im Rahmen einer Pauschalreise, inzwischen bieten etliche Hotels derartige Arrangements an. All diese Hotels sind in Staatsbesitz, viele werden allerdings privat verwaltet.

Einen hohen Standard bieten die Hotels der kubanischen Kette **Gran Caribe**. Dazu zählen das Hotel Nacional *(siehe S. 102)* und das Hotel Plaza im Parque Central in Havanna. Weitere Hotels von Gran Caribe sind das Hotel Riviera in Havanna *(siehe S. 257)* und das Hotel Jagua in Cienfuegos *(siehe S. 259)*.

Auch die Häuser der Hotelketten **Cubanacán**, **Meliá** und **Iberostar**, die in ganz Kuba zu finden sind, bieten eine gute Qualität. Cubanacán unterhält nicht nur eigene Hotels, sondern verwaltet auch Häuser internationaler Ketten. Dazu zählt der Club Amigo Atlántico in Guardalavaca *(siehe S. 263)*.

Zur spanischen Hotelkette Meliá gehören das Hotel Meliá Cohiba in Havanna *(siehe S. 258)* sowie einige Strandhotels, darunter das elegante Meliá Buenavista in Cayo Santa María *(siehe S. 259)*.

Die Hotelgruppe **Gaviota** hat sich auf Naturtourismus spezialisiert. Ihre Häuser bieten Unterkunft an den beliebtesten Küstenorten, auf den *cayos* und im Bergland. Gaviota verfügt auch über eine eigene Autovermietung.

Hotels der **Islazul**-Kette bieten weniger Luxus, sind aber günstig.

Ein tolles Hotelerlebnis bieten die Häuser der kubanischen **Habaguanex**-Gruppe. Die von der Oficina del Historiador de la Ciudad gegründete Gesellschaft restauriert alte Gebäude in Havanna und eröffnet darin Geschäfte und Hotels. Dazu zählen etwa der Palacio del Marqués de San Felipe y Santiago Bejucal aus dem 18. Jahrhundert mit barocker Fassade und das Hotel Santa Isabel *(siehe S. 256)*, das sich in einem Kolonialgebäude an der Plaza de Armas befindet.

Blick vom Glaslift auf die Lobby des Hotels Meliá Varadero

Klassifikation

Die Einstufung kubanischer Hotels folgt dem internationalen Sternesystem (ein bis fünf Sterne). Allerdings gibt es innerhalb der Kategorien oft erhebliche Unterschiede. Einige Mittelklassehotels boten vielleicht in den 1950er Jahren gute Qualität, sind mittlerweile jedoch hoffnungslos veraltet und schäbig. Hotels mit nur einem Stern meidet man besser. Wer günstig reisen möchte, sollte in privat vermieteten Zimmern übernachten.

◀ **Tische eines Restaurants in einem Arkadengang an der Plaza Vieja, Havanna** ***(siehe S. 80)***

Preise

Hotelpreise in der Hauptstadt und den bekannteren Ferienanlagen an der Küste wie Cayo Largo, Varadero, Cayo Coco und Playa Guardalavaca sind natürlich höher als im Rest des Landes und entsprechen mehr oder weniger internationalen Standards. In der Hauptsaison von Dezember bis April und von Anfang Juli bis Ende August sind die Preise in allen Hotels höher.

Trinkgeld

Generell ist es üblich, Hotelangestellten am Ende des Aufenthalts Trinkgeld *(propina)* zu geben. Die Höhe orientiert sich an der Hotelart, der Länge Ihres Aufenthalts und der Qualität des Service. Es liegt jedoch bei Ihnen, wie viel Sie geben.

Bedenken Sie, dass Trinkgeld in CUC oder Euro oft einem ganzen Monatsgehalt in kubanischen Pesos entspricht. Oft wird ein Teil der Trinkgelder für wohltätige Zwecke, z.B. für die Krebsforschung, gespendet.

Behinderte Reisende

Nur die neueren Hotels sind behindertengerecht ausgestattet. Der Großteil der kubanischen Hotels kann allerdings keine entsprechende Ausstattung bieten. Dennoch ist Kuba für Menschen mit Behinderung nicht unbereisbar. Das Hotelpersonal wird alles tun, um ihnen den Aufenthalt so angenehm wie möglich zu gestalten.

Terrasse des Hotels Casa Granda in Santiago de Cuba ***(siehe S. 263)***

Reservierung

Am einfachsten reserviert man seine Unterkunft im Voraus über ein Reisebüro im Heimatland. Dort erhalten Sie in der Regel Pauschalreisen und Sonderangebote. Auch online findet man gute Angebote.

In der Hochsaison, und vor allem bei Großveranstaltungen wie dem Karneval in Santiago oder einem der vielen regionalen oder kulturellen Feste, kann es schwierig werden, ein Hotelzimmer zu bekommen.

Ferienanlagen

Ferienanlagen sind besonders für Besucher geeignet, die am Strand oder inmitten unberührter Landschaft entspannen möchten. Die Zimmer sind meist komfortabel, die Anlagen bieten alles, was man für einen Wohlfühlurlaub benötigt.

Bei All-inclusive-Angeboten sind neben Unterkunft in einem Bungalow oder Zimmer (meist mit Bad, Telefon, Klimaanlage und Fernseher) auch Mahlzeiten (Frühstück, Mittagessen und abends ein Buffet) sowie Getränke enthalten. Außerdem besteht die Möglichkeit, Sportarten zu betreiben wie Segeln, Schnorcheln, Tauchen, Schwimmen oder Surfen. Optional gibt es Spielplätze, Babysitter-Service, Pool-Anlagen mit Kinderbecken, Autoverleih und Läden. In einigen Teilen Kubas gibt es nur All-inclusive-Angebote.

Themenferien

Viele Reiseveranstalter bieten Reisen für Urlauber mit speziellen Interessen. In zahlreichen All-inclusive-Anlagen gibt es Tauchunterricht. Wer viel tauchen oder auch nur schnorcheln möchte, sollte sich ein Hotel oder eine Marina in der Nähe einer Tauchbasis suchen.

Nirgendwo lässt sich das Salsa-Tanzen besser lernen als in Kuba. Der Veranstalter **avenTOURa** bietet Pauschalreisen mit Salsa-Tanzkursen an.

Wer umweltbewusst reisen möchte, kann in Ökoresorts inmitten schöner Natur entspannen, z.B. in der Gegend um Pinar del Río, in der Sierra del Rosario, bei Marea del Portillo und bei Baracoa.

Auch Gesundheits- und Wellness-Ferien kann man in Kuba ausgezeichnet machen. Sie verbinden Entspannung mit medizinischer oder kosmetischer Behandlung. Das Personal ist bestens ausgebildet.

Die Ferienanlage Meliá Cayo Coco in exklusiver Insellage ***(siehe S. 261)***

Hotel Moka im Naturschutzgebiet Sierra del Rosario

Camping

Neben einigen einfachen Campingplätzen *(campismos)*, auf denen die Kubaner meist unter sich bleiben, gibt es in Naturschutzgebieten und an der Küste einige andere Plätze, die von **Cubamar Viajes** geführt werden. Auch wenn Sie als Campingplätze eingestuft sind, findet die Unterbringung in Bungalows, sogenannten *cabañas*, statt. Meist haben die Anlagen auch Restaurants und Pools.

Die Qualität der *cabañas* ist unterschiedlich, meist sind sie jedoch einfach gehalten und einigermaßen sauber. Eigentlich ähneln diese Bugalowkomplexe eher normalen Ferienanlagen. Oft gibt es tagsüber und abends Veranstaltungen, oft mit Live-Musik.

Campen in freier Natur oder das Übernachten am Strand ist in Kuba nicht gestattet.

Privatunterkünfte

Wer am kubanischen Alltag teilhaben und Einheimische kennenlernen möchte, kann auch in privaten Unterkünften *(casas particulares)* übernachten. Selbst wenn man ins Familienleben der Gastgeber eingebunden wird, wird die Privatsphäre des Gastes doch respektiert. Es hilft, einige Wörter Spanisch zu sprechen.

Angeboten werden nicht nur Zimmer, sondern auch kleine Apartments. Zum Teil ist die Unterbringung sogar recht elegant, z. B. in historischen Gebäuden alter Städte wie Trinidad und in Teilen Havannas.

Die kubanische Gastfreundschaft macht diese Art der Unterbringung zu einem ganz besonderen Erlebnis. Schließlich lernt man so Land und Leute richtig kennen. Außerdem erhält man von seinen Gastgebern oft Insider-Tipps zu Ausflugsmöglichkeiten, Restaurants und Abendunterhaltung.

Auf den Seiten 256–263 sind einige empfehlenswerte *casas particulares* gelistet. Generell sollten Sie nicht mit Fremden mitgehen, die Ihnen eine Unterkunft bei Freunden anbieten. Oft sind dies etwas »windige Gesellen«, die für die Vermittlung eines Gastes Geld vom Hausbesitzer bekommen. Dieser Betrag wird dann wiederum auf den Zimmerpreis aufgeschlagen.

Wenn Sie mit Ihrer Unterkunft zufrieden waren, fragen Sie Ihren Gastgeber nach

Romantisches Meliá Buenavista, Cayo Santa María *(siehe S. 259)*

Adressen in Ihren nächsten Zielorten. Auf diese Weise können Sie sichergehen, einen ähnlichen Standard vorzufinden. Vom Staat autorisierte Häuser erkennen Sie an dem unten abgebildeten Schild oder Aufkleber an der Haustür.

Bei Ihrer Ankunft wird Ihr Gastgeber Sie bitten, Ihren Reisepass und die *tarjeta de turista (siehe S. 290)* vorzulegen, da er gesetzlich verpflichtet ist, Ihre persönlichen Daten an die Behörden weiterzugeben.

Zeichen für vom Staat lizenzierte *casas particulares*

In Bezug auf Ausstattung, Sauberkeit und Charme dieser Häuser gibt es gravierende Unterschiede, zumal noch keine offizielle Kategorisierung vorliegt. *Casas* auf dem Land sind meist teurer als die in Städten. Mit einem Anruf lässt sich die Preisfrage schnell klären. Es lohnt auch, vor der Anreise Ihre Buchung zu bestätigen. Unter **www.cubacasas.net** finden Sie viele Informationen zu privaten Unterkünften in Havanna und ganz Kuba.

Bungalows im Hotel María La Gorda, einem bei Tauchern sehr beliebten Resort

Hotelkategorien

Die sorgfältig zusammengestellte Hotelauswahl *(siehe S. 256–263)* umfasst empfehlenswerte Häuser aller Preiskategorien und Arten, von einfachen Pensionen und *casas particulares* bis hin zu Luxushotels, bevorzugt in guter Lage. Zur besseren Orientierung wurden die Häuser mit Kategorien wie Luxus, Apartment, Historisch usw. gekennzeichnet.

Luxushotels bieten Fünf-Sterne-Komfort und entsprechende Einrichtungen. Sie erreichen sicherlich nicht das Niveau eines Spitzenhotels in New York oder Berlin, werden aber grundsätzlich den Ansprüchen der Kategorie »Luxus« gerecht.

In Havanna lassen sich seit einigen Jahren private Apartments als Urlaubsherberge mieten. Die meisten von ihnen liegen sehr zentral, sind ansprechend möbliert und bieten auf Wunsch einen Frühstücksservice.

Eine Besonderheit Kubas sind die auf Seite 254 beschriebenen *casas particulares*, die dem Bed & Breakfast europäischen Zuschnitts ähneln. Die Auswahl der angebotenen Zimmer reichen von solchen in opulent eingerichteten ehemaligen Kolonialvillen bis hin zu einfachsten Kammern in einem Apartmentblock. So unterschiedlich wie die Zimmer ist auch der angebotene Service. Die in der Hotelauswahl aufgeführten *casas particulares* empfehlen sich durch ihren Charme, saubere Zimmer sowie freundliche und hilfsbereite Gastgeber.

Schickes Apartment in der Casa Concordia, Havanna *(siehe S. 257)*

In Kubas Städten lassen sich einige Traditionshotels entdecken. Sie sind meist in historischen Palais und herrschaftlichen Anwesen des 17., 18. oder 19. Jahrhunderts untergebracht.

Modernen Hotelbauten in Kuba mangelt es mitunter an Charme, dafür bieten sie meist guten Service und Sauberkeit.

Hotels außerhalb der Städte und in schönen Landschaften findet man in Kuba in erstaunlich geringer Zahl. Die interessantesten dieser Landhotels sind auf den folgenden Seiten gelistet, einige von ihnen sind allerdings nur mit dem eigenen Auto erreichbar.

Kubas Küsten sind mit Strandhotels jeder Preiskategorie übersät, die meisten der Anlagen sind All-inclusive-Resorts auf durchaus hohem Niveau. Die folgenden Seiten präsentieren die eher kleineren, exklusiveren dieser Unterkünfte für einen enspannenden und erholsamen Strandurlaub.

Hotels bzw. Unterkünfte mit spezieller Ausstattung oder besonderem Design werden in der Hotelauswahl als **Vis-à-Vis-Tipp** hervorgehoben. Dazu zählen auch Herbergen in besonders schöner Lage.

Auf einen Blick

Hotelketten

Cubanacán
Calle 23 No. 156, e/ N y O, Vedado, Havanna.
(7) 833 4090 ext. 251.
hotelescubanacan.com

Gaviota
Edificio de La Marina, Avenida del Puerto 102, Havanna.
(7) 869 5774.
gaviota-grupo.com

Gran Caribe
Calle 7 No. 4210, e/ 42 y 44, Miramar, Havanna.
(7) 204 0575.
gran-caribe.cu

Habaguanex
Oficios 110, e/ Lamparilla y Amargura, Havanna.
(7) 867 1039.
habaguanex.ohc.cu

Iberostar
Lonja del Comercio, Plaza San Francisco, Havanna.
(7) 866 6069.
iberostar.com

Islazul
(7) 832 0571.
islazul.cu

Meliá
Calle 2 No. 302, e/ 3 y 5, Playa, Havanna.
(7) 204 5577.
meliacuba.com

Camping

Cubamar Viajes
Calle 3, e/ 12 y Malécon, Vedado, Havanna.
(7) 833 2523.
cubamarviajes.cu
campismopopular.cu

Themenferien

avenTOURa
Rehlingstraße 17, 79100 Freiburg.
(0761) 211 69 90.
aventoura.de

Servimed – Turismo y Salud
Ave. 43 No. 1418, esq. 18, Miramar, Havanna.
(7) 204 4811.
servimedcuba.com

Hotels

Havanna

La Habana Vieja

El Balcón de Yamelis $
Pension SP 4 F3
Calle Jesús María 58, apto. 7, e/ Calle San Ignacio y Cuba
5331 9498
Der freundliche Besitzer der Privatunterkunft vermietet ein Zimmer in dem 1950er-Jahre-Haus. Großer Balkon mit fantastischem Blick auf La Habana Vieja.

Casa de Humberto Acosta $
Pension SP 4 E3
Calle Compostela 611, 2do piso, e/ Sol y Luz
(7) 860 3264
casahumberto.com
Das bunte koloniale Apartment im südlichen La Habana Vieja bietet seinen Gästen ein komfortables Zimmer und eine große Terrasse zum Essen und Sonnenbaden. Sehr nette Gastgeber.

Casa Vitrales $
Pension SP 4 E2
Calle Habana 106, e/ Cuarteles y Chacón
(7) 866 2607
cvitrales.com
In der schicken Unterkunft in einem Kolonialhaus in einem aufstrebenden Viertel in La Habana Vieja sind moderne und antike spanische Möbel aus der Kolonialzeit kombiniert. Das Frühstück wird auf dem Dach serviert.

Vis-à-Vis-Tipp

Chez Nous $
B&B SP 4 E3
Calle Teniente Rey (Brasil) 115, esq. Cuba
(7) 862 6287
Der professionelle Besitzer sorgt für einen erstklassigen Aufenthalt in dieser eleganten, mit Antiquitäten möblierten Wohnung. Die schöne Unterkunft ist nur einen Block von der beeindruckenden Plaza Vieja entfernt. Die kleine Dachterrasse ist perfekt zum Entspannen.

Estancia Bohemia $$
Apartment SP 4 E3
Plaza Vieja
5403 1568
havanabohemia.com
Die hübsche Wohnung liegt in einem renovierten Kolonialhaus an einer der schönsten Plazas in Havanna. Das Café im Haus serviert hervorragendes Frühstück.

Suite Havana $$
Apartment SP 4 E2
Calle Lamparilla 62 altos, e/ Mercaderes y San Ignacio
5829 6524
suitehavana.com
Die elegante Wohnung in einem schönen Kolonialhaus bietet zwei Zimmer, umlaufenden Balkon und Dachterrasse.

Hostal del Tejadillo $$$
Historisch SP 4 E2
Calle Tejadillo 12, esq. San Ignacio
(7) 863 7283
hoteltejadillocuba.com
Das große Hotel mit den geräumigen Zimmern ist fantastisch in einer Straße gleich bei der Plaza de la Catedral gelegen.

Hotel Ambos Mundos $$$
Historisch SP 4 E2
Calle Obispo, esq. Mercaderes
(7) 860 9530
hotelambosmundos-cuba.com
Das schicke lachsfarbene Hotel im Herzen von La Habana Vieja war schon Hemingway bekannt und hat eine beliebte Dachbar.

Hotel Florida $$$
Historisch SP 4 E2
Calle Obispo, esq. Cuba
(7) 862 4127
hotelfloridahavana.com
Ein elegantes Kolonialgebäude an der einstigen Einkaufsstraße in La Habana Vieja, die Pianobar ist beliebt bei Tanzfreunden.

Hotel Raquel $$$
Historisch SP 4 E2
Calle Amargura, esq. San Ignacio
(7) 860 8280
hotelraquel-cuba.com
Das elegante ehemalige Textilkaufhaus hat seine Jugendstilelemente und -Buntglasfenster mit teils anrührenden Verweisen auf jüdische Kultur bewahrt. Ein beliebtes Hotel in exzellenter Lage mit gutem koscherem Restaurant *(siehe S. 270)*.

Modernes Dekor und spanische Antiquitäten in der Casa Vitrales

Preiskategorien
(in Pesos convertibles = CUC)
Preise für eine Nacht im Doppelzimmer, inklusive Steuer, Service und Frühstück.

$	**unter 50 CUC**
$$	**50–150 CUC**
$$$	**über 150 CUC**

Hotel Santa Isabel $$$
Luxus SP 4 F2
Calle Baratillo 9, e/ Obispo y Narciso López, Plaza de Armas
(7) 860 8201
hotelsantaisabel.com
Das elegante Hotel residiert an einer sehr alten Plaza in einem herrlichen Kolonialgebäude, dem ehemaligen Haus des Grafen Santovenia aus dem 18. Jahrhundert. Die besten Zimmer haben Balkone mit Blick auf den Platz.

Palacio del Marqués de San Felipe y Santiago Bejucal $$$
Historisch SP 4 F2
Calle Oficios, esq. Amargura
(7) 864 9191
hotelmarquesdesanfelipe.com
Ein elegantes Hotel mit komfortablen Zimmern und modernen Gemälden in exzellenter Lage an der schönen Plaza San Francisco.

Centro und Prado

Vis-à-Vis-Tipp

Casa 1932 $
B&B SP 3 C2
Calle Campanario 63 bajos, e/ San Lázaro y Lagunas
(7) 863 6203
casa1932.com
Das schöne Haus aus den 1930er Jahren ist mit Art-déco- und Sammlerstücken aus den 1950er Jahren dekoriert. Die drei Zimmer sind elegant, komfortabel und ruhig. Das Frühstück wird in einem prächtigen Speisezimmer serviert, Kaffee und Bier trinkt man im Patio.

Casa Miriam y Sinaí $
Pension SP 3 C2
Calle Neptuno 521, e/ Campanario y Lealtad
(7) 878 4456
Eine schicke, geräumige koloniale Wohnung mit hübschem Hof zum Entspannen. Leckeres Frühstück, freundliche Gastgeber.

Hotelkategorien *siehe Seite 255*

Casa Concordia $$
Apartment **SP** 3 C2
Calle Concordia, e/ San Nicolás y Manrique
5254 5240
casaconcordia.net
Die elegante Drei-Zimmer-Wohnung wird von einem britisch-kubanischen Paar geführt und liegt nahe einem sehr guten *paladar*.

Hotel Mercure Sevilla $$
Historisch **SP** 4 D2
Calle Trocadero 55, e/Prado y Zulueta
(7) 860 8560
mercure.com
Das prachtvolle Hotel im maurischen Stil mit Sevillano-Zierkacheln steht stolz am Prado. Großer Pool, sehr gutes Restaurant.

Hotel Terral $$
Modern **SP** 3 B2
Malecón, esq. Libertad
(7) 860 2100
habaguanexhotels.com
Am Malecón (Havannas berühmte Seepromenade) stehen nur wenige Hotels, das kleine Hotel Terral mit der Glasfront ist deshalb eine gute Ergänzung. Die maritim dekorierten Zimmer sind mit Balkon und herrlichem Blick.

La Maison Cuba $$
Apartment **SP** 4 D3
Calle Cienfuegos 207, piso alto, e/ Corrales y Apodaca
+33 6 11 738397
lamaisoncuba.com
Das schöne Kolonialapartment bietet spanisches Kolonialdekor, französische Antiquitäten und eine hübsche Dachterrasse.

Vis-à-Vis-Tipp

Hotel Saratoga $$$
Luxus **SP** 3 D3
Prado 603, esq. Dragones
(7) 868 1000
hotel-saratoga.com
Havannas führendes Luxushotel ist fantastisch zentral gelegen, und vom Dachpool hat man einen großartigen Panoramablick auf das neoklassizistische Capitolio und den quirligen Prado. Die opulenten Zimmer sind mit kubanischer Avantgardekunst ausgestattet, den schönsten Blick bieten die Capitolio Suites.

Hotel Telégrafo $$$
Historisch **SP** 4 D2
Prado 408, esq. San Miguel
(7) 861 1010
hoteltelegrafo-cuba.com
Das großen Kolonialhotel in beneidenswerter Lage am Parque Central bietet große, moderne Zimmer.

Eine der komfortablen Capitolio Suites im Hotel Saratoga

Iberostar Parque Central $$$
Modern **SP** 3 D2
Calle Neptuno, e/ Prado y Zulueta, Parque Central
(7) 860 6627
iberostar.com
Das Iberostar punktet weniger mit Ambiente als mit gutem Service, exzellentem Frühstücksbuffet und schönen Dachpools.

Vedado und Plaza

Casa Lilly $
Pension **SP** 2 D2
Avenida de los Presidentes 301, apto. 13, e/ 13 y 15
5268 9737
casalilly.com
Das Apartment im 13. Stock bietet einen großartigen Blick, das Frühstück wird bisweilen auf dem Balkon serviert. Der freundliche Gastgeber kennt die besten Tipps zu Kultur und Nachtleben.

Casa de Mélida Jordán $
Pension **SP** 1 C4
Calle 25 No. 1102, e/ 6 y 8
(7) 836 1136
Ein Haus aus den 1950er Jahren nahe dem Friedhof und der lebhaften Calle 23. Schöner überdachter Patio zum Entspannen.

Casa de Teresita $
Pension **SP** 1 C2
Paseo 28, e/ Línea y 11
(7) 830 2649
In der fabelhaften *casa particular* in einem prächtigen Haus am Paseo kann man gut andere Reisende treffen.

Vedado House Cultural $
Pension **SP** 1 C2
Calle 11 No. 702, apto. 4, esq. A
5243 3686
Helles, großes Apartment im Herzen des Kultur- und Ausgehviertels, der Besitzer ist sehr nett und gastfreundlich.

Vis-à-Vis-Tipp

Artedel Luxury Penthouse $$
Apartment **SP** 2 E2
Calle 17 No. 260, penthouse, e/ I y J
(7) 830 8727
cubaguesthouse.com
Das schöne Penthouse mit umlaufendem Balkon und kleinem Tauchbecken aus den 1950er Jahren ist extrem chic, besonders schön ist die riesige Suite mit Privatterrassen. Vermietet werden einzelne Zimmer, aber auch das ganze Apartment.

Hotel Habana Riviera $$
Historisch **SP** 1 B2
Paseo y Malecón
(7) 836 4051
hotelhavanariviera.com
Das von der Mafia erbaute Hochhaushotel aus den 1950er Jahren ist weitgehend original möbliert und ein Traum für Retrofans.

Tryp Habana Libre $$
Historisch **SP** 2 F2
Calle L, e/ 23 y 25
(7) 834 6100
meliacuba.com
Im ehemaligen Havanna Hilton wohnte Fidel Castro zu Anfang der Revolution von 1959. Heute kommen die Gäste wegen der großartigen Lage mitten in Vedado und der komfortablen Zimmer mit herrlicher Aussicht.

Hotel Nacional $$$
Historisch **SP** 2 F1
Calle 21 y O
(7) 836 3564
hotelnacionaldecuba.com
Die Hotelikone bietet Geschichte und Eleganz. Hier stiegen Hollywoodstars ab und in den 1940er Jahren die Mafia. Heute ist der *mojito* auf der Terrasse ein Muss. Die Lobby zieren Sevillano-Kacheln, die besten Zimmer liegen auf dem Executive Floor.

Meliá Cohiba $$$
Luxus **SP** 1 B2
Avenida Paseo, e/ 1 y 3
(7) 833 3636
meliacuba.com
Zwar ein hässliches modernes Hochhaus, doch wunderbar komfortabel mit Restaurants und schönem Poolbereich.

Abstecher

Casa Bella Vista Havana $
Pension **SK** B3
Calle A 312, apto. 9, e/ 3 y 5, Miramar
(7) 203 7581
Mauricio führt eine großartige *casa particular* nahe guten Restaurants. Meeresblick genießt man in den Zimmern mit Balkon.

Residencia Miramar $
Pension **SK** B3
Avenida 7, e/ 44 y 7, Miramar
(7) 202 1075
habanamiramar.com
Die fröhlich-schicke *casa particular* in einem klassischen Miramar-Haus bietet 1950er-Miami-Feeling und einen hübschen Garten.

Hotel Atlántico $$
Resort **SK** B3
Avenida de las Terrazas 21, Santa María del Mar
(7) 797 1085
gran-caribe.com
Unterhaltsames, beliebtes All-inclusive-Resort am weißen Sandstrand von Santa María del Mar.

Villa Casablanca $$
Apartment **SP** 4 F1
Parque Morro-Cabaña, Haus 29
5294 5397
havanacasablanca.com
Die schicke Villa Casablanca an der Ostseite des Hafens bietet kubanische Kunst und einen herrlich verwilderten Garten.

Villa los Pinos $$
Resort **SK** B3
Avenida de las Terrazas, Santa María del Mar
(7) 797 1361
gran-caribe.com
26 Villas – alle mit Privatpool und teils mit Tennisplatz – in nächster Nähe zu den Sandstränden von Santa María del Mar.

Breezes Jibacoa $$$
Resort **SK** B3
Playa Arroyo Bermejo, Santa Cruz del Norte, Mayabeque
(47) 295 122
Ein attraktives, ungezwungenes Resort nur für Erwachsene an einem schönen Sandstrand, knapp eine Stunde Fahrt von Havanna entfernt. Schöner Pool, gutes Restaurant, freundliches Personal.

Westkuba

CAYO LARGO: Hotel Sol Cayo Largo $$$
Resort **SK** B3
Archipiélago de los Canarreos
(45) 248 260
meliacuba.com
Das All-inclusive-Resort im Plantagenstil an der schönen Playa Lindarena ist beliebt bei Familien und wegen seines Tauch- und Segelangebots bei Sportfans.

Vis-à-Vis-Tipp

CAYO LEVISA: Hotel Cayo Levisa $$
Resort **SK** A2
Carretera a Palma Rubia, La Palma
(48) 756 5010
Das kleine Resort ist nahe der Hauptinsel auf einer paradiesischen kleinen Insel mit weißem Sandstrand gelegen. Die Gäste wohnen in *casas* am Strand oder etwas zurückgesetzt in Holzbungalows. Abends trifft man sich im All-inclusive-Hotelrestaurant und der Bar.

GUANAHACABIBES: Hotel María La Gorda $$
Resort **SK** A3
Península de Guanahacabibes
(48) 778 131
hotelmarialagorda-cuba.com
Die großen *cabanas* des Tauchhotels ganz im Westen stehen in einem Wald mit Leguanen, die kleineren Bungalows am Strand.

ISLA DE LA JUVENTUD: Hotel Colony $
Resort **SK** A3
(46) 398 181
Das schlichte, abgelegene Hotel aus den 1950er Jahren ist ein Tauchresort an der spektakulären Punta Francés und ihren zahlreichen Tauchrevieren *(siehe S. 154)*.

ISLA DE LA JUVENTUD: Villa Peña $
Pension **SK** B3
Calle 10 No. 3710, e/ 37 y 39, Nueva Gerona
(46) 322 345
Hübsche Privatunterkunft nördlich des Zentrums, ein bequemes Zimmer, Verpflegung nach Wunsch.

PINAR DEL RÍO: Casa de Maribel Pérez Madera $
Pension **SK** A3
Calle Isabel Rubio 4, bajos, e/ Martí y Adela Azcuy
(48) 721 170
Die zentral gelegene koloniale *casa* bietet ein komfortables Zimmer mit modernen Möbeln.

Der weitläufige Poolbereich des Meliá Cohiba, Havanna

PINAR DEL RÍO: Hotel Aguas Claras $
Ländlich **SK** A3
Carretera a Viñales km 7,5
(48) 778 427
Das schöne ländliche Resort besteht aus Bungalows, die in einem Garten rund um einen Pool stehen. Mit benachbartem Bauernhof und großem Grundstück ideal für Familien.

PINAR DEL RÍO: Hotel Vueltabajo $$
Historisch **SK** A3
Calle Martí 103, esq. Rafael Morales
(48) 759 381
Die Gäste des schicken historischen Hotels im Zentrum können den Pool des nahen Hotel Pinar del Río benutzen.

SIERRA DEL ROSARIO: Hotel Moka Villas $
Ländlich **SK** A2
Las Terrazas, Autopista Nacional Habana-Pinar del Río km 51
(48) 578 600
Hier übernachtet man in hübschen Zimmern in schönen Häusern rund um den See in der Ökogemeinde Las Terrazas.

Vis-à-Vis-Tipp

SIERRA DEL ROSARIO: Hotel Moka $$
Ländlich **SK** A2
Las Terrazas, Autopista Nacional Habana-Pinar del Río km 51
(48) 578 600
hotelmoka-lasterrazas.com
Das hübsche ungezwungene Resort im Zentrum der Ökogemeinde Las Terrazas *(siehe S. 141)* ist ideal für Ausflüge in die Berge der Sierra del Rosario gelegen. Nach einem Waldspaziergang lockt hier ein erfrischendes Bad im Hotelpool.

SOROA: Villa Soroa $$
Ländlich **SK** A2
Carretera de Soroa km 8, Candelaria,
(48) 523 534
In einem Garten scharen sich die modernen Bungalows und Häuser rund um den zentralen Pool, der am Wochenende bei den Einheimischen beliebt ist.

VIÑALES: Casa Oscar Jaime Rodríguez $
Pension **SK** A3
Calle Adela Azcuy 43
(48) 793 381
Die hervorragende *casa* im Stadtzentrum bietet im gemeinsamen Speiseraum köstliche Mahlzeiten.

VIÑALES: Casa Villa Cristina $
Pension **SK** A3
Calle Salvador Cisneros 6
(48) 793 396
Entzückende und sehr gastfreundliche Unterkunft am Rande von Viñales. Von der Dachterrasse aus hat man einen weiten Blick über die faszinierende Natur.

VIÑALES: Villa el Isleño $
Pension **SK** A3
Carretera a Viñales km 25
(48) 793 107
In dem modernen Haus mit Garten am angrenzenden Valle de Viñales lernt man den Tabakanbau aus erster Hand kennen.

VIÑALES: Los Jazmines $$
Ländlich **SK** A3
Carretera a Viñales km 23
(48) 796 411
Das hoch auf einem Hügel gelegene einfache Hotel bietet den schönsten Blick auf das Tal. Die besten Unterkünfte sind die Bungalows im Garten abseits des Hauptgebäudes. Die Terrasse am Pool ist perfekt, um bei einem Rumcocktail oder einem Bier den Sonnenuntergang zu genießen.

SAN DIEGO DE LOS BAÑOS: Islazul Hotel Mirador $$
Ländlich **SK** A2
Calle 23 y Final
(48) 778 338
In dem kleinen, beliebten Hotel im ruhigen San Diego de los Baños entspannt man sich bevorzugt am großen Pool.

Westliches Zentralkuba

CAYO SANTA MARÍA: Villa Las Brujas $$
Resort **SK** D3
Cayo Las Brujas, Villa Clara
(42) 350 199
Das kleine abgelegene Resort mit weißem Privatsandstrand ist beliebt dank guter Preise, seiner Nähe zur Marina und Hauptinsel.

Vis-à-Vis-Tipp

CAYO SANTA MARÍA: Meliá Buenavista $$$
Resort **SK** D3
Punta Madruguilla
(42) 350 700
meliacuba.com
Das sehr elegante All-inclusive-Resort nimmt nur erwachsene Gäste und liegt an einem fantastischen weißen Sandstrand. Es überzeugt mit einem breiten Sportangebot samt Verleih von Schnorchelausrüstungen, Kletterwand, Tennisplatz sowie Ausflügen, um Tiere zu beobachten. Die allein stehende Villa Zaida del Río ist perfekt für Paare.

Vis-à-Vis-Tipp

CIENFUEGOS: Bella Perla Marina $
B&B **SK** C3
Calle 39 No. 5818, esq. 60
(43) 518 991
Waldo und Amileidis führen sehr professionell eine mit Antiquitäten möblierte *casa* in Gehweite zum Stadtzentrum. Besonders schön ist die Suite mit Zwischengeschoss, Privatbalkon und Whirlpool. Die Gastgeber teilen gerne ihr umfassendes Wissen über die Stadt.

CIENFUEGOS: Casa de la Amistad $
Pension **SK** C3
Avenida 56 No. 2927, e/ 29 y 31
(43) 516 143
Die Besitzer der reizenden Unterkunft sind unglaublich gastfreundlich, das koloniale Apartment ist einen Katzensprung vom Stadtpark entfernt.

CIENFUEGOS: Casa Piñeiro $
Pension **SK** C3
Calle 41 No. 1402, e/ 14 y 16, Punta Gorda
(43) 513 808
casapineiro.com
Der begeisterte Koch Jorge Piñeiro führt eine sehr bekannte *casa* und ist eine exzellente Quelle für Informationen.

CIENFUEGOS: Hotel Jagua $$
Historisch **SK** C3
Calle 37, e/ 0 y 2, Punta Gorda
(43) 551 003
Das Hotel aus den 1950er Jahren an der Punta Gorda bietet einen großartigen Blick auf die Bucht von Cienfuegos und den Palacio de Valle. Die Lage entschädigt für die schlichten Zimmer.

CIENFUEGOS: Hotel La Unión $$
Historisch **SK** C3
Calle 31, esq. 54
(43) 551 020
hotellaunion-cuba.com
In dem schönen, zart grünblauen kolonialen Boutique-Hotel im historischen Kern von Cienfuegos lohnen schon allein der Pool und die Barterrasse einen Besuch.

MATANZAS: Casa Alma $
Pension **SK** B2
Calle Milanés (C/83) 29008, e/ 290 y 292
(45) 290 857
In das elegante Kolonialgebäude im Zentrum von Matanzas fällt das Licht durch *vitrales* (halbrunde Buntglasfenster) ein. Der Besitzer ist sehr hilfsbereit und kundig.

MATANZAS: Hotel Encanto Velasco $$
Historisch **SK** B2
Calle Contreras, e/ Santa Teresa y Ayuntamiento
(45) 253 880
Zu dem renovierten Kolonialhotel aus dem 19. Jahrhundert gehört ein fantastisches Restaurant *(siehe S. 273)*.

Hübsches Zimmer mit Meerblick im Meliá Buenavista, Cayo Santa María

PENÍNSULA DE ZAPATA: Casa Luis $
Pension **SK** C3
Carretera Cienfuegos, e/ Carretera Playa Larga y Playa Girón
(45) 984 258
Luis und Marley servieren abends hervorragende Meeresfrüchte in ihrer *casa* nahe der Playa Girón. Sie organisieren auch Tauch- und *Cenote*-Ausflüge.

PENÍNSULA DE ZAPATA: Hotel Horizontes Playa Larga $$
Ländlich **SK** C3
Playa Larga
(45) 987 294
Das einfache, schmucklose Hotel besteht aus Bungalows und ist nur eine Basis für Taucher, Angler und Hobby-Ornithologen.

PENÍNSULA DE ZAPATA: Hotel Playa Girón $$
Ländlich **SK** C3
Playa Girón
(45) 984 110
Das schlichte Hotel besteht aus Bungalows auf einer Rasenfläche am Strand.

REMEDIOS: Villa Colonial Frank y Arelys $
Pension **SK** C3
Calle Antonio Maceo 43, e/ General Carrillo y Fe del Valle
(42) 396 274
casa-villacolonial.com
Das schöne Kolonialgebäude von 1839 im Stadtzentrum wird von Frank und Arelys, beide sehr kundige Gastgeber, geführt.

SANTA CLARA: Casa de Consuelo Ramos y Nelson $
Pension **SK** C3
Calle Independencia 265, apto. 1, e/ Pedro Estévez (Unión) y San Isidro
(42) 202 064
Ein modernes Haus mit Geschichte: Hier wohnte Che Guevara 1959. Der Gastgeber bringt Ihnen im Garten vielleicht sogar ein Ständchen.

SANTA CLARA: Casa Mercy $
Pension **SK** C3
Calle Eduardo Machado (San Cristóbal) 4, e/ Cuba y Colón
(42) 216 941
Die zentrale *casa* hat zwei Zimmer mit Zugang zur Terrasse, auf der Cocktails serviert werden.

SANTA CLARA: Hostal Florida Center $
Pension **SK** C3
Calle Maestra Nicolasa (Candelaria) 56, e/ Colón y Maceo
(42) 208 161
hostalfloridacenter.com
Die beiden Zimmer des Hostal sind mit Antiquitäten möbliert und liegen an einem blumenreichen Patio. Mahlzeiten servieren der Besitzer und sein Personal.

SANTA CLARA: Hotel América $$
Familie **SK** C3
Calle Mujica, e/ Colon y Maceo
(42) 201 585
Das komfortable, schnörkellose Hotel nahe den historischen Sehenswürdigkeiten lockt mit dem einzigen Pool der Innenstadt.

SIERRA DEL ESCAMBRAY: Hotel Hanabanilla $
Ländlich **SK** C3
Salto del Hanabanilla, Manicaragua, Villa Clara
(42) 208 461
Das moderne, einfache Hotel im Escambray-Gebirge liegt nahe den Seen und Wanderwegen.

VARADERO: Beny's House $
Pension **SK** C2
Calle 55 No. 124, e/ 1 y 2
(45) 611 700
benyhouse.com
Perfekt gelegene Unterkunft mit zwei Zimmern nahe dem Parque Josone und dem Strand.

VARADERO: Casa de Mary y Ángel $
Pension **SK** C2
Calle 43 No. 4309, e/ 1 y 2
(45) 612 383
casademaryyangel.com
In Gehweite zum Strand gelegene Unterkunft mit Patio und Terrasse zum Sonnenbaden.

VARADERO: Casa Menocal $
Pension **SK** C2
Calle 14 No. 1, e/Camino del Mar y Playa
(45) 613 164
casavmenocal.com
Die Strandvilla aus den 1940er Jahren ist perfekt für Familien und Reisegruppen.

Eine der eleganten Garden Villas im Meliá Paradisus Varadero

VARADERO: Varadero 60 $
Pension **SK** C2
Calle 60 y 3
(45) 613 986
Die Gäste der großartigen Unterkunft am Strand beim Parque Josone profitieren von dem guten *paladar* des Hauses, merkwürdigerweise gibt es kein Frühstück.

VARADERO: Meliá Península Varadero $$
Resort **SK** C2
meliacuba.com
Das Familienresort mit Gebäuden im Key-West-Stil bietet große Anlagen für Kinder, darunter einen sehr schönen Themenspielplatz.

VARADERO: Meliá Varadero $$
Resort **SK** C2
Carretera de las Morlas
(45) 667 013
meliacuba.com
Das All-inclusive-Hotel ist exzellent am besten Strandabschnitt von Varadero gelegen und hat ein gutes Buffetrestaurant.

Vis-à-Vis-Tipp

VARADERO: Mansión Xanadú $$$
Historisch **SK** C2
Autopista del Sur km 8,5
(45) 667 388
varaderogolfclub.com
Das ungewöhnliche Hotel mit Halbpension zählt zu den besten Adressen der Stadt. Es steht auf einem kleinen Fels über dem türkisfarbenen Meer, bietet eine spektakuläre Aussicht und gehört zum Golfclub. In den Zimmern, dem Speisesaal und der beliebten Terrassenbar fühlt man sich wie in dem Privathaus, das es einst war.

VARADERO: Meliá Paradisus Varadero $$$
Resort **SK** C2
Punta Francés
(45) 668 700
meliacuba.com
Eines der wenigen eleganten Resorts in Varadero. Es eignet sich für Familien und Paare, bietet Sportmöglichkeiten, ein Spa und einen Kinderclub und absolute Ruhe in den zwei Garden Villas.

VARADERO: Royal Hicacos $$$
Resort **SK** C2
Carretera de las Morlas km 15
(45) 668 844
royalhicacosresort.com
Das schicke All-inclusive-Resort nimmt als Gäste nur Paare, liegt sehr abgeschieden und bietet vielfältige Sport- und Unterhaltungsmöglichkeiten.

GUANTÁNAMO: Casa Lisset Foster $
Pension **SK** F4
Calle Pedro A. Pérez 761, e/ Prado y Jesús del Sol
(21) 325 970
Lisset heißt in drei Zimmern ihres modernen Innenstadthauses Gäste herzlich willkommen.

GUARDALAVACA: Club Amigo Atlántico $$
Resort **SK** F3
Playa Guardalavaca
(24) 430 180
clubamigo.gvc.tur.cu
Der weitläufige moderne Komplex liegt an einem schönen Strand. Zimmer und Essen sind einfach, doch der Preis ist unschlagbar.

GUARDALAVACA: Sol Río de Luna y Mares $$
Resort **SK** F3
Playa Esmeralda
(24) 430 060
melia.com
Großartiger Strand, Spiele, Wassersport, Kinderclub – das große Hotel ist beliebt bei Familien.

GUARDALAVACA: Hotel Brisas Guardalavaca $$$
Resort **SK** F3
Calle 2 No. 1, Playa Guardalavaca
(24) 430 218
brisasguardalavaca.com
Die Gebäude des Familienhotels neben dem größeren, geschäftigeren Atlántico scharen sich um vier Pools mit Blick zum Strand.

GUARDALAVACA: Paradisus Río de Oro $$$
Resort **SK** F3
Playa Esmeralda
(24) 430 090
melia.com
Das Luxusresort mit grünem Garten nimmt nur erwachsene Gäste. Die Buchten an der Küste sind perfekt zum Entspannen. Gehobenes japanisches Restaurant.

HOLGUÍN: Villa Liba $
Pension **SK** E4
Calle Maceo 46, esq. Línea, Reparto El Llano
(24) 423 823
Das Haus aus den 1950er Jahren steht ruhig abseits des Zentrums. Genießen Sie Massagen und die libanesische Hausmannskost.

HOLGUÍN: Villa Mirador de Mayabe $
Ländlich **SK** E4
Altura de Mayabe km 8,5
(24) 422 160
Das einfache Bungalow-Hotel mit blühendem Garten ist auf einem Hügel nur eine kurze Fahrstrecke von Holguíns Zentrum entfernt ruhig gelegen. Dort oben reicht der Blick weit über die mit Palmen bestandene Ebene.

NIQUERO: Hotel Niquero $
Budget **SK** E4
Calle Martí 100
(23) 592 367
Das einfache Hotel im Zentrum ist die einzige Unterkunft nahe dem Parque Nacional Desembarco de Granma.

PILÓN: Club Amigo Marea del Portillo $$
Resort **SK** E4
Marea del Portillo km 12,5, Pilón
(23) 597 008
Das abgelegene Resort am Fuß der Sierra Maestra ist mit seinem schwarzen Sandstrand bei kanadischen Urlaubern beliebt.

Vis-à-Vis-Tipp

SANTIAGO: Casa Colonial Maruchi $
B&B **SK** F4
Calle Hartmann (San Félix) 357, e/ Trinidad y San Germán
(22) 620 767
Das großartige spanische Kolonialhaus in der Altstadt hat einen von blühenden Zierpflanzen umgebenen Patio. Ein Zimmer hat eine Privatterrasse, die anderen beiden blicken zum Patio und sind mit kolonialen Betten und antiker Spitze ausgestattet.

SANTIAGO: Casa Hostal Las Terrazas $
Pension **SK** F4
Calle Diego Palacios 177, e/ Mariano Corona y Padre Pico
(22) 620 522
Das Haus bietet moderne Zimmer an drei Terrassen, exzellenten Service und hausgemachte Mahlzeiten.

SANTIAGO: Casa de Leonardo y Rosa $
Pension **SK** F4
Clarín (Padre Quiroga) 9, e/ Aguilera y Heredia
(22) 623 574
Das beste Zimmer in dem schönen Kolonialhaus im Zentrum hat einen privaten Balkon.

SANTIAGO: Hostal e San Basilio $$
Historisch **SK** F4
Calle Bartolomé Masó 403, e/ Carnicería y Porfirio Valiente (Calvario)
(22) 651 702
Kleines, elegantes Hotel im Zentrum mit spanischen Kolonialmöbeln aus dem 19. Jahrhundert.

SANTIAGO: Hotel Casa Granda $$
Historisch **SK** F4
Calle Heredia No. 201, esq. San Pedro
(22) 686 600
Auf dem Dachgarten des berühmten Hotels trifft man sich abends zum Cocktail oder beobachtet Leute auf der Parkterrasse.

SANTIAGO: Hotel San Juan $$
Family **SK** F4
Carretera de Siboney km 1,5
(22) 687 200
Modernes, erschwingliches Hotel mit Pool nahe der Altstadt, perfekt für Gäste mit Kindern.

Vis-à-Vis-Tipp

SIERRA MAESTRA: Brisas los Galeones $$
Resort **SK** F4
Carretera Chivirico km 72
(22) 326 160
Das All-inclusive-Hotel ist vor Bergkulisse auf einem mit Bougainvilleen gesäumten Hügel gelegen. Zum kleinen Strand führt eine Treppe mit mehr als 100 Stufen, der Pool ist perfekt zum Entspannen.

Ausstattung im Kolonialstil in der Casa Muñoz, Trinidad

Restaurants

Die meisten kubanischen Gerichte basieren auf Fleisch, Grundnahrungsmittel sind Reis und Bohnen. Es wird jedoch auch viel Fisch und Seafood wie Garnelen und Hummer angeboten. Verschiedene Einflüsse machen sich in der kubanischen Küche bemerkbar, die auch regionale Variationen bietet. Die Gerichte sind meist mild gewürzt, neben internationalen Speisen werden Spezialitäten aus der kreolischen Küche *(comida criolla; siehe S. 266)* serviert. Abgesehen von den staatlichen Restaurants existieren die etwas nobleren Hotelrestaurants und die *paladares*, privat geführte Lokale, die von informell bis chic reichen und in denen oft die ganze Familie arbeitet. Vegetarier müssen in Kuba mit einem eingeschränkten Speisenangebot rechnen. In Havanna bieten zahlreiche Kioske Sandwiches, Pizza sowie Eiscreme an. Die Restaurants auf den Seiten 270–275 sind nach Regionen geordnet und sollen die ganze Bandbreite des kulinarischen Angebots in Kuba widerspiegeln.

Restaurants und Cafés

Staatliche Restaurants hatten immer einen schlechten Ruf. In den letzten Jahren wurden jedoch erhöhte Anstrengungen unternommen, um ihre Qualität zu verbessern – besonders wegen der Konkurrenz der privaten *paladares*.

Einige von Havannas besten Restaurants sind in Kolonialbauten mit Stilmöbeln untergebracht. Viele davon öffnen sich auf einen ruhigen Patio. Live-Musik trägt zur schönen Atmosphäre bei.

Die Restaurants in Luxushotels sind meist von hoher Qualität und bieten internationale Speisen und Weine. Als Alternative zu den À-la-carte-Angeboten gibt es in vielen Hotels auch Buffets, die *mesa suecas* genannt werden. Meist sind dies All-you-can-eat-Angebote, die kubanische und internationale Speisen bieten.

An einige von Havannas besten Bars sind auch Restaurants angeschlossen. Zu diesen zählen u. a. La Bodeguita del Medio und El Floridita in Havanna sowie La Terraza de Cojímar. Sie servieren den ganzen Tag über Snacks, mittags und abends auch warme Mahlzeiten.

Eleganter Speisesaal im Restaurante de Iberostar, Trinidad *(siehe S. 275)*

Reichhaltiges Buffet im Meliá Paradisus, Varadero *(siehe S. 260)*

Paladares

Preiswerte kubanische Gerichte erhalten Sie in den *paladares*. Bei diesen Lokalen handelt es sich in der Regel um kleine, privat geführte Restaurants mit meist nur wenigen Tischen, die entweder komplette Menüs oder À-la-carte-Gerichte anbieten. Das Essen ist in den meisten Fällen recht einfach, doch immer wieder überraschend gut, zudem ist die Qualität hier oft besser als in den staatsgeführten Restaurants.

Seit der moderaten Umsetzung von wirtschaftlichen Reformen, die 2011 begann, hat sich auch die gastronomische Szene in Kuba stark gewandelt. Verbesserte Lizenzbedingungen haben die Eröffnung vieler neuer *paladares* begünstigt. Man findet diese Restaurants mittlerweile auch in Strandorten wie Varadero.

Vor allem in der Hauptstadt Havanna wurde das Angebot an Restaurants durch privates Engagement erheblich erweitert und auch qualitativ verbessert. Hier gibt es nun auch eine Reihe eleganter Lokale, die das Image der Stadt weiter steigerten.

Private Verpflegung

Oftmals werden in *casas particulares (siehe S. 254)* auch Frühstück und Hauptmahlzeiten serviert. In der Regel werden Sie gebeten, Ihrem Gastgeber rechtzeitig mitzuteilen, ob Sie im Haus essen oder ein Restaurant besuchen möchten. Die Hygienestandards in den autorisierten privaten Unter-

Das herrlich gelegene Castillo del Morro bei Santiago de Cuba ***(siehe S. 275)***

künften sind meist recht hoch, die Qualität des gereichten Essens variiert naturgemäß. Wer Glück hat, isst in privaten Unterkünften besser als in so manchem Restaurant.

Snacks und Fast Food

Praktisch alle *cafeterías* in oder vor Hotels verkaufen klassische kubanische Sandwiches mit Käse und Schinken oder auch Hotdogs mit Pommes frites, auch zum Mitnehmen. Die Unterkünfte bieten meist ein gutes Frühstück mit frischem Obst und allerlei Pikantem.

Es gibt auch eine Fast-Food-Kette im typisch amerikanischen Stil, **El Rápido**, wo Sie für wenig Geld Hühnchen mit Pommes frites *(papas fritas)* und ein Getränk *(refresco)* bekommen. Außerdem gibt es dort *perros calientes* (Hotdogs), *hamburguesas* (Hamburger), Pizza und Eis.

An den Hauptstraßen und Autobahnen finden Sie das Äquivalent zu Raststätten, die u. a. Getränke, Pizza, Eis und manchmal auch Sandwiches anbieten.

Das beste Eis gibt es bei der **Coppelia**-Kette, deren Filialen in vielen kubanischen Städten zu finden sind – die Filiale in Havanna ist eine echte Institution *(siehe S. 102)*. Coppelia ist sehr beliebt, Warteschlangen sind daher keine Seltenheit.

Schließlich werden auch auf der Straße Snacks angeboten. Die Verkäufer betreiben ihre Buden oft vor ihren eigenen Häusern. Angeboten werden z. B. Sandwiches, Maisgebäck oder *malanga* (ein Wurzelgemüse) sowie Süßigkeiten aus Kokos- und Erdnüssen. Mittags werden *cajitas* serviert – Reis, Bohnen, Salat und Schweine- oder Hühnchenfleisch.

Kleine Gerichte gibt es auch auf Lebensmittelmärkten *(agros)*. Die hygienischen Verhältnisse dort lassen allerdings mitunter zu wünschen übrig.

Bezahlung

In den allermeisten Restaurants und *paladares* muss man bar in CUC bezahlen. Nur die teureren Restaurants und Hotels akzeptieren auch Kreditkarten. Auf Märkten oder an der Straße können manchmal auch Ausländer mit kubanischen Pesos bezahlen. In Restaurantrechnungen ist das Trinkgeld schon inbegriffen. Die Kellner freuen sich über etwas mehr *propina*.

Essenszeiten

Frühstück *(desayuno)* wird ab 6 oder 7 Uhr serviert und besteht meist aus einem reichhaltigen Buffet. Mittagessen gibt es von 12 bis 13.30 Uhr, in vielen Restaurants und *paladares* wird inzwischen aber auch später serviert. Abends isst man in der Regel zwischen 19 und 21 Uhr. Außer in einigen Restaurants in Havanna kann man nach 22 Uhr keine Mahlzeiten mehr bekommen.

Restaurantkategorien

Die auf den Seiten 270 – 275 aufgeführten Restaurants wurden nach Qualität, Lage und Preis-Leistungs-Verhältnis ausgewählt. Die Bandbreite reicht von einfachen *paladares* bis zu noblen Etablissements, in denen man je nach Kategorie authentische *comida criolla*, frisches Seafood oder internationale Spezialitäten serviert.

Restaurants mit besonderem Charakter oder Charme werden als **Vis-à-Vis-Tipp** hervorgehoben.

Sonnige Terrasse des Waco's Club in Varadero ***(siehe S. 274)***

Kubanische Küche

Erntefrisches Obst und Gemüse findet man auf den *mercados agropecuarios* (Bauernmärkten), wo Tomaten, Gurken und Kürbisse neben reifen *plátanos* (Kochbananen) angeboten werden. Und über allem liegt der Duft exotischer Früchte mit ihren vielfältigen Aromen. Geflügel läuft bis zur Schlachtung frei herum, und Schweine sind der wichtigste Fleischlieferant. Der Verkauf von Rindfleisch, Garnelen und Hummer unterliegt dem staatlichen Monopol – außerhalb der staatlichen Restaurants bekommt man sie daher kaum.

Guavenpaste mit Weißkäse

Ein junger kubanischer Bauer präsentiert seine Kochbananen

Comida Criolla

In Kuba herrscht die traditionelle *comida criolla* (kreolische Küche) vor, ein Gemisch aus spanischen, afrikanischen und indigenen präkolumbischen Einflüssen. Das wichtigste Gerät ist die Bratpfanne, in der einfache Zutaten zubereitet werden. Regionale Varianten gibt es kaum, nicht zuletzt wegen der Lebensmittelknappheit. Hiesige Erzeugnisse wie *calabaza* (Butternusskürbis), *yucca* (Maniok) und *maíz* (Mais), Tomaten, Kartoffeln, Süßkartoffeln und Paprika werden mit Kürbis und Kohl kombiniert. Zu den afrikanischen Gemüsen zählen *malanga* (ein delikates Knollengemüse), *plátano vianda* (eine Kochbananensorte) und *quimbombó* (Okraschoten). Die typischen Gewürze der kreolischen Küche sind Peperoni, Zwiebeln, Oregano und Kreuzkümmel, serviert werden die Gerichte mit Salzkartoffeln oder anderem Knollengemüse *(viandas)*.

Die Salatzutaten variieren je nach Jahreszeit: Im Winter gibt es Kopfsalat, Tomaten, Weißkohl und manchmal Rote Bete, im Sommer grüne Bohnen, Karotten, Gurken und Avocado.

Tropenfrüchte verleihen der kubanischen Küche Geschmack und Farbe

Kubanische Gerichte und Spezialitäten

Schwarze Bohnen

Das bunte kulturelle Gemisch Kubas hat einige köstliche Nationalgerichte hervorgebracht, die man als Besucher des Landes unbedingt probieren sollte, etwa die aromatische *ropa vieja (siehe Kasten auf S. 267)*. Schweinefleisch *(cerdo)* ist sehr beliebt, besonders geräucherte, am Spieß gebratene Lende *(loma ahumado)*. Als Beilage wird häufig *moros y cristianos* gereicht, Reis mit schwarzen Bohnen, bzw. *congrí* oder *congrí oriental*, wenn es sich um rote Bohnen handelt. Eine weitere beliebte Beilage sind gebratene Kochbananen, manchmal in Form von kleinen Bratlingen *(tostones)*. Reisgerichte wie auch saftiges Brathähnchen bekommt man oft mit *mojo*, einer Sauce aus Knoblauch, Öl und Pomeranzen. Zum Dessert gibt es in der Regel Obst, Flan oder eingemachte Früchte mit Käse.

Filete de pescado grillé heißt jede Art von gegrilltem Weißfisch, hier mit *tostones* und Weißkohlsalat serviert.

Obst- und Gemüsestand auf dem Bauernmarkt von Havanna

Fleisch stammt vorwiegend vom Schwein und wird meist in Form von Schinken angeboten, aber auch gebraten *(cerdo asado)* oder als dünne Filets *(chuletas)*. Huhn gibt es in der Regel als Backhähnchen *(pollo frito)*, gelegentlich auch als Frikassee mit Pommes frites. Meeresfrüchte, vor allem Garnelen und Hummer, werden in Tomatensauce *(enchilada)*, gegrillt oder gebraten mit Butter und Knoblauch serviert. Dasselbe gilt für Fisch. *Camarones* (Riesengarnelen) werden auf vielfältige Art zubereitet – gedämpft, gebraten, gebacken oder gekocht, garniert mit Mayonnaise. Zum Frühstück gibt es meist Omeletts und Obstteller, dazu Brot und in einigen Regionen *queso blanco* (Feta-ähnlichen Weißkäse) sowie Joghurt.

Baracoa-Spezialitäten

Im Mittelpunkt der Gerichte in Baracoa im Osten der Insel stehen Kokosnuss und Kakao – Pflanzen, die von den Ureinwohnern bereits in vorkolumbischer Zeit kultiviert wurden.

Am Abend geht man gern angeln am Malecón in Havanna

Kokosmilch aromatisiert *bacán*, eine Kochbananen-Tortilla mit Schweinefleischfüllung. Auch der spinatähnliche *calalú* wird in Kokosmilch gegart. Rote Kochbananen, *plátanos manzanos*, werden püriert und mit Kokosmilch zu *rangollo* verarbeitet. Vermischt mit sehr viel Zucker und manchmal mit Orangenschalenstreifen und Nüssen, ergibt geriebene Kokosnuss eine himmlische Nachspeise.

Kakao bildet die Grundlage der köstlichen Schokolade von Baracoa und darüber hinaus die Hauptzutat des *chorote*, eines mit Maismehl angedickten Nektars.

Auf der Speisekarte

Coco rallado Kokosflocken in Sirup, serviert mit Käse.

Cucurucho Zerkleinerte Kokosnuss mit Orangen, Obst, Nüssen und Honig im Palmblatt.

Filete uruguayano Gebackenes Schweine- oder Fischfilet gefüllt mit Schinken und Käse.

Frituras de malanga Geriebene *malanga (siehe links)* wird mit Knoblauch und Ei vermengt und dann frittiert.

Potaje Dicke Suppe aus roten oder schwarzen Bohnen mit Knoblauch, Zwiebeln, Kräutern.

Ropa vieja Mit Gewürzen und Zwiebeln mariniertes und gekochtes geschnetzeltes Rindfleisch, serviert mit Reis.

Ajiaco ist ein reichhaltiger Eintopf aus Kochbananen und anderen Gemüsen sowie Fleisch und Kräutern.

Cerdo asado besteht aus gebratenem Schweinefleisch, meist mit Reis und Bohnen, oft auch mit Orangensauce serviert.

Flan de huevos (Eier-Flan) ist ein typisch spanisches Dessert, das Crème Caramel ähnelt, aber süßer ist.

Kubanische Getränke

In Kuba steht eine große Auswahl an Getränken zur Verfügung. Lediglich importierten Wein gibt es praktisch nur in Restaurants. Leitungswasser ist zwar trinkbar, doch sollte man sich an Wasser aus Flaschen halten. Vorsichtig sein sollte man ebenfalls beim Verzehr von Fruchtsäften, die auf der Straße angeboten werden. In Bars und Cafés, die nicht internationalen Standards entsprechen (besonders im Osten der Insel), sollte man auf Eiswürfel verzichten. Hier greifen Sie besser auf bereits abgefüllte Getränke, Fassbier oder Rum zurück.

Produktion des erfrischenden Zuckerrohrsafts *guarapo*

Bier

Bier *(cerveza)* ist das mit Abstand beliebteste Getränk in Kuba. Es wird sehr kalt und zu jeder Tageszeit sowie zu den Mahlzeiten getrunken. Es gibt exzellente kubanische Flaschen- und Dosenbiere, z. B. Cristal, Lagarto, Mayabe und Bucanero. Bucanero gibt es auch in der stärkeren und herberen *Fuerte*-Version. Dem Bier ähnlich ist *malta*, ein sehr süßes, kohlensäurehaltiges Getränk, das vor allem bei kubanischen Kindern beliebt ist. Manchmal wird *malta* mit Dosenmilch vermischt und als Stärkungstrunk konsumiert.

Bier: Bucanero (stark) und Cristal (leicht)

Alkoholfreie Getränke

Alkoholfreie Getränke wie Limonade oder Cola heißen in Kuba *refrescos*. Kubanische oder importierte Getränke werden in Dosen verkauft. Besonders gut sind die in Kartons abgefüllten Säfte der Marke *Tropical Island*. Man bekommt sie in allen nur denkbaren Geschmacksrichtungen, etwa Mango, Guave, Ananas, Orange, Grapefruit. Das beliebteste Wasser ist das in Flaschen abgefüllte Ciego Montero – entweder still *(sin gas)* oder mit Kohlensäure *(con gas)*. Auch importiertes Mineralwasser ist erhältlich.

Heiße Getränke

In Hotelbars wird Espresso oder Filterkaffee serviert. In Privatunterkünften oder auf der Straße ist Kaffee meist recht stark und oft auch bereits gesüßt. Er wird in kleinen Tassen gereicht. Wer nur wenig Milch möchte, bestellt einen *cortado*. Milchkaffee erhält, wer *café con leche* bestellt. Wer keinen Zucker möchte, fragt nach *café sin azúcar*. Auch Kamillentee *(manzanilla)* wird häufig angeboten.

Schwarzer Tee wird in Restaurants nicht angeboten, entsprechende Teebeutel sind auch nicht in Supermärkten erhältlich. Verbreitet sind hingegen Kräutertees (u. a. Kamillentee).

Hochprozentiges

Am beliebtesten ist in Kuba natürlich Rum. Es gibt verschiedene Arten von Rum *(siehe S. 79)*: Die jüngsten – *Silver Dry* und *Carta Blanca* – werden für Cocktails verwendet, die älteren – *Carta Oro* (fünf Jahre) und *Añejos* (mindestens sieben Jahre alt) – pur getrunken. Neben den international bekannten Marken *Havana Club* und *Varadero* gibt es noch unzählige andere Rumsorten in Kuba, darunter etwa *Matusalém*, einen teuren, alten Rum aus Santiago mit mildem Geschmack, sowie den sehr beliebten *Mulata*. Der »arme Verwandte« des Rums ist *aguardiente*. Er ist stärker, sauer und wird vorwiegend von Einheimischen getrunken. *Guayabita* ist eine Spezialität aus Pinar del Río aus Rum und Guaven *(siehe S. 145)*. Darüber hinaus gibt es noch viele Liköre (wie etwa Kokosnuss, Minze, Banane oder Ananas), die in Cocktails gemixt oder pur mit Eis serviert werden.

Der beliebte Rum Mulata

Saftkonzentrate und Fruchtsäfte

Limonade wird oft aus Saftkonzentraten (meist Limetten), Zucker, Wasser und Eis hergestellt. Gesünder sind *batidos*, Fruchtsäfte aus frischem Obst. Aus Milch, Zucker und *guanábana*, einer seltenen Fruchtsorte, wird *champola* hergestellt. Köstlich und erfrischend ist auch Kokosmilch mit Eis.

Ein typisch kubanisches Getränk ist der *guarapo*, der aus Zuckerrohr hergestellt wird. Die extrahierte Flüssigkeit ist belebend und erfrischend und weit weniger süß, als man annehmen würde. Guarapo wird meist mit ein paar Tropfen Limettensaft oder einem Spritzer Rum abgeschmeckt.

Kokosnussmilch im »Naturgefäß«

Kubanische Cocktails

Schon im 16. Jahrhundert gelangte kubanischer Rum zu internationalem Ansehen. Allerdings hatte der bei den Piraten so beliebte Rum nur wenig mit dem heutigen Getränk zu tun. Es war vielmehr ein bitteres und äußerst starkes Getränk, das manchmal mit Zucker und *hierba buena*, einer Art Minze, gesüßt wurde. Diese explosive Mischung, auch *draguecito* (kleiner Drache) genannt, ist wahrscheinlich der Vorläufer des heute so populären *mojito*. Im frühen 20. Jahrhundert mischten ein kubanischer Ingenieur namens Pagluchi und sein amerikanischer Kollege Cox Rum mit Zucker und Limetten. Den erfrischenden Drink benannten sie nach dem Ort, an dem sie sich gerade aufhielten, *Daiquirí*. Während der amerikanischen Prohibition in den 1920er Jahren wurde Kuba zum erklärten Ziel vieler amerikanischer Cocktail-Liebhaber. Deshalb erfuhr die Kunst des Cocktail-Mixens in dieser Zeit eine Blüte.

Daiquirí frappé wird in einem gekühlten Glas serviert. Hierfür wird weißer Rum mit einem Teelöffel Zucker, fünf Tropfen Maraschino, Limettensaft und Eiswürfeln gemischt. Hemingway trank diesen Cocktail immer im El Floridita *(siehe S. 270)*.

Mojito wird in einem hohen Glas serviert. Weißer Zucker wird hierfür mit Limettensaft und Minze verrührt. Dazu kommt ein Schuss weißer Rum, das Glas wird schließlich mit Mineralwasser und Eiswürfeln aufgefüllt. Die Bodeguita del Medio *(siehe S. 270)* gilt als »Tempel des Mojito«.

Cuba Libre besteht aus Rum und Cola, die mit Eis und Limettensaft verrührt werden. Angeblich wurde dieser Drink von amerikanischen Soldaten erfunden, die im Jahr 1898 am kubanischen Freiheitskampf teilnahmen. Der Name, »Freies Kuba«, war das Motto der Nationalisten.

Havana Especial wird aus Ananassaft, Silver Dry-Rum, einem Spritzer Maraschino und Eiswürfeln zubereitet und in einem hohen, schlanken Glas serviert. Dieser Cocktail ist wegen seines feinen Geschmacks sehr beliebt.

Der Cantineros-Club

Dieser Verein professioneller Barkeeper *(cantineros)* wurde 1924 in Havanna gegründet und von einer Gruppe kubanischer Brennereien und Brauereien finanziert. In den frühen 1930er Jahren hatte er seinen Hauptsitz in Prado. Bis heute blieben die Ziele des Clubs erhalten: Interessenvertretung der Mitglieder, hohe Ausbildungsstandards für Barkeeper (sie müssen die Rezepte für mindestens 100 Cocktails kennen) und Englischunterricht. Der Club richtet auch den Havana Club International Grand Prix aus.

Barkeeper der Bodeguita del Medio mit einem *mojito*

Canchánchara wird in der gleichnamigen Bar in Trinidad *(siehe S. 186)* aus Rum oder Aguardiente, Limetten, Honig und Wasser gemixt und in einer Keramiktasse serviert.

Restaurantauswahl

Havanna

La Habana Vieja

Vis-à-Vis-Tipp

304 O'Reilly $
Spanisch **SP** 4 E2
Calle O'Reilly, e/ Habana y Aguiar
5264 4745
Das schicke Café-Restaurant mit den orangeroten Sitzen serviert leckere Hühnchen- und Krabben-*empanadillas* sowie Havannas beste *ceviche* – ein säuerliches Gericht aus rohem *pargo* (Fisch), Zitrone und roten Zwiebeln. Angesichts der wenigen Tische reserviert man am besten vorab.

Café Bohemia $
Italienisch **SP** 4 E3
San Ignacio 364, Plaza Vieja
(7) 860 3722
Das versteckt im Patio eines alten kolonialen Herrenhauses gelegene Café und Feinkostgeschäft ist ein wahres Plus an der Plaza Vieja. Zur Auswahl steht hier ein breites Angebot an Croissants, Panini und frischen Fruchtsäften.

El Chanchullero $
Spanisch **SP** 4 D3
Calle Teniente Rey (Brasil) 457
(7) 872 8227
Das geschäftige kleine Lokal serviert Garnelenspieße und andere leichte Snacks. Hier muss man früh kommen, die besten Gerichte sind schnell ausverkauft.

La Bodeguita del Medio $$
Kubanisch-kreolisch **SP** 4 E2
Calle Empedrado 207, e/ San Ignacio y Cuba
(7) 866 8857
Das berühmte Lokal *(siehe S. 69)* ist zwar sehr touristisch, hat aber viel von dem Charme behalten, der Ernest Hemingway, Nat King Cole, Gabriel García Márquez und andere prominente Stammgäste faszinierte. Die kubanischen Fleisch- und Fischgerichte sind gut, passen aber nicht ganz zur lebhaften Atmosphäre.

La Imprenta $$
Kubanisch-kreolisch **SP** 4 F2
Calle Mercaderes, e/ Lamparilla y Amargura
(7) 864 9851
Das erstaunlich gute und hübsche staatliche Restaurant in einer ehemaligen Druckerei in der Altstadt serviert fantastische *solomillos* (Steaks).

El Jardín del Eden $$
Koscher **SP** 4 E2
Hotel Raquel, Calle San Ignacio 103, esq. Amargura
(7) 860 8280
Hier schmecken köstliche Gerichte in einem eleganten Speiseraum, dessen Jugendstil-Glasbilder hebräische Symbole zeigen. Sehr empfehlenswert sind *baba ghanoush* und der Borschtsch.

La Mina $$
Kubanisch-kreolisch **SP** 4 F2
Calle Oficios 109, esq. Obispo, Plaza de Armas
(7) 862 0216
Im Herzen des Touristenviertels serviert das lebhafte Lokal kreolische Küche. Trotz der zentralen Lage sind die Fisch-, Schweinefleisch- und Hühnchengerichte erstaunlich günstig. Freundliches, hilfsbereites Personal.

Café del Oriente $$$
Kubanisch-kreolisch **SP** 4 F2
Calle Oficios 112, esq. Amargura
(7) 860 6686
In dem klassischen Café an der Plaza San Francisco servieren elegant gekleidete Kellner raffinierte Speisen, z. B. Kaninchen, Rind und verschiedenste Fischgerichte sowie europäische Spezialitäten.

La Dominica $$$
Italienisch **SP** 4 E2
Calle O'Reilly 108, esq. Mercaderes
(7) 860 2918
Das freundliche Restaurant ist auf Seafood spezialisiert. Beginnen Sie mit geräuchertem Lachs, danach schmecken Garnelen- oder Hummerpasta. Die Karte bietet eine gute Auswahl an spanischen und chilenischen Weinen. Abends meist Live-Musik.

Gäste auf der überdachten Veranda des El Templete, Havanna

Preiskategorien
(in Pesos convertibles = CUC)
Preise für ein Drei-Gänge-Menü inklusive eines Cocktails, Steuer und Service.

$	**unter 15 CUC**
$$	**15–25 CUC**
$$$	**über 25 US-Dollar**

El Floridita $$$
Seafood **SP** 4 D2
Avenida de Bélgica (Monserrate), esq. Obispo
(7) 867 1299
Das Nobellokal befindet sich im Hinterzimmer einer Bar, in der Hemingway gerne Daiquirís trank. Hier gibt es Aufwendiges wie Garnelen in Orangencremesauce und Hummer Thermidor.

Ivan Chef Justo $$$
International **SP** 4 D2
Calle Aguacate 9, esq. Chacón
(7) 863 9697
Das Restaurant in einem eleganten alten Stadthaus serviert inmitten von Antiquitäten Pasta, Paella und gute Fleischgerichte.

Vis-à-Vis-Tipp

Paladar Doña Eutimia $$$
Kubanisch-kreolisch **SP** 4 E2
Callejón del Chorro 60c, Plaza de la Catedral
(7) 861 1332
Versteckt an einer Ecke der Plaza de la Catedral *(siehe S. 66f)* bietet das schöne kleine Lokal hervorragende kubanische Küche. Eine köstliche Spezialität ist *ropa vieja* (zerkleinertes Rindfleisch) in einer Sauce aus Zwiebeln, Paprika und Tomaten. Dazu gibt es eine breite Auswahl an Weinen und Cocktails. Unbedingt vorab reservieren!

El Patio $$$
Kubanisch-kreolisch **SP** 4 E2
Calle San Ignacio 54, Plaza de la Catedral
(7) 867 1035
Kubanische Küche ist die Spezialität des reizenden Lokals in schöner Lage gegenüber der Catedral de San Cristóbal *(siehe S. 68)*, doch bekommt man hier alles vom Sandwich bis zum Hummer.

El Templete $$$
Seafood **SP** 4 F2
Avenida del Puerto 12–14, esq. Narcisco López
(7) 864 7777
Das Restaurant am Hafen serviert mit den besten Fisch in La Habana Vieja. Der Hummersalat ist schlicht ein Gedicht.

Centro Habana und Prado

Castropol $$
International **SP** 3 C1
Malecón 107, e/ Calles Genios y Crespo
(7) 861 4867
Das beliebte Restaurant bietet eine sensationelle Aussicht auf Vedado und den Atlantik, noch besser sind jedoch das Seafood und die Lammkoteletts. Exzellenter Service, gute Weinauswahl.

Vis-à-Vis-Tipp

Paladar San Cristóbal $$
Kubanisch-kreolisch **SP** 3 C3
Calle San Rafael 469, e/ Lealtad y Campanario
(7) 867 9109 So
Der erstklassige *paladar* residiert in einem schönen Kolonialhaus mit Antiquitäten, Gemälden und sogar einem *Santería*-Altar. In noblem Ambiente serviert ein stets makelloser Service durchgängig exzellente Küche. Die Weinauswahl ist für kubanische Verhältnisse herausragend, die guten Tropfen sind auch glasweise erhältlich. Exzellentes *solomillo* (Steak).

A Prado y Neptuno $$
Italienisch **SP** 4 D2
Paseo del Prado, esq. Neptuno
(7) 860 9636
Das rustikale Restaurant im Zentrum serviert authentische Pizzen auf großen Holztellern. Die Kellner sind zu Spitzenzeiten bisweilen etwas langsam, die Küche ist jedoch zuverlässig gut und die Atmosphäre immer lebhaft.

La Terraza $$
Grill **SP** 4 D2
Prado 309, esq. Virtudes
(7) 862 3626
Spezialität des nicht sehr bekannten dreistöckigen Restaurants mit der schönen, üppig bepflanzten Terrasse sind zarte gegrillte Fleisch- und Fischgerichte. Auch die Cocktails sind exzellent – probieren Sie den *mojito frappé*.

Casa Miglis $$$
Skandinavisch **SP** 3 B2
Calle Lealtad 120, e/ Animas y Lagunas
(7) 864 1486
In diesem hyper-eleganten *paladar* in einem Kolonialhaus mit Terrasse sind Fleischbällchen, Seafood-Auflauf und gegrillter Fisch nur einige der verlockenden Gerichte auf der Karte. Die schicke Bar ist ideal für ein paar *tragos* (Rumcocktails).

Speisesaal im El Polinesio im Tryp Habana Libre Hotel

La Guarida $$$
International **SP** 3 B2
Calle Concordia 418, e/ Gervasio y Escobar
(7) 866 9047
Von außen wirkt das Restaurant ein wenig wie eine Ruine, steigt man jedoch die große Marmortreppe hinauf (und zwar immer weiter), entdeckt man eines der lebhaftesten und beliebtesten Restaurants in Kuba. Jedes Gericht ist ein Aroma-Potpourri.

Roof Garden Hotel Sevilla $$$
Französisch **SP** 4 D2
Calle Trocadero 55, e/ Paseo del Prado y Agramonte
(7) 860 8560, ext. 164
Das elegante Gourmetrestaurant bietet schöne Gewölbebedecken, nobles Dekor und einen sensationellen Blick auf Havanna sowie eine gute, ansprechend präsentierte Küche. Empfehlenswerter Rum-Hummer.

Vedado und Plaza

Paladar la Casa $$
International **SK** B2
Calle 30 No. 865, e/ Calles 26 y 41, Nuevo Vedado
(7) 881 7000
Der außergewöhnliche *paladar* im Herzen von Nuevo Vedado bietet eine große Auswahl, darunter Kaninchen in Pilzsauce, Räucherlachs, Paella und Risotto. Donnerstags serviert das Personal Sushi in japanischer Kleidung.

Paladar Casa Lala $$
Kubanisch-kreolisch **SP** 1 A5
Calle 24 No. 360, e/ 21 y 23
(7) 830 1410
In dem kleinen Freiluft-Restaurant wechselt die Karte wöchentlich. Hier gibt es Köstlichkeiten wie gebackene Sardinen, Kürbissuppe, gegrillten Thunfisch und Kaninchen – perfekt zubereitet. Freundliche, hilfsbereite Kellner.

Paladar Gringo Viejo $$
Kubanisch-kreolisch **SP** 2 D2
Calle 21 No. 454, e/ E y F
(7) 831 1946
Das hübsche kleine Lokal ist im Haus des Wirts im Keller untergebracht und mit Bildern und Uhren geschmückt. Hier schmecken *ropa vieja*, aber auch die anderen Gerichte aus saisonalen, frischen Produkten.

Paladar Mediterráneo Havana $$
Mediterran **SP** 2 D2
Calle 13 No. 406, e/ F y G
(7) 832 4894
Das hervorragende, schicke Restaurant in Vedado serviert exquisites Seafood, frische Pasta und hausgemachten Ziegenkäse. Der Chef und die Kellner sind nett und gastfreundlich und erklären gerne die Speisen auf der Karte. Die Mittagsangebote sind ihren Preis mehr als wert, auch eine Kinderkarte steht zur Verfügung.

El Polinesio $$
Kubanisch-asiatisch **SP** 2 F2
Calle 23, e/ L y M
(7) 834 6131
Das stimmungsvolle, mit Bambus dekorierte Restaurant unter der Lobby des Hotels Tryp Habana Libre (das ehemalige Hilton, *siehe S. 257*) ist auf kubanisch-asiatische Küche spezialisiert. Köstliches Grillhähnchen.

Paladar Café Laurent $$$
International **SP** 2 E2
Calle M No. 257, e/ 19 y 21
(7) 832 6890
Der elegante Penthouse-*paladar* überzeugt mit grandiosem Blick auf Vedado von der schicken Terrasse, köstlicher Küche, elegantem Retro-Ambiente im Stil der 1950er Jahre, einem hervorragenden Service, preiswerten guten Mittagsmenüs und exzellentem Rindfleisch aus Uruguay.

Paladar le Chansonnier $$$
International **SP** 2 E1
Calle J No. 257, e/ 15 y Línea
(7) 832 1576 So
Das Le Chansonnier ist der Star in Havannas Gastroszene und gleichermaßen beliebt bei ausländischen Gästen wie bei Havannas Prominenz. Den eleganten *paladar* schmücken zeitgenössische kubanische Kunstwerke. Spezialitäten sind Mango- und Avodacosalat sowie saftige Ente in Orangensauce.

Paladar Decamerón $$$
Kubanisch-kreolisch **SP** 1 B2
Calle Línea 753, e/ Paseo y Calle 2
(7) 832 2444
In den beiden kleinen Speiseräumen des hübschen Restaurants drängen sich Gemälde, Uhren und Antiquitäten. Hier serviert man leckere große Salate und preiswerte *ropa vieja*, aber auch einige internationale Gerichte. Großes Weinangebot.

Starbien $$$
Luxus **SP** 2 D4
Calle 29 No. 205, e/ B y C
(7) 830 0711 So
In elegantem, noblem Ambiente schmecken exzellente kubanische Küche und eine Auswahl an mediterranen Gerichten. Die Spezialität ist *masas de cerdo* (kurz gebratenes Schweinefleisch), aber auch das Seafood, die Tapas und sonstigen Fleischgerichte sind fabelhaft. Die schön angerichteten Speisen bringt ein großartiger Service.

Abstecher

El Aljibe $$
Kubanisch-kreolisch **SK** B2
Avenida 7, e/ 24 y 26
(7) 203 1583
Das große Ranch-Restaurant serviert hervorragende *comida criolla*, darunter sein berühmtes *pollo asado el Aljibe* (Brathähnchen in köstlicher Aljibe-Sauce), dessen Rezept geheim gehalten wird. Die freundlichen Kellner sorgen für kostenlosen Nachschlag.

La Divina Pastora $$
International **SP** 4 F1
Avenida Monumental, Parque Morro Cabaña
(7) 860 8341
Das fröhliche genossenschaftliche Restaurant bietet einen herrlichen Blick auf die Altstadt und die unteren Befestigungen der La Cabaña sowie eine breite Auswahl an Fisch- und Fleischgerichten, z. B. mit Käse und Schinken gefülltes Fischfilet. Am schönsten sitzt man auf der Terrasse.

Vis-à-Vis-Tipp

Paladar la Corte del Príncipe $$
Italienisch **SK** B2
Avenida 9 y 74, Playa
5255 9051 Mo
Das herausragende und beliebte, lebhafte Restaurant ist in einer ruhigen Ecke von Miramar gelegen. Die Tageskarte mit frischen Gerichten wechselt täglich und bietet üblicherweise auch verschiedene *bruschette*, Seafood, *antipasti* und hausgemachte Pasta.

La Terraza de Cojímar $$
Seafood **SK** B2
Calle Real 161, Cojímar
(7) 766 5151
Das La Terraza war Ernest Hemingways Lieblingsrestaurant in Cojímar und ist auch heute noch ein gutes Lokal. Hier serviert man leckere Suppen, Fischgerichte und knallbunte Desserts. Dazu gibt es einen herrlichen Blick auf die Bucht, der den Autor zu seinem Klassiker *Der alte Mann und das Meer* inspirierte.

Vis-à-Vis-Tipp

Paladar La Fontana $$$
Luxus **SK** B2
Calle 3 No. 305, esq. Calle 46
(7) 202 8337
Das La Fontana, zugleich Speiselokal und Bar, gehört zu Havannas besten Privatrestaurants. Seine gegrillten Fleisch- und Fischgerichte sind exzellent, das Ambiente und der Service ohne Fehl und Tadel. In der Bar treffen sich einheimische Fashionistas und Künstler sowie ausländische Besucher.

Paladar Río Mar $$$
Luxus **SK** B2
3 y Final No. 11, La Puntilla
(7) 209 4838
Das glamouröse Restaurant in Miramar residiert in einem eleganten modernen Haus mit schöner Terrasse und Meerblick. Die gute Küche serviert eine breite Auswahl an Seafood und kubanische Klassiker wie *ropa vieja*.

Tocororo $$$
Kubanisch-kreolisch **SK** B2
Avenida 3 y 18
(7) 204 2209 So
Das schicke Lokal in einem großartig dekorierten Haus in Miramar ist spezialisiert auf kreolische Küche, insbesondere Hummer. In der benachbarten Bar treffen sich Kubas wohlhabende Kreative.

Schön eingedeckte Tische im Paladar le Chansonnier, Havanna

Westkuba

ISLA DE LA JUVENTUD: El Cochinito $
Kubanisch-kreolisch **SK** A3
Calle José Martí, esq. 24, Nueva Gerona
(46) 322 809
An der Hauptstraße von Nueva Gerona serviert dieses schlichte Restaurant nur ein Gericht: den kubanischen Klassiker Schweinefleisch mit Reis und Bohnen.

ISLA DE LA JUVENTUD: Paladar El Chévere $
Kubanisch-kreolisch **SK** A3
Calle 37 No. 2417, e/ 24 y 26, Nueva Gerona
(46) 328 326
Der *paladar* bietet vielerlei Gerichte, z. B. Hühnchenbrust in Saucen, Fisch, Lammkoteletts. Das Ambiente ist bescheiden, doch die Atmosphäre ist freundlich und das Essen sehr gut.

PINAR DEL RÍO: El Mesón $
Kubanisch-kreolisch **SK** A3
Calle Martí y Comandante Pinares (antigua Calle Cavada)
(48) 822 867
Der *paladar* in Familienbesitz serviert Traditionelles an Einheimische und Reisende. Besonders beliebt sind die Schweinekoteletts und das gebratene Schweinefleisch. Große Portionen, exzellentes Preis-Leistungs-Verhältnis.

PINAR DEL RÍO: Rumayor $
Kubanisch-kreolisch **SK** A3
Carretera a Viñales km 1,5
(48) 763 051 Di
Das riesige Ranch-Restaurant serviert beliebte Gerichte und als Spezialität geräuchertes Hühnchen. Am späteren Abend verwandelt sich das Lokal in ein kitschiges Cabaret mit Tanzshow.

Restaurantkategorien *siehe Seite 270*

SIERRA DE ROSARIO: Fonda Las Mercedes $$
Kubanisch-kreolisch **SK** A3
Comunidad Las Terrazas, Provincia Artemisa
(48) 578 647 Nebensaison
Unterhalb des Hotel Moka *(siehe S. 258)* bietet der Familienbetrieb einen schönen Blick auf das Tal und viele kreolische Gerichte, darunter köstliche *ropa vieja*.

Vis-à-Vis-Tipp

SIERRA DE ROSARIO: El Romero $$
Vegetarisch **SK** A3
Comunidad Las Terrazas, Provincia Artemisa
(48) 578 555
Kubas einziges echtes bio-vegetarisches Restaurant ist ein Geheimtipp. Tito Núñez Gudás, Ex-Ingenieur und heute führender Vegetarier des Landes, bietet eine köstliche Auswahl mit Bohnenpfannkuchen, Wurzelgemüse-Burger und Gemüse-Paella sowie köstliche Säfte aus einheimischen Zutaten. Die besten Plätze sind auf dem Balkon mit Blick auf das Dorf.

VIÑALES: Balcón del Valle $
Kubanisch-kreolisch **SK** A3
km 23 de la Carretera a Viñales
(48) 695 847
Von den Tischen im Freien, die sich unter Mangobäumen drängen, hat man einen fantastischen Blick auf die *mogotes* des Viñales-Tals.

Vis-à-Vis-Tipp

VIÑALES: Finca Agroecólica el Paraíso $$
Kubanisch-kreolisch **SK** A3
Carretera al Cementerio km 1 1/2, Viñales
5418 8997
Der Bio-Bauernhof bietet nicht nur einen unglaublichen Panoramablick auf das Viñales-Tal, sondern auch ein herausragendes Essen und sehr große Portionen. Die professionell zubereiteten Gerichte werden in einem Kräutergarten serviert, der abends süßen Duft verströmt.

VIÑALES: El Olivo $$
Mediterran **SK** A3
Calle Salvador Cisneros 89
(48) 696 654
Hier wählt man zwischen Lasagne, Pasta bolognese und riesigen frischen Salaten oder genießt Lammbraten mit karamellisierten Zwiebeln auf der kleinen Terrasse oder im großen Gastraum.

Westliches Zentralkuba

CIENFUEGOS: Aché $$
Seafood **SK** C3
Calle 38 No. 4106, e/ 41 y 43
(43) 526 173
Das mit einheimischer Kunst dekorierte Ranch-Restaurant ist auf Fischgerichte spezialisiert, z. B. auf gegrillte Garnelen mit Knoblauch und Chili. Exzellente *mojitos*.

CIENFUEGOS: Bouyon 1825 $$
Seafood **SK** C3
Calle 25 No. 5605, e/ 56 y 58
(43) 517 376 So
Der *paladar* ist bekannt für seine Grillgerichte und Muscheln sowie sein Fischfilet 1825: Red Snapper, zusammen mit Garnelen in Käse-Knoblauch-Sauce gegart.

CIENFUEGOS: El Tranvía $$
Kubanisch-kreolisch **SK** C3
Calle 37 (Prado) No. 4002, e/ 40 y 42
(43) 524 920
In dem beliebten *paladar* mit der alten Tram auf der Dachterrasse trägt das Personal die Uniformen von Trambahnfahrern. Abends spielt in dem kolonialen Gastraum meist Live-Musik.

Vis-à-Vis-Tipp

CIENFUEGOS: Villa Lagarto $$
Kubanisch-kreolisch **SK** C3
Calle 35 No. 4b, esq. Litoral, Punta Gorda
(43) 519 966
In dem *paladar* – einem der besten in der Stadt – sitzt man mit Blick von der Spitze der Punta Gorda auf die Bucht von Cienfuegos. Das zuvorkommende Personal serviert delikate Festpreismenüs aus Vorspeise, Hauptgericht, Dessert und Kaffee. Exzellenter Grillfisch.

MATANZAS: El Bukan $$
Kubanisch-kreolisch **SK** B2
Calle 110, e/ 127 y 129, Playa Matanzas
(45) 289 999 Di
Der *paladar* bietet einen wunderbaren Blick auf die Bucht von Matanzas und eine hervorragende Auswahl an Seafood und Fleischgerichten. Das Lokal präsentiert sich makellos, das Personal ist professionell und höflich. Reservieren Sie auf jeden Fall vorab.

MATANZAS: Hotel Encanto Velasco $$
Kubanisch-kreolisch **SK** B2
Calle Contreras, e/ Santa Teresa y Ayuntamiento
(45) 253 880
Das Hotel Encanto Velasco *(siehe S. 259)* wurde vor wenigen Jahren aus Ruinen neu errichtet. In seinem glanzvollen kolonialen Ambiente wird ein Essen zu einem Erlebnis. Freundliches Personal, köstliche kubanische Küche.

PENÍNSULA DE ZAPATA: Complejo Turística Caleta Buena $
Kubanisch-kreolisch **SK** C3
Playa Girón
(45) 915 589
Das Restaurant neben den Naturbecken und Sonnendecks von Caleta Buena *(siehe S. 168)* ist perfekt für eine Rast beim Tauchen und Schnorcheln geeignet. Gutes Tagesbuffet.

REMEDIOS: La Paloma $$
Kubanisch-kreolisch **SK** C3
Calle Balmaseda 4, e/ Ramiro Capablanca y Máximo Gómez
(42) 395 490
In einem prächtigen Haus von 1875 serviert man hier schön angerichtete Fleisch- und Fischgerichte entweder im schattigen Hof mit Brunnen oder im hübschen, mit Gemälden und Antiquitäten dekorierten Gastraum.

Der elegante Speisesaal des renovierten Hotel Encanto Velasco, Matanzas

SANTA CLARA: La Aldaba $
Kubanisch-kreolisch **SK** C3
Calle Luis Estévez 61, e/Independencia (Boulevard) y Martí
(42)208 686
Das reizende Restaurant ist auf dem Dach eines hübsch renovierten, mit Antiquitäten möblierten Kolonialhauses gelegen, das als Privatunterkunft dient. Hier serviert man kubanische Küche zu exzellenten Preisen.

Vis-à-Vis-Tipp

SANTA CLARA: Hostal-Restaurant Florida Center $
Seafood **SK** C3
Calle Maestra Nicolasa (Candelaria) 56, e/ Colón y Maceo
(42) 208 161
Ángel, der gesellige Besitzer, führt dieses fröhliche Restaurant und Hostal *(siehe S. 260)* schon seit Jahren. Das Abendessen wird auf der Gartenterrasse unter blühenden Orchideen serviert. Besonders beliebt sind die riesigen Hummergerichte.

VARADERO: Paladar la Casona del Arte $$
International **SK** B2
Calle 47, e/ 1 y Playa
(45) 613 986
Spezialität des *paladar* in einem hübschen Holzhaus beim Strand von Veradero ist Fischfilet mit Garnelen und Käse. Am schönsten sitzt man auf der Veranda.

VARADERO: Paladar Nonnatina $$
Italienisch **SK** B3
Calle 38 No. 5, e/ 1 y Playa
(45) 612 450
Das beliebte italienische Lokal in Nähe des Strandes serviert dünne, knusprige Pizzen, *bruschetta* und Lasagne sowie eine Vielzahl vegetarischer Speisen.

VARADERO: Paladar Varadero 60 $$
International **SK** B3
Calle 60 y 3
(045) 613 986
Der romantische *paladar* bietet eine reiche Auswahl an Gerichten, u.a. besonders empfehlenswerte Steaks, und eine hübsche Terrasse.

VARADERO: Casa de Al $$$
International **SK** B3
Avenida Kawama
(45) 668 018
In dem eleganten Steinhaus am Strand wohnte angeblich Al Capone. Die Küche greift das Gangsterthema auf und serviert z.B. Filet mignon »Lucky Luciano«.

VARADERO: Dante $$$
Italienisch **SK** B3
Parque Josone, Avenida 1, e/ 56 y 58
(45) 667 738
Das idyllisch neben dem See im Parque Josone gelegene Lokal serviert eine große Auswahl an dünnen, knusprigen Pizzen, Pastagerichten und Salaten.

VARADERO: Esquina Cuba $$$
Kubanisch-kreolisch **SK** B3
Avenida 1, esq. 36
(45) 614 019
In dem offenen Restaurant dominieren ein rot-weißer Oldtimer und Sammlerstücke aus den 1950er Jahren. Hier schmecken *comida criolla* und die Weine von der exzellenten Weinkarte.

VARADERO: Mesón del Quijote $$$
Seafood **SK** B3
Carretera Las Américas, Reparto la Torre
(45) 667 796
Das hübsche Lokal auf einem Hügel bietet einen schönen Blick über Varadero sowie exzellente Hummer, Muscheln und Steaks.

VARADERO: El Toro Steakhouse $$$
Steakhaus **SK** B3
Avenida 1, esq. 25
(45) 667 145
Das nichtssagende Dekor straft die Qualität der Hauptattraktion Lügen: perfekt zubereitete, erstklassige Steaks aus Kanada.

VARADERO: Waco's Club $$$
Kubanisch-kreolisch **SK** B3
Avenida 3, e/ 58 y 59
(45) 612 126
Der Sohn des Olympia-Ruderers Roberto Ojeda González – auch Waco genannt – führt diesen auf Seafood spezialisierten *paladar*. Die Spezialität des Hauses ist gebackener Hummer mit Sahne, Pilzen und Käse.

Art-déco-Lampen im Restaurante de Iberostar, Trinidad

Östliches Zentralkuba

CAMAGÜEY: La Campana de Toledo $$
Kubanisch-kreolisch **SK** D3
Plaza San Juan de Dios
(32) 286 812
Boliche mechado (Rindfleisch mit Speck) mit Pommes frites und *congrí* (Reis und schwarze Bohnen) ist die Spezialität des Lokals in einem Haus aus dem 18. Jahrhundert an einer schönen Plaza.

CAMAGÜEY: La Isabela $$
Italienisch **SK** D3
Calle Ignacio Agramonte, e/ Independencia y Lopez Recio
(32) 221 540
Im Zentrum serviert dieses Restaurant mit Filmdekor gute, dünne, knusprige Pizzen und Pasta. Perfekt für Kinder.

CAMAGÜEY: Paladar Restaurant 1800 $$
Kubanisch-kreolisch **SK** D3
Plaza San Juan de Dios
(32) 283 619
Muscheln und Salate sind die Spezialität des *paladar* in einem historischen Haus an der Iglesia de San Juan de Dios *(siehe S. 207)*.

SANCTI SPÍRITUS: Méson de la Plaza $
Weinlokal **SK** C3
Calle Máximo Gómez 34, e/ Honorato y Cervantes
(41) 328 546
In der spanischen *bodega* im Stadtzentrum schmecken deftige Gerichte an langen Holztischen, z.B. Rindfleischeintopf mit Mais.

TRINIDAD: Paladar Sol Ananda $$
International **SK** C3
Calle Real 45, Plaza Mayor
(41) 998 281
Zur breiten Auswahl des eleganten Lokals mit *Mudéjar*-Decke gehören u.a. *gazpacho*, Fischpasteten und kubanische Klassiker.

Vis-à-Vis-Tipp

TRINIDAD: Taberna La Botija $$
Mediterran **SK** C3
Calle Amargura 71b, esq. Boca (Calle Piro Guinart)
5283 0147
In der lebhaften 24-Stunden-*taverna* zeigt der Besitzer seine Sammlerstücke zur Sklavenzeit und schmecken Pizza, Pasta, Tapas sowie leckere Knoblauch-Garnelen in Tonschälchen.

Vis-à-Vis-Tipp

TRINIDAD: Paladar Restaurant Vista Gourmet $$$
Kubanisch-kreolisch **SK** C3
Callejón de Galdós 2b, e/ Ernesto V. Muñoz y Callejón de los Gallegos
(41) 996 700
Auf einem Hügel mit fantastischem Blick auf die Altstadt serviert der gut geführte *paladar* leckere kreolische Küche und exzellente *mojitos*. Die Vorspeisen und Desserts vom abendlichen Buffet sind mittelmäßig, die Hauptgerichte von der Karte ein Gedicht, das mit *tapenade* und Honig gefüllte Hühnchen ist göttlich. Der Inhaber Vista ist ein Sommelier – Weinliebhaber kommen hier ganz auf ihre Kosten.

TRINIDAD: Restaurante de Iberostar $$$
International **SK** C3
Iberostar Grand Hotel Trinidad, Calle José Martí 262, e/ Lino Pérez y Colón
(41) 996 073
Genießen Sie das üppige Buffet in einem Fünf-Sterne-Hotel in einem schön renovierten kolonialen Herrenhaus *(siehe S. 262)*, z. B. internationale Käsesorten, gute Burger, verschiedenste Desserts und Rindercarpaccio.

Ostkuba

BARACOA: Paladar El Buen Sabor $$
Kubanisch-kreolisch **SK** F4
Calle Calixto García 134 (altos)
(21) 641 400
Die hübsche Dachterrasse des kleinen *paladar* mit Meeresblick ist perfekt, um die in anderen Regionen Kubas selten servierten Taíno-Gerichte zu probieren, beispielsweise herzhaften Eintopf *ajiaco* mit Fleisch und Gemüse.

Vis-à-Vis-Tipp

BARACOA: El Poeta $$
Regional **SK** F4
Calle Maceo 159, esq. Ciro Frías
(21) 643 017
Das lebhafte El Poeta serviert gute lokale Küche in seinem mit kubanischen Gedichten und Graffiti dekorierten Gastraum zarten Fisch in Kokossauce (eine regionale Spezialität) und köstliches Kokoseis, das in einer Kokosnussschale schön angerichtet wird. Zur Krönung des Ganzen verfasst Besitzer Pablo Gedichte für seine Gäste.

Spezialität des Waco's Club in Varadero sind kubanische Seafood-Gerichte

BARACOA: Restaurant Al's $$
Seafood **SK** F4
Calle Calixto García 158a, e/ Céspedes y Coroneles Galano
5290 3651
Al, der freundliche und unterhaltsame Besitzer, serviert frisch gegrillte Meeresfrüchte auf seiner Dachterrasse mit freiem Blick auf das Meer.

BAYAMO: San Salvador de Bayamo $
Kubanisch-kreolisch **SK** E4
Calle Maceo 107, e/ Martí y Mármol
(23) 426 942
In einem historischen Kolonialgebäude bietet dieses Restaurant eine ungewöhnlich große Auswahl, darunter verschiedene Fisch- und Fleischgerichte sowie Pasta und Pizza.

HOLGUÍN: Paladar San José $$
Barbecue **SK** E4
Calle Agramonte 188, e/ Maceo y Libertad
(24) 424 877
Der zentral gelegene *paladar* serviert exzellente Grillgerichte, zarten frischen Fisch und leckeres Fleisch, u. a. exzellentes Lamm.

SANTIAGO DE CUBA: El Barracón $
Afrokubanisch **SK** F4
Avenida Victoriano Garzón
(22) 661 877
Santiago de Cubas ungewöhnlichstes Restaurant ist wie eine Sklavenbaracke gestaltet. Das El Barracón serviert deftige afrokubanische Fleischeintöpfe zu unschlagbaren Preisen.

SANTIAGO DE CUBA: El Morro $
Kubanisch-kreolisch **SK** F4
Carretera al Morro km 7,5
(22) 691 576
Das einzige Restaurant in Castillo del Morro bietet Festpreismenüs: Seafood oder Fleisch mit Reis und Gemüse, danach ein Dessert.

SANTIAGO DE CUBA: Paladar Doña Martha $
Kubanisch-kreolisch **SK** F4
Calle 3 No. 152, e/ Calle 8 y Avenida Manduley, Reparto Vista Alegre
(22) 641 177
In Santiagos elegantem Stadtteil Vista Alegre lockt der beliebte *paladar* mit Ranch-Atmosphäre sowie hervorragendem gegrilltem Fleisch und Seafood.

SANTIAGO DE CUBA: Paladar el Holandés $$
Kubanisch-kreolisch **SK** F4
Calle Heredia 251, esq. Calle Hartmann
(22) 624 878
Das reizende Restaurant in einem Kolonialhaus nahe der Casa de la Trova verwöhnt mit kreolischer Küche, z. B. Schweinefleisch in Salsa. Dazu hört man Live-Musik vom Jazzclub gegenüber.

SANTIAGO DE CUBA: El Palenquito $$
Kubanisch-kreolisch **SK** F4
Avenida del Río 28, e/ 6 y Carretera del Caney, Reparto Pastorita
(22) 645 220
Die Mini-Ranch El Palenquito ist ruhig und schön im Garten hinter einem Haus zwischen Hibiskus mit schwirrenden Kolibris gelegen. Hier serviert man gute kubanische Küche, wie Schweinefrikassee und Knoblauch-Garnelen.

SANTIAGO DE CUBA: El Zunzún $$
International **SK** F4
Avenida Manduley 159, esq. Calle 7, Reparto Vista Alegre
(22) 641 528
Das El Zunzún ist ein elegantes Restaurant in einem Kolonialhaus in dem einst reichen Vorort Vista Alegre. Hier genießt man stilvoll Seafood und Fleisch mit verschiedensten Saucen. Exzellenter Service, großartiges Weinangebot.

Shopping

Urlauber kaufen meist in den staatlichen Läden *(tiendas)*, die sich in fast allen Hotels befinden. Die zunehmende Liberalisierung von Privatunternehmen hat den kleinen Handwerks- und Lebensmittelmärkten *(mercados agropecuarios)* jedoch Auftrieb verschafft. Inzwischen hat sich die Angebotspalette hier erheblich vergrößert. Dennoch sind edle Läden in Kuba selten. In staatlichen Geschäften erhält man Waren zu festgesetzten (meist sehr hohen) Preisen, auf den Märkten sind sie günstiger, und man kann handeln. Zigarren sollte man nur in Spezialläden oder *tiendas* (gegen harte Währungen) kaufen. Finger weg von Waren, die auf dem Schwarzmarkt angeboten werden!

Auf dem Kunsthandwerkermarkt La Rampa in Havanna ***(siehe S. 102)***

Öffnungszeiten

Öffnungszeiten werden in Kuba sehr variabel gehandhabt, als Richtlinie für *tiendas* gilt jedoch 10–19 Uhr (im Sommer) beziehungsweise 9–18 Uhr (im Winter). Kleinere Läden sind 9–18 Uhr offen, sonntags ist um 13 Uhr Ladenschluss. Obst- und Gemüsemärkte haben dienstags bis freitags 8–18 Uhr und sonntags vormittags geöffnet. Fast-Food-Lokale – die bekanntesten sind die Filialen von *El Rápido (siehe S. 265)* – servieren in der Regel rund um die Uhr.

Bezahlung

Als Urlauber wird man Pesos *(pesos cubanos)* nur selten brauchen. Die meisten Waren, die Besucher einkaufen, werden in *tiendas* gegen CUC *(peso cubano convertible)* oder Euro *(siehe S. 299)* verkauft. In *tiendas* werden meist auch Kreditkarten akzeptiert. Auf Lebensmittelmärkten bezahlen Einheimische natürlich mit *pesos cubanos*, aber mit CUC ist man überall gern gesehen. Das Wechselgeld wird meist in *pesos cubanos* ausbezahlt. Euro in CUC oder Pesos wechseln die CADECA-Wechselstuben in Städten und bei größeren Lebensmittelmärkten.

Läden

In den Städten und Urlaubsorten gibt es *tiendas* und Supermärkte, die von Kosmetikartikeln über Kleidung bis zu Konserven alles verkaufen, aber natürlich darf man hier keine europäischen Sortimente erwarten. In Ferienanlagen und größeren Städten gibt es auch oft Kleidergeschäfte, allerdings der einfacheren Sorte. In den *tiendas* der Hotels erhalten Sie auch T-Shirts mit verschiedensten Motiven, einschließlich der nahezu unausweichlichen Porträts Che Guevaras, sowie *guayaberas*, typisch kubanische Baumwollhemden.

Logo einer beliebten ***Tiendas*****-Kette**

In den Filialen von *El Rápido (siehe S. 265)* und in den meisten Fotoläden erhält man auch Getränke, Rum, Süßigkeiten, Butter, Milch sowie kleine Haushaltsgegenstände und Kosmetikartikel.

Frisches Obst und Gemüse sowie Fleisch und Fisch gibt es ausschließlich auf den Lebensmittelmärkten.

Spezialgeschäfte

Zigarren sollten Sie entweder in den *tiendas* der Hotels, am Flughafen oder in entsprechenden Fachgeschäften kaufen. In den Filialen von **La Casa del Habano** werden Zigarren günstig im Fabrikverkauf angeboten. Hier kann man auch davon ausgehen, dass sie bei der richtigen Temperatur und Luftfeuchtigkeit gelagert werden. Kaufen Sie

Filiale der Kette Tiendas Panamericanas

Zigarren jedoch niemals von Fremden auf der Straße – meist sind diese nicht handgerollt, fehlerhaft oder falsch gelagert. Außerdem erhalten Sie hier keine Quittung, die Sie brauchen, um Waren aus Kuba ausführen zu dürfen.

In den **ARTex**-Filialen erhält man eine gute Auswahl an CDs, Schallplatten und sogar Kassetten. Gleiches gilt für **Longina** in der Calle Obispo in La Habana Vieja. Viele Aufnahmen kubanischer Musik können Sie außerhalb Kubas nicht erwerben, manches gibt es lediglich auf Kassette.

Beim Kauf von Bildern, Skulpturen und Drucken in Kunstgalerien und in den *tiendas* des Fondo de Bienes Culturales bekommen Sie eine offizielle Authentizitätsbescheinigung, die Sie zur Ausfuhr der Werke berechtigt.

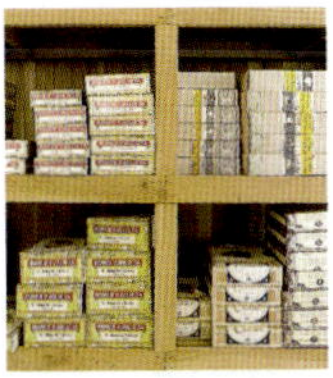

Regale voller Zigarren in einer Casa del Habano

La Casa del Habano
Real Fábrica de Tabacos Partagás, Havanna.
(7) 866 8060.
Ave. 1, esq. 63, Varadero.
(45) 667 843.
Club Havana, Ave. 5, e/188 y 192, Playa, Havanna.
(7) 204 5700.

Tienda ARTex
Ave. L, esq. 23, Havanna.
(7) 838 3162.

Kunsthandwerk

Das kubanische Kunsthandwerk hat keine lange Tradition. Heute findet man aber überall Schnitzereien, Keramik, Stickereien, Figuren aus Pappmaschee, Musikinstrumente und vieles mehr.

Gemälde zu verkaufen in den weitläufigen Almacenes San José, Havanna

In La Habana Vieja findet täglich ein Kunsthandwerkermarkt in den Almacenes San José *(siehe S. 73)* statt. Die Stände mit Secondhand-Büchern, die bis vor Kurzem auf der Plaza des Armas standen, sollen künftig im oberen Stockwerk der Almacenes San José unterkommen. Ein weiterer Markt befindet sich in der Straße La Rampa in Vedado.

Der Markt bei der Plaza Mayor in Trinidad ist eine Fundgrube für Leinenstickereien. Auch in den staatlichen Läden, den Ferias de Artesanía, und in den Galerías de Arte erhält man Kunsthandwerk.

Kunst

Viele kubanische Künstler öffnen ihr Atelier für Besucher oder zeigen ihre Werke in staatlichen Galerien, die jeweils 40 Prozent des Verkaufserlöses einbehalten. Mit der politischen Öffnung Kubas beginnt sich auch der internationale Kunstmarkt für das Land zu interessieren. Die Bienal de la Habana zieht Sammler aus aller Welt an. Eine Exporterlaubnis, um die sich in der Regel der Künstler selbst kümmert, kostet fünf CUC pro Werk.

Märkte

Auf den Obst- und Gemüsemärkten *(mercados agropecuarios)* herrscht buntes Treiben. Hier gibt es von Obst über Fleisch und Süßigkeiten bis zu traditionellen Gerichten und Blumen alles, was das Herz begehrt. Der Barrio Chino in Havanna *(siehe S. 94)* ist zentral gelegen. Der schönste Markt findet in Vedado zwischen Calle 19 und Calle A statt.

Bestickte Tischdecken auf einem Markt in Trinidad

Souvenirfoto vor dem Capitolio

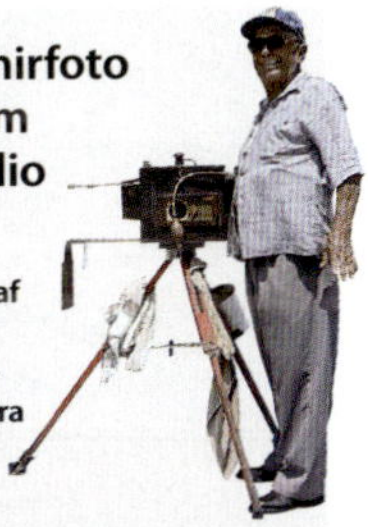

Ein Fotograf mit seiner alten Polaroid-Kamera

Vor dem Capitolio in Havanna *(siehe S. 86f)* kann man sich für nur einen CUC mit einer originalen Polaroid-Kamera aus den 1930er Jahren ablichten lassen. Die Schwarz-Weiß-Bilder vor dem Symbol der Stadt sind von hervorragender Qualität und wirken fast wie Originalfotos aus jener Zeit.

Souvenirs

Kuba hat außer hochwertigen Zigarren und erstklassigem Rum noch vieles zu bieten, was sich als schönes Mitbringsel eignet: Gold- und Silberschmuck sowie allerlei Kunsthandwerk aus den Materialien Holz, Stroh, Pappmaschee, Muscheln, Terrakotta, Samen und Glas. Auch kubanische Musikinstrumente sind beliebte Souvenirs. Parfüms und Kosmetika, die nirgendwo sonst auf der Insel erhältlich sind, finden Sie in internationalen Apotheken und Läden. Letztere bieten außerdem Bücher, CDs und DVDs an.

Rum
Die klassischen Rumsorten gibt es in ganz Kuba. Man erhält die Flaschen auch in Kartons verpackt, um sie leichter transportieren zu können.

Bauza
Zigarren, die nicht den strengen Qualitätsvorgaben der Hersteller entsprechen, heißen Bauzas. Sie sind gleichwohl von hoher Qualität und werden über autorisierte Stellen zu reduzierten Preisen verkauft.

Zigarren der Marke Vegas Robaina

Zigarren
In eleganten Zedernholzetuis verpackte kubanische Zigarren *(siehe S. 36f)* sind edle Souvenirs. Achten Sie darauf, dass die Schachtel das offizielle Siegel der Regierung trägt, auf dem die Worte *»hecho in Cuba totalmente a mano«* (in Kuba vollständig von Hand gefertigt) eingeprägt sind. Nur dann sind sie echt.

Halskette aus Samen

Halskette aus Samen und Schnecken

Einheimisches Kunsthandwerk
Die meisten Souvenirs werden aus karibischen Materialien wie Bambus, Muscheln und Samen hergestellt. Kaufen Sie keine Artefakte aus Schwarzen Korallen, die unter Artenschutz stehen.

Musikinstrumente
Viele traditionelle kubanische Instrumente *(siehe S. 35)* wie *claves*, *bongos*, *maracas* und *tumbadoras* werden von Hand hergestellt und in Musikgeschäften oder auf Märkten verkauft. Manche Instrumente wie Gitarren werden auch auf Bestellung angefertigt.

Bongos

Hüte und Körbe
Bananenblätter und andere Pflanzenfasern bilden die Rohstoffe für die typischen Hüte und Körbe. Sie sind beliebte und preisgünstige Souvenirs.

Bücher und Kuriositäten

Kubas größter Markt für Bücher aus zweiter Hand zieht derzeit von der Plaza de Armas in die Almacenes San José *(siehe S. 73)* um. Die Händler bieten zudem Münzen, Anstecker und Briefmarken sowie Zigarrenbilder, Comic-Bücher, Filmplakate und vieles anderes mehr an. Sammler sollten auch die Stände in der Calle San Rafael besuchen.

Zigarrenetui aus Zedernholz

Pappmaschee

Die Herstellung von Objekten aus Pappmaschee ist in Kuba beliebt. Aus dem Material werden bunte Masken, Modelle, Dekogegenstände und Spielsachen produziert.

Maske in Sonnenform

Holzfiguren im afrikanischen Stil

Holzobjekte

Aus Zedern- und Rosenholz werden kleine Figuren nach afrikanischen Traditionen hergestellt. Geschnitzte Zigarrenetuis zeugen von hoher Handwerkskunst. Holzkunst findet man oft in den Galerías de Arte.

Puppe

Modelle von Oldtimern

Naive Malerei

Die Galerías de Arte verkaufen Bilder im afrokaribischen Stil. Meist zeigen die Exponate Landschaften, koloniale Städte oder afrokubanische Gottheiten.

Parfüms und Kosmetika

Die Firma Suchel Camacho stellt hervorragende Cremes, Bodylotions und Parfüms her, etwa das würzige Coral Negro, das blumige Mariposa oder das elegante Alicia Alonso. Außerdem gibt es guten Honig, z. B. mit Gelée Royale und Propolis. In den internationalen Apotheken findet man zum Teil hochwertige Kosmetika auf pflanzlicher Basis, die auch preislich attraktiv sind.

Eau de Toilette

Feuchtigkeitscreme

Unterhaltung

Das kulturelle Angebot ist in einem Land, in dem die Liebe zu Musik, Tanz und Theater den Bewohnern im Blut liegt, äußerst vielfältig. Ballett, Theater, Konzerte, Festivals und Sportwettkämpfe aller Größenordnungen finden das ganze Jahr über statt *(siehe auch S. 38–41)*. In den meisten großen Städten gibt es diverse Theater- und Konzertbühnen, die meist über erstklassig ausgebildete Ensembles verfügen. Selbst in kleinen Ortschaften findet man oft eine Casa de la Cultura oder Casa de la Trova, in der ein abwechslungsreiches, stets mitreißendes Musik- und Tanzprogramm geboten wird. Straßen werden gern mithilfe eines CD-Players zu improvisierten Tanzflächen umfunktioniert, und Discos – nicht selten unter freiem Himmel – gibt es fast überall.

Restaurierte Fassade des Teatro de la Caridad in Santa Clara

Information und Tickets

Die in den großen Hotels verteilten Gratisbroschüren verzeichnen meist nur die teuren Veranstaltungen für ausländische Besucher. Infos über sonstige kulturelle Ereignisse bieten **Cubarte: The Portal of Cuban Culture** (www.cubarte-english.cult.cu) und die Website www.cubaabsolutely.com. Karten für die großen Cabarets und internationale Events erhält man aber in der Regel im Hotel.

Theater

Das Theaterangebot in den Provinzen ist weniger vielfältig als in Havanna. Eine Ausnahme bildet Santiago: Hier gibt es mehr als ein Dutzend Bühnen, auch einige experimentelle Truppen, die seit Jahren mutig neue Ausdrucksformen erproben – zu sehen im **Van Troi/ Cabildo Teatral Santiago**. Traditioneller ist das Theater **José Martí**. Das Theater **El Mambí** bietet regelmäßig Stücke für Kinder. Das renommierte moderne Theater **José María Heredia** engagiert sich besonders bei der Fiesta del Fuego im Juli *(siehe S. 39)*. Das **Teatro Papalote** in Matanzas genießt landesweit einen guten Ruf. Die berühmte **Grupo Teatro Escambray** bereist die ganze Insel und tritt auch regelmäßig in ländlichen Gemeinden auf. Zu den weiteren wichtigen Bühnen des Landes zählen das **Teatro Tomás Terry** in Cienfuegos, das traditionsreiche **Teatro de la Caridad** in Santa Clara sowie das **Teatro Principal** in Camagüey.

Ballett und klassische Musik

Das 1967 gegründete, umjubelte **Ballet de Camagüey** zeigt klassischen Tanz von Weltrang im Teatro Principal *(siehe »Theater«)* in Camagüey. Hier tritt auch das **Ballet Folklórico de Camagüey** auf, eine der führenden Ballettkompanien Kubas. Die Bühne des **Ballet Folklórico Babul** ist das Teatro Guaso in Guantánamo.

Die meisten Provinzhauptstädte verfügen über Konzertsäle. In Santiago kann man im **Teatro Heredia** Symphonieorchester hören, kleinere Ensembles gastieren in der **Sala de Conciertos Dolores**, in der das Orquesta Sinfónica de Oriente beheimatet ist.

Folklore und traditionelle Musik

In den Provinzen liebt man traditionelle, auf afrikanischen Wurzeln basierende Musik- und Tanzstile, besonders im Oriente und in Trinidad. Das Conjunto Folklórico de Trinidad bietet großartige Vorstellungen, auch von (nicht in Kuba beheimateten) Bantu- und Yoruba-Tänzen, ebenso das Ensemble Cocoró y su Aché, das im **Palenque de los Congos Reales** auftritt. Im Januar findet in Trinidad die *Semana de la Cultura* (Kulturwoche) statt, bei der auf der Straße *madrugadas* gesungen werden. Die *Semana de la Cultura* in Holguín ist wohl die schwungvollste Kubas.

Santiago ist die Heimat des **Conjunto Folklórico de Oriente** und des **Ballet Folklórico Cutumba**, dessen Proben man von Dienstag bis Sonntag beiwohnen kann. Im Hof des **Museo del Carnaval** *(siehe*

Vorstellung des renommierten Ballet Folklórico de Camagüey

Eine traditionelle *Son*-Band macht in Trinidad Straßenmusik

S. 232) proben regelmäßig Folkloregruppen für den Karneval.

Auf keinen Fall sollten Sie die Abendproben in den verschiedenen *focos culturales* (dienstags bis freitags) verpassen. Im **Cabildo Carabalí Izuama** probt man z. B. Karnevalslieder afrikanischen Ursprungs. Der von haitianischen Sklaven Ende des 18. Jahrhunderts gegründete *foco cultural* zeigt Tänze aus jener Zeit, die von Musikinstrumenten der Bantu begleitet werden. Die **Casa del Caribe** und das **Centro Cultural Africano Fernando Ortíz** veranstalten am Wochenende *rumbas (siehe S. 282, »Kulturzentren«)*.

Aus Guantánamo stammen viele traditionelle Tanzformen, z. B. *changuí*, und jedes Jahr im Juni findet hier das Festival Nacional de Changuí statt. Im übrigen Jahr kann man *changuí* und dessen Abkömmling *son*, gespielt vom weltberühmten Orquestra Revé und anderen führenden hiesigen Gruppen, in der **Casa de la Música**, der Casa de la Trova *(siehe S. 282, »Casas de la Trova«)* und im **British West Indian Welfare Center** sehen. Tänze aus Haiti werden im **Tumba Francesa** gezeigt.

Die **Casa de la Cultura** in Pinar del Río ist berühmt für ihre *controversias*, eine Liedform, bei der sich zwei Sänger in Stegreifversen messen. Die **Casa de la Cultura** in Nueva Gerona ist ein Zentrum für die als *sucusuco* bekannten Musik- und Tanzformen der Isla de la Juventud. Las Tunas veranstaltet jährlich das Folklorefestival **Jornada Cucalambeana** mit zehnsilbigen gereimten Liedern *(décimas)*.

Clubs, Cabarets und Discos

In den meisten Touristenorten und großen Hotels gibt es bis spätnachts geöffnete Clubs. Man bezahlt meist in CUC, Einheimischen ist der Zutritt häufig zu teuer.

Nicht zu Hotelanlagen gehörende Nachtclubs sind meist mit Cabarets assoziiert. Das bedeutendste ist das **Tropicana** in Matanzas und Santiago. Varadero bietet ebenfalls exzellente *cabarets espéctaculos*, z. B. das **Cueva del Pirata**, dessen Shows in einer stimmungsvollen Höhle aufgeführt werden. In Varadero ist auch der relativ neue Club **Casa de la Música** einen Besuch wert. Jede andere größere Stadt verfügt über mindestens ein Cabaret – nach dem Ende der Show verwandelt es sich in einen Nachtclub mit Disco.

Die meisten Discos gibt es in den Hotelanlagen, vor allem in Varadero, viele sind den Hotelgästen vorbehalten. Sie sind groß, modern und schlicht eingerichtet. Die Musik ist in der Regel ein Mix aus Salsa und anderen Latino-Stilen mit internationalem Beat. Der Eintritt (in CUC) ist meist recht teuer. Dennoch mischen sich häufig auch einige kubanische Paare unter die Tänzer, und einheimische Singles warten am Eingang auf alleinstehende Ausländer, die ihnen den Eintritt bezahlen (mitunter gibt es Polizeirazzien, bei denen mit Ausländern allzu intime Kubaner verhaftet werden).

Die besten Clubs in Varadero sind der **Mambo Club** und der **Palacio de la Rumba** sowie die Casa de la Música. Alle drei sind auch bei Kubanern beliebt, die oft von weit her anreisen, um bis zum Morgengrauen abzutanzen. Die ungewöhnlichste Location ist die in einer Höhle gelegene Disco Ayala in Trinidad.

Auch in den Casas de la Música einiger Großstädte bekommt man moderne *música popular* zu hören. In der wichtigsten, der **Casa de la Música de Trinidad**, treten Bands auf. Auch einige Ruinen in Trinidad fungieren als Open-Air-Clubs. Im **Patio de Artex** in Cienfuegos geht es am Wochenende hoch her. Der **Club Benny Moré** ist ein Club im Stil der 1950er Jahre mit Disco nach Comedy und Cabaret.

Zu den wichtigsten Discos in Santiago zählen Patio de Artex, **Casa de la Trova** und **Casa de las Tradiciones**.

Tänzerin des Cabaret Tropicana in typisch exotischem Kostüm

Live-Musik und Tanz in einer typischen Casa de la Trova

Casas de la Trova

Die traditionellen, intimen Casas de la Trova sind Clubs, in denen man Live-Musik hören, tanzen oder bei einem Cocktail entspannen kann. Gegründet wurden sie im Jahr 1959 in fast allen Provinzhauptstädten Kubas als Orte, an denen ältere Musiker, Interpreten der traditionellen *trova*, auftreten und Jüngere unterweisen. Heute gibt es in praktisch jeder Stadt und sogar jedem Dorf Casas de la Trova, die meist wichtige Veranstaltungsorte sind. Viele bewahren die Tradition darüber hinaus als Veranstalter von Vorträgen, Tagungen, Lyriklesungen und Kunstausstellungen.

In einigen Städten wie Santiago und Trinidad wenden sich die Casas de la Trova mit Cocktailbar, CD-, DVD- und Buchladen sowie Souvenirshop auch an ausländische Besucher. Doch abgesehen davon üben die Casas de la Trova noch immer eine ungemein große Anziehungskraft auf Kubaner aus und bieten jede Menge Atmosphäre.

Die wichtigsten Casas de la Trova sind in **Santiago**, Heimat des *son*, und **Trinidad**, das von der Tradition der *trova* beherrscht ist. Die *trova* in **Bayamo** hat einen schnelleren Rhythmus und zeigt stärkere afrokaribische Einflüsse, während in **Camagüey** mehr das Melodische dominiert. Einige Casas de la Trova sind mit berühmten Musikern verbunden, z. B. die Casa de la Trova »El Guayabero« in **Holguín**, wo bis ins hohe Alter der legendäre Sänger und Gitarrist Faustino Oramas »El Guayabero« Osorio (1911–2007) auftrat.

In einigen Städten kümmern sich die Casas de la Cultura, deren Kulturauftrag breiter angelegt ist, um die Pflege der traditionellen *trova*. In **Baracoa** und **Sancti Spíritus** setzen sie beispielsweise auf die Vorträge von *repentistas* (Stegreifkünstlern). Die Casa de la Cultura in **Pinar del Río** zeigt *Punto guajiro*-Darbietungen: großteils improvisierte Musik im ländlichen Stil.

Weniger auf ausländische Urlauber abgestellt ist die **Casa de las Tradiciónes** in Santiago, in der man angehende hiesige Stars hören kann.

Kulturzentren

Die Casa de la Cultura, eine Institution in jeder kubanischen Stadt, fördert vielfältige Kunstformen: bildende Kunst, Literatur, Lyrik und Musik. Trinidad und Santiago sind die kulturell aktivsten Städte.

In Santiago kann man sich im **Centro Cultural Africano Fernando Ortíz** über die anthropologischen und religiösen Einflüsse Afrikas in Kuba informieren, und die **Casa del Caribe** veranstaltet jedes Jahr ein Festival der karibischen Kultur. Das Angebot im **Ateneo Cultural** reicht von Lyriklesungen bis zu Rap-Darbietungen.

Die Schriftsteller- und Künstlergewerkschaft **UNEAC** ist in einer ganzen Reihe von Städten vertreten und veranstaltet Ausstellungen, Konferenzen und Konzerte. Das breite Angebot der Sektionen Holguín und Santiago umfasst u. a. Diskussionen zu kulturellen Themen, Kunst- und Musikshows sowie Lyriklesungen.

Spaß für Kinder

Neben zahlreichen Spielplätzen gibt es in Santiago und anderen großen Städten einige eher schlichte Rummelplätze sowie **Todo En Uno** in Varadero mit winziger Achterbahn, *carros locos* (Autoskooter) und weiteren Attraktionen. Der nahe gelegene Parque Retiro Josone *(siehe S. 166)* lockt mit einer Minieisenbahn und Kamelritten.

Im **Delfinario de Varadero** werden täglich Delfinshows präsentiert, die Kinder dürfen auch mit den Tieren schwimmen. Weitere Delfinshows bieten das **Delfinario de Rancho Luna** bei Cienfuegos, das **Delfinario Cayo Santa María** in der Nähe von Cayo Ensenachos, das **Acuario Cayo Naranjo** in Guardalavaca und das Acuario Baconao *(siehe S. 239)*.

Einige kubanische Städte – insbesondere Santa Clara und Bayamo – bieten Kindern am Hauptplatz Kutschfahrten mit Ziegen.

Das **Teatro Guiñol** ist ein 1959 gegründetes, ganzjährig geöffnetes Puppentheater für Kinder. Puppentheater gibt es auch in zahlreichen anderen Städten. Ferienorte bieten sichere Spielbereiche und flache Schwimmbassins für Kleinkinder. Kubanische Freunde wird Ihr Kind in Resorts am Meer allerdings nicht finden, da einheimische Familien dort keinen Zutritt haben.

Planschen mit Delfinen im Acuario Cayo Naranjo

Auf einen Blick

Theater

Grupo Teatro Escambray
La Macagua, Manicaragua.
(42) 491 393.

José María Heredia
Ave. Las Américas, Santiago de Cuba.
(22) 643 178.

José Martí
Calle Santo Tomás, Santiago de Cuba.
(22) 620 507.

El Mambí
Calle Bartolomé Masó 303, Santiago de Cuba.
(22) 628 713.

Teatro de la Caridad
Calle Martha Abreu, e/ M. Gómez y Lorda, Santa Clara. (42) 205 548.

Teatro Papalote
Calle Daoíz y Ayuntamiento, Matanzas.
(45) 244 672.

Teatro Principal
Padre Valencia 64, Camagüey.
(32) 293 048.

Teatro Tomás Terry
Plaza Martí, Cienfuegos.
(43) 511 026.

Van Troi/Cabildo Teatral Santiago
Calle Saco 415, Santiago de Cuba. (22) 626 888.

Ballett und klassische Musik

Ballet Folklórico Babul
Paseo 855, e/ Cuartel y Ahogados, Guantánamo.
(21) 327 940.

Ballet Folklórico de Camagüey
Calle Pobre esq. Triana, Camagüey.
(32) 298 512.

Sala de Conciertos Dolores
Reloj, esq. Aguilera.
(22) 624 623.

Teatro Heredia
Ave. Las Américas, esq. Ave. de los Desfiles, Santiago de Cuba.
(22) 643 178

Folklore und traditionelle Musik

Ballet Folklórico Cutumba
(22) 655 173.

British West Indian Welfare Center
Serafín Sánchez 663, e/ Paseo y Narciso López, Guantánamo.
(21) 325 297.

Cabildo Carabalí Izuama
Calle Pío Rosado 107, e/ San Mateo y San Antonio, Santiago de Cuba.

Casa de la Cultura
Calle 24, esq. 37, Nueva Gerona.
(48) 323 591.
Marti 65, Pinar del Río.
(48) 752 324.

Casa de la Música
Calixto García, e/ Crombet y Gulo, Guantánamo.
(21) 327 266.

Conjunto Folklórico de Oriente
Calle Hartmann 407, Santiago de Cuba.

Jornada Cucalambeana
Las Tunas, Ende Juni
(siehe S. 39).

Museo del Carnaval
Heredia 304, Santiago de Cuba.
(22) 626 955.

Palenque de los Congos Reales
Echerrí 146, esq. Jesús Menéndez, Trinidad.
(41) 994 512.

Tumba Francesa
Calle Serafín Sánchez 715, Guantánamo.

Clubs, Cabarets und Discos

Casa de la Música de Trinidad
Calle Rosario 3, Casco Histórico.
(41) 996 622.

Casa de la Música de Varadero
Ave. Playa, e/ Calle 42 y 43.
(45) 668 918.

Casa de las Tradiciones
Calle Rabí 154, Santiago de Cuba.
(22) 653 892.

Club Benny Moré
Avenida 54 2907, e/ 29 y 31, Cienfuegos.
(43) 551 674.

Cueva del Pirata
Autopista del Sur, km 11, Varadero.
(45) 667 751.

Mambo Club
Club Amigo Varadero, Carretera Las Morlas.
(45) 668 565.

Palacio de la Rumba
Hotel Bella Costa, Ave. Las Américas, Varadero.
(45) 668 210.

Patio de Artex
Ave. 16 y Calle 35, Cienfuegos.
(43) 551 255.
Heredia 304, Santiago de Cuba.
(22) 654 814.

Tropicana de Matanzas
Autopista Varadero km 4,5.
(45) 265 380.

Tropicana de Santiago
Autopista Nacional km 11,5.
(22) 687 020.

Casas de la Trova

Baracoa
Calle Maceo 149.

Bayamo
Calle Martí, esq. Maceo.
(23) 425 673.

Camagüey
Calle Cisneros y Martí.
(32) 291 357.

Holguín
Calle Maceo 174.

Pinar del Río
Gerardo Medina 108.
(48) 754 794.

Sancti Spíritus
Casa de la Cultural, Zerquera, esq. Ernest Valdes.

Santiago
Heredia 208.
(22) 652 689.

Trinidad
Calle Echerrí 29.
(41) 996 445.

Kulturzentren

Ateneo Cultural
Félix Peña, e/ Castillo Duany y Diego Palacios, Santiago de Cuba.
(22) 623 635.

Casa del Caribe
Calle 13 154, Santiago de Cuba.
(22) 643 609

Centro Cultural Africano Fernando Ortíz
Manduley, esq. Calle 5, Santiago de Cuba.
(22) 642 487.

UNEAC de Holguín
Libertad 148.
(24) 474 066.

Spaß für Kinder

Acuario Cayo Naranjo
Carretera a Guardalavaca.
(24) 430 445.

Delfinario Cayo Santa María
Carretera Cayo Santa María.
(42) 350 013.

Delfinario de Rancho Luna
Carretera a Pasacaballo.
(43) 548 120.

Delfinario de Varadero
Autopista del Sur, km 11, Varadero.
(45) 66 8031.

Teatro Guiñol
San Basilio, e/ San Félix y San Pedro, Santiago de Cuba.
(22) 628 713.

Todo En Uno
Autopista del Sur y Calle 54, Varadero.

Sport und Aktivurlaub

Nach der Revolution schaffte die Regierung den Profisport ab (eine Ausnahme ist der Boxsport) und investierte viel Geld in den Breitensport. Diese Förderung hat dazu geführt, dass Kuba mittlerweile viele außergewöhnliche Sportler und Sportlerinnen hervorgebracht hat. Die mit Abstand beliebtesten Sportarten sind Baseball und Boxen, aber auch Volleyball, Basketball, Fußball und Leichtathletik haben viele Anhänger. Ausländische Athleten und Fitnessanhänger können während ihres Aufenthalts in Kuba sogar mit heimischen Sportlern trainieren sowie zahlreiche Kurse belegen. Möglich macht das die staatliche Organisation Cubadeportes, über die man entsprechende Arrangements buchen kann.

Die facettenreichen Landschaften Kubas eignen sich bestens für zahlreiche Aktivitäten im Freien. Natürlich steht der Wassersport vor den Küsten des Landes immer hoch im Kurs, Ausrüstungen und Touren werden vielerorts angeboten. Auch die herrlichen Berglandschaften Kubas und seine Naturparks lassen sich auf eigene Faust oder mit einem Führer gut erkunden.

Sportstadien

Sportveranstaltungen in Kuba sind preiswert, Tickets lassen sich leicht besorgen. In den großen Stadien sind bestimmte Bereiche ausländischen Besuchern vorbehalten, Tickets bekommt man in der Regel noch am Tag der Veranstaltung. In Havanna del Este wurde für die Panamerikanischen Spiele 1991 ein neuer Sportkomplex gebaut, das **Estadio Panamericano**. Heute ist es das größte Stadion für Leichtathletikwettkämpfe. Kuba kann sich einiger erfolgreicher Athleten rühmen. Zudem gibt es in der Anlage Pools für Schwimmwettkämpfe, Wasserpolo und Wasserballett, Tennisplätze und ein Radsportzentrum.

In der **Sala Polivalente Ramón Fonst** in Vedado finden hauptsächlich Volleyball- und Basketballspiele statt, im **Coliseo de la Ciudad Deportiva** in Boyeros werden nationale und internationale Volleyball-, Basketball-, Box- und Fechtmeisterschaften ausgetragen.

Baseball

Baseball ist der Nationalsport der Kubaner. Seit über 100 Jahren wird dieser Sport leidenschaftlich ausgeübt und unterstützt. Kubanische Teams gehören zur Weltklasse. Das erste Baseballstadion in Havanna wurde 1881 errichtet, die erste Meisterschaft 1905 ausgetragen. Die offizielle Saison dauert von November bis März, gespielt wird dienstags, mittwochs, donnerstags und samstags um 13.30 und 20 Uhr und sonntags um 13.30 Uhr.

Die Atmosphäre im Stadion ist friedlich, für viele Familien ist der Besuch eines Baseballspiels Tradition. Die Spiele werden im **Estadio Latinoamericano** ausgetragen, das 55 000 Zuschauer fasst.

Boxen

Kuba hat schon mehrere olympische Boxtitel errungen. Der Gründer der modernen Boxschule, Alcides Sagarra, ist seit 1960 aktiv und hat als Trainer internationale Größen wie Teófilo Stevenson (1952–2012), den dreimaligen olympischen Champion und mehrfachen Weltmeister im Schwergewicht, hervorgebracht.

Beim jährlichen Girardo Córdova Cardín kämpfen Profiboxer gegen Amateure. Dies ist Teil des Auswahlverfahrens für die Equipo Cuba, eines der besten Boxteams der Welt.

Boxkämpfe werden im **Sala Kid Chocolate** gegenüber dem Capitolio in Centro Habana ausgetragen.

Kubanische Volleyball-Nationalmannschaft der Frauen

Kubas Baseball-Nationalmannschaft bei einem Match

Volleyball

Ein weiterer Nationalsport in Kuba ist Volleyball. Vor allem die Frauen-Teams des Landes sind international ausgesprochen erfolgreich. Zwischen 1990 und 2000 gewann das kubanische Nationalteam der Frauen dreimal die Goldmedaille bei Olympischen Spielen sowie zwei Weltmeisterschaften. Auch das Team der Männer hat einige Erfolge zu verzeichnen. Mit ein wenig Glück kann man die beiden National-

Beachvolleyball in einem Ferienresort auf Cayo Largo

teams im Coliseo de la Ciudad Deportiva in Havanna *(siehe S. 287)* erleben. Erkundigen Sie sich am besten telefonisch über Spieltermine.

Tauchen

Mit seiner Küste, die sich über eine Länge von 5746 Kilometern erstreckt, und den mehr als 4000 Inseln ist Kuba eines der besten Tauchgebiete der Welt. Die Gewässer sind kristallklar, bei angenehmen Temperaturen von 23 – 30 °C und mit einer vielfältigen Meeresvegetation. Taucher finden während des ganzen Jahres paradiesische Bedingungen vor. Dank der vielen Korallenriffe und vorgelagerten Inseln *(cayos)* gibt es keine starken Strömungen. Die Sichtweite beträgt nur selten weniger als 40 Meter.

Entlang den Riffen bieten sich viele Stellen für Anfänger und erfahrene Taucher. Punta Perdíz in der Bahía de Cochinos ist ein einmalig schönes Tauchgebiet. Neben Korallen sieht man u. a. Schwämme *(siehe S. 151)* und Gorgonenfächer sowie eine vielfältige Tierwelt, darunter auch Barrakudas, Schildkröten, Hummer und sogar Haie. In den Jardines de la Reina *(siehe S. 211)* wimmelt es von Riff-, Seiden- und Ammenhaien. In der Boca de Nuevitas an der Playa Santa Lucía leben einige Hochseehaie, Tauchen ist in diesem Gebiet aber nur in Begleitung eines Tauchführers von der Tauchbasis **Shark's Friends** gestattet.

Auch für Wracktaucher gibt es allerhand zu entdecken. In den Buchten der Insel suchten einst Piraten Unterschlupf. So sind heute an manchen Stellen, z. B. an der Playa Santa Lucía, noch einige Anker und Kanonen aus dem 19. Jahrhundert zu sehen. Tunnels und Grotten machen diese Tauchgebiete noch spannender.

Die zunehmende Bedeutung des Tourismus hat zu einem Boom von Tauchzentren geführt. Heute hat praktisch jedes Ferienresort mindestens eine Tauchbasis. Diese verfügen über eine moderne Ausstattung, die international anerkannten Tauchlehrer bieten Kurse aller Leistungsstufen. Einige Tauchbasen haben auch Dekompressionskammern, z. B. die Basis des Hotel Colony auf der Isla de la Juventud *(siehe S. 154)*. Komplette Ausrüstungen können am Ort geliehen werden. Es empfiehlt sich, wichtige Gegenstände wie Tiefenmesser und Messer selbst mitzubringen.

Die größten Tauchzentren *(centros de buceo)* Kubas sind **El Colony** auf der Isla de la Juventud (besonders für erfahrene Taucher geeignet), **Avalon** auf Jardines de la Reina, das **Centro de Buceo María La Gorda**, das Acua in Varadero sowie das Centro de Buceo Meliá und **Green Moray** auf Cayo Guillermo. Herrliche Strandtauchgänge kann man an der Playa Santa Lucía und der Playa Girón unternehmen. Weitere Touranbieter findet man in Varadero und Guardalavaca.

Ein Taucher an einem Wrack an der Küste vor der Playa Santa Lucía *(siehe S. 210)*

Das Archipel Jardines de la Reina im Süden Kubas eignet sich hervorragend zum Tauchen. Die Inseln sind nur per Schiff erreichbar.

Weiterführende Informationen erhalten Sie bei **Marlin Náutica** *(siehe S. 287)*.

Wellenreiten, Wind- und Kitesurfen

An den größeren Küstenresorts (Varadero, Guardalavaca, Cayo Largo, Cayo Coco und Cayo Santa María) finden Sie ideale Bedingungen zum Wellenreiten und Windsurfen. In den größeren Ferienorten kann auch die Ausrüstung ausgeliehen werden.

Kitesurfen kann man in Varadero lernen, etwa bei **Cuba Kiters** und **Caribbean Riders Kite School**. Das **Allegro Resort** auf Cayo Guillermo bietet hervorragende Windverhältnisse.

Radfahren

Die Erkundung der Insel mit dem Fahrrad eignet sich hervorragend, Land und Leute kennenzulernen. Die Fahrräder und Mountainbikes, die in den größeren Hotels und Feriendörfern an Urlauber verliehen werden, sind besser als die Räder der Einheimischen. Fahrradfahren ist in Kuba im Allgemeinen recht ungefährlich, besonders außerhalb der Städte. Achten Sie auf Schlaglöcher.

Sie sollten Ihr Fahrrad immer abschließen oder an überwachten Plätzen abstellen, da Diebstähle an der Tagesordnung sind.

Segelausflug auf einem Katamaran im azurblauen Meer

Segeln und Motorboote

Dank seiner Lage am Eingang zum Golf von Mexiko eignet sich Kuba hervorragend als Anlegestelle für Yachten und Segelboote. Bei den Marinas, von denen die meisten zur Kette **Marlin Náutica** gehören, kann man u. a. Motorboote und Katamarane mieten sowie kurze und längere Yachttrips buchen.

Am besten eignen sich die Gewässer rund um den Archipiélago de los Canarreos südlich der Hauptinsel zum Segeln. Da von Dezember bis April das Klima mild ist und nur leichte Winde wehen, ist dies die ideale Zeit für Segelausflüge. Kuba liegt jedoch inmitten ruhiger Gewässer und hat viele Buchten, sodass man im Notfall schnell sicheres Gewässer erreicht.

Angeln

Angelfreunde kommen in Kuba voll auf ihre Kosten. Die Nordwestküste eignet sich hervorragend zum Hochseefischen. Wahrscheinlich gehen dort Schwertfische, Thunfische oder Makrelen an den Haken, während andere Fischarten eher vor der Südküste vorkommen.

Angelausflüge werden oft in Ferienanlagen und Marinas angeboten. Spezielle Angelferien bieten **Marlin Náutica** und **Cubanacán**.

In der **Marina Hemingway** *(siehe S. 141)* findet alljährlich das Ernest Hemingway International Billfishing Tournament statt. Der durchaus anspruchsvolle Angelwettbewerb für Marlinfischer erstreckt sich über vier Tage Ende Mai bzw. Anfang Juni. Die Regeln wurden vom amerikanischen Schriftsteller aufgestellt, der ein leidenschaftlicher Hochseefischer war.

Tennis und Golf

Fast alle Feriendörfer und Hotelanlagen haben Tennisplätze, die gegen Gebühr auch von Nichtgästen benutzt werden dürfen.

Auf der Insel gibt es zwei Golfplätze: die Neun-Loch-Anlage des **Club de Golf Habana** sowie die 18-Loch-Anlage des **Club de Golf de Varadero**.

Da der Golfsport auch in Kuba immer mehr Anhänger gewinnt, sind neue Golfplätze im Bau beziehungsweise in Planung.

Der Golfplatz von Varadero liegt direkt am Meer

Wanderer in der Nähe von Topes de Collantes *(siehe S. 195)*

Wanderungen, Ausflüge und Vogelbeobachtung

Auch auf dem Rücken eines Pferdes lässt sich Kuba entdecken. Das einzige Reitzentrum in Havanna ist im Parque Lenin *(siehe S. 120)*, aber in den Hotels der größeren Ferienresorts, in Ökoresorts und an Campingplätzen können Sie Pferde ausleihen oder Reitausflüge für Anfänger und erfahrene Reiter buchen.

Die Península de Zapata *(siehe S. 168–171)* ist für Vogelliebhaber besonders interessant, da sich im Ökosystem des Marschlandes eine vielfältige Vogelpopulation angesiedelt hat. Bei Baracoa liegen das Naturschutzgebiet El Yunque *(siehe S. 248)* und der Parque Nacional Alejandro de Humboldt *(siehe S. 249)* mit einer riesigen Artenvielfalt.

Zahlreiche Höhlen in Kuba lassen sich erkunden, z. B. die Cuevas de Bellamar bei Matanzas *(siehe S. 164f)*, die Cavernos de Panaderos bei Gibara *(siehe S. 218)* und die Gran Caverna de Santo Tomás im Valle de Viñales *(siehe S. 146)*. Alle Höhlen können nur im Rahmen einer Führung besucht werden.

Auch Wanderungen bei Viñales, Topes de Collantes und in der Sierra Maestra (von Alto de Naranjo nach Las Cuevas) sind nur mit Führer möglich.

Informationen zu Wanderungen und anderen Programmen erhalten Sie über **Gaviota Tours** und **Ecotur**. Letztere ist auch für die Instandhaltung von Wanderwegen zuständig.

Jagen

Kubaner gehen gern auf die Jagd. Deshalb gibt es auf der Insel viele Reviere *(cotos de caza)*, in denen man innerhalb bestimmter Vorgaben und in Begleitung eines Revieraufsehers Vögel und Kleintiere jagen kann. Die Auflagen und Jagdquoten werden streng kontrolliert, um das Ökosystem zu erhalten und Überjagung zu verhindern.

Die Reviere befinden sich meistens in der Nähe von Lagunen, Seen oder *cayos*, wo man u. a. Enten, Schnepfen, Perlhühner und Tauben findet. Die dafür benötigte Ausrüstung können Sie in der Regel in den Jagdrevieren mieten, allerdings sind die Preise recht hoch. Die Jagdsaison dauert von Ende Oktober bis Mitte März.

Ecotur ist der führende Veranstalter von Jagdausflügen.

Auf einen Blick

Sportstadien

Coliseo de la Ciudad Deportiva
Ave. de Rancho Boyeros y Vía Blanca, Havanna.
(7) 648 7047.

Estadio Panamericano
Carretera de Cojímar, km 4,5, y Ave. Monumental.
(7) 870 6526.

Sala Polivalente Ramón Fonst
Ave. Independencia, e/ 19 de Mayo y Bruzón, Havanna.
Stadtplan 2 E4.
(7) 882 0000.

Baseball

Beisbol Cubano
W **beisbolcubano.cu**

CiberCuba
W **cibercuba.com/tele-rebelde-en-vivo**

Estadio Latinoamericano
Calle Zequeira, El Cerro, Havanna.
(7) 870 6526/6312.

Boxen

Sala Kid Chocolate
Paseo de Martí (Prado) y Brasil, Havanna.
Stadtplan 4 D3.
(7) 861 1546.

Tauchen

Avalon
Jardines de la Reina, Júcaro.
7204 7422.

Centro de Buceo María La Gorda
La Bajada, Pinar del Río.
(48) 778 131.

El Colony
Carretera de Siguanea, km 41, Isla de la Juventud.
(46) 398 181.

Green Moray
Cayo Guillermo.
(33) 301 627.

Marlin Náutica
Marlin Jardines del Rey, Cayo Coco.
(33) 201 221.
W **nauticamarlin.com**

Shark's Friends
Hotel Brisa Santa Lucía, Playa Santa Lucía, Camagüey.
(32) 365 182.

Wellenreiten, Wind- und Kitesurfen

Allegro Resort
W **occidentalhotelscuba.com/CayoGuillermo.html**

Caribbean Riders Kite School
W **varaderokiteschool.com**

Cuba Kiters
W **www.cubakiters.com**

Segeln und Motorboote

Marea del Portillo
Marea del Portillo, Pilón.
(23) 597 081.

Marina Cayo Coco-Guillermo
Cayo Guillermo, Archipiélago Jardines del Rey.
(33) 301 737.

Marina Cayo Largo
Cayo Largo.
(45) 248 212.

Marina Cayo Santa María
Cayo Las Brujas, Cayería Norte de Villa Clara.
(42) 350 013.

Marina Chapelin
Autopista del Sur, km 12,5, Varadero.
(45) 667 550.

Marina Dársena Varadero
Carretera de las Morlas, km 21, Varadero.
(45) 614 448.

Marina Internacional Vita
Bahía de Vita, Holguín.
(24) 430 445.

Marina Santa Lucía
Playa Santa Lucía, Camagüey.
(32) 365 182.

Marina Santiago
Ave. 1, Punta Gorda, Santiago de Cuba.
(22) 691 446.

Marina Tarará
Via Blanca, km 18, Playa Tarará, Havanna.
(7) 796 0242.

Marina Trinidad
Carretera María Aguilar, Playa Ancón.
(41) 996 205.

Marlin Náutica
Siehe Tauchen.

Angeln

Cubanacán
Carretera Playa Girón, km 1,5, Matanzas.
(45) 912 825.

Marina Hemingway
Ave. 5 y 248, Santa Fe, Playa, Havanna.
(7) 204 5088.

Golf

Club de Golf Habana
Carretera de Vento, km 8, Capdevila.
(7) 649 8918.

Club de Golf de Varadero
Ave. Las Américas, Varadero.
(45) 668 482.
W **varaderogolfclub.com**

Wanderungen, Ausflüge und Vogelbeobachtung

Ecotur
Ave. Independencia 116 esq. Santa Catalina, Havanna.
7641 0306.

Hotel 1511, Calle Ciro Frías, esq. Rubert López.
(21) 642 478.
W **ecoturcuba.tur.cu**

Gaviota Tours
Edificio La Marina, Ebene 3, Ave. del Puerto 102, e/ Jústiz y Obrapía, Havanna.
(7) 869 5588.
W **gaviota-grupo.com**

GRUND-INFORMATIONEN

Praktische Hinweise

Der Tourismus in Kuba hat sich in den letzten Jahren weitgehend dem internationalen Standard angeglichen. So ist es für Besucher viel einfacher geworden, das Land zu bereisen. Die Transportmöglichkeiten haben sich erheblich verbessert, vor allem die Busse von Viazul *(siehe S. 303)* eignen sich bestens für Reisen auf eigene Faust. Wer die Reiseplanung lieber in kompetente Hände gibt, wendet sich am besten an einen der zahlreichen Reiseveranstalter vor Ort, die häufig eigene Büros oder Vertretungen in den großen Hotels haben. Dort erhält man Informationen und kann Ausflüge buchen. Die Kompetenz kubanischer Reiseleiter ist unbestritten, mitunter bedarf es allerdings etwas Flexibilität und Anpassungsfähigkeit. In Kuba gehen die Uhren etwas langsamer, was sich auch auf die Bürokratie auswirkt. Bringen Sie daher ausreichend Zeit und genügend Optimismus mit, wenn Sie Dinge zu erledigen haben. Mit einer Portion Geduld und Durchsetzungskraft *todo se resuelve*, wie die Kubaner sagen – wird alles gut.

Playas del Este bei Havanna, beliebt bei Urlaubern und Einheimischen

Beste Reisezeit

Mit Ausnahme der Hurrikansaison von September bis November sowie der sehr heißen Monate Juli und August ist Kuba immer eine Reise wert und eignet sich dank des milden Klimas ganzjährig für einen Strandurlaub. Die ideale Reisezeit ist zwischen Dezember und März, wenn ein angenehmes Klima mit erträglichen Temperaturen herrscht. In diesen Monaten locken zudem einige kulturelle Ereignisse wie etwa das Festival Internacional del Nuevo Cine Latinoamericano, das Jazzfestival und die Zigarrenmesse, das Festival de Habanos. Außerdem sind die Monate beliebt bei Hochzeitspaaren. Allerdings ist Heiraten in Kuba äußerst bürokratisch. Alle Dokumente müssen ins Spanische übersetzt und notariell beglaubigt werden. Informationen erhalten Sie bei der Botschaft Ihres Heimatlandes *(siehe S. 292)* oder über die **Consultoria Jurídica** in Havanna.

Consultoria Jurídica
(7) 204 2490.

Einreise

Europäische Urlauber brauchen für die Einreise nach Kuba einen noch mindestens sechs Monate gültigen Reisepass und ein Touristen-Visum *(tarjeta de turista)*. Auch jedes Kind benötigt ein eigenes Ausweisdokument. Pauschalreisende bekommen die (kostenpflichtige) Karte von ihrem Reiseveranstalter, Individualreisende müssen sich vor der Reise an die kubanische Botschaft *(siehe S. 292)* wenden. Sie erhalten die Karte aber auch bei Reiseveranstaltern wie Cuba Startravel (www.cubastartravel.com). Jeder Kubareisende ist verpflichtet, bei der Einreise einen für Kuba gültigen Krankenversicherungsschutz für die vorgesehene Aufenthaltsdauer auf Spanisch nachzuweisen. Die zulässige Aufenthaltsdauer als Tourist von 30 Tagen kann einmalig um 30 Tage verlängert werden: In Havanna ist dafür die **Einwanderungsbehörde**, in anderen Städten die örtliche Dirección Provincial de Inmigración zuständig. Falls Sie geschäftlich oder als Journalist nach Kuba reisen, gelten Sonderregelungen. In der kubanischen Botschaft in Ihrem Heimatland erhalten Sie ein Sondervisum. Bei der Ausreise aus Kuba ist eine Gebühr von 25 CUC fällig, die bar zu entrichten ist.

Einwanderungsbehörde
Calle 17 No. 203, e/ J y K, Vedado, Havanna.

Zoll

Nehmen Sie nur Dinge mit, die Sie für Ihren persönlichen Bedarf brauchen. Alles andere kann als »unerlaubtes Geschenk« beschlagnahmt werden. Gleiches gilt für Elektrogeräte. Für Geschenke ab einem Gegenwert von 50 bis 250 CUC wird Zoll in Höhe von 100 Prozent erhoben. Die Einfuhr von frischen Lebensmitteln ist verboten.

Wenn Sie mehr als 20 lose Zigarren ausführen möchten, müssen Sie die Rechnung eines staatlichen Geschäfts vorlegen. Wer am Flughafen vor der Ausreise Produkte einkauft, sollte unbedingt einen entsprechenden Beleg aufbewahren.

◀ **Straßenszene in Camagüey** ***(siehe S. 204–207)***

Der Export von Kunstgegenständen erfordert eine Sondergenehmigung. Kaufen Sie nichts, was aus bedrohten Tierarten hergestellt wird. Solche Produkte unterliegen dem Internationalen Abkommen zum Handel mit Tieren und Pflanzen CITES. Informationen über Zollbestimmungen bietet die Website des kubanischen Zolls (www.aduana.co.cu).

Pro Person darf ein Liter Rum ausgeführt werden

Sprache

Die Landessprache in Kuba ist Spanisch, die landestypische Sprachfärbung *(siehe S. 327)* ist nicht so stark, dass man sich mit spanischen Grundkenntnissen nicht verständigen könnte. In den großen Hotels spricht das Personal in der Regel Englisch, auch in Havanna werden Sie mit Englisch ganz gut durchkommen.

Begrüßung

Kubaner begrüßen sich meist mit einem Kuss auf die Wange. Der Handschlag ist in Kuba nur als förmliche Begrüßung unter Männern üblich.

Der Höflichkeit halber sollten Sie die Anreden *Señor* (mein Herr), *Señora* (meine Dame), *Señorita* (mein Fräulein), *Doctor* (Doktor), *Ingeniero* (Ingenieur) und *Profesor* (Professor) verwenden. Die Anrede *Compañero* (Kamerad) hört man nur noch vereinzelt.

Bekleidung

Für Urlauber empfiehlt sich in der Regel leichte Freizeitkleidung. Pullover benötigen Sie hauptsächlich an Winterabenden und an Orten mit Klimaanlage. Wasserfeste Kleidung sollte aufgrund der tropischen Regenfälle im Gepäck nie fehlen, ebenso eine Kopfbedeckung als Schutz vor der stechenden Sonne. Wer Wanderungen oder Ähnliches plant, sollte entsprechende Bekleidung im Gepäck haben. Gleiches gilt für alle, die sich in Kuba sportlich betätigen wollen.

Kubaner legen durchaus Wert auf eine gepflegte Erscheinung, doch benötigen Sie Abendkleidung gewöhnlich nur für Cabarets und Clubs. Zu offiziellen Anlässen wie Besprechungen sollte der Mann statt T-Shirt und kurzer Hose lieber Hemd und lange Hose tragen, die Kleidung der Frau (Kleid bzw. Rock mit Bluse) sollte eher dezent sein.

Etikette

Kuba ist ein tolerantes Land, jedoch mit konservativer Grundhaltung. An den meisten Stränden sind FKK und Oben-ohne-Sonnenbaden verboten.

Auch wenn der Machismo in Kuba von jeher ausgeprägt war, ist Homosexualität heute kein Tabu mehr. Gleichwohl sollte man auf ein angemessenes Verhalten in der Öffentlichkeit achten und der eigenen Sensibilität vertrauen.

Für Kubaner ist es selbstverständlich und fast schon eine Art Wettstreit oder Ritual, Passantinnen Komplimente zu machen, die auch einmal die Grenzen des guten Geschmacks überschreiten können. Dies sollten Sie nicht missverstehen. Es wird nicht ernsthaft eine Reaktion erwartet, auch wenn man sich über ein Lächeln natürlich freut.

Besucherinnen in sommerlicher Freizeitkleidung

Frauen können Kuba problemlos allein bereisen und haben dabei höchstens mit der beflissenen Hilfsbereitschaft der Männerwelt zu kämpfen. Wenn Sie dem Flirten höflich ein Ende setzen möchten, geben Sie sich am besten als verheiratet aus. Das sollte ausreichen, damit die Männer den Hinweis verstehen und Sie allein lassen.

Trampen

Benzin und öffentliche Verkehrsmittel sind in vielen Teilen des Landes Mangelware, weswegen die Kubaner aller Altersklassen viel trampen *(pedir botella)* – sowohl in der Stadt als auch auf dem Land. Verlässlich ist diese Form der Fortbewegung natürlich nicht. Wenn man Pech hat, legt man einen Großteil der Strecke zu Fuß zurück.

Klären Sie vor dem Einsteigen in jedem Fall, ob der Fahrer Sie kostenlos mitnimmt. Auch wenn Einheimische gerne Anhalter mitnehmen, sollten Urlauber dies im Zweifelsfall vermeiden.

Gerade auf dem Land versucht man sein Glück häufig per Anhalter

Jineterismo

Tourismusboom und Wirtschaftskrise haben in Kuba zu einer Sonderform der Prostitution namens *jineterismo* geführt. Auch der Verkauf von Fälschungen (besonders Zigarren) oder die Suche nach Zimmern oder *paladares* gegen Provision fällt unter diese Kategorie. Die *jinetera* bzw. der *jinetero* spricht Urlauber an und beginnt ein Verhältnis über eine Nacht oder mehrere Tage. Manchmal geht es dabei nicht nur um Geld, sondern auch um die Möglichkeit einer Einladung, um Kuba verlassen zu können.

Dieses anfangs unterschätzte soziale Phänomen wird heute von den kubanischen Behörden hart bekämpft. Auch wenn man als Urlauber keine Strafen zu fürchten hat, sollten Sie solche »zufälligen« Bekanntschaften hinterfragen, insbesondere außerhalb der Hotels und in Clubs. Dies gilt jedoch vor allem für Havanna und die großen Touristenorte Kubas.

Gesetze und Vorschriften

Vor der Reise sollte man sich ein wenig mit den kubanischen Gepflogenheiten vertraut machen. Wildes Campen oder das Übernachten in Schlafsäcken am Strand sind in Kuba strengstens verboten.

Es könnte sein, dass Ihnen auf der Straße oder vor einer Diskothek Cannabis angeboten wird. Sie sollten daher wissen, dass bereits der Erwerb geringer Mengen von Marihuana illegal ist und zu einer sofortigen Ausweisung aus Kuba führen kann.

Das Fotografieren von militärischen Einrichtungen und offiziellen Fahrzeugkolonnen ist verboten.

Schild am Eingang des Museums für Kolonialkunst, Sancti Spíritus

Gebäude der britischen Botschaft in Miramar, Havanna

Information

Büros staatlicher kubanischer Fremdenverkehrsorganisationen wie Infotur, Cubatur oder Cubanacán findet man in größeren Städten, an Flughäfen und in vielen Hotels. Hier erhält man neben Karten und Broschüren viele nützliche Informationen.

Die Karten des kubanischen Verlags Ediciones GEO sind zu empfehlen. Adressen von Infostellen in Deutschland und im Internet *siehe S. 301*.

Behinderte Reisende

Lediglich die großen Flughäfen, Hotels und Restaurants sind auf Rollstuhlfahrer eingerichtet. In ländlichen Regionen haben es behinderte Reisende in Kuba ziemlich schwer. Der Aeropuerto Internacional José Martí in Havanna ist mit Rampen, Aufzügen und behindertengerechten Toiletten ausgestattet. Es wird daran gearbeitet, alle Flughäfen, Bahnhöfe, öffentlichen Gebäude, Museen, Büros und Straßen barrierefrei zu gestalten.

Öffnungszeiten

Die gängigen Öffnungszeiten an Werktagen sind 8–17.30 Uhr, bei Banken 8–15 Uhr. Die Öffnungszeiten von Museen sind unterschiedlich, bewegen sich aber normalerweise zwischen 9 und 17 Uhr. An Sonntagen sind Museen nur halbtags geöffnet. Im Zweifelsfall sollten Sie die Öffnungszeiten vorab telefonisch erfragen.

Museen verlangen grundsätzlich Eintritt. Kubaner zahlen in Pesos, Urlauber in CUC. Die Preise liegen durchschnittlich bei ein bis fünf CUC. Teilweise wird derselbe Betrag für die Fotoerlaubnis verlangt.

Strom

Die Stromspannung in Kuba beträgt 110 Volt Wechselstrom. Für Ihre elektrischen Geräte benötigen Sie einen Adapter. Neuere Hotels verfügen teils auch über 220 Volt Wechselstrom.

Zeit

Kuba liegt sechs Stunden hinter der MEZ (Mitteleuropäische Zeit). Da in Kuba im entsprechenden Zeitraum ebenfalls auf Sommerzeit umgestellt wird, ergibt sich bis auf wenige Tage keine Änderung zur europäischen Sommerzeit.

Auf einen Blick

Botschaften in Kuba

Deutschland
Calle 13 No. 652, esq. B, Vedado, Havanna.
(7) 833 2539.
havanna.diplo.de

Österreich
Avenida 5ta No. 6617, esq. Calle 70, Miramar, Havanna.
(7) 204 2825.
havanna-ob@bmaa.gv.at

Schweiz
Avenida 5ta No. 2005, e/ 20 y 22, Miramar, Playa, Havanna.
(7) 204 2611.
eda.admin.ch/havana

Kubanische Botschaften

Deutschland
Stavangerstraße 20, 10439 Berlin.
(030) 44 71 73 19.
Außenstelle Bonn:
Kennedyallee 22–24, 53175 Bonn.
(0228) 30 90.
cubadiplomatica.cu/alemania

Österreich
Kaiserstraße 84, 1070 Wien.
(01) 877 81 98.
cubadiplomatica.cu/austria

Schweiz
Gesellschaftsstrasse 8, 3012 Bern.
(031) 302 21 11.
cubadiplomatica.cu/suiza

Sicherheit

Verglichen mit dem Rest Lateinamerikas ist Kuba ein sicheres Reiseland. In den letzten Jahren allerdings haben Tourismusboom und Wirtschaftskrise besonders in Havanna und Santiago zu einem Anstieg der Kleinkriminalität geführt. Das ist kein Grund zu übertriebener Sorge, doch sollten Sie gewisse Vorkehrungen treffen: Deponieren Sie Wertsachen, Reisepapiere und Bargeld im Hotelsafe, nehmen Sie keine größeren Geldbeträge mit, wenn Sie unterwegs sind, tragen Sie keinen auffälligen Schmuck und passen Sie auf Ihre Kamera auf. Stellen Sie Ihren Mietwagen möglichst immer in der Nähe eines Hotels oder in einem Parkhaus ab, lassen Sie nichts offen im Wagen liegen.

Verkehrspolizist

Polizei und Feuerwehr

Kubanische Polizisten sind höflich und helfen Urlaubern gern weiter. Die Beamten der Passkontrolle an den Flughäfen tragen grüne Militäruniformen. Sie gehören der Inmigración y Extranjería an und arbeiten langsam und peinlich genau. Probleme gibt es nur, wenn Sie sich noch keine Unterkunft organisiert haben, und sei es nur für die ersten Tage. Sämtliches ein- und ausgehendes Reisegepäck wird durchleuchtet. Halten Sie sich an die geltenden Zollbestimmungen.

Die Polizisten der PNR (Policía Nacional Revolucionaria) erkennen Sie an ihrer blauen Hose und einem hellgrauen Hemd. Sie sorgen für Recht und Ordnung in der Öffentlichkeit und halten nur selten Ausländer auf. In einigen Touristengegenden wie Varadero und Habana Vieja gibt es auch Polizisten in dunkelblauer Uniform. Sie gehören einer Spezialeinheit an, die ausschließlich zum Schutz der Urlauber vor allem vor Taschendieben eingerichtet wurde und verdächtige Personen überprüft. Diese Polizisten sprechen etwas Englisch und geben gerne Auskunft. Verkehrspolizisten *(policía de tránsito)* und Feuerwehrleute *(bomberos)* tragen andere Uniformen. Geschwindigkeitskontrollen kommen häufig vor. Folgen Sie den Anweisungen der Polizisten, sollten Sie gestoppt werden. Die Security-Organisation SEPSA ist zuständig für die Bewachung von Banken und *tiendas* oder Geldtransporte.

Feuerwehrauto in Matanzas

Straßenschild, das auf eine gefahrenträchtige Strecke hinweist

Verkehrssicherheit

Der Verkehr in Kuba nimmt zwar ständig zu, doch noch gibt es nicht allzu viele Autos. Geben Sie in der Stadt auf Fahrradfahrer acht, die sich nicht immer an die Verkehrsregeln halten.

Die größte Unfallgefahr besteht auf Land- und Schnellstraßen durch das Landesinnere *(siehe S. 305)* mit grasenden Tieren am Straßenrand und unbeschrankten Bahnübergängen. Der Straßenbelag ist oft holprig mit tiefen Schlaglöchern. Passen Sie Ihr Tempo entsprechend an.

Wenn es mehrere Tage lang stark regnet, sind die Straßen schnell überflutet.

Diebstahl und Verlust

Bei Verlust oder Diebstahl persönlicher Gegenstände können Sie sich von einem Polizisten ins nächste Polizeirevier bringen lassen oder ihn nach dem Weg fragen. Dort müssen Sie aber in der Regel mit langen Wartezeiten rechnen, bis Ihre Anzeige aufgenommen ist.

Die Anzeige eines Diebstahls bei der Polizei ist Voraussetzung für die Inanspruchnahme des Versicherungsschutzes.

Naturkatastrophen

Die größte Naturgefahr in Kuba sind Hurrikans, die vor allem in den Herbstmonaten auftreten können. Die Hurrikansaison dauert von Juni bis November. Mittlerweile können Hurrikans schon lange vorhergesagt werden, wodurch genügend Zeit bleibt, um entsprechende Vorkehrungen zu treffen, sodass das Risiko begrenzt ist. Im Fall eines Hurrikans folgen Sie den Anweisungen des Hotelpersonals, das Sie in der Regel auffordern wird, das Hotel nicht zu verlassen und sich von Fenstern fernzuhalten, bis der Sturm vorüber ist.

Auf einen Blick

Notrufnummern

Ambulanz
104 oder 118.

Feuerwehr
105.

Polizei
106.

Gesundheit

Die medizinische Versorgung in Kuba ist gut. Tropenkrankheiten sind selten, sodass Sie auf Ihrer Reise keine besonderen gesundheitlichen Risiken eingehen. In allen internationalen Hotels steht rund um die Uhr ein Bereitschaftsarzt zur Verfügung. Die erste Untersuchung sowie Erste-Hilfe-Leistungen sind kostenlos. Angesichts der wirtschaftlichen Probleme und des US-Embargos kommt es aber gerade in Apotheken zu Engpässen bei Arzneimitteln. Deshalb gibt es nicht überall die gut sortierten *farmacias internacionales* (internationale Apotheken, in denen in CUC gezahlt wird). Am besten bringen Sie die wichtigsten Medikamente selbst mit. Dasselbe gilt für Sonnencremes mit hohem Lichtschutzfaktor und Insektenschutzmittel.

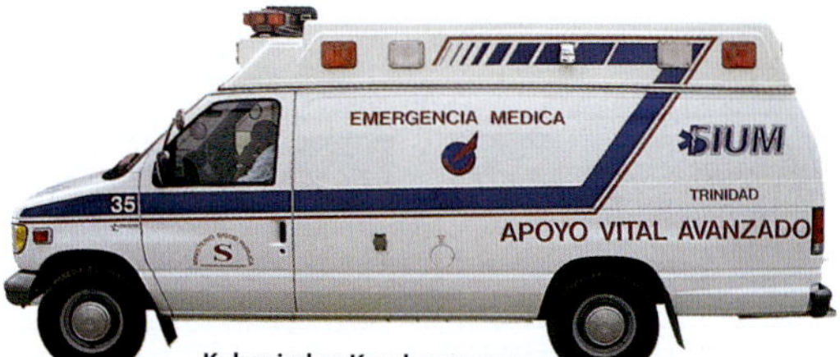

Kubanischer Krankenwagen

Impfungen

Für eine Reise nach Kuba sind keine Impfungen notwendig. Auf der Insel gibt es so gut wie keine Tropenkrankheiten mehr, Sie können also ganz beruhigt das Land erkunden. Kuba ist zudem frei von Malaria. Seit 2012 gibt es vereinzelte Fälle von Cholera. Aktuelle Informationen finden Sie auf der Website des Auswärtigen Amts (www.auswaertiges-amt.de).

Medizinische Versorgung

Die medizinische Versorgung in Kuba ist vorbildlich, kostenlos und besser als in jedem anderen lateinamerikanischen Land, auch wenn die Insel (noch) unter dem US-amerikanische Embargo leidet.

Die staatliche Versorgung ist kubanischen Staatsbürgern vorbehalten. Ausländische Besucher werden in internationalen bzw. öffentlichen Krankenhäusern behandelt, wo sie in CUC zahlen müssen. Ein ausreichender Versicherungsschutz ist also anzuraten. Die deutschen gesetzlichen Versicherungen reichen nicht aus.

Versicherungsschutz

Ausländische Besucher sind verpflichtet, bei der Einreise einen für Kuba gültigen Krankenversicherungsschutz (auf Spanisch) nachzuweisen. Ansonsten muss man am Flughafen eine Police für die Dauer des Aufenthalts in Kuba erwerben. Die Police wird von **Asistur**, der staatlichen Krankenversicherung Kubas, ausgestellt. Die Europäische Krankenversicherungskarte reicht nicht.

Eingang zur Taquechel-Apotheke in Havanna *(siehe S. 76)*

Apotheken

Die nationalen Apotheken sind schlecht sortiert und in der Regel nur für Kubaner. In den internationalen Apotheken in Havanna und in einigen Urlaubsorten hingegen erhalten Sie eine große Auswahl an Arzneimitteln – mit oder ohne Rezept – sowie alle notwendigen sanitären Gebrauchsgegenstände, die Sie in *tiendas* meist vergeblich suchen werden.

Öffentliche Toiletten

Öffentliche Toiletten findet man in Kuba selten, und wenn, sind sie vielfach verschmutzt und haben kein Wasser. Toilettenpapier gibt es in der Regel nur in WCs von Restaurants, Hotels, luxuriösen Nachtclubs und Flughäfen.

Krankheiten

Erkältungen können in Kuba häufig auftreten, da die Temperaturen in voll klimatisierten Hotelzimmern und Restaurants im starken Kontrast zur Außentemperatur stehen. Bereiten Sie sich auf diese Temperaturunterschiede vor. Ein leichter Pullover kann nützlich sein.

Asthmatiker empfinden das feuchte Klima in Kuba teilweise als problematisch. Personen mit Atemproblemen sollten immer Inhalator und entsprechende Medikamente bei sich haben. Die Krankenhäuser und *policlínicos* (Polikliniken) sind für diese Fälle gut ausgestattet. Häufiges Problem ist zudem

Gegen Sonnenbrand und Hitzschlag helfen Hut und Sonnencreme

Durchfall oder schlimmstenfalls Ruhr. Zur Vorbeugung genügt es normalerweise, kein Leitungswasser zu trinken bzw. dieses mit entsprechenden Tabletten zu desinfizieren. Darüber hinaus ist es sinnvoll, kein Essen und Trinken an Straßenständen zu kaufen und bei den Getränken auf Eiswürfel zu verzichten.

Diese Vorkehrungen sind auch sinnvoll zur Vorbeugung von Giardiasis, einer von einem Parasiten hervorgerufenen Darmerkrankung, die zu Ruhr, Übelkeit, Müdigkeit und Gewichtsverlust führt.

In seltenen Fällen können in den Sommermonaten in den Sumpfgebieten von Ostkuba Gelbfieber und Dengue-Fieber auftreten (wobei sich in dieses Gebiet kaum ein Urlauber verirrt). Da diese beiden Krankheiten von Moskitos übertragen werden, ist es ratsam, bei einem Aufenthalt in diesen Gebieten reichlich Insektenschutzmittel und entsprechende Kleidung zu verwenden.

Sonnenschutz

Die Sonnenstrahlung in Kuba ist wegen der Lage des Landes in den Tropen sehr intensiv. Besucher des Landes benötigen daher in jedem Fall einen zuverlässigen Sonnenschutz mit hohem Lichtschutzfaktor, besonders im Juli und August. Tragen Sie im Freien möglichst stets eine Kopfbedeckung und nehmen Sie viel Flüssigkeit zu sich, um Dehydration zu vermeiden. Hohe Luftfeuchtigkeit und Hitze können zu einem Hitzschlag führen, der sich in Durst, Übelkeit, Fieber und Schwindel äußert. In diesem Fall hilft viel Flüssigkeit und ein kaltes Bad.

Insekten

Moskitos können in Kuba unangenehm werden und Krankheiten übertragen. Denken Sie in Sumpfgebieten wie dem Zapata-Sumpf an Insektenschutzmittel, cremen Sie sich abends ein und schalten Sie über Nacht Ventilator bzw. Klimaanlage ein.

Auf einen Blick

Notrufnummer

Ambulanz/Erste Hilfe
☎ 104.

Versicherungsschutz

Asistur
☎ (7) 866 8839.
W asistur.cu

Havanatur Celimar
W havanatur.cu

Internationale Krankenhäuser

Havanna
Clínica Cira García, Calle 20 No. 4101, esq. 41, Miramar, Havanna.
☎ (7) 204 2811.
W cirag.cu

Santiago de Cuba
Ave Raúl Pujol y Calle 10.
☎ (22) 642 589.

Varadero
Calle 61 y 1. ☎ (45) 667 710.

Internationale Apotheken

Farmacia Internacional Habana Libre
Hotel Habana Libre, Ave. L, e/ 23 y 25, Vedado, Havanna.
Stadtplan 2 E2.
☎ (7) 838 4593.

Farmacia Internacional Miramar
Ave. 41, esq. 20, Miramar, Havanna. ☎ (7) 204 4350.

Gesundheits- und Wellness-Tourismus

Servimed – Turismo y Salud
☎ (7) 204 2650, (7) 204 1630.
W servimedcuba.com

Gesundheit und Wellness

Aufgrund seines günstigen Klimas hat Kuba seit Langem den Ruf eines Sanatoriums für internationale Gäste. Bereits im 19. Jahrhundert entstanden hier an Heilwasserquellen die ersten Hotels. Mittlerweile sind auch internationale Kliniken für allgemeine medizinische Pflege wie Anti-Stress-Programme oder Hautbehandlungen hinzugekommen. Zudem gibt es einige Reha-Zentren für Alkohol- und Drogenabhängige. All diese Institutionen sind praktisch ganzjährig sehr gefragt: Die Wartelisten sind lang, die Preise angemessen bis gehoben und die Erfolge gut. Geführt werden medizinische und Wellness-Einrichtungen von der staatlichen Organisation **Servimed**, die der Gruppe Cubanacán angehört.

Dermatologische Behandlung in einer Spezialklinik

Kommunikation

Das Telefon ist das am weitesten verbreitete Kommunikationsmittel in Kuba. Während der Service der Post zu wünschen übrig lässt, entspricht das Telefonnetz der ETECSA mit zahlreichen öffentlichen Kartentelefonen durchaus internationalen Standards. E-Mail ist vor allem im Geschäftsleben verbreitet und ansonsten noch eingeschränkt. Kuba verfügt über fünf nationale Fernsehsender und diverse nationale, regionale und lokale Radiosender. Viele Hotels verfügen über Satellitenfernsehen und bieten einen speziellen Kanal für Urlauber. Die führende Tageszeitung heißt *Granma*, das Wochenblatt *Granma Internacional* erscheint in mehreren Sprachen.

Hinweis zu Telefonnummern

Für Telefonate nach Kuba wählen Sie die Vorwahl 0053 für Kuba, die Ortsvorwahl (ohne 0) und die Rufnummer. Für Ortsgespräche ist keine Ortsvorwahl nötig.

Das analoge Netz ist inzwischen zu 90 Prozent durch ein digitales ersetzt worden. Falls im Buch angegebene Telefonnummern nicht stimmen, informieren Sie sich am besten unter www.pamarillas.cu (Páginas blancas und Páginas informativas) oder bei der Botschaft Ihres Landes *(siehe S. 292)*.

Telefonieren

Orts-, Fern- und internationale Gepräche führt man am bequemsten vom Hotel aus, allerdings hat das seinen – beachtlichen – Preis. Im ganzen Land gibt es öffentliche Kartentelefone, an denen man Direktgespräche auch ins internationale Ausland führen kann. Telefonkarten *(tarjeta telefónica* bzw. *tarjeta propia)* mit eigenem Zahlencode – der nach dem Kauf der Karte freigerubbelt werden muss – erhält man in Hotels, Postämtern, *tiendas* und ETECSA-Läden zum Preis von 10, 20 oder 50 CUC.

Zum Telefonieren hebt man den Hörer ab, wartet auf das Freizeichen, wählt 166 und wartet auf die Ansage, die auch auf Englisch wählbar ist. Anschließend gibt man den 12-stelligen Code der Telefonkarte ein und dann die gewünschte Anschlussnummer mit Vorwahl *(siehe unten)*.

Ein Ortsgespräch kostet ca. 0,05 CUC pro Minute, ein Anruf nach Europa kostet etwa 5 CUC pro Minute.

Viele der älteren Münztelefone sind defekt und funktionieren allenfalls bei Ortsgesprächen zuverlässig. Sie benötigen wenigstens eine 5-Centavos-Münze (auch als *medio* bekannt) oder eine 20-Centavos-Münze (oft *peseta* genannt) für ein mehrminütiges Gespräch.

Telefonkarte

Münzen zum Telefonieren

Privatanschlüsse

Von privaten Anschlüssen können lediglich Gespräche innerhalb Kubas direkt geführt werden. Fern- und Auslandsgespräche werden stets über die Vermittlung geschaltet. Auslandsverbindungen sind immer auch R-Gespräche, außer Sie telefonieren über ein ETECSA-Telefon, dessen Rechnung in CUC bezahlt wird. Solche Telefone gibt es allerdings selten in Privatwohnungen von Kubanern.

Mobiltelefone

Das Mobilfunknetz ist gut ausgebaut, wenn auch nicht flächendeckend. Wer mit seinem Mobiltelefon in Kuba telefonieren will, sollte sicherstellen, dass das Gerät dem europäischen GSM-900-MHz-Standard – den alle Smartphones unterstützen – entspricht, der auch in Kuba verwendet wird.

Cubacel ist die kubanische Mobiltelefongesellschaft. Sie ist Roaming-Partner aller großen Mobilfunkanbieter im deutschsprachigen Raum.

Die Roaming-Gebühren – sowohl für eingehende als auch für abgehende Gespräche und SMS – können je nach Vertrag exorbitant sein. Zur Vermeidung unangenehmer Überraschungen sollte man sich deshalb vor Reiseantritt bei seinem Mobilfunkanbeiter erkundigen.

Insbesondere das Daten-Roaming – dazu zählen auch Ortungsdienste und Kartenabfragen – kann erhebliche Kosten verursachen. Im Zweifelsfall sollte man es während des Aufenthalts in Kuba komplett ausschalten.

Telefonnummern

- Vorwahl Kuba: 0053.
- Vorwahl Havanna: (0053) 7.
- Für Ferngespräche innerhalb Kubas von einem öffentlichen Kartentelefon wählen Sie die 0 vor der Ortsvorwahl.
- Internationale R-Gespräche über die Vermittlung: 09.
- Auskunft: 113.
- Für Ferngespräche über die Vermittlung wählen Sie 00.
- Für internationale Direktverbindungen von einem öffentlichen Kartentelefon aus wählen Sie die 119 (von einem Hotel aus die 88) und anschließend die Ländervorwahl (Deutschland 49; Österreich 43; Schweiz 41), gefolgt von der Ortsvorwahl und der gewünschten Rufnummer.

Eine Alternative ist der Kauf einer SIM-Karte von Cubacel. Dies setzt voraus, dass Ihr Smartphone bzw. Mobiltelefon keinen SIM-Lock hat, dass also Ihr Gerät nicht an eine bestimmte SIM-Karte gekoppelt ist. Eine SIM-Karte von Cubacel kostet 3 CUC (mit Handy 6 CUC) pro Tag, zusätzlich fallen Gebühren für Telefonate und SMS an. Ein Gespräch ins europäische Ausland kostet mindestens 1,80 CUC pro Minute, eine SMS liegt bei 1 CUC. Das Telefonieren über einen Festnetzanschluss *(siehe S. 296)* ist in jedem Fall günstiger als der Gebrauch eines Mobiltelefons bzw. Smartphones.

Post

Die kubanische Post ist langsam wie in den meisten lateinamerikanischen Ländern. Briefmarken *(sellos)* erhalten Sie in Hotels gegen CUC sowie auf Postämtern *(oficinas de correo)* in Pesos *(pesos cubanos)*. In jedem Fall sind Briefe lange unterwegs. Mit etwas Glück können Sie den Postweg geringfügig beschleunigen, wenn Sie Ihre Post direkt in die Briefkästen der Postämter einwerfen.

Am sichersten und schnellsten funktioniert der Versand über internationale Kurierdienste wie **DHL** oder **Cubapack Internacional SA**.

Eingang in ein Postamt *(oficina de correo)* in Havanna

Adressen

In Kuba steht bei Adressen am Anfang der Straßenname, gefolgt von der Hausnummer, die durch »No.« oder »#« angezeigt wird. Anschließend steht entweder *»esq.«* (*esquina* = Ecke) und der Name der kreuzenden Straße oder *»e/«* (*entre* = zwischen) und zwei Straßennamen *(siehe S. 122)*. Dann kommt ggf. eine Apartmentnummer, *»altos«* (1. Stock) oder *»bajos«* (Erdgeschoss), danach der Name des Viertels *(»reparto«)* oder Stadtteils und am Ende der Ort.

Radio und Fernsehen

Es gibt fünf nationale Fernsehsender. Cubavisión sendet rund um die Uhr Soap-Operas, Filme, Nachrichten, Musik und US-Serien. Tele Rebelde hat sich auf Nachrichten und Sport spezialisiert und sendet untertags Schulprogramme und abends Dokumentationen, ebenso wie Canal Educativo und Canal Educativo 2. Jede Provinz hat seinen eigenen lokalen Kanal. Canal Habana und Multivisión bedient etwa Havanna.

Hotels bieten ein Auswahl internationaler Sender an wie CNN, Discovery ESPN, HBO und The Cartoon Network, die in Privathaushalten verboten sind. In Hotels gibt es auch einen Urlauberkanal. Canal del Sol zeigt Filme und Sportsendungen.

Empfehlenswert ist der Radiosender Radio Taíno mit Musik und Informationen auf Englisch und Spanisch (1180 AM in Havanna und 1100 AM in Varadero). Radio Rebelde sendet Nachrichten, Musik und Sport, Radio Habana Cuba richtet sich an Zuhörer im Ausland, und Radio Reloj sendet rund um die Uhr Nachrichten.

Zeitungen und Zeitschriften

Die einzige landesweite Tageszeitung in Kuba ist *Granma*, das offizielle Organ der Kommunistischen Partei Kubas, die auch eine Wochenausgabe für Ausländer, *Granma Internacional*, veröffentlicht.

Es gibt zudem verschiedene regelmäßig erscheinende Regionalzeitungen: *Trabajadores* und *Tribuna de La Habana* in Havanna, *Guerrillero* in Pinar del Río, *Girón* in Matanzas, *5 de Septiembre* in Cienfuegos, *Adelante* in Camagüey, *Ahora* in Holguín, *Sierra Maestra* in Santiago de Cuba und *Victoria* auf der Isla de la Juventud.

Kubanische Zeitschriften sind u. a. die wöchentlich erscheinende Kulturzeitschrift *Bohemia*. *Cartelera* liefert wöchentlich Informationen (auch auf Englisch) zu Kunst- und Kulturevents in Havanna.

Viele der größeren Hotels bieten Internet-Zugang für Urlauber

Internet und Fax

Der E-Mail-Verkehr ist für Kubaner im Privatbereich nach wie vor eingeschränkt, in Büros und Behörden hingegen weitverbreitet. Das Internet, lange ein Privileg der Oberschicht, ist heute für 4 CUC pro Stunde jedermann zugänglich. In vielen Hotels hat man Internet-Zugang mittels ETECSA-Karte für 6 CUC pro Stunde, in einigen – z. B. in Havanna oder im Meliá in Santiago – zahlt man für den Zugang 7 CUC pro Stunde.

Faxdienste gibt es in den großen Städten auf allen internationalen Postämtern sowie in allen führenden Hotels.

Auf einen Blick

Mobiltelefone

Cubacel
W **etecsa.cu**

Kurierdienste

Cubapack Internacional SA
Calle 22 No. 4115, e/ 41 y 47, Playa, Havanna.
(7) 204 2817, (7) 204 2134.

DHL
Calle 26, esq. 1, Playa, Havanna.
(7) 204 1876.

Banken und Währung

Die kubanische Landeswährung ist der *peso cubano* (CUP), der weder ein- noch ausgeführt werden darf. Daneben gibt es den *peso convertible* (CUC) als Zahlungsmittel für ausländische Urlauber. Auf den Umtausch von US-Dollar in CUC wird eine Gebühr von zehn Prozent erhoben. Daher ist es ratsam, Bargeld in Euro mitzubringen. Der Wechselkurs des CUC ist an den US-Dollar gebunden. In Urlaubsorten wie Varadero, Jardines del Rey, Playa Covarrubias und Playa Esmeralda kann direkt mit Euro bezahlt werden. Im Jahr 2013 wurde eine nicht genau terminierte Zusammenführung von CUP und CUC beschlossen.

Banken und Wechselstuben

Zum Wechseln empfehlen sich u. a. der **Banco de Crédito y Comercio** (BANDEC) und der **Banco Financiero Internacional** (BFI). Sie haben überall auf der Insel Zweigstellen, einige davon in Hotels. Auch am Flughafen von Havanna kann man gleich nach der Ankunft Geld wechseln.

Die Öffnungszeiten der Banken sind montags bis freitags von 8 bis 15 Uhr. Einige Zweigstellen in Havanna und den großen Urlaubsorten haben länger geöffnet. In den Hauptstädten der Provinzen und vielen Hotelanlagen gibt es Wechselstuben, die rund um die Uhr geöffnet haben.

Sie erhalten Bargeld auch mit Reiseschecks (Visa oder Thomas Cook, nicht American Express) oder mit Ihrer Kreditkarte (Visa oder MasterCard, sofern sie nicht von einer US-amerikanischen Bank ausgestellt sind), nicht aber mit girocard (früher Maestro-/EC-Karte).

Die meisten Urlauber lösen ihre Reiseschecks an der Hotelrezeption ein, doch die Kommission der Hotels ist in der Regel höher als die der Banken, wo zwei bis drei Prozent verlangt werden. Sie können Euro-Reiseschecks auch oft als Zahlungsmittel verwenden. Das Bezahlen mit US-Dollar ist nicht möglich.

Logo des Banco Financiero Internacional

Zum Ankauf von Pesos cubanos empfiehlt sich die Wechselstuben-Kette CADECA. Man findet sie oft in der Nähe von *tiendas* oder Märkten.

Kreditkarten

Alle großen Hotels und viele von Urlaubern besuchte *tiendas*, in denen mit CUC bezahlt wird, akzeptieren Kreditkarten nichtamerikanischer Banken (also nicht American Express oder Diners Club und nicht von der Citibank ausgestellte Karten). Bei Problemen mit Ihrer Kreditkarte wenden Sie sich an das **Centro de Tarjetas de Crédito** in Havanna.

Bei Kreditkartenzahlung wird zunächst der Preis in US-Dollar umgerechnet und dann eine Gebühr von rund drei Prozent aufgeschlagen.

Hübsche klassizistische Fassade einer Bank in Santa Clara

Auf einen Blick

Banken und Wechselstuben

Banco de Crédito y Comercio
Amargura 158, e/ Aguiar y Cuba
La Habana Vieja, Havanna.
(7) 860 4911.

Banco Financiero Internacional
5ta Ave. No. 9009, esq. 92,
Miramar, Playa, Havanna.
(7) 267 5000.

CADECA Casa de Cambio
Aeropuerto José Martí, Terminal 3, Havanna. tägl. 24 Std.

CADECA Casa de Cambio
Aeropuerto de Varadero.

CADECA Casa de Cambio
Hotel Nacional, Calle 0, esq. 21,
Vedado, Havanna.
tägl. 8–12, 13–23 Uhr.

CADECA Casa de Cambio
Obispo No. 257, e/ Aguiar y Cuba,
La Habana Vieja, Havanna.
tägl. 8–20 Uhr.

Kreditkarten

Centro de Tarjetas de Crédito
Calle 23 (La Rampa), e/ L y M,
Vedado, Havanna.
(7) 835 6444.

Kreditkartenverlust

Allgemeiner Notruf
(119) 49 116 116.

MasterCard
(119) 1 6367 227 111.

Visa
(119) 1 303 967 1096.

Währung

Die Verwendung von zwei Währungen hat massive Auswirkungen. Importierte Waren und höherwertige Dienstleistungen müssen auch von Einheimischen in CUC bezahlt werden und sind somit für viele Kubaner nicht erschwinglich. Besucher müssen fast alles in CUC (oder Euro) zahlen, sogar das Essen in *paladares* *(siehe S. 264)*.

Der Wechselkurs des Peso cubano zum Peso convertible beträgt 24:1 (Stand: 2015). Die Touristenwährung CUC ist außerhalb von Kuba wertlos und kann bei der Ausreise rückgetauscht werden.

Münzen

100 Centavos sind 1 Peso cubano (CUP). Es gibt folgende kubanische Münzen: 1 Centavo (»kilo«), 2 Centavos, 5 Centavos (»medio«, für Telefonate), 10 Centavos, 20 Centavos (»peseta«, für Telefonate), 25 Centavos sowie 1 und 3 Pesos. Die 3-Peso-Münze ziert Che Guevaras Konterfei.

3 Pesos

1 Peso

20 Centavos

5 Centavos

Banknoten

Kubanische Banknoten gibt es in Werten zu 1, 3, 5, 10, 20, 50 und 100 Pesos. Sie haben alle unterschiedliche Farben. Vorsicht: Aufgrund des gleichen Namens besteht leicht Verwechslungsgefahr mit den Pesos convertibles.

5 Pesos (Antonio Maceo)

10 Pesos (Máximo Gómez)

20 Pesos (Camilo Cienfuegos)

Pesos convertibles

Die Banknoten des Peso convertible (CUC) gibt es in Werten zu 1, 3, 5, 10, 20, 50 und 100 Pesos convertibles. Die Münzen (1, 5, 10, 25, 50 Centavos sowie 1 und 5 Pesos) tragen den Schriftzug »Intur«. Ein Peso convertible entspricht 1 US-Dollar (seit 2011).

1 Peso convertible (CUC)
(Monumento a José Martí)

25 Centavos

10 Centavos

5 Centavos

1 Centavo

10 Pesos convertibles (CUC) (Monumento a Máximo Gómez)

Reiseinformationen

Die meisten Urlauber kommen mit dem Flugzeug nach Kuba. Es gibt Linien- und Charterflüge aus Europa, Kanada, Mittel- und Südamerika. Die Inlandsverbindungen sind gut, jede Provinz hat mindestens einen Flughafen. Von den 31 Flughäfen werden zehn von internationalen Fluglinien bedient.

An allen Flughäfen stehen Ihnen Taxis für einen eventuellen Hoteltransfer zur Verfügung. Sie können auch gleich einen Leihwagen mieten, zumal das Autofahren die beste Art ist, sich in Kuba von Ort zu Ort fortzubewegen. Allerdings werden Sie nicht die bekannten internationalen Mietwagenfirmen finden, sondern nur regionale Verleiher *(siehe S. 305)*. Auf Cayo Largo gibt es einen Flughafen mit internationalen Verbindungen. Die Isla de la Juventud ist über einen Inlandsflughafen sowie Fähren und Katamarane mit den anderen Teilen Kubas verbunden.

Anreise mit dem Flugzeug

Kuba ist in den vergangenen Jahren als Reiseziel immer beliebter geworden, die meisten Urlauber kommen mit dem Flugzeug. Das Land ist über Linien- und Charterflüge verschiedener international operierender Fluggesellschaften mit Europa und anderen Kontinenten verbunden.

Der überwiegende Teil der Urlauber erreicht Kuba mit vergleichsweise günstigen Charterflügen, die den Inselstaat direkt anfliegen. Bei Linienflügen müssen häufig ein oder mehrere Zwischenlandungen in Kauf genommen werden. Nach Kuba fliegen beispielsweise Air Europa (über Madrid), Air France (über Paris), Iberia (über Madrid), KLM (über Amsterdam) sowie die kubanische Fluggesellschaft Cubana de Aviación, die auch über Paris, London, Rom und Madrid

Eingang zum José-Martí-Flughafen in Havanna

fliegt. Mit dieser Airline besteht die Möglichkeit, schon von Europa aus Inlandsflüge in Kuba zu buchen.

Wegen der langen Strecke bevorzugen viele Flugreisende natürlich Direktverbindungen. So bedient Condor etwa die Verbindung Frankfurt–Havanna, Air Berlin z. B. die Strecken Düsseldorf–Varadero und München–Varadero ohne Zwischenstopp.

Die meisten Airlines steuern den Flughafen José Martí in Havanna an. Auch Holguín und Varadero sind häufige Ziele. Die mittlere Flugzeit beträgt ohne Zwischenlandung zehn Stunden.

Ort	Flughafen	Information	Entfernung zum Ort bzw. zum Touristenzentrum
Havanna	José Martí	(7) 266 4133	Stadtmitte: 15 km
Varadero	Juan Gualberto Gómez	(45) 247 015	Stadtmitte: 6 km
Cayo Largo del Sur	Vilo Acuña	(45) 248 141	*(im Zentrum der Insel)*
Camagüey	Ignacio Agramonte	(32) 261 010	Stadtmitte: 9 km
Holguín	Frank País	(24) 335 487	Stadtmitte: 13 km
Santiago de Cuba	Antonio Maceo	(22) 698 614	Stadtmitte: 5 km
Manzanillo	Sierra Maestra	(23) 577 401	Stadtmitte: 8 km
Cayo Coco	Jardines del Rey	(33) 309 165	*(im Osten von Cayo Coco)*
Cienfuegos	Jaime González	(43) 552 047	Stadtmitte: 5 km

Flughäfen

In Kuba gibt es zehn internationale und 21 nationale Flughäfen. Der größte internationale Flughafen heißt Aeropuerto Internacional José Martí und liegt 15 Kilometer südlich von Havanna. Der moderne, relativ gut organisierte Flughafen wird am häufigsten von internationalen Fluglinien angeflogen. Charterflüge landen im Terminal 2, Linienflüge im Terminal 3, Terminal 1 wird für Inlandsflüge genutzt. Die Fahrt mit dem Taxi ins Stadtzentrum kostet 25 CUC.

Die anderen internationalen Flughäfen werden von Chartermaschinen angeflogen. Varadero ist hier der häufigste Zielflughafen.

Anreise mit dem Schiff

Aufgrund des US-Embargos existiert keine Fährverbindung zwischen Kuba sowie Nord- und Südamerika. Allerdings steigt langsam die Zahl der Kreuzfahrtschiffe, die in dem Inselstaat anlegen. Auch Privatyachten sind in den zahlreichen Häfen willkommen.

Zu den wichtigsten Yachthäfen gehören die Marinas Hemingway in Havanna, María La Gorda in der Provinz Pinar del Río, Varadero, Cayo Coco, Bahía de Naranjo de Guardalavaca, Punta La Gorda bei Santiago de Cuba und Júcaro in der Provinz Ciego de Ávila.

Bei Überschreitung der Zwölf-Meilen-Zone muss die Yacht Funkkontakt mit dem entsprechenden Hafen aufnehmen. Zuständige Behörden für Privatyachten sind die *Autoridad Porturaria* und die Küstenwache Kubas.

Bei der Einreise über das Meer werden folgende Dokumente benötigt: Reisepässe aller Schiffsinsassen, Schiffspapiere, Name und Registriernummer des Schiffes und die Zollpapiere *(zarpe)* des zuletzt angelaufenen Hafens.

Vor allem in den letzten Jahren entwickelte sich Kuba zu einer beliebten Anlaufstelle privater Yachten. Grund dafür ist vor allem die freundliche Aufnahme auf der Insel.

Touren und Pauschalreisen

Flugpreise variieren abhängig von Fluggesellschaft und Jahreszeit. Die Preise steigen in der Hochsaison, im Juli und August, an Weihnachten und Ostern. Doch auch im restlichen Jahr ist Kuba kein billiges Reiseland. Die preiswertere Variante ist oft eine Pauschalreise, inklusive Flüge und Hotels, gebucht von einem Reiseveranstalter. Ihre Agentur kann Ihnen bei der Entscheidung helfen, welche Reise am besten auf Sie zugeschnitten ist. Normalerweise gibt es Ermäßigungen für Kinder unter zwölf Jahren.

Urlauber mit speziellen Interessen können entsprechende Reisen buchen. Vor allem Spezialreisen mit einem Schwerpunkt auf Sport, wie z. B. Tauchen, Wassersport, Reiten, Wandern oder Salsa-Tanzkurse, erfreuen sich großer Beliebtheit. Doch Kuba bietet ebenfalls hervorragende Möglichkeiten für Gesundheitsferien mit medizinischen Behandlungen oder einen entspannenden Wellness-Urlaub. Auch der Ökotourismus ist eine expandierende Branche *(siehe S. 253)*.

Ein Flugzeug landet auf Cayo Largo, einem internationalen Ferienzentrum

Auf einen Blick

Fluglinien

Air Berlin
(030) 34 34 34 34 (D).
0820-400 011 (Ö).
0848-737 800 (Schweiz).
airberlin.com

Air Europa
(030) 22 38 54 36 (D).
aireuropa.com

Air France
(069) 29 99 37 72 (D).
airfrance.de

Condor
01806-76 77 67 (D).
0810-96 90 22 (Ö).
0840-26 63 67 (Schweiz).
condor.com

Cubana de Aviación
cubana.cu

Iberia
(069) 50 07 38 74 (D).
iberia.com

KLM
(069) 29 99 37 70 (D).
klm.com

Kreuzfahrten

Eine Alternative zu einer Flugreise nach Kuba ist der Urlaub auf einem Kreuzfahrtschiff.

Aida
aida.de

Cruise Line AG
cruiseline.ch

Intour
intourreisen.de

Netreisen
netreisen.com

Tourismusbüros

Ministerium für Tourismus
Calle 19 No. 710, e/ Paseo y A, Vedado, Havanna.
Stadtplan 1 C3.
(7) 334 323.
cubatravel.cu

Kubanisches Fremdenverkehrsbüro
Stavangerstraße 20, 10439 Berlin.
(030) 44 71 96 58.
cubainfo.de

In Kuba unterwegs

Wenn Sie nur wenig Zeit zur Verfügung haben, um Kuba zu bereisen, nehmen Sie am besten das Flugzeug, denn es ist das einzige schnelle Verkehrsmittel der Insel. Die Verbindungen der beiden kubanischen Fluggesellschaften Cubana de Aviación und Aerocaribbean sind gut. Züge sind deutlich billiger, aber auch viel langsamer. Die Busse von Viazul bieten Transfers zu vielen Hotelanlagen und in alle Provinzhauptstädte an. Sie sind komfortabel und setzen sich immer mehr durch.

Flughafen Nueva Gerona auf der Isla de la Juventud

Inlandsflüge

Von Havanna werden folgende Ziele angeflogen: Baracoa, Bayamo, Camagüey, Cayo Coco, Cayo Largo, Ciego de Ávila, Cienfuegos, Guantánamo, Holguín, Las Tunas, Manzanillo, Moa, Nueva Gerona, Playa Santa Lucía, Santa Clara und Santiago de Cuba.

Für Flugtickets müssen Sie nicht persönlich in ein Büro der **Cubana de Aviación** oder der **Aerocaribbean** gehen. Buchen Sie einfach über jedes beliebige Reisebüro, das Ihnen übrigens keine Gebühren dafür berechnet. Sie sollten jedoch frühzeitig reservieren. Check-in ist 60 Minuten vor Abflug, und erlaubt ist ein Gepäck von maximal 20 Kilogramm.

Inlandsflüge sind ungefähr doppelt so teuer wie Züge oder Busse. Bei Cubana sparen Sie bei gleichzeitiger Buchung mit einem internationalen Flug 25 Prozent. Kinder unter zwei Jahren reisen umsonst, Jugendliche unter 18 Jahren zahlen ein Drittel des Normalpreises.

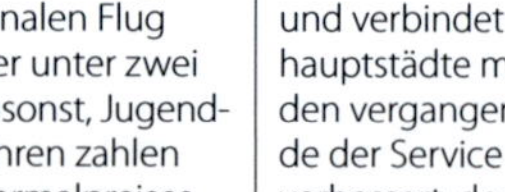

Inlandsjet von Cubana de Aviación

Die Flugzeuge selbst sind nicht immer neue Modelle, der Service ist eher karg, doch die Besatzungen sind erfahren, verlässlich und in der Regel ausgesprochen freundlich.

Schiffe und Fähren

Wer ausreichend Zeit mitbringt, kann die Isla de la Juventud auch auf dem Seeweg anstatt auf dem Luftweg erreichen.

Abfahrt ist am Hafen von Batabanó an der Südküste der Provinz Havanna, 60 Kilometer von der Hauptstadt entfernt. Ein moderner Katamaran von Damex Shipbuilding & Engineering bewältigt die Strecke in etwa zweieinhalb Stunden. Tickets für den Katamaran erhalten Sie am Steg oder als Bestandteil eines Kombitickets am Busbahnhof von Havanna. Sichern Sie sich Ihr Ticket stets frühzeitig.

In Havanna, Santiago und Cienfuegos gibt es auch Wasserbusse oder Fähren, die *lanchas* oder *lanchitas* genannt werden. Sie verkehren zwischen den einzelnen Orten in den Buchten. Fähren verbinden die Nordküste von Pinar del Río mit Cayo Levisa sowie das Gebiet um Santiago de Cuba mit Cayo Granma.

Züge

Das öffentliche Schienennetz in Kuba ist 4881 Kilometer lang und verbindet alle Provinzhauptstädte miteinander. In den vergangenen Jahren wurde der Service erweitert und verbessert, dennoch ist die Be-

Eine *lanchita*, ein Wasserbus, der mehrere Orte um die Bucht von Havanna miteinander verbindet

förderung alles andere als modern und sauber. Nehmen Sie sich etwas Proviant mit, da es in der Regel keine Erfrischungen zu kaufen gibt.

Die Züge auf den Hauptverbindungsstrecken verkehren mindestens einmal am Tag, die nominellen Ankunftszeiten sollte man großzügig sehen.

Die Sonderzüge *especiales*, die auf Langstrecken wie Havanna – Santiago eingesetzt werden, haben verstellbare Sitze, Klimaanlage (falls sie funktioniert) und bieten auch Erfrischungen an.

Informationen zu Fahrplänen und Fahrkarten (ausländische Urlauber müssen in CUC bezahlen) erhalten Sie bei **LADIS/Agencia La Coubre**. Die Agentur (Mo – Fr 8 – 15 Uhr) verkauft auch Fahrkarten für weitere Reisen durch das Land.

Der Vorteil von Bahnreisen ist, dass Sie auch in der Hochsaison so gut wie immer einen Sitzplatz finden, auch wenn Sie vorher nicht reserviert haben. Zugfahren ist eine gute und gesellige Alternative für alle, die Zeit, Geduld und einen kleinen Geldbeutel haben.

Fassade des Bahnhofs in Morón

Busse

Die Busse von **Viazul** bieten Transfers zu den großen Städten und Hotelanlagen in Kuba. Sie verbinden Havanna mit Santiago (über Santa Clara, Ciego de Ávila, Camagüey, Las Tunas, Holguín und Bayamo), Cienfuegos, Varadero, Trinidad und Viñales. Es gibt auch eine Direktverbindung zwischen Varadero und Trinidad und täglich eine Verbindung zwischen Santiago und Baracoa.

Ein Vorteil ist, dass die Viazul-Busse sehr komfortabel und pünktlich sind. Allerdings machen sie, zumindest auf der Strecke zwischen Havanna und Santiago, in allen Provinzhauptstädten Zwischenstopps, was die Reise ziemlich in die Länge zieht. Die Sitzlehnen können (geringfügig) nach hinten verstellt werden, es gibt Toiletten (denken Sie an das Toilettenpapier). Die Klimaanlage wird in den Bussen gerne über Gebühr aufgedreht, Sie sollten also auf jeden Fall einen Pullover oder eine Jacke bei sich haben. Seitdem auch Kubaner diese Verbindungen nutzen können, ist die Nachfrage entsprechend gestiegen. Nutzen Sie immer den Reservierungsservice über die Website (Registrierung erforderlich), vor allem im Juli ab Santiago.

Minibus für Urlauber

Einen ähnlichen Service wie Viazul bietet Conectando Cuba. Als zusätzliche Dienstleistung holen die Busse dieses Unternehmens ihre Fahrgäste direkt am Hotel ab.

Reisebüros vermitteln auch Hotels mit einem Minibus-Shuttleservice, der die Gäste zu nahe gelegenen Hotelanlagen mit weiteren Busverbindungen bringt.

Bus der Linie Viazul

Auf einen Blick

Aerocaribbean

Havanna
Calle 23 No. 64, esq. P, Vedado.
Stadtplan 2 F1.
(7) 836 5936, (7) 832 7584.

Cubana de Aviación

Baracoa
Calle José Martí 185.
(21) 645 107.

Camagüey
Calle República 400.
(32) 291 338.

Holguín
Calle Libertad, esq. Martí.
(24) 468 556.

Santiago de Cuba
Calle Enramada, esq. San Pedro.
(22) 651 578.

Varadero
Ave 1ra, e/ 54 y 55.
(45) 611 823–5.

LADIS/Agencia La Coubre

Havanna
Estación La Coubre, Desamparados, La Habana Vieja.
Stadtplan 4 E4.
(7) 860 3163.

Viazul

Havanna
Ave 26 y Zoológico, Nuevo Vedado.
(7) 881 1413, (7) 881 5652.
viazul.com

Santiago de Cuba
Ave. de los Libertadores, esq. Yarayó. (22) 628 484

Varadero
Calle 36 y Autopista.
(45) 614 886.

Stadtplan Havanna *siehe Seiten 122 – 127*

Mit dem Auto unterwegs

Das Hinterland erkunden Sie am besten mit dem Auto. Auf diese Weise machen Sie Entdeckungen, die Ihnen sonst verborgen blieben. Es empfiehlt sich, die Strecke und die Zwischenstopps im Voraus festzulegen. Für die Planung brauchen Sie in jedem Fall eine gute, aktuelle Karte. Fahren Sie nicht zu schnell und parken Sie immer auf bewachten Parkplätzen. Im Sommer ist es wegen der Hitze ratsam, früh aufzubrechen. Sie werden viele Anhalter am Straßenrand sehen. Sie müssen niemanden mitnehmen, doch wird es sehr positiv aufgenommen – schließlich ist Trampen in Kuba eine ganz normale Art der Fortbewegung *(siehe S. 291)*.

Eines der neuen Straßenschilder, die auf dem Land zu sehen sind

Lastwagen mit Anhaltern auf der Autopista Nacional (Autobahn)

Verkehrsregeln

In Kuba herrscht Rechtsverkehr. Die zulässige Höchstgeschwindigkeit für Autos beträgt 20 km/h in Parkzonen, 40 km/h bei Schulen, 50 km/h in Ortschaften, 60 km/h auf unbefestigten Straßen und in Tunnels, 90 km/h auf asphaltierten Straßen und 100 km/h auf Schnellstraßen.

Schilder auf der *autopista* (Autobahn) weisen Sie oft an, Ihre Geschwindigkeit auf 50 km/h zu drosseln: Ignorieren Sie diese Schilder nicht, denn oft folgen darauf Straßenkontrollen. Die Polizei ist Urlaubern gegenüber recht tolerant, doch bei Geschwindigkeitsüberschreitungen erlischt eventuell Ihr Versicherungsschutz.

Das Anlegen des Sicherheitsgurts (sofern denn einer vorhanden ist) ist Pflicht. Die Straßenschilder sind international. Auf Landstraßen gibt es Schilder, die vor einer Kreuzung oder einem gefährlichen Straßenabschnitt warnen *(siehe S. 293)*. Innerhalb von Ortschaften ist Fernlicht verboten.

Straßennetz

Die *carretera central* ist eine alte, enge und nicht sonderlich gut ausgebaute Verbindungsstraße von Pinar del Río über alle Provinzhauptstädte nach Guantánamo. Die 1250 Kilometer lange, zweispurige Straße wurde 1931 nach vierjähriger Bauzeit eröffnet.

Einzige Autobahn in Kuba ist die Autopista Nacional oder »Ocho Vía«. Sie führt von Havanna nach Pinar del Río und weiter nach Jatibonico in der Nähe von Sancti Spíritus und ist mautfrei. Sie ist in einem guten Zustand, doch sollten Sie nicht zu schnell fahren, da Sie immer wieder auf nicht beschrankte Bahnübergänge oder Tiere auf der Fahrbahn treffen.

Die meisten Schlaglöcher und Unebenheiten haben die Straßen in Ostkuba, doch auch die Straßenbeläge in den Städten sind teilweise holprig.

Benzin

Benzin erhalten Sie überall auf der Insel gegen CUC an den zahlreich vorhandenen Servi-Cupet- und Oro-Negro-Tankstellen. Viele sind sogar rund um die Uhr geöffnet. Außerhalb von Ortschaften werden sie allerdings seltener. Sie sollten daher sicherheitshalber immer volltanken.

Fragen Sie Ihren Autoverleih nach der kostenlosen *automapa*, auf der sämtliche Servi-Cupet-Tankstellen eingetragen sind, die es in Kuba gibt.

Straßenkarten

Eine aktuelle Straßenkarte ist absolut notwendig. Der *Guía de Carreteras* von Limusa ist ausgezeichnet, aber schwer erhältlich. **Infotur** in Havanna und einige Mietwagenfirmen halten diese Karte bereit.

Auch Reisebüros und Autoverleiher haben Straßenkarten.

Mietwagen an einer Servi-Cupet-Tankstelle

Nummernschilder

Kubanische Nummernschilder sind nicht wie früher unterschiedlich gefärbt, sondern allesamt weiß. Buchstaben im Kennzeichen verweisen auf die Fahrzeugkategorie: ein vorangestelltes A bezeichnet ein Fahrzeug einer staatlichen Organisation; T steht für Mietwagen; C, D und E sind Diplomaten vorhehalten, F dem Militär; M sind Fahrzeuge des Innenministeriums.

Aktuelles Autokennzeichen

Sicherheit auf der Straße

Die größte Gefahr auf kubanischen Straßen geht von langsamen Fahrzeugen aus: Kutschen, Traktoren oder Radfahrer haben die Angewohnheit, mitten auf der Straße zu fahren. Es ist sehr zu empfehlen, dass Sie hupen, bevor Sie zum Überholen ansetzen.

Der Einsatz der Hupe ist auch vor scharfen Kurven oder beim Überholen von Lastwagen angebracht. (Sie haben teilweise keine Rückspiegel.)

Es ist verboten, tagsüber mit Licht zu fahren, außer bei starkem Nebel. Nachts sollten Sie aufgrund der schlechten Sicht möglichst nicht außerhalb von Ortschaften unterwegs sein. Die Straßen sind nicht beleuchtet, Tiere, Fußgänger und auch Radfahrer, deren Fahrräder nur selten Licht haben, können nur allzu leicht übersehen werden.

Geben Sie zu jeder Tageszeit nach Regenfällen besonders auf Aquaplaning acht *(siehe S. 293)*. Im Gebirge kann es zu Steinschlag kommen.

Urlauber auf einem Motorroller

Mietwagen

Um in Kuba ein Auto mieten zu können, müssen Sie dem Autoverleih einen gültigen Führerschein Ihres Heimatlandes oder einen internationalen Führerschein sowie Ihren Reisepass vorlegen und über 21 Jahre alt sein. Die größten Autoverleiher sind **Cubacar**, **Havanautos**, **Vía Rent a Car** und **Rex**. Alle Firmen verfügen über ein gutes Netzwerk auf der Insel mit zahlreichen Niederlassungen in Hotels und an Servi-Cupet-Tankstellen. Der Kundenservice dieser Firmen entspricht weitgehend dem internationaler Ketten.

Mietwagen können an den meisten Flughäfen in Empfang genommen und zurückgegeben werden, aber Sie sollten sie lange im Voraus reservieren, besonders in der Hochsaison, wenn die kleinen, günstigen Modelle sehr gefragt sind. Beachten Sie, dass Fahrzeuge mit Automatikgetriebe teurer sind als solche mit Gangschaltung.

Gezahlt wird im Voraus, und Sie müssen entweder eine Kaution in bar oder einen Kreditkartenabdruck hinterlegen. Meist kommen 10 CUC pro Tag als Fahrerversicherung hinzu.

Aufgrund des oft schlechten Straßenzustands empfiehlt sich Allradantrieb

Wenn Sie den Wagen nicht an demselbem Ort zurückgeben möchten, an dem Sie ihn abgeholt haben, wird dies höher berechnet. Außerdem müssen Sie bei Verlust des Mietwagenvertrags eine Strafe zahlen. Es gibt zwei verschiedene Zusatzversicherungen. Entweder sie decken Unfälle, nicht aber Diebstahl ab oder aber alles bis auf Reifenpannen. Bei einem Unfall benötigen Sie eine Kopie des Polizeiberichts, die Sie an den Autoverleih schicken.

Für einige Regionen, etwa den äußersten Westen oder Osten Kubas, empfiehlt sich die Verwendung von Fahrzeugen mit Allradantrieb.

Größere Gruppen können bei **Transtur** einen Minibus mieten. Auch Motorroller werden in vielen Regionen des Landes vermietet.

Auf einen Blick

Straßenkarten

Infotur
Obispo 524, e/ Bernazay Villegas, Havanna.
Stadtplan 4 D2.
T (7) 866 3333.
W **infotur.cu**

Mietwagen

Cubacar
Calle 3 y Paseo, Vedado, Havanna.
T (7) 833 2164.

Havanautos
Hotel Sevilla, Trocadero 55, La Habana Vieja, Havanna.
T (7) 866 8956.

Rex
5 ta Avenida y 92 , Playa.
T (7) 209 2207.

Transtur
Calle 3 y Paseo, Vedado, Havanna.
T (7) 833 2164.
W **transtur.cu**

Vía Rent a Car (Transgaviota)
Calle 9na y 98, Playa.
T (7) 206 9935.

In Havanna unterwegs

Der Straßenverkehr in Havanna nimmt stetig zu, ist aber bei Weitem nicht mit dem einer europäischen Großstadt zu vergleichen. Die Benutzung öffentlicher Verkehrsmittel ist oft ein anstrengendes Unterfangen, es sei denn, man benutzt die Busse von HabanaBusTour. Zudem gibt es jede Menge Taxis, mit denen Sie sicher und schnell durch die Stadt kommen. Habana Vieja und Centro Habana erkundet man ohnehin am besten zu Fuß oder per *bicitaxi*.

Ein *bicitaxi* (Rikscha) vor dem Capitolio

Zu Fuß

Havanna ist eine riesige Stadt, jeder Stadtteil *(municipio)* erstreckt sich über Kilometer. Das Zentrum selbst (das auf den Seiten 60–109 beschriebene Gebiet) kann man sehr gut zu Fuß erkunden. Überdies macht es Spaß, entlang der Uferpromenade des Malecón durch die Alleen des Vedado-Viertels oder durch den alten Kolonialteil der Stadt zu flanieren und auf einem gemütlichen Spaziergang versteckte Details an Straßenecken und Häusern zu entdecken.

Müde nach einer ausgiebigen Tagestour zu Fuß, kann man jederzeit ein Taxi oder *bicitaxi (siehe S. 307)* heranwinken, die heute aufgrund gelockerter Lizenzvergabe für Kleinunternehmer in Kuba allgegenwertig sind. Taxis finden Sie vor allem an den Hauptverkehrsadern wie der Calle 23 in Vedado. Wenn Sie sich verlaufen, fragen Sie am besten einen Einheimischen nach dem Weg. Die Kubaner sind allgemein Urlaubern gegenüber sehr zuvorkommend und hilfsbereit.

Busse

Busfahren in Havanna kann zum reinen Abenteuer werden. Glücklicherweise gibt es inzwischen die klimatisierten Busse von HabanaBusTour mit zwei verschiedenen Routen. Beide beginnen am Parque Central, Route 1 (37 Kilometer) führt zur Plaza de la Revolución im Westen, Route 2 (64 Kilometer) zu den Playas del Este im Osten. Das Tagesticket kostet jeweils fünf CUC.

In andere Bezirke gelangen Sie mit den normalen Stadtbussen. Bringen Sie jedoch für jede Fahrt viel Zeit und Geduld mit. Spanischkenntnisse sind hilfreich. Achten Sie auf die Nummer und die Route des Busses, den Sie besteigen, denn an den Bushaltestellen gibt es keine Fahrpläne, an denen Sie die Haltestellen ablesen könnten. An der Haltestelle sollten Sie fragen, wer der oder die Letzte *(último* bzw. *última)* in der Reihe für Ihr Ziel *(ruta)* ist. Denn es gibt eine geordnete Warteschlange, die sich bei Ankunft eines Busses neu organisiert, auch wenn es Ihnen nicht so vorkommen mag.

Die Passagiere steigen vorn ein und bezahlen beim Busfahrer mit Kleingeld und ausschließlich in nationalen Pesos. Die Fahrt ist billig, aber Sie bekommen dafür auch nicht viel geboten: Es gibt nur wenige Sitze, die Busse sind meistens überfüllt, und die Hitze ist erdrückend. Bereiten Sie sich frühzeitig auf das Aussteigen vor, da die Ausgangstür oft von Passagieren blockiert ist. Achten Sie auf Ihre Habseligkeiten wie Geldbörse und Handtasche – Busse sind ein Tummelplatz für Taschendiebe.

Die alten *camellos* wurden durch komfortablere, häufiger verkehrende bunte Metrobusse ersetzt.

Mit HabanaBusTour erkundet man Havanna sehr komfortabel

Der moderne Metrobus hat den alten *camello* ersetzt

Logo von Cubataxi, der offiziellen Taxigesellschaft in Havanna

Taxis

Das wohl sicherste und bequemste Verkehrsmittel in Havanna ist das Taxi. Viele Autos tragen die Aufschrift TAXI, aber nicht alle sind berechtigt, Urlauber zu befördern. Die offiziellen Taxis sind leicht zu erkennen: Sie sind neu, gut gepflegt, bequem und meist klimatisiert. Benutzen Sie keine illegalen Taxis, denn sie sind nicht versichert und meistens sogar teurer. Die offizielle Taxigesellschaft heißt **Cubataxi**.

Taxis können entweder per Telefon angefordert oder auf der Straße angehalten werden. Taxistände gibt es vor Hotels, am Flughafen und an folgenden Stellen in La Habana Vieja: bei der Plaza de Armas hinter El Templete und an der Ecke Calle Empedrado / Calle Tacón.

Eine witzige Alternative stellen alte amerikanische Cabrios dar, die ebenfalls als offizielle Taxis fungieren. Man erkennt sie leicht an ihrem tadellosen Zustand und dem »Grand Car«-Logo auf beiden Seiten. In der Regel findet man sie vor dem Hotel Nacional *(siehe S. 257)* und rund um den Parque Central *(siehe S. 84f)*.

In Havanna kann man für zehn CUC auch mit einem *colectivo* fahren. Bei ihnen handelt es sich um alte amerikanische Wagen mit der Aufschrift TAXI.

Cocotaxis

Für Urlauber wurde ein originelles Transportmittel eingeführt: das *cocotaxi*, ein eiförmiger gelber Roller, der zwei Personen plus Fahrer befördern kann. Es ist ungefähr so teuer wie ein Taxi, es gibt aber weder Taxameter noch Quittungen. Für kurze Strecken ist es recht praktisch.

***Cocotaxi*, ein ungewöhnlicher Dreisitzer für Kuba-Besucher**

Pferdekutschen

In Habana Vieja können Sie eine Stadtrundfahrt in einer Pferdekutsche unternehmen – perfekt restauriert und teilweise im Kolonialstil haben diese Gefährte nichts mit den gewöhnlichen Kutschen der Einheimischen zu tun, die Sie sonst auf den Straßen sehen. Billig ist so eine Kutschfahrt zwar nicht, aber eine beschauliche Art der Beförderung für Romantiker.

Die Kutschen starten auf der Plaza zwischen Calle Empedrado und Calle Tacón.

Bicitaxis

Umweltfreundlicher, aber etwas langsamer als Taxis sind die Rikschas, die in Kuba *bicitaxis* genannt werden. Sie sind bei Einheimischen und Besuchern gleichermaßen beliebt. Rikschas sind in La Habana Vieja und in Centro unterwegs und stehen oft auch vor Hotels.

Mit dem Auto

Autofahrer, die hektischen Stadtverkehr gewohnt sind, werden in Havanna kein Problem haben. Gefährliche Situationen entstehen höchstens durch Radfahrer, Fußgänger und frei laufende Hunde. Fahren Sie stets langsam und versuchen Sie, den vielen Schlaglöchern und Unebenheiten auszuweichen. Die Beschilderung ist allgemein gut.

In der Innenstadt gibt es drei Tunnels. Zwei führen unter dem Almendares hindurch und verbinden Vedado mit Miramar *(siehe S. 113)*. Der dritte beginnt an der Plaza Mártires del 71 hinter dem Castillo de la Punta und führt auf die andere Seite der Bucht und zu den Festungen Morro und Cabaña *(siehe S. 114f)*. So gelangen Sie auch zu den Playas del Este *(siehe S. 117)*. Eine Alternative dazu ist der unübersichtliche Weg über die lange, kurvige Hafenstraße.

Pittoreske Pferdekutsche in der Calle Obispo in La Habana Vieja

Auf einen Blick

Taxis

Cocotaxi
(7) 873 1411.

Cubataxi
(7) 855 5555.

Gran Car
(7) 855 5567, (7) 881 8549.

Textregister

Fett gedruckte Seitenhinweise verweisen auf Haupteinträge.

W

Y

Z

Danksagung und Bildnachweis

Dorling Kindersley bedankt sich bei allen, die an der Herstellung dieses Buches mitgewirkt haben:

Publisher
Douglas Amrine.

Director of Publishing, Travel Guides
Gillian Allan.

Managing Art Editor
Jane Ewart.

Managing Editor
Anna Streiffert.

DTP Manager
Jason Little.

Map Co-Ordinator
Dave Pugh.

Dorling Kindersley möchte all jenen danken, durch deren Arbeit und Unterstützung dieses Buch erst möglich wurde.

Hauptautorin
Irina Bajini hat sich auf hispanisch-amerikanische Sprachen spezialisiert. Sie lebt in Mailand und Havanna. Zu ihren veröffentlichten Arbeiten zählen ein Konversationshandbuch, ein kubanisch-italienisches Wörterbuch und ein Buch über die *Santería*-Religion. Zudem hat sie mehrere kubanische Bücher übersetzt.

Weitere Autoren
Alejandro Alonso, Experte für kubanische Kunst, arbeitet als Journalist und Kritiker. Er hat mehrere Essays veröffentlicht und Kunstausstellungen in Kuba und im Ausland organisiert. Der frühere stellvertretende Direktor des Museo de Bellas Artes leitet nun das Museo Nacional de la Cerámica in Havanna, das er 1990 gründete.

Miguel Angel Castro Machado ist der zweite *historiador de la ciudad* in Baracoa. Er unterrichtet hispanisch-amerikanische Literatur an der Universität von Santiago de Cuba.

Andrea G. Molinari ist Geschäftsführer der Fluggesellschaft Lauda Air Italia und nicht nur Experte für kubanische Zigarren, sondern auch passionierter Raucher dieser Produkte. Er hat ein Buch über kubanische Zigarren geschrieben, das in Italien veröffentlicht wurde.

Marco Oliva ist Tauchlehrer und hat sich auf Tauchen in der Karibik spezialisiert. Er hat sich mehrere Zusatzqualifikationen erworben, darunter auch in den Bereichen Unterwasserfotografie, Wracktauchen und Meeresbiologie.

Francesca Piana, Journalistin und Lateinamerika-Expertin, hat viele Reiseartikel und Reiseführer über Mexiko, Ecuador und Chile verfasst.

Redaktionelle und gestalterische Mitarbeit
Alejandro Alonso, Marta Bescos, Claire Boobbyer, Walfrido La O (Academia de la Historia de Cuba, Havanna), Maite Lantaron, Jude Ledger, Hayley Maher, Lucy Richards, Ellen Root, Juan Romero Marcos.

Bei Dorling Kindersley: Louise Abbott, Monica Allende, Claire Baranowski, Julie Bond, Claire Boobbyer, Ernesto Juan Castellanos, Conrad van Dyk, Emer FitzGerald, Juliet Kenny, Kathryn Lane, Leena Lane, Maite Lantaron, Carly Madden, Alison McGill, Catherine Palmi, Susie Peachey, Naomi Peck, Helen Peters, Rada Radojicic, Marisa Renzullo, Ellen Root, Mary Scott, Susana Smith, Stuti Tiwari, Helen Townsend, Vinita Venugopal, Laura Walker, Sophie Wright.

Lektorat
Stewart J. Wild.

Besonderer Dank an:
Archivo fotográfico e histórico de La Habana; Archivo ICAIC; Laura Arrighi (Lauda Air Italia); Bárbara Atorresagasti; Sandro Bajini; Freddy L. Cámara; Casa de África, Havanna; Aleida Castellanos (Havanatur Italia); Pedro Contreras (Centro de Desarrollo de las Artes Visuales, Havanna); Vittoria Cumini (Restaurant Tocororo, Mailand); Juan Carlos und José Arturo de Dios Lorente; Alfredo Díaz (Restaurant Tocororo, Mailand); Mariano Fernández Arias (Gaviota); Cecilia Infante (Verlag José Martí, Havanna); Jardín Botánico del Parque Lenin; Lien La O Bouzán; Manuel Martínez Gómez (Archiv »Bohemia«); Adrian Adán González (Restaurant Tocororo, Mailand); Guillerma López; Chiara Maretti (Lauda Air Italia); Stefano Mariotti; François Missen; Annachiara Montefusco (Cubanacán Italia); Jorge A. Morente Padrón (Archipiélago); Orencio Nardo García (Museo de la Revolución); Eduardo Núñez (Publicitur); Mariacarla Nebuloni; Oficina del Historiador de la Ciudad, Havanna; Sullen Olivé Monteagudo (Arcoiris); Angelo Parravicini (Lauda Air Italia); Milagros Pérez (Havanatur Italia); Alicia Pérez Casanova (Horizontes); Josefina Pichardo (Centro de Información y Documentación Turísticas); Richard Pierce; Poder Popular de Isla

de la Juventud; Carla Provvedini (Ufficio Turistico di Cuba, Mailand); Quinta de los Molinos, Havanna; Gianluca Ragni (Gran Caribe); Celia Estela Rojas (Museo de las Parrandas de Remedios); Federica Romagnoli; Aniet Venereo (Archipiélago); Yoraida Santiesteban Vaillant; Lucia Zaccagni.

Der Verlag möchte sich besonders bei Andrea G. Molinari bedanken, der die Vorbereitungen für diesen Reiseführer mit viel Enthusiasmus und Engagement unterstützt hat.

Bildquellen
Geocuba, Havanna; Habanos SA.

Reproduktionsrechte
Der Verlag möchte sich bei allen Museen, Hotels, Restaurants, Geschäften oder Sehenswürdigkeiten für ihre Unterstützung und die Erlaubnis zum Fotografieren ihrer Anlagen bedanken.

Speziell in Auftrag gegebene Fotos
Getränke: Paolo Pulga, mit freundlicher Genehmigung des Restaurants Tocororo, Corsico (Mailand).

Ergänzende Fotografie
Julie Bond, Ernesto Juan Castellanos, Maite Lantaron, Ian O'Leary, Tony Souter, Daniel Stoddart.

Bildnachweis

o = oben; u = unten; m = Mitte; r = rechts; l = links; d = Detail.

Die Abbildungen von Kunstwerken sind gedruckt worden mit der Genehmigung folgender Urheberrechtsinhaber: Augustín Cárdenas *Figure 1953* © DACS, London 2011 99m; Wifredo Lam *Third World* 1966 © ADAGP, Paris, und DACS, London, 2011 30m.

Alamy Images: 1u.stofphoto 297mro; Arterra Picture Library 2–3, 85mro, 288–289; John Birdsall 267ol; Ian Bottle 194mlo; City Image 208–209; Adam Eastland 129mlu; Fabienne Fossez 244–245; Forget Patrick / Sagaphoto.com 277or; isifa Image Service s.r.o. / PHB 216or; Rosemary Harris 12mru; Hemis 18; Tommy Huynh 110; Mike Kipling Photography 128ur; LOOK Die Bildagentur der Fotografen GmbH / Holger Leue 206or; Chris Lewington 190–191; Melvyn Longhurst 217mr; MARKA 11or, 14ur; B. O'Kane 78ul; Sergio Pitamitz 129or; Norman Pogson 307or; Prisma Bildagentur AG 148–149; Robert Harding Picture Library Ltd 14or / Bruno Morandi 282ol; Tribaleye Images / Jamie Marshall 282ur; Villorejo 273ur.
Alejandro Alonso, Havanna: 97ml, 99m.
Archivio Mondadori, Mailand: Andrea und Antonella Ferrari 157ol.
Archivio Radamés Giro, Havanna: 34ur, 34ul.
Pierfranco Argentiero, Somma Lombardo: 36ul (alle Fotos), 37ur, 37u, 278mlo, 278mlu.
AWL Images: Danita Delimont Stock 250–251.

Marco Biagiotti, Perugia: 23ul, 31ml, 91ol, 95m, 114m, 143m, 143mlu.
Claire Boobbyer: 135mro, 206ul, 239mru, 242or, 247mr, 279ol, 305mlo.
Britische Botschaft, Havanna: Sixto Martinez 292om.

Capital Culture: James Sparshatt 129u.
Casa Concordia: 255or.
Casa de África, Havanna: 44ul, 46–47m, 46ml, 46ul, 77u.
Casa Muñoz: 263ur.
Casa Particular Cuba: 254m.
Casa Vitrales: 256ur.
Centro Documentazione Mondadori, Mailand: 50or, 51mlu, 53or, 53ol, 56ul, 91ur, 118ml, 118mr, 118u, 121ul, 171u.
Centro Histórico de La Ciudad de La Habana, Havanna: 32m, 32ur, 33or, 44, 45, 47o, 48, 49, 50mlu, 51u, 52or, 52ur, 53ul, 54ml, 63u, 155mlu, 223mro.
Gianfranco Cisini, Mailand: 61ul, 84or, 115ur, 169u, 177ol, 178mlo, 179ol, 180o, 192ml, 225mlu, 235m.
Corbis: Atlantide Phototravel 8–9; Ernesto Mastrascusa.epa 128mlo; Chris Parker / Design Pics 11mr; Reuters / Claudia Daut 130ul; Reuters / Mark Wilson 243mr; Jane Sweeney / JAI 229ur.
Raúl Corrales, Havanna: 54–55m.
Cubanacán, Mailand: A Cozzi 395u.

Dreamstime.com: Mira Agron 94ul; Marcel Berendsen 225or; Evgenia Bolyukh 182; Kian Yung Chua 193ur; Roxana González 113ml; Patricia Hofmeester 13or; Kmiragaya 13ur, 64, 82, 135ol; 136; Amanda Lewis 12ol; Bastian Linder 132–133; Klemen Misic 107or; Roberto M. Machado Noa 280mlo; Aleksandar Todorovic 15or, 70ul; Tupungato 11ul, 15ur, 194ur; Álvaro Germán Vilela 100; Victor Zastol'sliy 10ur.

Martino Fagiuoli, Modena: 28mro, 28mlu, 55ol, 90mr, 186or, 224ul, 228ml, 229ol, 229or, 229mr, 231ur, 230ur, 233mlo, 233m, 233ur, 237ur, 238ml, 240or, 240ur, 246mlo, 246ur, 247o.
Farabolafoto, Mailand: 53mr, 54or, 55or, 56or, 56ur, 61ol, 70ml.
Flickr: Stephan Mittas 112mlo.

Getty Images: Photogapher's Choice / Louis Quail 266mlo.

Paolo Gonzato, Mailand: 22m, 24mru *(aura tiñosa)*, 24mru (Ochse), 33m, 34or, 35or *(claves)*, 35or *(güiro)*, 57mlu, 79ur (alle Fotos), 159u, 164o, 167ol, 176ur, 177mu, 177ul, 177ur, 184u, 186mlu, 188or, 188m, 192mro, 192mlu, 192mru, 192u, 193or, 196u, 198mro, 205ur, 217ol, 224or, 235ol, 238or, 240mlo, 252u, 269mlu, 281ur (alle Fotos), 296m, 306or, 306ur.
Grazia Guerreschi, Mailand: 27or, 27ur, 41ol.

Robert Harding Picture Library: Walter Bibikow 73ur; Michel Renaudeau 212; P. Schickert 58 – 59; Michael Thornton 189om.
Hotel Plaza Cuba: 85ur.

Iberostar Grand Hotel Trinidad: 252mlo, 262or, 264mo, 274ur.
Icaic, Havanna: 31ul, 33ur, 41u.
Image Bank, Mailand: 25 mlu (Flamingo); L. Abreu 219u; C. Ansaloni 160ul, 169mo, 170or, 170u; G. Bandieri 62mro; A. Cavalli 20m, 22o, 25oro, 27ur, 27ul, 57mu, 62mlo, 63or, 63mr, 71ol, 85mr, 92or, 106ol, 117ur, 120or, 138ml, 156mlo, 157mr, 158, 161or, 174u, 180m, 181or, 196ol, 197ol, 220ol, 239ul, 279ml, 290mlo; M. Everton 286ul; G.W. Faint 130or; L. King 295ol; A. Mihich 286ol; A. Pistolesi 25mro, 152ur, 154m, 215ur, 248u, 249o; G. A. Rossi 24or, 24mro, 61or, 62ur, 69ur, 76or, 76mr, 79mlu, 89mo, 89u, 91ul, 109mu, 114o, 115ul, 119or, 119ul, 134ur, 137ur, 156or, 156ur, 160or, 167mru, 172ml, 183u, 202ml, 236or, 237m, 285mlo, 301ur; E. Vergani 117o, 169mr.

Lonely Planet Images: Doug McKinlay 267mu.
Hoan Luong: 166mlo.

Stefano Mariotti, Mailand: 36ur.
Meliá Cuba Marketing & Publicity: 253ul, 254or, 258or, 259ur, 260ur, 261or, 264ul, 271or.
Wilder Llanes Méndez: 176or.
Museo Nacional de Bellas Artes, Havanna: 30, 31or, 31mr, 42, 96, 97, 98, 99.
Paolo Negri, Mailand: 84mlo, 84u, 152ml, 154ul, 268or, 269u, 269ur.
Marco Oliva, Mailand: 79mlo, 93mro, 138ul, 140mru, 141or, 141ml, 141mlu, 142or, 142ul, 150o, 151 (alle Fotos), 154or, 177or, 195mlo, 211ul, 236ml, 254u, 285ur.

Olympia, Mailand: 23or, 57om, 68ul, 284or, 284ur.

Paladar Le Chansonnier: 272or.
Prensa Latina, Havanna: 32or, 34ur, 35ol, 35ul, 35ur, 40m, 51or, 54ul, 55ur, 55ul, 56m, 175u, 206m, 242ur.

Reuters: Oswaldo Rivas 280ur.
Lucio Rossi, Mailand: 22ul, 24mlo, 24mlu (Specht), 24mlu *(cartacuba)*, 24ul, 25ol, 25oru, 25mlu *(gavilán)*, 25mru *(zunzuncito)*, 25mru (Eidechse), 25ul, 25 ur, 26mlo, 26mlu, 27ol, 29ur, 39or, 63mlu, 76ol, 76ur, 91mru, 102mlo, 113u, 135or, 135u, 140or, 140m, 143ol, 146or, 146ml, 147ol, 150m, 150ul, 157ul, 168or, 168ur (alle Fotos), 169ol, 171or, 171m, 184or, 196m, 197ur (alle Fotos), 201o, 201m, 201ur, 202or, 202u, 203mro, 203u, 213u, 214ur, 222ul, 224m, 226or, 228or, 233mro, 234u, 241ml, 241ur, 243u, 246or, 248ol, 248m, 249mu, 253or, 254ol, 287mlo, 293ul, 307ur.

Alberto Salazar, Havanna: 35m.
Hotel Saratoga: 257or.
Studio Falletti, Mailand: 37or, 37mlo, 37mr, 37mlu, 142mr, 143or, 143mru.

El Templete: 270ur.

Waco's Club: Raciel Cepero 265ur, 275or.
Wikipedia, The Free Encyclopedia: NASA 40ur.

Vordere Umschlaginnenseiten

Alamy Images: Tommy Huynh lmo. Dreamstime.com: Evgenia Bolyukh rmro; Kmiragaya rul, lur, lum; Alvaro German Vilela lul. Robert Harding Picture Library: Michel Renandeau rur. **Image Bank, Mailand**: rom.

Umschlag

Vorderseite: **Alamy Images**: age fotostock
Buchrücken: **Alamy Images**: age fotostock
Rückseite: **Dorling Kindersley**

Sprachführer Spanisch

Das in Kuba gesprochene Spanisch ist dem kastilischen Spanisch sehr ähnlich. Eine grammatikalische Eigenheit, auf die Besucher achten sollten, ist, dass die zweite Person Plural praktisch nicht verwendet wird: Anstelle von *vosotros* wird meist das Pronomen *ustedes* verwendet. So wird auch das dazugehörige Verb in der dritten Person Plural konjugiert. Wie im übrigen Lateinamerika wird in Kuba das »z« wie das »s« ausgesprochen, ein »s« am Wortanfang oder vor einem Konsonanten wird gehaucht gesprochen. In diesen kleinen Sprachführer wurden nützliche Wörter und Redewendungen aufgenommen, wobei besonders typisch kubanische Ausdrücke berücksichtigt sind.

Kubanische Ausdrücke

apagón: Stromausfall
babalawo: Priester einer afrokubanischen Religion
batey: Wohnhäuser um eine Zuckerfabrik
bohío: traditionelles Haus auf dem Land mit einem Blätterdach
carro: Auto
casa de la trova: Bar, in der traditionelle Musik gespielt wird
cayo: kleine Insel
central: Zuckerpflanze
chama: Kind
criollo: Kreole (Kubaner spanischer Abstammung)
divisas: (*umgangssprachl.*) Pesos convertibles oder Euro
eva: Frau
guagua: Bus
guajiro: Farmer
guarapo: Zuckerrohrsaft
guayabera: traditionelles Männerhemd aus Baumwolle
ingenio: Zuckerfabrikanlage
jama: Essen, Mahlzeit
jinetera: Prostituierte oder Gaunerin
jinetero: Strichjunge oder Gauner, der es auf Urlauber abgesehen hat
libreta: Lebensmittelkarten
mogote: kegelförmiger Hügel
moneda nacional: Pesos (»nationale Währung«)
moros y cristianos: Reis & schwarze Bohnen
orisha: Gottheit der *Santería*-Religion
paladar: privat geführtes Restaurant
puro: authentische kubanische Zigarre
santero: *Santería*-Priester
tambor: Fest afrokubanischer religiöser Musik
tienda: Geschäft, in dem nur mit Dollar bezahlt werden kann
trago: alkoholisches Getränk
tunas: Feigenkaktus
zafra: Zuckerrohrernte

Notfälle

Hilfe!	**¡Socorro!**	[so'kɔrrɔ]
Stopp!	**¡Pare!**	['pare]
Polizei!	**¡Policía!**	[poli'sia]
Rufen Sie einen Arzt!	**¡Llame a un médico!**	['ʎame a un 'međiko]
Rufen Sie einen Krankenwagen!	**¡Llame a una ambulancia!**	['ʎame a 'una ambu'lansĭa]
Ich wurde bestohlen!	**Me robaron!**	[me rro'ƀaron]

Grundwortschatz

ja	**sí**	[si]
nein	**no**	[no]
bitte	**por favor**	[pɔr fa'ƀɔr]
danke	**gracias**	['grasĭas]
Entschuldigung	**Perdóne**	[pɛr'đɔne]
Tut mir leid.	**Lo siento.**	[lo 'sĭento]
Hallo	**¡Hola!**	['ola]
Guten Tag	**Buenos días**	['bŭenos 'dias]
Guten Tag (nachm.)	**Buenas tardes**	['bŭenas 'tarđes]
Guten Abend	**Buenas noches**	['bŭenas notʃes]
Morgen (Tageszeit)	**la mañana**	[ma'ɲana]
Nachmittag	**la tarde**	['tarđe]
Nacht	**la noche**	['notʃe]
gestern	**ayer**	['a'jɛr]
heute	**hoy**	[ɔĭ]
morgen	**mañana**	[ma'ɲana]
hier	**aquí**	[a'ki]
Wie?	**¿Cómo?**	['komo]
Wann?	**¿Cuándo?**	['kŭando]
Warum?	**¿Por qué?**	[pɔr ke]
Wo?	**¿Dónde?**	['dɔnde]
Wie geht es Ihnen?	**¿Cómo está usted?**	['komo es'ta us'teđ]
Sehr gut, danke.	**Muy bien, gracias.**	[mŭi bĭen, 'grasĭas]

Nützliche Redewendungen

Das ist in Ordnung.	**Está bien.**	[es'ta bĭen]
Toll!	**¡Qué bien!**	[ke bĭen]
Sprechen Sie Englisch/Deutsch?	**¿Habla inglés/ alemán?**	['aƀla iŋ'gles/ ale'man]
Ich verstehe nicht.	**No entiendo.**	[no en'tĭenđo]
In Ordnung/ einverstanden.	**De acuerdo.**	[de a'kŭɛrđo]
Alles klar!	**¡Claro que sí!**	['klaro ke si]
Gehen wir!	**¡Vámonos!**	['bamɔnos]

Nützliche Wörter

groß	**grande**	['grande]
klein	**pequeño**	[pe'kɛɲo]
heiß	**caliente**	[ka'lĭente]
kalt	**frío**	['frio]
gut	**bueno**	['bŭeno]
gut (Adv.)	**bien**	[bĭen]
schlecht	**malo**	['malo]
genug	**suficiente**	[sufi'sĭente]
geöffnet	**abierto**	['a'ƀĭɛrto]
geschlossen	**cerrado**	[se'rrađo]
voll	**lleno**	['ʎeno]
leer	**vacío**	[ba'sio]
rechts	**derecha**	[de'retʃa]
links	**izquierda**	[is'kĭɛrđa]
immer geradeaus	**siga derecho**	['siga de'retʃo]
unterhalb, unten	**debajo**	[de'baxo]
oben, hinauf	**arriba**	[a'rriƀa]
bald	**pronto**	['prɔnto]
früh	**temprano**	[tem'prano]
spät	**tarde**	['tarđe]
jetzt	**ahora**	[a'ɔra]
mehr	**más**	[mas]
weniger	**menos**	['menos]
wenig	**poco**	['poko]
viel	**mucho**	['mutʃo]
erster Stock	**segundo piso**	[se'gundo 'piso]
Erdgeschoss	**primer piso**	[pri'mer 'piso]
Fahrstuhl	**ascensor**	[assen'sɔr]
Toiletten	**los baños**	['baɲos]
Frauen	**mujeres**	[mu'xeres]
Männer	**hombres**	['ɔmbres]
Toilettenpapier	**papel higiénico**	[pa'pɛl i'xĭeniko]
Kamera	**cámara**	['kamara]
Reisepass	**pasaporte**	[pasa'pɔrte]
Visum	**visa**	['bisa]

Gesundheit

Ich fühle mich krank.	**Me siento mal.**	[me 'sĭento mal]
Apotheke	**la farmacia**	[far'masĭa]
Ich habe Bauch-/ Kopfschmerzen.	**Me duele el estómago/ la cabeza.**	[me 'dŭele ɛl es'tomago/ la ka'ƀesa]
Er/sie ist krank.	**Está enfermo/ enferma.**	[es'ta em'fɛrmo/ em'fɛrma]
Ich muss ausruhen.	**Necesito descansar.**	[nese'sito deskan'sar]

Post/Bank

Bank	**el banco**	['baŋko]
Wechselstube	**la casa de cambio**	['kasa de 'kambĭo]

Straßenkarte Kuba

Die Provinzen Kubas